LETTRES
DE
FERNAND CORTES
A
CHARLES-QUINT

SUR LA DÉCOUVERTE ET LA CONQUÊTE DU MEXIQUE

TRADUITES PAR

DÉSIRÉ CHARNAY

PARIS
LIBRAIRIE HACHETTE ET Cⁱᵉ
79, BOULEVARD SAINT-GERMAIN, 79

1896

LETTRES

DE

FERNAND CORTES

A

CHARLES-QUINT

SUR LA DÉCOUVERTE ET LA CONQUÊTE DU MEXIQUE

COULOMMIERS
Imprimerie PAUL BRODARD.

LETTRES
DE
FERNAND CORTES
A
CHARLES-QUINT

SUR LA DÉCOUVERTE ET LA CONQUÊTE DU MEXIQUE

TRADUITES PAR

DÉSIRÉ CHARNAY

AVEC

Préface du docteur E.-T. HAMY, membre de l'Institut

PARIS
LIBRAIRIE HACHETTE ET Cie
79, BOULEVARD SAINT-GERMAIN, 79
—
1896

Droits de traduction et de reproduction réservés.

PRÉFACE

Cortes a beaucoup écrit pendant son très long séjour à la Nouvelle-Espagne, et cette correspondance adressée à l'Empereur, au président du Conseil des Indes, etc., restée en partie inédite, pourra donner matière, un jour ou l'autre, à une publication extrêmement importante pour l'histoire du Mexique et de l'Amérique centrale.

Ce n'est d'aucune de ces lettres proprement dites qu'il est question dans le livre que je suis chargé de présenter aux lecteurs. On a depuis longtemps mis à part, dans les écrits émanés de Cortes, ce que l'on appelle les *Relations* (*Relaciones*), qui sont de véritables rapports officiels sur les événements dont il a été le principal acteur et qu'il expose avec de grands détails. Ce sont ces *Relaciones* que M. Désiré Charnay vient de traduire intégralement en français sous le titre de *Lettres de Fernand Cortes à Charles-Quint* et qui forment le volume que l'on va lire.

On n'a connu pendant de longues années que trois des *Relaciones* de Cortes ; c'étaient d'ailleurs les plus intéressantes. Elles portaient dès l'origine les numéros 2, 3 et 4 ; une première relation envoyée au début de l'expédition n'ayant pas été retrouvée. La deuxième, datée de Segura de la Frontera (30 octobre 1520), a été éditée à Séville le 8 novembre 1522, en une petite brochure de 28 pages in-folio, par l'imprimeur allemand Jacob Cromberger, qui faisait connaître quelques mois plus tard (30 mars 1523), en trente pages du même format, la troisième relation adressée de Cuyoacan à l'Empereur le 15 mars 1522 [1]. Ces deux textes castillans étaient traduits en latin et publiés à Nuremberg en 1524, par Pierre Savorgnan de Forli, et Nicolo Liburnio les donnait en italien six mois après à Venise [2]. Enfin le 20 octobre 1525 Gaspar de Avila achevait d'imprimer la quatrième relation, partie juste une année plus tôt de Temixtitlan (Mexico) pour la cour d'Espagne.

Les contemporains de Cortes ont donc pu lire immédiatement les récits de la conquête, narrés par l'aventurier audacieux qui l'avait menée à bon terme. Ce n'est, au contraire, que beaucoup plus tard que les historiens du Nouveau Monde ont connu le document de 1519 [3] qui tient lieu de la relation première et la cinquième relation qui raconte l'expédition au Honduras (1526).

C'est en effet à l'historien américain Robertson que l'on doit la connaissance de ces deux morceaux, qui gisaient l'un et l'autre dans un manuscrit oublié de la Bibliothèque Impériale de Vienne, d'où le chevalier R. M. Keith les a tirés pour son illustre ami. Les éditions espagnoles de Barcia et

---

1. On trouvera les renseignements les plus circonstanciés sur ces diverses éditions de Cortes dans la *Bibliotheca americana vetustissima* de M. Harrisse. — Voir aussi une note de Navarrete dans le premier volume de la *Coleccion de Documentos ineditos para la historia de España* (Madrid, 1842, t. I, p. 410-416).

2. On connaît des traductions en français et en allemand de 1532 et 1550 Harrisse, *op. cit.*, p. 287 et 441).

3. Il est question, au début de la deuxième Relation, d' « un long rapport sur les choses qui s'étaient succédé dans le pays » depuis l'arrivée de Cortes. Et l'on n'a qu'un document de 28 petites pages émané de la *Justicia y Regimiento de la Nueva Ciudad de Vera Cruz*. Sans doute on sent la main de Cortes dans ce pamphlet dirigé contre un rival, Diego Velazquez, mais cette relation ne saurait être confondue avec la pièce toute personnelle, dont Cortes rappelle l'envoi, en commençant son deuxième récit.

de Lorenzana, antérieures à cette découverte, la traduction française de Flavigny faite sur cette dernière (1778), étaient très incomplètes, et l'on ne saurait trop remercier M. D. Charnay d'avoir bien voulu consacrer les loisirs d'une verte vieillesse à nous donner dans notre langue un texte complet, tiré de la collection publiée à Madrid par Don Enrique de Vedra [1], et qui permettra à tous ceux qui s'intéressent à l'histoire d'Amérique, de lire sans effort et avec sûreté les récits désormais classiques du plus grand des *conquistadores*.

La traduction de M. Charnay n'est pas seulement plus complète, elle est aussi plus fidèle en général que celle de son distingué devancier. Flavigny connaissait bien la langue castillane — il l'a prouvé à diverses reprises, — mais il traduisait, comme c'était alors la coutume, en se contentant de donner tant bien que mal le sens général, sans se préoccuper de rendre chaque terme et de conserver, dans la mesure du possible, les tournures spéciales propres à son auteur. Il passait un mot, sautait un bout de ligne, abrégeait la phrase ou la remplaçait par un véritable commentaire.

M. Charnay ne prend pas les mêmes libertés avec le texte castillan, qu'il suit habituellement de plus près, en s'efforçant d'ailleurs de garder à sa traduction un caractère aussi littéraire que possible.

Il a du reste sur Flavigny plusieurs avantages importants. Il connaît par lui-même, pour les avoir personnellement explorées, les contrées où se passent les événements racontés par le conquérant espagnol. Il a étudié sous ses divers aspects et dans ses différentes provinces la population indienne que Cortes met en scène. Enfin le dialecte colonial

---

[1]. *Biblioteca de autores espanoles desde la formacion del languaje hasta nuestros dias — Historiadores primitivos de Indias.* T. I, p. 1-153. Madrid, 1877, in-4°.

n'a aucun secret pour lui, et chacun des termes indigènes employés dans les *Relations* lui est dès longtemps familier. Aussi me suis-je pris à regretter, qu'au lieu d'une simple traduction, un écrivain aussi bien préparé n'ait point tenté de nous donner une véritable édition critique, avec les variantes déjà relevées par Navarrete, et des commentaires historiques et géographiques dont l'absence se fait sentir, ce me semble, dès les premières pages du volume.

Je me suis trompé peut-être en formulant une telle réserve. Il est possible que M. Charnay ait bien fait d'alléger un texte, auquel il voulait prêter avant tout une allure littéraire, de ces annotations, dont Vedra lui avait donné l'exemple, et qui fatiguent le lecteur, en coupant en menus morceaux le récit qu'il a commencé. Puisse l'excellent traducteur avoir eu tout à fait raison! Je souhaite que son livre ait au moins les éditions qu'eut, à la veille de la Révolution, celui de Flavigny, et que quelques-uns de ceux qui auront lu dans leur texte définitif les *Relaciones* de Cortes se prennent d'un beau zèle pour ces intéressantes études américaines si longtemps négligées et qui ouvrent à la contemplation des penseurs de si larges, de si nouveaux horizons!

E.-T. Hamy,
Membre de l'Institut.

AU LECTEUR

Je me permettrai d'ajouter à la préface de mon éminent ami les considérations suivantes : ces lettres de Cortes, quoique prêtant à la critique, ont à des points de vue divers une valeur, un attrait et un intérêt considérables. C'est la conquête d'un vaste empire racontée par le conquérant; c'est César écrivant ses campagnes des Gaules; et ce n'est pas sans raison que certaines personnes se sont plu à établir un parallèle entre les Lettres et les Commentaires.

Pour qui connaît le Mexique, l'avantage resterait à Cortes; car la Gaule ne saurait se comparer aux divers États civilisés de l'Amérique septentrionale; elle n'avait point d'empire d'une cohésion, d'une force et d'une civilisation comparables à l'empire des Aztecs; elle n'avait pas des villes de deux à cinq cent mille âmes comme Tlascala, Cholula, Tezcoco ou la grande Ténochtitlan; et puis, Cortes, au lieu de commander à des légions romaines, ne traînait avec lui que trois cents aventuriers; et c'est avec moins encore, c'est avec deux cents hommes seulement et quelques alliés indiens, qu'après de sanglants combats, il force les Tlascaltecs à demander la paix, qu'il soumet la ville de Cholula et qu'il entre à Mexico.

La première de ces lettres est la plus faible ; la seconde, la plus intéressante ; la troisième, la plus dramatique ; la quatrième, celle où le conquérant développe le mieux ses qualités d'organisateur ; la cinquième n'est que l'étalage d'une grande faute où son besoin d'aventures entraîna Cortes.

La première est la plus faible ; pourquoi ?

Cortes n'est alors que le planteur galant et bravache de l'île Fernandina ; il n'est pas encore lui ; quoique dévoré d'ambition, il ignore sa valeur ; il se doute à peine du drame étrange dont il n'est qu'au prologue, de l'épopée grandiose dont il sera le héros.

Mais s'il ignore sa destinée, il la prépare, et cette relation n'a pour but que de se donner la première place dans cette affaire et de ruiner Diego Velazquez, le promoteur de l'entreprise, dans l'esprit de son souverain. Aussi, n'est-il pas censé l'écrire cette relation perfide ; il la dicte à ses compagnons d'aventures, dont il se fait proclamer le chef suprême en attendant que Charles-Quint vienne confirmer cette élection adroitement escamotée.

Mais, dans la seconde lettre, Cortes nous racontera ses faits et gestes, nous décrira le pays, ses productions, ses coutumes, son industrie et ses richesses ; il nous dépeindra les villes merveilleuses qu'il traverse et conquiert, ses négociations avec leurs princes, ses luttes et ses combats de chaque jour, avec une abondance étonnante et parfois en termes magnifiques ; de sorte que, d'un seul bond, il se révèle écrivain remarquable, politique subtil, grand administrateur et plus grand capitaine.

On peut lui reprocher en certains passages de tronquer

la vérité, ou de manquer de bonne foi : il semble redouter le jugement de la postérité.

Au sujet du complot de Cholula par exemple, il parle de trois ou quatre mille morts tandis que les historiens accusèrent près de trente mille victimes; il tait l'abominable guet-apens qu'Alvarado tendit à la noblesse mexicaine et qui provoqua le soulèvement de la nation tout entière. Comme tout général, il enfle peut-être ses exploits comme les défaites de ses adversaires et, grâce au merveilleux de son entreprise, tombe dans des exagérations qui frappent le lecteur; il n'hésite pas à compter des centaines de mille dans le dénombrement de ses ennemis; un jour même, il compte cent quarante-neuf mille Tlascaltecs — c'est trop. Son avidité, ainsi que celle de ses compagnons, vous révolte, encore qu'on sache bien que les conquêtes en général n'ont d'autre but que la recherche de l'or et la dépouille des vaincus.

Lorsqu'après soixante et quinze jours de siège, la grande ville affamée, ruinée, détruite se rendit avec ses derniers soldats mourants, il exalta l'indomptable courage de Guatimozin, cet empereur de vingt-deux ans qui, refusant de se rendre, lui demandait la mort; mais il oublie de dire que, quelques jours plus tard, il le faisait mettre à la torture avec un de ses capitaines pour lui arracher le secret de ses trésors. Épisode cruel et déshonorant qui nous a valu l'héroïque apostrophe du jeune souverain à son ami, à qui la douleur arrachait une plainte : « Et moi, suis-je sur un lit de roses! » D'après Gomara, cette charmante phrase ne serait point la vraie; ce serait la suivante : Guatimozin regarda son compagnon avec colère, le traita de lâche et lui dit : « Et moi, suis-je à quelque plaisir ou au bain? »

Plus tard, Cortes emmena le jeune empereur dans son voyage au Honduras et, sur une accusation assez vague d'un complot ayant pour but d'assassiner les Espagnols, et sans aucune preuve à l'appui, Cortes, nous dit Bernal Diaz del Castillo, le fit pendre ainsi que le roi de Tacuba.

« Oh! capitaine Malinche[1], lui dit Guatimozin, ce n'est pas d'aujourd'hui que j'ai compris et reconnu à tes fausses paroles que tu me gardais cette mort; que ne me la suis-je donnée le jour où je me livrai à toi dans ma ville de Mexico! pourquoi me meurtris-tu sans justice? que Dieu t'en demande compte. »

Et cette mort, ajoute le vieux soldat, cette mort qu'on leur fit souffrir, fut très injustement ordonnée et parut malséante à nous tous qui fûmes de l'expédition.

Bien d'autres exécutions barbares témoignent de la cruauté du conquérant, et cependant, il fait preuve parfois d'une sensibilité qui nous étonne et d'une équité qui nous le montre moins impitoyable — pendant ce mémorable siège de Mexico, il applaudit et il admire le courage indomptable des Aztecs, s'attendrit sur les souffrances des assiégés et s'efforce de les arracher aux fureurs de ses alliés indiens. Cette bonté et cette sensibilité, tout en n'étant que relatives, étaient d'autant plus appréciées des Indiens, qu'en dehors de l'influence de Cortes, ces malheureux subissaient de la part des Espagnols les persécutions les plus abominables; si bien qu'à l'annonce de son retour après cette longue absence de deux ans, les Indiens accouraient des contrées les plus éloignées et bordaient la route sur son passage pour implorer sa justice et sa clémence.

Mais rien n'égale son ingratitude à l'égard de Doña

---

[1]. Nom que les Mexicains donnaient à Cortes.

Marina, son interprète, sa maîtresse et son amie. Elle appartenait à une grande famille indienne; elle était princesse, elle était jeune, belle, intelligente, et pendant son existence près de Cortes, jamais créature humaine ne se fondit en un pareil dévouement.

Qu'il ne parlât point d'elle dans sa première lettre, cela se comprend; il ne connaissait alors aucune de ses qualités, et pouvait au besoin la confondre avec les jolies filles que les caciques prodiguaient à ses soldats; mais plus tard, comment ne rappelle-t-il même pas le nom de cette charmante créature que tout le Mexique admirait, qui ne le quitta jamais d'une seconde, qui fut son inspiratrice, son porte-parole et son ange gardien! Ce fut elle, en effet, qui entama les premières négociations avec les indigènes; qui lui dénonça les espions tlascaltecs venus pour observer son camp et dont le succès eût amené le massacre de sa troupe; ce fut elle qui découvrit le complot de Cholula, où il eût infailliblement péri. Elle était à ses côtés, lors des batailles sanglantes de Mexico, et c'est avec lui qu'elle échappa au désastre de la *nuit triste*. Pendant les trois mois du siège de la grande ville, elle assista, compagne inséparable, à plus de cent combats, transmettant les ordres du conquérant à ses alliés et ses propositions aux Indiens ennemis; et la ville prise, saccagée, détruite, elle part avec Cortes pour cette folle expédition du Honduras qui dura deux ans.

Eh! bien, il ne lui consacre pas une ligne!

En somme, la conquête de Cortes qui donna à l'Espagne un empire de cinq cents lieues de diamètre du nord au sud et de quatre cents de l'est à l'ouest, coûta au Mexique plus de dix millions d'êtres humains emportés par la guerre, les maladies et les mauvais traitements; de sorte que cet homme de génie peut entrer sans conteste dans la redoutable phalange des fléaux de l'humanité. Aussi le Mexique, qui vient d'élever un magnifique monument en l'honneur de Guatimozin l'héroïque vaincu, ne dressera jamais un buste à la mémoire de Cortes son vainqueur.

Désiré Charnay.

LETTRES

DE

FERNAND CORTES A CHARLES-QUINT

SUR LA DÉCOUVERTE ET LA CONQUÊTE

DE LA NOUVELLE ESPAGNE

LETTRE PREMIÈRE

Envoyée à la reine Dona Juana et à l'empereur Charles-Quint, son fils, par le Conseil judiciaire et le Conseil municipal de la Ville Riche de la Veracruz, le 10 juillet 1519.

Très Grands, Très Puissants et Excellents Princes et Très Grands Rois Catholiques : nous avons appris que Vos Majestés avaient été informées par lettres de Diego Velazquez, lieutenant-amiral de l'île Fernandina, qu'une nouvelle terre avait été découverte il y a deux années environ, terre que dans le principe on appela Cozumel, puis ensuite Yucatan sans que ce fût ni l'un ni l'autre, comme Vos Majestés pourront s'en apercevoir d'après notre rapport; c'est que les relations qui, jusqu'à ce jour, ont été faites à Vos Majestés sur cette terre, sa conformation et sa richesse et la manière dont elle fut découverte et autres choses qui en ont été dites, ne sont ni ne peuvent être certaines; parce que personne jusqu'à présent ne les a bien connues, comme le démontrera cette lettre que nous adressons à Vos Altesses Royales. Nous en parlerons, du jour même où elle fut découverte jusqu'à l'époque présente, afin que

Vos Majestés sachent quelle est cette contrée, le peuple qui l'habite et sa manière de vivre ; quels sont ses rites, ses cérémonies et ses lois ; quels profits Vos Altesses Royales en pourront tirer, et quelles personnes en cette occurrence ont le mieux servi Vos Majestés, afin que Vos Royales Majestés puissent récompenser chacun suivant ses mérites. Cette relation certaine et véritable est la suivante.

Il y a environ deux ans, Très Illustres Princes, que trois colons se réunirent dans la ville de Santiago en l'île Fernandina, où nous avons fondé plusieurs villages ; l'un était Francisco Fernandez de Cordova, l'autre Lope Echoa de Caicedo et le troisième Cristobal Morante ; et comme il est de coutume dans ces îles peuplées d'Espagnols par ordre de Vos Majestés, d'aller parcourir les îles voisines peuplées de naturels, seulement pour s'en emparer et les garder comme esclaves ; les trois colons susdits envoyèrent deux navires et un brigantin pour aller chercher de ces Indiens et les amener à l'île Fernandina ; et nous croyons, sans en être bien certain, que Diego Velazquez, lieutenant-amiral, possédait la quatrième partie de cette flotte. L'un des armateurs, Francisco Fernandez de Cordova, en fut nommé capitaine et il emmena comme pilote Anton de Alaminos du village de Palos. C'est ce même Alaminos que nous avons également choisi pour pilote, et c'est lui que nous envoyons à Vos Altesses Royales porteur de cette lettre et chargé de répondre aux questions de Vos Majestés. Poursuivant donc son voyage, cette flotte s'en fut aborder en une contrée appelée Yucatan, dont la pointe se trouve à soixante ou soixante-dix lieues de l'île Fernandina, comme de la Ville Riche de la Veracruz que nous occupons au nom de Vos Altesses Royales.

Le capitaine débarqua en un village appelé Campêche, dont le chef fut appelé Lazaro par les Espagnols ; et ce fut là qu'on leur donna deux épis de maïs en or et une étoffe tissée d'or ; mais les naturels s'opposant à leur séjour dans le village, ils partirent et s'en furent dix lieues plus loin aborder tout près d'un autre village appelé Machocobon dont le cacique s'appelait [1]

---

1. Cortes, qui ne faisait point partie de l'expédition dont il parle, estropie les noms et il aurait dû à ce sujet consulter Bernal Diaz, qu'il avait avec lui

Champoton ou Potonchan et où ils furent assez bien reçus; mais les naturels ne leur permirent pas d'entrer dans leur village, et cette nuit, les Espagnols s'en furent dormir par terre loin de leurs navires. Les Indiens en profitèrent pour leur livrer bataille le matin suivant et ils combattirent avec une telle rage, qu'ils tuèrent vingt-six Espagnols et que tous furent plus ou moins grièvement blessés[1]. A la suite de ce combat, le capitaine Francisco Fernandez de Cordova s'efforça de regagner ses navires; puis voyant qu'il avait perdu plus du quart de son effectif, que tous les hommes qui lui restaient étaient blessés, que lui-même souffrait de plus de trente blessures, qu'il était à moitié mort et que c'était miracle qu'il eût échappé, il regagna l'île Fernandina où il fit savoir à Diego Velazquez qu'il avait découvert une terre riche en or, car tous les Indiens portaient aux oreilles et dans les cartilages du nez, des bijoux de ce métal, et qu'il y avait dans ce même pays des édifices de pierre et mortier et beaucoup d'autres choses qui indiquaient une bonne administration et de la richesse. il lui conseillait d'envoyer d'autres navires pour amasser de l'or que l'on trouverait en grande quantité.

Alors Diego Velazquez, enflammé de convoitise plutôt que de zèle pour Vos Majestés, envoya immédiatement un chargé d'affaire à l'île Espagnola avec une demande de sa part adressée aux pères de San Jéronimo qui y résidaient alors comme gouverneurs des îles, pour qu'au nom de Vos Majestés ils lui donnassent l'autorisation et les pouvoirs qu'ils tenaient de Vos Altesses, et qu'il pût envoyer coloniser cette nouvelle contrée; il les assurait qu'ils rendraient un grand service à Vos Majestés en l'autorisant à commercer avec les naturels, afin d'en obtenir perles, pierres précieuses et tous autres produits, qui lui appartiendraient, moyennant un cinquième réservé à Vos Majestés. Cette autorisation lui fut accordée par les révé-

---

et avait fait cette première campagne; c'est le village qui s'appelait et s'appelle encore Champoton.

1. Selon Bernal Diaz del Castillo, qui était au nombre des combattants et des blessés, Fernandez de Cordova perdit à Potonchan cinquante-sept de ses soldats dont deux furent pris vivants; cinq moururent à bord et furent jetés à la mer.

rends pères gouverneurs, sur l'affirmation que cette contrée avait été découverte à ses frais, qu'il en connaissait les ressources et qu'il pourrait en tirer le meilleur profit pour le service de Vos Altesses Royales. D'autre part, et sans en instruire les révérends pères, il envoyait à Vos Altesses Royales, Gonzalo de Guzman porteur de cette même relation, disant qu'il avait découvert cette contrée à ses risques et périls, qu'il la voulait conquérir à ses frais; suppliant Vos Altesses Royales de l'en nommer adelentado et gouverneur, avec certains pouvoirs qu'il détaillait, comme Vos Majestés l'ont pu voir dans son rapport et que nous n'avons pas besoin de rappeler. Vers ce même temps, ayant obtenu l'autorisation des révérends pères gouverneurs, il arma en toute hâte trois navires et un brigantin, de façon que si Vos Majestés ne lui accordaient pas ce que devait leur demander Gonzalo de Guzman, les navires pussent déjà partir avec l'approbation des révérends pères hiéronymites.

Il envoya comme capitaine de cette flottille l'un de ses amis, appelé Juan de Grijalva, et avec lui, cent soixante hommes choisis parmi les colons de l'île Fernandina, et parmi ceux-là quelques-uns de nous autres pour capitaines; et non seulement nous vinmes comme ceux de la flotte, exposant nos personnes, mais payant, de plus, de nos ressources, les frais des vivres et des armes, au grand détriment de notre avoir. Anton de Alaminos fut le pilote de cette flotte comme il avait été précédemment celui de Francisco Fernandez de Cordova. On prit la même route, mais avant que d'arriver à la terre yucatèque, on découvrit une île située à environ trente lieues au sud, île appelée Cozumel. Le village où Juan de Grijalva vint jeter l'ancre, fut baptisé Saint-Jean-de-Porte-Latine et il donna le nom de Santa Cruz à l'île même. Le jour de l'arrivée de la flotte, plus de cent cinquante Indiens du village vinrent contempler les Espagnols, et le jour suivant, ces mêmes Indiens abandonnèrent leurs demeures et s'enfuirent dans les bois. Comme le capitaine avait besoin d'eau, il mit à la voile pour aller en faire autre part, puis il revint au port de cette île de Santa Cruz où il débarqua, et trouva le village absolument désert; il y fit de l'eau et se rembarqua sans explorer l'intérieur de l'île, ce qu'il aurait dû faire pour en pouvoir rendre un compte exact à Vos Altesses Royales. Il mit à la voile, poursuivit son voyage et atteignit la contrée reconnue par Francisco Fernandez de Cordova, et dès lors il naviga par la côte sud jusqu'à une grande baie que Grijalva et le pilote Anton Alaminos appelèrent la baie de l'Ascension, qui selon l'opinion du pilote était fort près de la pointe de las Veras, terre que découvrit Vicente Yanes Pinson. Cette baie est très profonde et l'on croit qu'elle communique avec la mer du nord.

De là il retourna sur ses pas jusqu'à doubler la pointe nord de cette terre, que ses vaisseaux longèrent ensuite jusqu'à la ville de Campêche, dont le cacique se nomme Lazaro, où déjà s'était arrêté Francisco Fernandez de Cordova pour y faire des échanges, d'après l'ordre de Diego Velazquez, en même temps qu'y faire de l'eau. Sitôt que les naturels les virent arriver, ils se mirent en bataille autour de leur village pour en défendre l'entrée. Le capitaine les appela au moyen d'un interprète; quelques Indiens s'approchèrent alors et il leur fit dire qu'il n'était venu que pour faire des échanges avec eux et se procurer de l'eau. Les Indiens le conduisirent donc près du village où se trouvait une source, afin que les Espagnols pussent y remplir leurs tonneaux; il disait aussi aux naturels de lui donner de l'or en échange d'objets divers de sa pacotille. Mais les Indiens n'ayant pas d'or lui ordonnèrent de partir. Grijalva les pria de lui laisser compléter sa provision d'eau et qu'il partirait ensuite; ce fut en vain, car dans la matinée du jour suivant, à l'heure de la messe, les Indiens armés de leurs arcs, flèches et boucliers engagèrent le combat avec une telle vigueur, qu'ils tuèrent un Espagnol et blessèrent Grijalva et bon nombre de ses gens. Sur le tard il fut obligé de se rembarquer sans avoir pu pénétrer dans le village et sans rien savoir des choses dont il eût dû faire un rapport à Vos Majestés.

De là, longeant toujours la côte, il atteignit une rivière qu'il appela Grijalva et qu'il remonta vers l'heure de vêpres.

Le lendemain de bonne heure, les deux rives du fleuve se couvrirent d'Indiens en costumes de guerre prêts à défendre l'entrée de leur pays. Certains affirment qu'ils étaient au moins cinq mille. A cette vue, le capitaine n'osa débarquer; mais s'adressant aux Indiens au moyen de ses interprètes, il les pria de s'approcher afin qu'il pût leur expliquer les motifs de sa venue. Une vingtaine d'Indiens s'embarquèrent dans une canoa et s'approchèrent avec prudence des navires; Grijalva leur fit entendre qu'il venait simplement dans un but de commerce, et qu'il désirait être leur ami; qu'ils lui apportassent donc autant d'or qu'ils en pourraient trouver, et qu'il leur donnerait, en retour, des choses qu'il avait; ce qu'ils acceptèrent. Le lendemain, les Indiens lui apportèrent divers bijoux d'un or mélangé, en échange desquels le capitaine leur distribua des colliers et des verroteries que les Indiens emportèrent dans leur village. Grijalva repartait le surlendemain sans avoir rien appris des choses du pays. En poursuivant sa route, il atteignit une baie qu'il appela baie de San Juan, où il débarqua suivi d'un certain nombre de ses hommes. La côte ne présentait qu'un désert sablonneux; mais comme les Indiens avaient vu de loin venir les navires, ils accoururent en cet endroit où Grijalva s'entretint avec eux grâce à ses interprètes; puis il installa une table sur laquelle il étala diverses bijouteries, leur faisant comprendre qu'il venait en ami commercer avec eux; ce que voyant les Indiens apportèrent des pièces d'étoffe, et quelques bijoux d'or qu'ils échangèrent avec le capitaine.

Ce fut de ce point que le capitaine Grijalva envoya l'une de ses caravelles à Diego Velazquez avec tout ce qu'il avait amassé dans ses diverses opérations : et, la caravelle une fois partie pour l'île Fernandina, Grijalva continua son voyage avec les deux navires qui lui restaient, longea la côte pendant quarante-cinq lieues, sans aborder, ni rien voir que de loin, puis mit le cap sur l'île Fernandina où il arriva, sans avoir rien appris de ces contrées qui mérite d'être raconté. Sur quoi, Vos Majestés pourront juger que toutes les relations qui leur ont été faites sur cette terre, n'ont rien de certain, puisque ceux qui les ont écrites n'en connurent jamais les mystères.

Lorsque Diego Velazquez vit à l'île Fernandina la caravelle que lui avait dépêchée Grijalva, et qu'il constata le peu d'or qu'elle apportait en échange des choses que le capitaine avait données pour l'avoir, il lui parut que cela était une pauvre opération, et il se montra de fort mauvaise humeur du peu que le capitaine Grijalva avait fait; il n'avait en vérité aucune raison de se plaindre, car les dépenses que lui coûta l'expédition se bornèrent à quelques pipes de vin, certaines caisses de chemises de soie et une pacotille de verroterie. Eh bien! le vin nous était vendu deux piastres d'or, qui font deux mille maravédis l'arroba [1], les chemises de soie deux piastres d'or, et la grosse des perles vertes deux piastres; de façon qu'il paya les frais de son expédition et qu'il gagna même de l'argent. Et si nous insistons sur ces détails auprès de Vos Majestés, c'est pour qu'elles sachent bien que toutes les expéditions entreprises par Diego Velazquez n'ont été, en somme, que des spéculations entreprises avec nos personnes et à nos frais. Pour nous, quoique ayant souffert de rudes labeurs, nous avions servi Vos Altesses Royales et nous les servirons jusqu'à la mort.

Diego Velazquez se trouvant donc fort déconfit du maigre résultat de cette dernière expédition et désireux d'en obtenir un meilleur, résolut, sans le faire savoir aux Pères gouverneurs hiéronymites, d'armer une flotte rapide afin de l'envoyer à la recherche de son parent Grijalva; et pour que cela lui coûtât moins cher, il en parla à Fernand Cortes, habitant et alcade de la ville de Santiago pour Vos Majestés, lui proposant d'armer à eux deux une flotte de huit ou dix navires : Fernand Cortes étant à cette époque la personne la plus influente de l'île, le gouverneur fut persuadé qu'avec lui il pourrait réunir beaucoup plus de gens qu'avec toute autre personne.

A cette proposition de Diego Velazquez, Fernand Cortes, mû par le désir de servir Vos Altesses Royales, se résolut à mettre dans cette expédition tout ce qu'il possédait : c'est-à-dire environ la moitié des frais généraux, tant en navires qu'en provisions de toutes sortes et en argent pour les hommes, qui avaient à se pourvoir d'armes et de vêtements. La flotte étant organisée, Diego Velazquez, au nom de Vos Majestés, en nomma Fernand Cortes le capitaine afin qu'il s'établît dans ces

---

1. Soit 16 francs, 12 litres 1/2.

nouvelles contrées où Grijalva s'était abstenu de le faire. L'expédition fut organisée sur les plans et d'après les ordres de Diego Velazquez, encore qu'il ne concourût à la dépense que pour un tiers, ainsi que Vos Majestés pourront s'en convaincre par les instructions que Cortes reçut du gouverneur au nom de Vos Majestés ; instructions que nous avons l'honneur d'envoyer à Vos Altesses par nos chargés de pouvoir.

Nous ajouterons que cette part de dépense faite par Diego Velazquez consistait en vêtements, étoffes, vins et autres provisions de peu de valeur, qu'il nous vendait beaucoup plus cher que cela ne lui avait coûté, de sorte que nous pouvons dire, nous autres Espagnols, sujets de Vos Altesses Royales, que dans cette affaire Diego Velazquez a déjà tiré la meilleure part de son argent.

La flotte étant prête, Fernand Cortes, capitaine de Vos Altesses Royales, mit à la voile ; il avait dix caravelles, quatre cents hommes de guerre parmi lesquels de nombreux hidalgos, des gentilhommes et seize chevaux. La première terre où il aborda fut l'île de Cozumel que nous appelons aujourd'hui Santa Cruz ; il jeta l'ancre dans le port de Saint-Jean-de-Porte-Latine, et, sautant à terre, il trouva le village désert comme s'il n'eût jamais été habité. Fernand Cortes fit débarquer tous les gens de ses navires et les logea dans les maisons du village : il était fort désireux de connaître les causes de l'abandon de ce village, lorsqu'il apprit de trois Indiens qu'on avait saisis dans leur canot, en mer, alors qu'ils cherchaient à gagner le Yucatan, que les caciques de l'île ayant vu de quelle manière les Espagnols s'étaient comportés, avaient abandonné leurs villages et s'étaient réfugiés dans les bois avec tous leurs sujets, de crainte des nouveaux arrivés, dont ils ignoraient les intentions. Fernand Cortes leur fit aussitôt savoir par ses interprètes que nous ne venions pas dans l'intention de leur faire du mal, mais au contraire pour leur bien et les amener à la connaissance de notre sainte foi catholique, afin qu'ils devinssent vassaux de Vos Majestés et qu'ils les servissent comme les servent et leur obéissent tous les Indiens et peuples des contrées habitées par les Espagnols, vassaux eux-mêmes de Vos Altesses Royales.

Ce fut ainsi que le capitaine les rassura ; et ces Indiens, perdant une partie de leurs craintes, répondirent qu'ils iraient à la recherche des caciques dans les bois. Le capitaine leur remit alors une lettre comme gage de sécurité pour les caciques, accordant aux messagers un laps de cinq jours pour remplir leur mission.

Cortes attendit vainement le retour des Indiens ; trois ou quatre jours passèrent en dehors des cinq qu'il leur avait accordés sans qu'il reçût aucune nouvelle des caciques ; il résolut alors d'aller à leur recherche. Il envoya donc deux de ses lieutenants avec une centaine d'hommes chacun, pour explorer l'île, l'un jusqu'à la pointe du nord, l'autre jusqu'à la pointe du sud, avec ordre de faire entendre aux caciques qu'il les attendait dans ce village de Saint-Jean-de-Porte-Latine, pour leur parler de Vos Majestés, et avec recommandation de les ramener coûte que coûte à ce port de Saint-Jean, mais avec défense formelle de leur faire aucun mal et de ne les blesser ni dans leurs personnes ni dans leurs biens, pour ne point augmenter leur frayeur.

Les deux lieutenants s'en allèrent où le capitaine Cortes les envoyait ; ils revinrent quatre jours après, disant qu'ils avaient trouvé tous les villages déserts, mais ramenant avec eux une douzaine de prisonniers parmi lesquels se trouvait un Indien des plus influents, que Cortes engagea vivement à lui ramener les caciques qu'il tenait à voir et qu'il ne partirait pas sans les avoir entretenus. L'Indien accepta la commission, partit et revint au bout de deux jours avec l'un de ces caciques, qui se disait le premier de l'île de Cozumel et qui lui demanda ce qu'il voulait.

Le capitaine lui répondit qu'il ne venait pas dans l'intention de leur faire aucun mal, mais pour les engager à accepter les doctrines de notre sainte religion ; il ajouta que nous avions pour seigneurs les plus grands princes du monde, qui étaient eux-mêmes les sujets d'un prince plus grand encore et qu'il ne demandait aux caciques et aux Indiens rien autre que d'obéir à Vos Altesses, ce qui leur attirerait toute espèce de biens et empêcherait que dorénavant personne leur fît aucun mal. Le cacique trouva que cela était bien, et il envoya aussitôt à la recherche des principaux habitants qui vinrent au village et se réjouirent beaucoup de ce que le capitaine Fernand Cortès avait communiqué au cacique chef de l'île; celui-ci ordonna donc aux Indiens de revenir; ils revinrent fort contents et se rassurèrent si bien que les villages se trouvèrent peuplés comme devant et que ces gens se mêlaient à nous avec autant de familiarité que s'ils nous eussent connus depuis de longues années.

Sur ces entrefaites, le capitaine apprit que sept ans auparavant, certains Espagnols revenant de la Terre ferme sur une caravelle, avaient fait naufrage sur les bas-fonds de la Jamaïque; qu'ils s'étaient sauvés sur un de leurs canots, lequel avait été jeté sur la côte yucatèque où les Indiens les retenaient prisonniers. Le capitaine Fernand Cortès avait déjà été informé de cet événement avant de quitter l'île Fernandina; mais en apprenant des nouvelles certaines de ces Espagnols, ainsi que de l'endroit où ils se trouvaient prisonniers, il lui sembla que ce serait servir Dieu et Vos Majestés que de s'efforcer de les délivrer; et il serait immédiatement parti avec sa flotte pour aller à leur rencontre, si les pilotes ne l'en avaient dissuadé, en lui disant qu'il risquait la perte de ses navires et de ses hommes dans des parages où la mer est toujours mauvaise et la côte sans abri.

Cortès renonça donc à son projet; mais il envoya des Indiens qui prétendaient connaître le cacique au service duquel se trouvaient les Espagnols, avec mission d'aller les voir, les engager à se sauver et gagner la côte, où, au moyen de canots, ils pourraient venir le trouver à l'île de Santa Cruz où il les attendrait. Trois jours après le départ des Indiens porteurs de lettres pour les prisonniers, le capitaine craignant que cela fût insuffisant et que ses messagers ne réussissent pas comme il le désirait, résolut d'envoyer deux brigantins, un grand canot et quarante soldats afin de recueillir les Espagnols s'ils se présentaient à la côte; il leur adjoignit aussi trois Indiens munis de lettres, qui devaient être mis à terre et se lancer à la recherche des prisonniers. Arrivés à la côte, les brigantins débarquèrent les Indiens et conformément aux instructions de Cortès les envoyèrent à la recherche des Espagnols. Les deux navires attendirent pendant six longues journées le retour de ces Indiens, et en grand péril de naufrage, tant la mer était haute et mauvaise comme le pilote l'avait prédit. Voyant donc que ni Espagnols, ni Indiens ne revenaient au rendez-vous, le commandant de la flottille s'en retourna à l'île de Santa Cruz où Fernand Cortes l'attendait. En apprenant cette triste nouvelle, le capitaine en éprouva une douleur extrême, et le lendemain il voulut s'embarquer avec sa troupe et, dût sa flotte périr tout entière, se rendre à la côte et s'assurer par lui-même si Grijalva avait dit la vérité en assurant à son retour à l'île Fernandina que jamais Espagnols quelconques n'avaient abordé, ni ne s'étaient perdus sur la côte yucatèque. La chose résolue, tout le monde s'était embarqué, sauf Cortes et une vingtaine d'Espagnols; le temps était superbe et toutes choses favorables à la sortie du port, lorsqu'un vent des plus violents s'éleva tout à coup, accompagné de pluie et de bourrasques; il fallut, suivant l'avis des pilotes, retarder le départ. Le capitaine fit donc désembarquer ses gens. — Le lendemain, vers midi, on vit un canot à la voile se diriger vers l'île; arrivé près de nous, nous reconnûmes au milieu des passagers l'un des Espagnols prisonniers : il se nommait Jéronimo de Aguilar; il nous raconta comment il se perdit sur la côte yucatèque et depuis combien de temps il était esclave, ce qui confirme ce que nous en avons rapporté à Vos Altesses : de sorte que ce contretemps qui nous avait forcés de relâcher, nous parut un incident soulevé par la Providence pour la plus grande gloire de Votre Majesté. Ce même Jéronimo de Aguilar nous assura que les autres Espagnols qui s'étaient perdus avec lui, lors du naufrage de la caravelle, étaient dispersés dans la province qui était fort grande et qu'il serait impossible de les retrouver sans perdre un temps considérable. Comme le capitaine Fernand Cortes vit que les provisions de la flotte s'épuisaient et que ses gens seraient exposés à de rudes privations s'il séjournait plus longtemps dans ces parages; que, de plus, il pourrait compromettre le succès de l'expédition; ses gens consultés, il résolut de partir et mit à la voile sur-le-champ, laissant cette île de Cozumel, qui s'appelle aujourd'hui

Santa Cruz, pacifiée, et de telle manière que si l'on voulait y établir une colonie, les Indiens seraient tous prêts à nous servir de travailleurs.

Les caciques furent très contents de ce que leur avait dit le capitaine de la part de Vos Altesses Royales et se montrèrent satisfaits des présents que nous leur fîmes, et nous sommes persuadés que les Espagnols, qui dorénavant pourraient venir à Cozumel, y seraient aussi bien reçus que dans toute autre terre déjà colonisée depuis longtemps. Cette île est petite; elle n'a ni rivière, ni ruisseau; toute l'eau que boivent les Indiens leur vient des puits. La surface de l'île se compose de collines ardues, de pierres et de forêts, de sorte que le principal travail des Indiens se borne à l'élevage des abeilles, et nos envoyés portent à Vos Altesses des échantillons de miel et des ruches, afin qu'elles puissent se rendre compte de cette industrie. Nous devons dire à Vos Majestés comment le capitaine s'adressa aux caciques de l'île, les exhortant à renoncer à leurs cérémonies païennes et comment les caciques lui demandèrent une loi nouvelle sous laquelle ils s'engageraient à vivre, et comme quoi le capitaine leur enseigna le mieux qu'il put la doctrine et les mystères de la religion catholique, leur laissant une croix de bois placée sur un de leurs monuments le plus élevé, en même temps qu'une statue de la Vierge Marie, leur expliquant en toute perfection ce qu'ils devaient faire pour être de bons chrétiens; ce qu'ils écoutèrent avec plaisir, promettant de s'y conformer. En quittant l'île, nous gagnâmes le Yucatan dont nous suivîmes la côte nord jusqu'à ce que nous atteignîmes la grande rivière que l'on appelle Grijalva, rivière que, selon notre relation à Vos Altesses Royales, découvrit le capitaine Grijalva, parent de Diego Velazquez. La barre de cette rivière a si peu d'eau que pas un de nos grands navires ne put y pénétrer; mais le capitaine Fernand Cortes, entraîné par son zèle pour le service de Votre Majesté et voulant lui adresser un rapport des plus exacts sur les produits de la contrée, résolut de ne point pousser au delà, avant de connaître ce fleuve, les gens qui en habitent les rives et les richesses qu'on les dit posséder; il embarqua donc tous ses hommes sur les canots et les brigantins, et nous remontâmes la rivière jusqu'au premier village. A notre arrivée, nous trouvâmes les habitants assemblés sur la rive; le capitaine leur adressa la parole au moyen d'Aguilar qui, ayant habité le Yucatan, parlait leur langue : il leur dit, qu'en venant dans leur pays, il n'avait l'intention de leur faire aucun mal, mais seulement de leur parler de Vos Majestés, et qu'en conséquence, il les priait de lui permettre de débarquer, car nous n'avions d'autre endroit pour dormir que les barques et les brigantins, où nous pouvions à peine tenir debout, et qu'il était trop tard pour reprendre la mer.

Les Indiens répondirent à Cortes, qu'il continuât de leur parler de l'endroit où il était, mais qu'il se gardât bien de descendre à terre ni lui ni ses gens, qu'ils s'y opposaient absolument : ce disant, ils se mirent en bataille, nous menaçant et nous enjoignant de partir. Il était tard, et comme le soleil allait se coucher, le capitaine nous conduisit sur des bancs de sable situés en face du village où nous mîmes pied à terre et où nous passâmes la nuit. Le jour suivant, de bon matin, plusieurs Indiens nous arrivèrent en canots; ils nous apportaient des poules et un peu de maïs, à peine de quoi suffire au déjeuner de quelques hommes; ils nous dirent de prendre ces vivres et de nous en aller.

Le capitaine leur répondit par ses interprètes, qu'il n'entendait pas quitter la contrée sans en connaître l'aspect et les ressources afin de pouvoir en écrire à Vos Majestés un rapport exact et détaillé; qu'il les priait de ne point s'en offenser et lui permissent l'entrée de leur village, puisque en somme ils étaient vassaux de Vos Altesses Royales. Mais ils nous dirent de nouveau de bien nous garder de pénétrer dans le village, et de nous en aller sur l'heure; puis ils partirent. Après leur départ, le capitaine résolut malgré tout d'aller chez eux; il ordonna à l'un des lieutenants qui l'accompagnaient de prendre avec lui deux cents hommes et de tourner le village par un chemin que nous avions reconnu la veille, pendant que lui, avec quatre-vingts hommes, irait avec les brigantins et les barques se présenter en face du village où il sauterait à terre si les Indiens le permettaient. A son arrivée, il trouva les Indiens en costume de guerre, armés d'arcs et de flèches, de lances et de boucliers, qui lui intimèrent l'ordre de quitter le pays, ou que, si nous désirions la guerre, nous la commencions tout de suite et qu'ils étaient gens à défendre leur village.

Le capitaine leur fit alors trois sommations, dont dressa procès-verbal l'écrivain public de Vos Altesses Royales qui l'accompagnait, affirmant qu'il ne voulait pas la guerre; puis, voyant que les Indiens étaient bien résolus à nous empêcher de prendre terre, et qu'ils commençaient à nous lancer des flèches, il fit débarquer l'artillerie des brigantins et ordonna d'engager le combat.

Au débarquement, les Indiens nous blessèrent plusieurs hommes, mais finalement nous les abordâmes avec tant d'ardeur, pendant que nos amis qui les avaient tournés les attaquaient par derrière, qu'ils s'enfuirent et abandonnèrent le village dont nous nous emparâmes et où nous nous établîmes dans la partie la mieux fortifiée.

Le jour suivant, sur le tard, deux Indiens vinrent nous voir de la part des caciques et nous apportèrent divers bijoux d'or de peu de valeur, en disant au capitaine qu'ils les lui offraient pour qu'il s'en allât sans leur faire ni mal ni dommage. Le capitaine leur répondit, que quant au mal et au dommage il ne leur en ferait aucun; mais que quant à quitter le pays, ils devaient savoir que, dorénavant, ils auraient à tenir pour maîtres et seigneurs les plus grands princes de la terre, qu'ils en étaient des vassaux et leur devraient obéissance et qu'en le faisant, ils obtiendraient de Vos Majestés mille faveurs et qu'elles les défendraient contre leurs ennemis. Ils répondirent qu'ils seraient heureux de le faire, mais cependant nous demandèrent encore de quitter leur pays. Nous restâmes amis et, cette paix conclue, le capitaine dit aux Indiens que les Espagnols se trouvaient sans vivres, n'en n'ayant point amené de leurs navires; il les pria donc de leur en apporter pendant que nous resterions à terre. Ils promirent d'en apporter le jour suivant; ils partirent et nous les attendîmes en vain deux longues journées pendant lesquelles nous manquâmes de toute chose. Le troisième jour, quelques Espagnols demandèrent au capitaine la permission d'aller dans les habitations environnantes pour y chercher des vivres, et comme Fernand Cortes vit que les Indiens manquaient à leur promesse, il envoya quatre de ses lieutenants avec plus de deux cents hommes pour courir le pays à la recherche des vivres, et comme ils allaient maraudant, ils rencontrèrent une multitude d'Indiens qui les attaquèrent avec une telle vigueur qu'ils blessèrent vingt Espagnols et que si l'on n'eût aussitôt fait savoir au capitaine de venir à leur secours, ce qu'il fit sur l'heure, nous aurions peut-être perdu la moitié de nos gens. Nous pûmes ainsi regagner notre camp où se reposèrent les combattants et où l'on pansa les blessés. Le capitaine voyant le mal que les Indiens nous avaient fait, et qu'au lieu de nous apporter des vivres comme ils l'avaient promis, ils nous faisaient la guerre, fit débarquer dix des chevaux que nous avions à bord, avec toute sa troupe, car il pensait que les Indiens, enflés du succès qu'ils avaient eu la veille, viendraient attaquer le camp avec l'espoir de nous détruire. Lorsque nous fûmes prêts, Cortes envoya certains de ses lieutenants avec trois cents hommes, là où l'on nous avait livré bataille, pour savoir si les Indiens s'y trouvaient encore, ou ce qu'ils étaient devenus. Peu après, il les fit suivre de cent hommes sous la conduite de deux autres chefs, et lui-même, à la tête de ses dix cavaliers, s'occupa de protéger le flanc de sa colonne. Ce fut en cheminant de la sorte que les premiers allèrent donner sur une troupe nombreuse d'Indiens qui venaient attaquer le camp, et si nous n'avions pris les devants, ils auraient pu nous mettre en grand péril.

Le commandant de l'artillerie qui allait en avant, voulut parlementer avec les Indiens qu'il rencontra, leur répétant que nous ne voulions pas de guerre, mais la paix pour l'amour d'eux; ce à quoi ils répondirent par une nuée de flèches. La bataille faisait donc rage entre les Indiens et nos gens de l'avant-garde, que rejoignirent à temps les deux lieutenants avec l'arrière-garde; et il y avait bien deux heures que durait le combat, lorsqu'arriva le capitaine Fernand Cortes avec la cavalerie; il venait à travers bois, d'un côté où les Indiens commençaient à cerner les Espagnols; pendant une heure il s'avança luttant avec les Indiens dont la multitude était si grande, que ni ceux qui luttaient contre l'infanterie espagnole ne voyaient les gens à cheval, ni ne savaient même où ils se trouvaient, et que les cavaliers eux-mêmes qui chargeaient au milieu des Indiens ne se voyaient pas entre eux. Mais lorsqu'enfin les Espagnols aperçurent les cavaliers, ils s'élancèrent avec furie de leur côté, mettant les Indiens en fuite. La poursuite se continua pendant une demi-lieue. Le capitaine voyant les Indiens en fuite, pensant qu'il n'y avait plus aucun avantage à les poursuivre et que ses hommes étaient fatigués, ordonna que tout le monde se réunît dans certaines habitations voisines; et les passant en revue, il se trouva vingt hommes blessés, dont pas un ne mourut, pas plus que de ceux qui avaient été blessés la veille.

Une fois les blessés pansés et guéris, nous regagnâmes notre camp, emmenant avec nous deux Indiens prisonniers, que le capitaine fit mettre en liberté avec lettres pour les caciques, recommandant bien de leur dire, que s'ils voulaient venir le trouver, il leur pardonnerait et seraient bons amis. Ce même jour dans la soirée, deux Indiens nous arrivèrent paraissant des chefs; ils dirent qu'ils se repentaient de ce qui était arrivé, que les caciques demandaient que nous ne leur fissions plus de mal, que nous leur avions tué plus de deux cents hommes et que le passé fût oublié; que dorénavant ils se reconnaissaient pour vassaux des princes dont nous leur avions parlé; qu'ils le déclaraient de bonne foi et se soumettraient à tous les services qu'on réclamerait en leur nom. La paix fut donc conclue; puis le capitaine demanda à ces Indiens d'où venaient tous ces guerriers qui prirent part à la bataille; ils répondirent qu'ils appartenaient à huit provinces diverses et que selon leur appréciation ils montaient à quarante mille hommes, chiffre exact d'après leur manière de compter.

Vos Majestés peuvent tenir pour certain que cette bataille fut gagnée par la volonté de Dieu plutôt que par notre courage, puisque nous comptions à peine quatre cents hommes contre quarante mille.

Nos relations amicales bien établies, les Indiens nous donnèrent, les quatre ou cinq jours que nous demeurâmes au milieu d'eux, pour environ cent quarante piastres d'or en objets divers, pièces si petites et si minces qu'il nous parut bien que le pays devait être pauvre en or et que le peu qui s'y trouvait devait y avoir été apporté au moyen d'échange ; — la terre est très fertile, les vivres y abondent, tant maïs que fruits, poissons et autres denrées que les habitants consomment ; — le village est situé sur la rivière du Grijalva et aux alentours s'étend une plaine semée d'habitations avec des champs plantés des produits que les Indiens cultivent. Cortes leur reprocha le mal qu'ils faisaient en adorant leurs idoles et leurs faux dieux et il leur fit comprendre qu'ils eussent à entrer dans notre sainte croyance ; il leur laissa une grande croix de bois placée sur le sommet d'une pyramide, ce dont ils se montrèrent fort contents, promettant de la tenir en grande vénération et de l'adorer ; ils se déclarèrent en outre nos amis, et vassaux de Vos Altesses Royales.

Alors Fernand Cortes poursuivit son voyage et nous arrivâmes sous peu, à la baie nommée San Juan, où le capitaine Juan de Grijalva opéra les échanges dont nous avons précédemment parlé à Vos Majestés. A peine eûmes-nous jeté l'ancre que les Indiens de l'endroit accoururent nous demander quelles étaient les caravelles qui venaient d'arriver. Comme il était tard, le capitaine resta à bord et défendit que personne débarquât. Le jour suivant, il descendit à terre avec la plus grande partie de sa troupe et là, il se rencontra avec deux principaux personnages, auxquels il donna divers de ses bijoux personnels et les entretint au moyen de ses interprètes, leur donnant à entendre qu'il était venu dans ces contrées par ordre de Vos Altesses Royales pour leur apprendre ce qu'ils auraient à faire pour les bien servir ; il les priait donc de se rendre au plus vite à leur village pour dire aux caciques de le venir trouver ; et pour les décider à venir, il leur fit porter deux chemises et deux pourpoints, l'un de satin et l'autre de velours, un bonnet d'étoffe rouge et un collier de grelots. Ils s'en furent porteurs de ces présents pour leurs caciques, dont l'un vint nous trouver le lendemain un peu avant midi. Le capitaine lui expliqua qu'il n'était pas venu pour faire du mal aux Indiens, mais les amener à se reconnaître vassaux de Vos Majestés, qu'ils devaient servir et à qui ils devaient donner une part des produits de leur terre, comme il était de coutume de le faire.

Ce cacique répondit qu'il était très heureux de reconnaître pour souverains des seigneurs aussi puissants que ceux que lui avait dépeints le capitaine; et Cortes lui dit aussitôt, que puisqu'il montrait tant de bonne volonté à son maître et seigneur, il verrait de quelles grâces Vos Majestés le combleraient à l'avenir. En disant cela, il le fit vêtir d'une chemise de toile de Hollande, d'une robe de velours et d'une ceinture d'or, dont le cacique se montra très heureux, disant à Cortes qu'il désirait retourner à son village, mais qu'il reviendrait un autre jour et qu'il apporterait des provisions et des produits pour nous montrer la bonne volonté qu'il avait de servir Vos Altesses Royales; il prit congé et partit. Le jour suivant ce même cacique revint comme il l'avait promis et fit étendre une pièce d'étoffe blanche devant le capitaine, étoffe sur laquelle il déposa divers bijoux d'or, au sujet desquels, ainsi que d'autres qu'on nous offrit plus tard, nous adressons un rapport particulier à Vos Majestés, rapport dont nous chargeons nos envoyés.

Lorsque le cacique eut prit congé, nous nous réunîmes tous, gens de l'expédition. nobles, cavaliers, hidalgos zélés pour le service de Notre Seigneur Dieu et de Vos Altesses Royales, désireux d'exalter votre couronne, d'étendre vos seigneuries et d'augmenter vos revenus, et nous nous consultâmes avec le capitaine Fernand Cortes, nous disant que cette contrée était belle et bonne, que selon les échantillons d'or que le cacique nous avait apportés, la terre devait être riche, que selon les marques de bonne volonté que ce même cacique nous avait données, nous avions tous droits de penser que lui et ses Indiens nous accorderaient obéissance; nous pensâmes que pour le service de Vos Majestés, il convenait de ne point s'en tenir aux instructions de Diego Velazquez au capitaine Fernand Cortes, qui était d'amasser de l'or le plus possible et de s'en retourner à l'île Fernandina où Diego Velazquez et le capitaine s'en seraient partagé la jouissance; nous tombâmes tous d'accord qu'il valait mieux, au nom de Vos Majestés, fonder une ville avec sa cour de justice, afin que Vos Altesses possédassent la seigneurie de cette terre comme leurs propres domaines. Que cette terre une fois peuplée d'Espagnols, Vos Majestés pourront, en dehors de l'accroissement de leurs rentes et seigneuries, nous accorder quelques faveurs, à nous, comme à ceux qui plus tard viendraient habiter le pays. Étant tombés d'accord, nous nous réunîmes tous dans un même esprit et une même volonté et nous allâmes trouver le capitaine à qui nous dîmes, que puisqu'il voyait comme nous combien il importait au service de Dieu et de Vos Majestés que cette terre fût colonisée (et nous lui en répétâmes les raisons que nous avons dites plus haut à Vos Majestés), il importait d'arrêter les échanges faits jusqu'alors; que ce serait ruiner le pays et desservir Vos Majestés : qu'il nous fallait fonder une ville ; et nous lui demandâmes d'en nommer aussitôt les alcades et les corrégidors (officiers municipaux) avec protestations de notre part contre son refus de nous écouter.

Notre communication faite au capitaine, il nous promit une réponse pour le jour suivant; il nous dit en effet, que dévoué exclusivement au service de Vos Altesses Royales, il renonçait à tous les bénéfices que pourrait lui procurer le commerce, et au remboursement des grandes dépenses qu'il avait faites conjointement avec Diego Velazquez, et que mettant toute question personnelle de côté, il était heureux de faire ce que nous avions demandé, puisque c'était pour la plus grande gloire de Vos Altesses Royales. Il commença donc aussitôt à jeter des fondations d'une ville qu'il nomma la Ville Riche de la Veracruz; il choisit parmi nous les alcades et les conseillers municipaux et reçut de nous au nom de Vos Altesses les serments qui sont de coutume; après quoi, le jour suivant, nous entrâmes en fonctions. Étant réunis, nous appelâmes devant nous le capitaine Fernand Cortes et nous lui demandâmes au nom de Vos Altesses Royales de vouloir bien nous montrer les pouvoirs et instructions que Diego Velazquez lui avait donnés pour venir en ce pays; ce qu'il fit immédiatement. Les ayant lus et bien examinés au mieux de notre entendement, il nous parut que ce pouvoir et ces instructions n'avaient plus aucune valeur et que par suite de leur expiration, le capitaine Fernand Cortes ne pouvait dorénavant servir de juge pas plus que de commandant.

Il nous parut donc, Très Excellents Princes, que pour faire régner l'ordre et la paix parmi nous et pour nous bien gouverner, il convenait de nommer aux noms de Vos Majestés dans la dite ville, pour administrer la justice et pour chef et capitaine, l'un de nous à qui nous dussions rendre compte pour qu'il en pût référer à Vos Altesses Royales; et comprenant que personne n'en pouvait être chargé à meilleur titre que Fernand Cortes, parce que, en dehors de sa valeur personnelle, il est tout dévoué au service de Vos Majestés, comme aussi pour la grande expérience qu'il a des pays d'outre-mer, ce dont il a donné tant de preuves; si nous ajoutons qu'il a dépensé tout son avoir pour venir avec cette flotte servir les intérêts de Vos Majestés; qu'il a tenu pour rien l'abandon des profits qu'il aurait pu faire; nous avons cru qu'il méritait, au nom de Vos Altesses Royales, d'être nommé chef de la justice et premier alcade, et nous l'avons nommé; après quoi il nous fit les serments d'usage. Nous le proclamâmes alors en notre conseil municipal et dans notre maison de ville, chef de la justice et capitaine de vos armes royales, ce qu'il est et demeurera tant que Vos Majestés ne décideront rien d'autre pour le bien de leur service. Nous avons voulu faire de toute cette organisation un rapport complet, afin que Vos Altesses Royales sachent bien ce qui a été fait et dans quel état nous vivons ici.

Cette élection achevée, étant tous réunis dans notre salle des séances, nous convînmes d'écrire à Vos Majestés et de leur envoyer tout l'or, l'argent et les bijoux que nous avons amassés dans ce pays et non seulement le cinquième qui vous appartient d'après vos ordonnances royales, mais le tout, comme étant notre première offrande, sans en rien réserver pour nous, désirant montrer par là le dévouement que nous avons pour votre service, comme nous l'avons déjà montré en sacrifiant nos personnes et nos biens. Cette résolution prise, nous choisîmes pour nos représentants Alonso Fernandez Porto-Carrero et Francisco de Montejo que nous envoyons à Vos Majestés avec notre trésor; pour que de notre part ils baisent vos mains royales, et qu'en notre nom et au nom de notre conseil municipal, ils supplient Vos Altesses Royales de vouloir nous accorder quelques grâces qui nous permettent de travailler à la gloire de Dieu et de Vos Majestés comme à la prospérité de notre ville; ce sont là les principales instructions que nous leur avons données. Nous supplions donc humblement Vos Majestés, avec tout le respect que nous leur devons, de vouloir bien accueillir nos envoyés, de leur donner vos mains royales à baiser de notre part et de leur accorder les faveurs que nous les avons priés de vous demander; parce que, en dehors du service que Vos Majestés rendront à Notre Seigneur, à la ville et à son conseil municipal, nous recevrons avec reconnaissance ces marques de faveur, comme nous espérons nous montrer dignes d'en recevoir d'autres.

Dans un précédent paragraphe de cette lettre, nous disions à Vos Altesses Royales que nous leur envoyions une relation afin que Vos Majestés fussent informées de toutes choses concernant ce pays, de sa configuration et de ses richesses, de la race qui l'habite et des lois, rites et cérémonies qui la régissent. Cette contrée, Très Puissants Seigneurs, cette contrée que nous occupons au nom de Vos Majestés, a cinquante lieues de côtes d'un côté et de l'autre de cette ville; les bords de la mer sont plats et sablonneux et quelquefois sur une largeur de plus de deux lieues dans l'intérieur; une fois en dehors des sables, la terre s'étend en plaines fertiles, coupées de petites rivières et couvertes de champs cultivés d'une si belle et si charmante apparence qu'il n'est rien de comparable en Espagne; il règne en ces pays un air de paix et la fertilité y est grande pour toutes les choses qu'on sème; tout y semble admirablement organisé; et l'on y voit paître une foule d'animaux. Il y a dans cette contrée toutes sortes de quadrupèdes et oiseaux semblables aux nôtres, tels cerfs, chevreuils, daims, loups, renards, perdrix, pigeons et colombes de deux ou trois espèces, cailles, lièvres et lapins, de manière qu'en fait d'oiseaux et d'animaux il n'y a pas de différence entre cette terre et l'Espagne; mais il y a des lions et des tigres à cinq lieues de la mer et quelquefois à moins.

Il y a une grande chaîne de montagnes très belles et la plupart sont très hautes ; mais l'une d'elles [1] dépasse en hauteur toutes les autres ; du sommet l'on découvre une grande partie de la terre et de la mer, et elle est tellement élevée, que si le jour n'est pas très clair on n'en peut apercevoir le sommet, parce que toute la partie supérieure est couverte de nuages ; quelquefois, quand il fait très beau, la cime se voit par-dessus les nuées, et elle est si blanche que nous pensâmes que c'était de la neige, encore que les naturels nous assurent que c'est bien de la neige. Ne l'ayant pas bien vue quoique nous nous soyons approchés de fort près, nous n'osons l'affirmer, d'autant plus que la région est fort chaude. Nous nous empresserons de nous renseigner à ce sujet, comme en d'autres dont nous avons quelques notices, afin d'en faire pour Vos Altesses Royales une relation exacte ainsi que des richesses en or, argent et pierres précieuses. Vos Majestés en pourront déjà juger d'après des échantillons que nous envoyons à Vos Altesses Royales. A notre avis, on peut croire qu'il y a en cette contrée autant de richesses que dans celle où Salomon trouva de l'or pour l'édification du temple. Mais comme il y a peu de temps que nous y sommes, nous n'avons pu explorer plus de cinq lieues dans les terres et une douzaine le long des côtes ; nous en avons vu bien davantage pendant notre navigation.

La population qui occupe le pays, de l'île de Cozumel et la pointe du Yucatan à l'endroit où nous sommes, appartient à une race de taille moyenne, de corps bien proportionné, avec cette particularité, que dans chaque province ils modifient eux-mêmes leurs physionomies ; les uns se perçant les oreilles pour y mettre de grands et vilains objets, d'autres se perforant les cartilages du nez pour y introduire de grandes pierres rondes qui paraissent des miroirs, et d'autres se perçant la lèvre inférieure jusqu'aux dents, pour y pendre de grandes roues d'or ou des pierres si lourdes, qu'elles leur font des lèvres tombantes qui les rendent absolument difformes.

Leurs vêtements sont faits d'une espèce d'étoffe de gaze couverte de peintures ; les hommes cachent leurs nudités et

---

1. C'est l'Orizontale.

s'enveloppent le buste d'une étoffe très fine et toute peinte, rappelant les draperies maures; les femmes de la basse classe portent une jupe d'étoffe peinte qui leur tombe sur les pieds avec un petit corsage qui leur masque les seins; le reste est découvert.

Les femmes nobles se montrent vêtues de longues chemises d'une fine étoffe de coton toute brodée, en forme de rochet. Leurs vivres se composent de maïs, de quelques autres grains comme ceux des îles, et de la yuca que nous consommons à l'île de Cuba et qu'ils mangent rôtie, ne sachant pas en faire du pain; ils ont leurs pêcheries et leurs chasses, ils élèvent beaucoup de poules comme celles de la terre ferme, et qui sont grosses comme des paons [1]. Il y a de grands villages fort bien construits; là où les pierres abondent, les maisons sont en pierres, reliées en chaux et mortier; les chambres y sont petites, basses, dans le genre mauresque. Là où les pierres manquent, ils les construisent en adobes qu'ils blanchissent à la chaux, et les toits sont en chaume.

Il y a des maisons de caciques fort belles et contenant de nombreuses chambres; nous avons vu plus de cinq grandes cours dans l'intérieur d'une seule habitation, avec ses appartements fort bien distribués, chacun y ayant son service particulier. Ils ont à l'intérieur leurs puits et leurs citernes et les demeures de leurs esclaves et de leurs serviteurs, qu'ils ont fort nombreux.

Chez chacun de ces caciques, à l'entrée de leurs palais, mais en dehors, il y a une grande cour au milieu de laquelle s'élèvent deux, trois ou quatre édifices très élevés avec escaliers pour en gravir le sommet. Ils sont très bien construits; ce sont là leurs oratoires, temples et autels. Les communs en sont considérables; c'est là que reposent les idoles qu'ils adorent, les unes de pierre, les autres en terre cuite et les autres en bois. Idoles qu'ils adorent et servent en tant de cérémonies qu'il nous serait difficile d'en faire à Vos Altesses Royales une description complète. Les temples et mosquées où ils tiennent ces idoles sont,

---

1. Ce sont des dindes.

petits et grands, admirablement sculptés et il y a des villages où les idoles sont enjolivées de plumes et d'étoffes brodées avec le goût le plus délicat. Tous les jours, avant de rien entreprendre, ils brûlent dans ces temples de l'encens et offrent leurs personnes mêmes en holocauste, les uns se coupant la langue, d'autres les oreilles, et quelques-uns se tailladant le corps à coups de couteaux; le sang qui s'en échappe, ils l'offrent à ces idoles, le répandant par toutes parties du temple, le jetant parfois vers le ciel et faisant mille cérémonies : de sorte qu'ils n'entreprennent rien sans faire un sacrifice. Ils ont une autre coutume horrible, abominable, bien digne de châtiment et que nous n'avons observée nulle part; c'est que chaque fois qu'ils ont quelque chose à demander à leurs idoles, afin qu'elles soient propices à leurs prières, ils prennent des jeunes garçons et des jeunes filles, des hommes et des femmes aussi, dont ils ouvrent la poitrine, dont ils arrachent le cœur et les entrailles qu'ils brûlent devant leurs faux dieux, leur en offrant la fumée en sacrifice. Quelques-uns de nous ont été témoins de ces sacrifices et ceux qui les ont vus, disent que c'est la chose la plus terrible et la plus épouvantable qui se puisse imaginer.

Ces Indiens font ces sacrifices si fréquemment et si souvent, que l'on nous a dit, et nous en avons une certaine expérience pour le peu de temps que nous habitons leur pays, qu'il n'y a pas d'années qu'ils ne tuent et sacrifient cinquante personnes dans chaque temple; et cela se pratique, de l'île de Cozumel à l'endroit où nous sommes. Vos Majestés peuvent être sûres que vu l'étendue de leur contrée et le grand nombre des temples, il n'y a pas d'année qu'ils ne tuent et sacrifient trois ou quatre mille êtres humains. Vos Royales Majestés jugeront si elles doivent remédier à d'aussi grands maux et si nous n'agirions pas pour la plus grande gloire de Dieu Notre Seigneur en instruisant ces malheureux dans notre sainte religion catholique et en changeant la dévotion, foi et espérance qu'ils ont en leurs idoles, en celles de la divine puissance de Dieu; car il est certain que s'ils servaient Dieu avec le même zèle, la même foi et la même ferveur, ils feraient des miracles.

Il faut croire que Notre Seigneur Dieu a permis la découverte de ces pays au nom de Vos Altesses Royales, afin que tout le mérite de la conversion de ces infidèles en revienne à Vos Majestés. En effet, autant que nous pouvons en juger, il suffirait de quelques interprètes ou personnes parlant leur langue, qui leur fissent comprendre la vérité de notre foi et l'absurdité de la leur, pour que nombre d'entre eux et peut-être tous renonçassent à bref délai à leur hérésie pour adopter nos croyances; car ces Indiens sont plus policés et vivent plus raisonnablement que pas une des peuplades connues jusqu'à ce jour. Vouloir donner à Vos Majestés tous les détails concernant le pays et les gens, ce serait s'exposer à erreur; car en beaucoup de choses nous n'avons parlé que d'après les informations données par les naturels; en conséquence, nous nous garderons de rien avancer que Vos Majestés ne puissent tenir pour absolument sûr. Vos Majestés pourraient, si elles le jugent bon, faire adresser un rapport à Notre Saint-Père, afin qu'il donne, en toute diligence, des ordres pour la conversion de ces infidèles, ce dont nous pourrions attendre les meilleurs résultats. Nous demanderions également que Sa Sainteté voulût bien permettre, que les méchants et les rebelles fussent premièrement avertis, punis ensuite et châtiés comme ennemis de notre sainte foi. Ces châtiments serviraient d'exemple aux Indiens, les engageraient à reconnaître la vérité de notre foi et à éviter les grands dommages qu'ils encourent au service de leurs idoles. Car, outre ce que nous avons raconté à Vos Majestés des enfants, hommes et femmes que ces Indiens sacrifiaient à leurs dieux, nous avons appris et nous sommes certains que tous sont sodomites et pratiquent cette abominable coutume. De toutes façons, nous supplions Vos Majestés de nous envoyer leurs instructions pour le mieux du service de Notre Seigneur et de Vos Altesses Royales; nous demandons aussi qu'elles veuillent bien penser à nous, leurs serviteurs fidèles, et nous accorder quelques faveurs. Quant aux procureurs que nous envoyons à Vos Majestés, et aux instructions que nous leur avons données, il en est une toute spéciale : c'est notre supplique à Vos Majestés de ne rien accorder dans ces contrées à Diego Velazquez, lieutenant-amiral de l'île Fernandina, ni charge de justice, ni gouvernement, ni aucune autre faveur; et si par hasard il lui en avait été accordée, qu'on la révoque, parce qu'il ne convient pas au service de votre couronne royale que le dit Diego Velasquez, ni aucune autre personne possède une seigneurie ou pouvoir quelconque perpétuel ou passager, sauf toutefois la volonté de Vos Majestés, dans des contrées qui leur appartiennent et qui sont très riches selon toutes probabilités. Loin de convenir au service de Vos Majestés que le susdit Diego Velazquez soit pourvu d'un office quelconque, nous aurions tout lieu de craindre, s'il en obtenait un, que nous, les vassaux de Vos Altesses Royales, dans cette contrée que nous avons commencé à coloniser, ne soyons par lui fort maltraités. Nous croyons, en effet, que ce que nous avons fait en ce jour pour le service de Vos Majestés en leur envoyant l'or, l'argent et les bijoux que nous avons amassés, serait fort mal vu par le lieutenant-amiral, comme il nous apparut clairement par la protestation de quatre de ses serviteurs, qui en voyant que nous voulions tout envoyer à Vos Altesses Royales, prétendirent qu'il était mieux de l'envoyer à Diego Velazquez et s'opposèrent à ce qu'on l'envoyât à Vos Majestés. C'est pourquoi nous les fîmes arrêter, attendant que la justice décide de leur sort; nous adresserons à ce sujet un rapport à Vos Majestés. Pour ce qui concerne Diego Velazquez, nous avons été témoins de son administration, et l'expérience que nous en avons, nous fait craindre que s'il avait une charge quelconque en ce pays, il nous traiterait mal, comme il l'a fait à l'île Fernandina du temps de son gouvernement; ne rendant justice à personne, se passionnant sans rime ni raison, faisant tort à d'honnêtes gens et les réduisant à la misère. Il ne leur donnait pas d'Indiens, les gardant pour lui tout en les dépouillant de l'or qu'ils avaient amassé, sans leur en laisser la plus petite part, et ne fréquentant que des hommes dissolus, étant ceux qui lui convenaient le mieux. Etant gouverneur, personne, par crainte, n'ose faire qu'à son bon plaisir. Vos Majestés n'ont jamais eu avis de ces abus, personne n'en n'ayant jamais parlé; d'autant que ses envoyés à votre cour n'étaient que des créatures qu'il tenait sous sa dépendance et qu'il achetait par des concessions d'Indiens.

Quand les procureurs retournent dans leurs villages et rendent compte de ce qu'on y a fait, les habitants demandent qu'on n'envoie pas au gouverneur des personnes pauvres, parce que, pour un cacique que leur attribue Diego Velazquez, ils font tout ce qui lui plaît; et comme il ne dépouille jamais les corregidors et les alcades, des Indiens qu'il leur a donnés, ceux-ci n'osent parler ni dénoncer les procureurs qui ont manqué à tous leurs devoirs, pour le bon plaisir de Diego Velazquez. De cette manière, il a toutes bonnes choses dans sa main, et Vos Majestés comprendront facilement le pourquoi de tous les rapports adressés de l'île Fernandina par Diego Velazquez; les faveurs qu'il demande sont réservées à ses procureurs, les communautés en sont fort mécontentes et ne les ont jamais approuvées. Elles demanderaient au contraire que ces procureurs fussent exemplairement châtiés. Tout ce que nous venons de dire, est notoire pour nous autres les habitants de cette ville de la Veracruz; c'est pourquoi, nous nous sommes réunis sous la présidence du procureur de notre conseil, qui nous demanda que sur son rapport appuyé de nos signatures, nous suppliions en son nom Vos Majestés, de ne pourvoir d'aucune charge Diego Velazquez; mais, au contraire, de lui demander des comptes, lui enlever les fonctions qu'il occupe dans l'île Fernandina, car, lorsqu'il aura rendu ses comptes, tout le monde saura que nous avons dit la vérité. Nous supplions donc Vos Majestés d'envoyer un perquisiteur pour faire des recherches au sujet de tout ce que nous avons écrit à Vos Majestés, tant pour l'île de Cuba que pour tout autre endroit, de sorte que nous puissions prouver à Vos Majestés combien il serait injuste qu'il exerçât des charges royales, soit ici, soit en tout autre lieu où il réside présentement.

Nous avons également demandé au procureur, nous les habitants de cette ville, que dans sa requête il supplie Vos Majestés de vouloir bien nommer par cédule royale, Fernand Cortes capitaine et chef suprême de la justice de Vos Altesses Royales, pour qu'il nous gouverne jusqu'à ce que le pays soit conquis et pacifié, ou jusqu'à ce que Vos Majestés aient résolu de nommer telles personnes qui leur paraîtront le mieux mériter. C'est ce rapport et cette supplique, que nous adressons humblement à Vos Majestés par nos procureurs, de ne rien accorder des faveurs que demande Diego Velazquez directement ou par ses envoyés, et que Vos Altesses Royales veuillent bien nous croire leurs très fidèles sujets, comme nous l'avons été, et le serons toujours.

Quant à l'or, argent, bijoux, armes et étoffes précieuses que nous adressons à Vos Altesses Royales en dehors du cinquième qui appartient à Vos Majestés, nous les supplions, Cortes et nous, que vous les receviez avec faveur.

Ce mémoire est signé par nos procureurs, comme le pourront voir Vos Altesses Royales. — De la Ville Riche de la Veracruz, le 10 juillet 1519.

LETTRE SECONDE

Envoyée à Sa Majesté sacrée, l'Empereur notre Seigneur, par le capitaine général de la Nouvelle Espagne, appelé Fernand Cortes.

Lettre dans laquelle il parle des contrées et provinces innombrables qu'il a nouvellement découvertes dans le Yucatan et en ce pays, en l'année 1519, et qu'il a soumises à la couronne royale de Sa Majesté; — il y parle spécialement d'une grandissime province très riche appelée Culua, dans laquelle il y a de très grandes villes, de merveilleux édifices, d'une architecture et d'une richesse incomparables; — parmi ces villes, il en est une, plus merveilleuse et plus riche que les autres, appelée Tenochtitlan, qui, par un art prodigieux, se trouve construite sur une grande lagune. — Le roi de cette ville est un très grand seigneur appelé Muteczuma; ville où les aventures les plus extraordinaires arrivèrent au capitaine et aux Espagnols. Cette lettre parle longuement du grand empire de Muteczuma, des rites et cérémonies et de sa manière de vivre.

Très Haut, Très Puissant Prince Très Catholique, Invincible Empereur et notre Seigneur : dans un navire que j'expédiai de cette Nouvelle Espagne à Votre Majesté sacrée le 16 juillet 1519, j'envoyais à Votre Altesse un long rapport sur les choses qui s'étaient succédé dans le pays depuis mon arrivée; j'avais chargé de cette relation Alonso Fernandez Porto-Carrero et

Francisco de Montejo, **procureurs** de la Ville Riche de la Veracruz, que j'ai fondée au nom de Votre Altesse. Depuis lors, n'en ayant pas eu l'occasion, manquant de navires et me trouvant absorbé par la conquête et la pacification de cette contrée, n'ayant du reste reçu aucune nouvelle ni du navire ni de mes envoyés, j'ai cessé de relater à Votre Majesté ce que j'ai fait depuis; Dieu sait combien j'en ai souffert! je désirais naturellement tenir Votre Altesse au courant des choses de ce pays; et ces choses sont telles que, comme je l'écrivais dans mon premier rapport, Votre Majesté peut prendre le nom d'empereur de cette Nouvelle Espagne, au même titre que celui d'empereur d'Allemagne qu'elle possède déjà. Quant à vouloir parler de toutes les choses de cette contrée et nouveaux royaumes de Votre Altesse, en vouloir conter tous les détails et particularités, ce serait se lancer dans l'infini, et je supplie Votre Majesté sacrée de me pardonner si je ne puis lui faire un rapport aussi détaillé que je le devrais; en les circonstances où je me trouve, je n'en aurais ni le pouvoir ni le temps; cependant je m'efforcerai de dire la vérité à Votre Altesse le moins mal que je pourrai et de lui conter tout ce que pour le présent il est nécessaire que Votre Majesté sache. Je supplie de nouveau Votre Altesse de me pardonner si je ne dis pas tout, le quand et le comment des choses, si je donne mal certains noms, tant de villes que de villages et de leurs seigneurs qui ont offert leurs services à Votre Majesté et se sont déclarés ses sujets et vassaux; car par suite d'un accident dont je rendrai compte à Votre Majesté, j'ai perdu toutes mes notes et les pièces diverses que j'avais réunies sur les Indiens, ainsi que beaucoup d'autres choses.

Dans la première relation, Très Excellent Prince, je disais à Votre Majesté les villes et villages qui jusqu'alors avaient offert leurs services et que j'avais conquis et assujettis. Je disais aussi qu'il y avait un grand seigneur appelé Muteczuma, dont les naturels m'avaient parlé, qui demeurait selon leurs appréciations à quatre-vingt dix ou cent lieues de la côte et du port où j'abordai. Confiant en la grandeur de Dieu, appuyé du nom royal de Votre Altesse, je résolus d'aller le voir, quelque part qu'il fût. Je me rappelle encore qu'il m'offrit, pour ne pas y aller, beaucoup plus que je ne l'eusse pensé; cependant j'ose assurer Votre Altesse que je l'aurai, mort ou vif, soumis à la couronne royale de Votre Majesté. Dans cette résolution je quittai Cempoal, que j'ai appelé Séville, le 16 août, avec quinze cavaliers et trois cents fantassins, le mieux équipés que les circonstances me le permirent. Je laissai dans la ville de la Veracruz cent trente hommes et deux cavaliers occupés à la construction d'une forteresse qui est presque achevée, et je quittai cette province de Cempoal et toutes les montagnes environnantes qui comprennent cinquante villes et forteresses, avec environ cinquante mille hommes de guerre, entièrement pacifiées; les habitants y resteront les loyaux et fidèles serviteurs de Votre Majesté comme ils l'ont été et le sont aujourd'hui; et cela d'autant mieux, qu'ils étaient sujets de ce seigneur Muteczuma, qui les avait subjugués il y a peu de temps; et comme je leur ai parlé de Votre Altesse et de son grand et royal pouvoir, ils m'ont dit qu'ils désiraient être mes amis et les vassaux de Votre Majesté; qu'ils me priaient de les défendre contre ce grand seigneur qui les avait soumis au joug le plus dur, qui leur prenait leurs fils pour les tuer et les sacrifier à ses idoles, et me firent à son sujet mille autres plaintes. C'est pourquoi ils ont été et sont encore les serviteurs loyaux de Votre Majesté. Je crois qu'ils le seront toujours, pour être délivrés de la tyrannie de Muteczuma, et parce que, de mon côté, je les ai toujours traités avec la plus grande bienveillance.

Pour la plus grande sécurité de ceux qui restaient dans la ville, j'emmenais plusieurs des principaux personnages du pays, avec un assez grand nombre de leurs gens, qui me furent très utiles pendant la route. Je crois me rappeler avoir écrit à Votre Majesté dans ma première lettre, que quelques-uns des soldats qui vinrent en ma compagnie étaient amis de Diego Velazquez; ces gens avaient paru chagrins des services que j'avais rendus à Votre Altesse, et quelques-uns d'entre eux voulurent se révolter et s'enfuir du pays; notamment quatre Espagnols, nommés Juan Escudero, Diego Cermenio, pilote, Gonzalo de Ungria, autre pilote, et Alonso Peñate, lesquels, comme ils l'avouèrent spontanément, avaient résolu de s'emparer d'un brigantin qui se trouvait dans le port tout approvisionné, d'en tuer le commandant et de s'en aller à l'île Fernandina pour faire savoir à Diego Velazquez, comme quoi j'envoyais un navire à Votre Altesse, ce qu'il portait et quelle route il devait prendre, pour que Velazquez mît d'autres navires à ses trousses afin de s'en emparer; ce qu'il fit en effet, ainsi que je l'appris plus tard. Car, selon les rapports, il envoya une caravelle à la poursuite de mon navire qu'elle eût capturé, s'il n'eût déjà passé. Les coupables avouèrent que d'autres personnes avaient conçu ce même projet, d'aviser Diego Velazquez. A la suite de ces dispositions, je châtiai les délinquants selon toute justice et comme en telles circonstances me parut le demander le service de Votre Altesse. Mais outre les gens et amis de Diego Velazquez qui voulaient abandonner la contrée, il y en avait d'autres, qui, en la voyant si grande, si peuplée eu égard à notre nombre d'Espagnols, se trouvaient dans les mêmes intentions. Craignant donc que si les navires restaient à l'ancre, tous ceux qui voulaient me quitter se soulevassent et ne me laissassent à peu près seul, ce qui réduirait à néant les services rendus jusqu'à ce jour à Dieu et à Votre Altesse, j'imaginai que les navires n'étaient plus en état de naviguer et, sous ce prétexte, je les fis jeter à la côte. Tous perdirent alors l'espoir d'abandonner le pays; je pus ainsi me mettre en route moins inquiet et persuadé que malgré mon éloignement les troupes que je laissai derrière moi dans la ville, me resteraient fidèles. Huit ou dix jours après avoir échoué mes navires, ayant quitté Veracruz et me trouvant à Cempoal qui est à quatre lieues de là, j'allais poursuivre mon chemin, quand un émissaire de la ville vint m'apprendre que quatre navires croisaient sur la côte; que mon lieutenant s'était rendu à bord en canot et qu'on lui avait dit que ces navires appartenaient à Francisco de Garay, gouverneur de l'île de la Jamaïque, qui les avait envoyés à la découverte. Mon lieutenant leur apprit comment, au nom de Votre Majesté, j'avais occupé le pays et construit une ville à une lieue environ de l'endroit où se trouvaient les navires; qu'ils pouvaient y venir et qu'on m'avertirait de leur arrivée; que s'ils avaient besoin d'une réparation quelconque, ils trouveraient aide et protection dans le port, où il pourrait les guider. Les autres répondirent qu'ils avaient bien vu le port, puisqu'ils étaient passés devant et qu'ils acceptaient l'invitation. Mon homme revint donc dans sa barque, mais les navires ne le suivirent pas, n'entrèrent point au port et continuaient à croiser le long de la côte sans rien laisser deviner de leurs intentions. Dès que je fus au courant de la chose, je partis aussitôt pour la ville, où j'appris que les navires se trouvaient à trois lieues, le long de la côte nord, et que personne n'avait mis pied à terre. De là, accompagné de quelques personnes, je m'en fus de ce côté pour m'informer; lorsque me trouvant à une lieue de la flottille, je rencontrai trois hommes de son équipage dont l'un se donna pour notaire; il me dit s'être fait suivre des deux autres hommes pour l'assister comme témoins dans certaine notification que son capitaine l'avait chargé de me faire de sa part et qu'il me présentait.

Cette notification me faisait savoir qu'il avait découvert cette contrée et qu'il comptait la coloniser : il me signifiait donc que j'eusse à en fixer les limites, car il entendait établir le siège de cette colonie à cinq lieues sur la côte nord, au-delà de Nautecal, ville située à douze lieues d'une autre ville qui s'appelle aujourd'hui Almeria. Je répondis que le commandant n'avait qu'à se rendre avec ses navires au port de la Veracruz; que là nous causerions, qu'il pourrait me dire dans quelles intentions il était venu, et que si ses navires et ses hommes avaient besoin de quelque chose, je ferais mon possible pour les secourir. Comme il se disait envoyé pour le service de Votre Majesté sacrée et comme je n'avais d'autre désir que de servir les intérêts de Votre Altesse, je l'eusse fait comme je le disais; ils me repartirent que jamais en aucune façon le capitaine, ni aucun de ses gens ne mettrait pied à terre là où je me trouvais.

Craignant qu'ils n'eussent fait quelque mauvaise action, puisqu'ils refusaient de paraître devant moi; la nuit venue, je me cachai de mon mieux près de la côte, juste en face où les navires avaient jeté l'ancre, et je restai là jusqu'au midi du jour suivant, espérant que le capitaine ou les pilotes viendraient à terre, où je me proposais de les interroger, de savoir ce qu'ils avaient fait et où ils étaient allés; dans le cas où ils eussent commis quelque délit, je m'en serais emparé pour les envoyer à Votre Majesté; mais personne ne vint. Voyant qu'ils ne paraissaient point, je fis enlever les vêtements de ceux qui étaient venus me présenter la notification et j'en revêtis les Espagnols de ma compagnie avec ordre de se rendre à la plage dans leur accoutrement et d'appeler les gens des navires : lorsqu'on les eut aperçus, une barque se détacha portant une douzaine d'hommes armés d'arbalètes et d'arquebuses; mes Espagnols qui les avaient appelés, quittèrent alors la plage sous prétexte de rechercher l'ombre d'un bosquet voisin où ils se retirèrent; quatre de ces hommes débarquèrent, deux arbalétriers et deux arquebusiers, qui aussitôt entourés de mes gens furent faits prisonniers. L'un d'eux, commandant de l'une des caravelles, mit le feu à son arquebuse et aurait tué mon capitaine de la Veracruz si grâce à Dieu la mèche n'eût fait long feu. Les hommes qui étaient restés dans la barque prirent la mer et s'en furent à la voile sans attendre que nous pussions rien savoir d'eux. Mais je sus de ceux qui me restèrent, qu'ils étaient arrivés à une rivière à trente lieues de là sur la côte nord, après avoir passé Almeria (c'est le Panuco), qu'ils y avaient été bien accueillis par les naturels; qu'ils avaient obtenu des vivres par échange et qu'ils avaient vu de l'or entre les mains des Indiens, mais peu. Cependant ils avaient récolté trois mille castellanos d'or; ils n'étaient point descendus à terre, mais ils avaient vu plusieurs villages sur les bords de la rivière, et si près, que des navires on les voyait parfaitement. Il n'y avait là aucun édifice de pierre, mais des cabanes de paille dont les planchers se trouvaient à une certaine hauteur au-dessus du sol. J'appris tout cela beaucoup mieux de ce grand seigneur Muteczuma et de certaines gens de ce pays qu'il avait à sa cour.

Je m'emparai également d'un Indien que les navires avaient amené de cet endroit et que j'envoyai avec d'autres messagers de Muteczuma au cacique de cette rivière qui s'appelle Panuco, afin de le gagner au service de Votre Majesté sacrée. Ce cacique me les renvoya, accompagnés d'un gros personnage qu'on me dit seigneur d'un village et qui m'apporta de sa part des étoffes, des pierres précieuses et des plumes; ajoutant que lui et tous les gens du pays étaient fort heureux d'être mes amis et vassaux de Votre Majesté. Moi je lui fis cadeau de diverses choses venant d'Espagne, ce dont il fut très satisfait; à tel point, que quand arrivèrent d'autres navires de Francisco de Garay (j'en parlerai plus tard à Votre Altesse), le seigneur de Panuco m'envoya dire que ces navires étaient à cinq ou six journées de là. Il me demandait de lui faire savoir si ces gens étaient de ma compagnie, qu'il leur donnerait, dans ce cas, tout ce dont ils auraient besoin. Il m'apprit aussi que ces étrangers leur avaient enlevé quelques femmes, des poules et autres vivres.

Je voyageai, Très Puissant Seigneur, je voyageai trois jours dans la province de Cempoal où les naturels me reçurent de la façon la plus hospitalière. Le quatrième jour j'entrai dans une autre province appelée Sienchimalen, où se trouve une ville très forte, placée dans un lieu d'accès difficile, sur la déclivité d'une montagne à pentes rapides; l'entrée se compose d'un passage très étroit accessible seulement aux gens de pieds, et presque inabordable, si les naturels veulent le défendre dans la plaine. Il y a de nombreuses fermes et des villages de deux, trois et cinq cents travailleurs, qui pourraient ensemble constituer un corps de cinq ou six mille guerriers. Nous entrions là dans le royaume de Muteczuma; j'y fus très bien reçu et l'on m'y prodigua les vivres dont j'avais besoin. Les gens me dirent qu'ils savaient bien que j'allais voir Muteczuma leur seigneur; que je pouvais être sûr qu'il était mon ami, qu'il leur avait donné ordre de me faire la plus cordiale réception et qu'il leur en saurait gré. Je répondis à leur bon accueil, en les assurant que Votre Majesté connaissait leur souverain, qu'il m'avait chargé de lui rendre visite et que je n'étais venu que pour cela. Peu après nous arrivâmes à un défilé de cette province que nous appelâmes Nombre de Dios, parce que c'était le premier que nous traversions dans cette province. Ce défilé est d'un accès si difficile qu'on n'en saurait trouver un pareil en Espagne. Je le passai sans difficulté. A la descente, je me trouvai au milieu des exploitations rurales d'une ville appelée Ceyconacan qui appartient également à Muteczuma. Nous y fûmes reçus comme à Sienchimalen; on nous y fit les mêmes compliments, auxquels je répondis de la même façon.

De là, je marchai trois jours durant dans un véritable désert, contrée inhabitable par suite du manque d'eau, de sa stérilité et des grands froids. Dieu sait quelles fatigues nous y avons éprouvées, mes hommes souffrant de la faim et de la soif, et quels périls nous avons bravés par suite d'un tourbillon d'eau et de pierres où je craignis de perdre une partie de mes gens. Là, moururent quelques Indiens de l'île Fernandina qui étaient insuffisamment vêtus. Après ces journées nous rencontrâmes un autre défilé moins agreste que le premier; sur le sommet se trouvait une petite tour, espèce de chapelle, où les Indiens renfermaient leurs idoles et autour de cette chapelle plus de mille charges de bois coupé fort bien empilé, d'où nous baptisâmes l'endroit *Passage du bois coupé*. A la descente du défilé, entre des montagnes à pentes rudes, se trouve une vallée très peuplée de gens d'apparence pauvre. Après deux heures de marche au milieu de cette population sans en avoir rien appris de particulier, j'arrivai dans un pays moins montueux, que me parut habiter le cacique de cette vallée, où s'élevaient les maisons les plus belles et les mieux construites que nous ayons vues jusqu'à ce jour; elles étaient en pierres taillées fort bien sculptées, elles paraissaient neuves et contenaient de grandes et belles salles fort bien distribuées. Cette vallée et ce village se nomment Caltanmi. Le cacique et ses gens me reçurent admirablement. Lui ayant parlé de la part de Votre Majesté, et lui ayant donné la raison de ma venue dans ces contrées, je lui demandai s'il était aussi le vassal de Muteczuma ou de quelque autre seigneur? Fort surpris de ma demande, il me répondit : Qui donc n'est point le vassal de Muteczuma? voulant dire qu'il était bien le maître de l'univers. A mon tour je lui dis le grand pouvoir et les seigneuries de Votre Majesté, et les nombreux et plus puissants princes que Muteczuma qui tous étaient vassaux de Votre Altesse et qui la tenaient en si grand honneur; j'ajoutai que Muteczuma et tous les caciques de ce pays devaient vous rendre hommage, ce que je le priai de faire, parce qu'en se déclarant votre vassal, il en tirerait un grand profit, tandis que s'il refusait, il en serait puni. Je l'engageai donc en reconnaissance de sa vassalité de me donner de l'or que j'enverrais à Votre Majesté. Il me répondit qu'il ne me donnerait l'or qu'il avait, que sur l'ordre de Muteczuma et que sur cet ordre, il donnerait son or, sa personne et tout ce qu'il possédait. Ne voulant point le blesser et me susciter des empêchements pour mon voyage, je dissimulai du mieux que je pus et lui dis que bientôt Muteczuma lui enverrait l'ordre de livrer son or et tout ce qu'il possédait.

J'eus aussi la visite de deux autres caciques propriétaires dans cette même vallée, l'un quatre lieues en aval, et l'autre deux lieues en amont, qui me donnèrent quelques colliers d'or de peu de valeur et sept ou huit esclaves femelles. Je partis au bout de quatre jours, laissant tout le monde satisfait, et je m'en fus à la demeure du cacique qui vivait à deux lieues de là, en amont, en un village appelé Iztacmastitan. Cette seigneurie comprend une population espacée sur une étendue de trois ou quatre lieues, où toutes les maisons se groupent et s'étalent le long d'un ruisseau dans le milieu de la vallée. Sur une colline très élevée se trouvent les palais du cacique avec une forteresse comme nous en avons peu en Espagne, avec ses murs, ses créneaux et ses fossés ; sur le haut de la colline habite une population de cinq ou six mille âmes dans de jolies maisons et paraissant plus riche que celle de la vallée. Là, je fus également bien reçu par le seigneur de l'endroit, qui me dit être aussi le vassal de Muteczuma.

Je restai trois jours dans ce village, tant pour reposer ma troupe des fatigues qu'elle avait endurées dans le désert, que pour attendre quatre messagers, Indiens de Cempoal, que, de Catalmi, j'avais envoyés dans une grande province appelée Tlascala, qu'on m'avait dit être voisine du village, et dont les habitants, disait-on, étaient leurs amis et les ennemis déclarés de Muteczuma. On m'engageait à contracter alliance avec eux, car ils étaient nombreux et fort aguerris ; leur territoire confine de tous côtés à l'empire de Muteczuma avec lequel ils avaient des guerres continuelles ; on croyait qu'ils se joindraient à nous et me porteraient secours dans le cas où Muteczuma entreprendrait quelque chose contre moi. Mais pendant les huit jours que je restai dans la vallée, les messagers ne revinrent pas. Je demandai aux gens de Cempoal qui étaient avec moi pourquoi ces messagers ne revenaient pas. Ils me répondirent que c'était loin, et qu'ils ne pouvaient revenir aussi vite. Voyant que leur retour tardait, les principaux de Cempoal m'assurant de l'amitié des Indiens de cette province, je partis pour m'y rendre.

A la sortie de la vallée je tombai sur une grande muraille de pierres sèches, de neuf à dix pieds de hauteur qui traversait toute la vallée, d'une montagne à l'autre. Cette muraille avait vingt pieds de large, elle était garnie sur toute sa longueur d'un parapet d'un pied et demi d'épaisseur, pour d'en haut combattre à l'abri; elle n'avait qu'une seule entrée de dix pas de large où les deux murailles se croisaient en forme de ravelin d'une largeur de quarante pas, de manière que l'entrée était circulaire au lieu d'être droite. Je demandai la raison de cette muraille et l'on me dit que les gens de Tlascala l'avaient construite pour défendre leur frontière; car ils étaient ennemis de Muteczuma et toujours en guerre avec lui. Les habitants de la vallée m'engagèrent, puisque j'allais voir Muteczuma leur seigneur, à ne point passer chez ses ennemis, qui peut-être pourraient m'attaquer et me faire beaucoup de mal; qu'ils me serviraient de guides auprès de Muteczuma, dont nous ne quitterions pas le territoire et que partout nous y serions bien reçus.

Mais ceux de Cempoal me supplièrent de ne pas les écouter et de prendre par Tlascala; affirmant que ce qu'on m'en disait n'était que pour me priver de l'appui de cette province; que tous les gens de Muteczuma étaient traîtres et mauvais, et qu'ils me conduiraient en quelque endroit d'où je ne pourrais sortir. Comme j'avais plus confiance dans les gens de Cempoal que dans les autres, je suivis leur conseil et m'engageai sur le chemin de Tlascala, entraînant mes hommes dans la destinée que je pensais la meilleure. Alors, à la tête de six chevaux, je pris l'avance d'une demi-lieue, ne pensant guère à ce qui allait m'arriver. Je m'avançai pour voir le pays, éclairer la marche et pourvoir à tout événement.

Après avoir fait quatre lieues, deux de mes cavaliers qui allaient en avant virent quelques Indiens avec les coiffures de plumes qu'ils portent en cas de guerre, armés d'épées et de boucliers; dès qu'ils aperçurent les hommes à cheval, ils prirent la fuite. J'arrivais alors : je les fis appeler, leur disant qu'ils vinssent et n'eussent aucune crainte. Je m'avançai et j'en comptai quinze. Ils se réunirent, tirèrent leurs épées et appelèrent à grands cris leurs camarades qui se dissimulaient dans un ravin; puis ils nous attaquèrent de telle sorte qu'ils nous tuèrent deux chevaux et blessèrent trois de mes hommes, dont deux cavaliers; d'autres Indiens vinrent alors au nombre de quatre à cinq mille. Huit cavaliers m'avaient rejoint et nous luttâmes de notre mieux, attendant les Espagnols auxquels j'avais envoyé l'ordre de hâter leur marche; dans ces charges, nous leur fîmes un certain mal, leur tuant une cinquantaine d'hommes, sans perdre un seul des miens, encore que ces Indiens combattissent avec grand courage; mais comme nous étions à cheval, nous chargions au galop, pour nous retirer de même. Dès qu'ils virent les nôtres s'approcher, ils se retirèrent, nous abandonnant le champ de bataille. Quand ils eurent disparu, nous vîmes arriver des messagers, qui nous dirent être des caciques de la province; deux de mes envoyés se trouvaient en leur compagnie, qui m'assurèrent que ces caciques ignoraient pourquoi l'on nous avait attaqués; que le pays était divisé en communes indépendantes, qu'on nous avait attaqué sans les consulter et qu'ils en étaient désolés; qu'ils nous paieraient les chevaux que nous avions perdus, qu'ils voulaient être nos amis, que nous pouvions avancer sans crainte et que nous serions très bien reçus. — Je les remerciai, me déclarai leur ami, et je leur dis que j'irais de l'avant comme ils m'y engageaient.

Cette nuit, je fus obligé de dormir dans le lit d'un ruisseau à une lieue de la scène que je viens de conter, parce qu'il était tard et que ma troupe était fatiguée. Là, je m'installai du mieux que je pus avec mes gardes et sentinelles tant à pied qu'à cheval. Le jour venu, je partis, mon avant-garde et mon arrière-garde bien organisées, avec éclaireurs sur mes côtés. Au lever du soleil, en arrivant à un petit village, nous rencontrâmes les deux autres messagers tout en larmes; ils nous dirent qu'on les avait attachés pour les tuer et qu'ils s'étaient échappés cette nuit même. Sur ces entrefaites, apparut une multitude d'Indiens parfaitement armés et poussant de grands cris. Ils nous attaquèrent aussitôt à coups de lances et de flèches.

Je leur fis faire une sommation en règle par mes interprètes et par-devant notaire; mais plus je m'efforçais de les calmer et de leur affirmer mes intentions pacifiques, plus ils mettaient de rage à nous faire du mal.

Voyant enfin que mes protestations étaient inutiles, nous commençâmes à nous défendre et nous suivîmes, combattant au milieu d'une masse de cent mille guerriers qui nous entouraient de toutes parts. Nous combattîmes tout le jour jusqu'au coucher du soleil, heure à laquelle ils se retirèrent; de sorte que, avec une demi-douzaine de couleuvrines, cinq ou six arquebusiers, quarante arbalétriers, et les treize cavaliers qui me restaient, je leur fis subir de grandes pertes, sans recevoir d'autres dommages de leur part que la faim et la fatigue de cette journée de combat. Il me parut manifeste que Dieu combattait pour nous, puisque nous sortîmes indemnes des mains de cette multitude de guerriers, si animés contre nous, si courageux et si bien armés de toutes pièces. Cette nuit je me fortifiai dans une tour, temple d'idoles et située sur une colline; au jour, je laissai dans le campement deux cents hommes et toute l'artillerie et, voulant prévenir l'attaque des Indiens, je marchai sur eux avec mes cavaliers, cent fantassins, quatre cents des hommes de Cempoal et trois cents de ceux de Iztaemestiran. Avant que l'action s'engageât, je leur brûlai cinq ou six petits villages d'une centaine de cases; je fis quatre cents prisonniers tant hommes que femmes, et je me retirai toujours combattant jusqu'à mon camp où j'arrivai sans avoir aucun mal. Le jour suivant, de bonne heure, ils attaquèrent le campement avec plus de cent quarante-neuf mille hommes; ils se ruèrent sur nous avec une telle rage qu'ils pénétrèrent dans le camp, où ce fut une affreuse mêlée à l'arme blanche; nous parvînmes cependant à les chasser. Dieu nous protégeait encore ouvertement, car en quatre heures de temps, nous mîmes le campement en tel état de défense que les Indiens ne pouvaient plus rien contre nous; quoiqu'ils revinssent plusieurs fois à la charge, nous continuâmes donc à combattre jusqu'au soir, où les ennemis se retirèrent.

Le lendemain, avant qu'il fît jour et sans être observé, je me dirigeai d'un autre côté avec mes cavaliers, cent hommes à pied et mon contingent indien; je détruisis aux Tlascaltecs dix villages dont quelques-uns de plus de trois mille cases, et là je n'eus à combattre que les gens de ces villages. Comme nous marchions sous l'étendard de la croix et que nous combattions pour notre foi et les intérêts de Votre Majesté sacrée, Dieu dans sa miséricorde nous accorda une telle victoire, que nous tuâmes un grand nombre d'ennemis sans perdre aucun des nôtres. Un peu après midi, alors que les Indiens se réunissaient de toutes parts, nous rentrions au camp, victorieux.

Le jour suivant, des envoyés des caciques arrivèrent au camp, chargés de me dire que leurs maîtres désiraient être mes amis et les vassaux de Votre Altesse et qu'ils me priaient de pardonner le passé. Ils m'apportaient des vivres et certains plumages dont ils se servent et tiennent pour fort précieux. Je leur répondis qu'ils avaient très mal agi, mais que je leur pardonnais.

Le lendemain, arrivèrent cinquante autres Indiens qui, selon les apparences, devaient être des principaux; ils nous apportaient des vivres et se mirent à examiner les entrées et les sorties du camp et les logements où nous étions installés. Mes alliés de Cempoal m'engagèrent à prendre garde à ces Indiens, m'assurant que c'étaient de mauvaises gens qui venaient pour espionner et pas autre chose. J'en fis enlever un sans que ses compagnons s'en aperçussent et l'interrogeai secrètement au moyen de mes interprètes; je lui fis peur pour qu'il me dît la vérité : il m'avoua que Sintengal (Xicotencatl), capitaine général de la province, s'était caché derrière certaines élévations voisines de notre camp avec une multitude d'Indiens, pour nous attaquer pendant la nuit; nous ayant trouvés invincibles le jour, ils voulaient essayer la nuit, parce qu'alors ils craindraient moins les chevaux, les couleuvrines et nos épées. On les avait donc envoyés pour étudier le camp, les entrées et les sorties et voir comment ils pourraient incendier nos paillotes.

Je fis aussitôt saisir un autre Indien qui confirma ce qu'avait dit le précédent; j'en arrêtai cinq ou six autres qui tous avouèrent la même chose. Alors je m'emparai sur l'heure des cinquante; je leur fis couper les mains et les renvoyai à leur maître, les chargeant de lui dire, que de nuit comme de jour, quand et comme il lui plairait, il pouvait venir et trouverait à qui parler.

Je fortifiai le camp du mieux que je pus; je posai des vedettes dans les environs et je fus sur le qui-vive jusqu'au coucher du soleil. Aussitôt la nuit venue, les ennemis commencèrent leur approche par deux vallées, croyant venir inaperçus et nous entourer pour exécuter leurs desseins. Comme j'étais sur mes gardes, je les vis et il me parut fâcheux de les laisser venir jusqu'au camp, où de nuit, ne nous voyant pas, ils pourraient approcher sans trop de crainte; je redoutais aussi que mes Espagnols dans l'obscurité n'eussent quelque faiblesse et que les Indiens ne missent le feu à nos paillotes, auquel cas, aucun de nous n'aurait échappé. Je résolus donc de sortir à leur rencontre avec tous mes cavaliers pour, si possible, les disperser. Ce fut justement ce qui arriva. Car nous entendant venir, ils se jetèrent en silence dans les maïs, dont les champs étaient couverts; ils abandonnèrent même une partie de leurs vivres pour nous assaillir avec plus de vigueur. Mais la nuit se passa sans incident. Après cette alerte, je restai quelques jours sans sortir de mon camp; je n'en sortis que pour pousser quelques pointes aux environs, où j'eus à repousser des troupes d'Indiens qui venaient nous harceler en poussant leurs cris de guerre.

Après m'être un peu reposé, je sortis une nuit après la première garde, avec cent de mes fantassins, ma cavalerie et nos alliés indiens; à une lieue de là, cinq de nos chevaux s'abattirent, et nos efforts pour les faire avancer restèrent vains; je les fis s'en retourner. Tous les gens de ma compagnie m'engageaient à retourner aussi, disant que c'était de mauvais augure, mais je poursuivis mon chemin, sachant que Dieu est au-dessus de tout. Avant que le jour parût, je tombai sur deux villages où je tuai beaucoup de monde. Je ne brûlai pas les maisons pour que les lueurs de l'incendie ne jetassent point l'alarme parmi les populations environnantes. Quand le jour parut, je tombai sur un autre village, si important, qu'il contenait d'après notre estimation plus de vingt mille cases. L'ayant pris par surprise, les Indiens sortaient désarmés, les femmes et les enfants couraient nus par les routes et je leur fis beaucoup de mal. Voyant que toute résistance était impossible, les principaux habitants vinrent me trouver, me suppliant de les épargner; ils demandaient à ce que je voulusse bien les accepter pour mes amis et les vassaux de Votre Altesse et qu'ils se repentaient de ne pas m'avoir écouté, mais que dorénavant, ils feraient tout ce que je leur commanderai au nom de Votre Majesté, dont ils seraient les vassaux fidèles. Ils vinrent alors plus de quatre mille, qui me conduisirent à une fontaine où ils m'apportèrent à manger. Je les laissai donc pacifiés et retournai à mon camp, où je trouvai les hommes que j'y avais laissés, fort inquiet du retour des chevaux que j'avais abandonnés la veille, craignant qu'il me fût arrivé quelque malheur; mais lorsqu'ils eurent appris la victoire que Dieu nous avait donnée et comment j'avais pacifié les villages, tous se réjouirent; car je peux le certifier à Votre Majesté, c'est qu'il n'y avait pas un de nous qui n'éprouvât certaine anxiété, nous sachant au milieu de cette contrée et de tant de gens hostiles, sans espérance de secours d'aucune part. Aussi m'arriva-t-il souvent d'entendre mes hommes chuchoter et quelquefois dire publiquement que c'était Pedro Carbonero [1] qui les avait attirés en un piège d'où ils ne pourraient sortir. Un jour qu'on ne soupçonnait pas ma présence, j'entendis même dire à certains de mes compagnons, que si j'étais assez fou pour m'engager dans une entreprise impossible, pour leur compte, ils ne l'étaient pas; qu'ils voulaient regagner la côte; que si je voulais les accompagner, bien; que sinon ils partiraient sans moi. Plusieurs fois, ils vinrent me sommer de partir. Je m'efforçais de ranimer leur courage, leur rappelant qu'ils étaient les sujets de Votre Altesse, que jamais Espagnols n'auraient failli à ce point, et que nous étions en voie de gagner à Votre Majesté les plus grands royaumes et seigneuries qu'il y eût dans le monde; que non contents de faire ce que comme chrétiens nous étions obligés

---

1. Vieux proverbe disant qu'en certaines circonstances difficiles, Pierre le Charbonnier savait fort bien où il était, mais qu'il ignorait le moyen d'en sortir.

de faire, c'est-à-dire de combattre les ennemis de notre foi, nous avions à gagner le bonheur éternel dans l'autre monde, sans compter que dans celui-ci nous atteindrions la gloire la plus grande à laquelle aucun peuple atteignit jamais. Je leur dis qu'ils se convainquissent bien que Dieu était avec nous, que rien ne lui était impossible, qu'ils en avaient la preuve dans les victoires que nous avions remportées, où nous avions tué tant d'ennemis sans perdre aucun des nôtres; je leur dis encore d'autres choses que je pensais devoir les toucher, ce qui, appuyé de l'invocation de Votre Royale Majesté, releva leur courage et les ramena soumis à mes desseins, qui étaient de poursuivre notre grande entreprise.

Le jour suivant, vers les dix heures, Xicotencatl, le capitaine général de la province, accompagné de cinquante personnages importants, vint me voir et me prier, tant en son nom qu'en celui de Magiscatzin, chef suprême de la contrée, de vouloir bien leur accorder mon amitié et les admettre au service de Votre Majesté; que je voulusse bien leur pardonner le passé; qu'ils ne savaient pas qui nous étions et qu'ils avaient essayé leurs forces de jour comme de nuit, ne voulant se reconnaître les sujets de personne; que cette province n'avait jamais été tributaire et n'avait jamais eu de maître; que de temps immémorial ils avaient vécu libres, s'étant toujours défendus avec succès contre le grand pouvoir de Muteczuma, de son père et de ses aïeux qui tenaient toute la terre en sujétion, sans avoir pu les soumettre quoique les tenant enserrés de toutes parts, sans permettre à pas un d'eux de sortir; qu'ils ne mangeaient point de sel n'en ayant pas dans leur pays; qu'ils n'avaient point d'étoffes de coton parce que le froid les empêchait de le cultiver, et qu'il leur manquait encore une foule de choses dont ils s'imposaient la privation, pour rester libres et indépendants; qu'ils avaient voulu faire de même avec moi; qu'ils y avaient usé leurs forces; qu'ils voyaient bien que tout ce qu'ils avaient pu entreprendre n'avait servi de rien, et qu'ils préféraient se reconnaître les vassaux de Votre Majesté plutôt que de s'exposer à une destruction complète.

Je leur répondis qu'ils étaient responsables du mal que je

leur avais fait; que je venais à eux croyant venir en terre amie, les Indiens de Cempoal m'ayant affirmé qu'ils étaient mes amis et désiraient l'être; que je leur avais envoyé des messagers pour leur faire savoir comment je venais en toute confiance, comptant sur leur amitié, et qu'ils m'avaient traîtreusement assailli, m'ayant tué deux chevaux et blessé trois autres; que, de plus, après m'avoir combattu, ils m'avaient envoyé des messagers pour m'assurer que l'attaque avait eu lieu sans leur participation; que certains villages s'étaient déclarés contre nous sans leur en faire part, mais qu'ils les en avaient repris, car, pour eux, ils recherchaient mon amitié, — et moi, les croyant sur parole, je leur avais dit que c'était parfait et que je me rendrais le jour suivant dans leurs maisons comme en maisons d'amis et qu'ils s'étaient jetés sur moi, me combattant jusqu'à la nuit, quoique je leur eusse demandé la paix; — je terminai, leur rappelant tout ce qu'ils avaient encore fait contre moi et autres choses que je passe sous silence pour ne pas importuner Votre Majesté. Finalement, ils se reconnurent sujets et vassaux de Votre Majesté, et mirent à votre service leurs personnes et leurs biens, engagement qu'ils ont rempli jusqu'à ce jour et qu'ils rempliront à l'avenir comme le verra Votre Majesté. Je restai néanmoins dans mon campement pendant six ou sept jours, ne me fiant pas entièrement à eux; ils me priaient de me rendre dans une grande ville où tous les seigneurs de la province avaient leur résidence, et ils revinrent à tour de rôle me supplier d'y aller; que je serais fort bien reçu et mieux pourvu de toutes choses que dans mon camp. Ils étaient honteux, disaient-ils, de voir que j'étais si mal logé, avec mes amis et les vassaux de Votre Altesse. Je cédai à leurs instances et je vins à la ville qui se trouve à six lieues de mon camp. Cette ville est si grande et si belle que je n'en dirai pas la moitié de ce que j'en pourrai dire, et le peu que j'en dirai est presque incroyable, car elle est plus grande que Grenade; elle est mieux fortifiée; ses maisons, ses édifices et les gens qui les habitent sont plus nombreux que ceux de Grenade au temps où nous en fîmes la conquête, et mieux approvisionnée de toutes les choses de la terre, pain, oiseaux, gibier, poissons des rivières, légumes et autres vivres dont ils font usage et mangent excellents. Il y a dans cette ville un grand marché tous les jours, où se pressent plus de trente mille acheteurs et vendeurs, sans compter une foule d'autres petits marchés disséminés dans la place. Il y a dans ce grand marché toutes espèces de marchandises en vivres, étoffes et vêtements que les gens peuvent désirer; on y voit des joyaux d'or, d'argent, de pierres précieuses et des ouvrages de plumes d'un fini merveilleux, qu'on ne saurait égaler dans les marchés les plus célèbres du monde; on y rencontre des poteries de toutes les formes et peut-être meilleures qu'en Espagne; ils vendent du bois et du charbon, des herbes comestibles et médicinales; il y a des maisons de barbiers où l'on vous coupe les cheveux et lave la tête; il y a des bains. Enfin un ordre parfait règne dans cette ville dont les gens paraissent sages et policés comme aucune ville d'Afrique n'en pourrait offrir un tel exemple.

Cette province renferme de nombreuses et belles vallées si bien cultivées que pas une parcelle de terre n'en est perdue. La province a quatre-vingt-dix lieues de tour et les habitants se gouvernent eux-mêmes comme cela se pratique à Venise, Gênes ou Pise, où il n'y a pas de souverain. Il y a beaucoup de seigneurs et tous habitent la ville; à la campagne résident les cultivateurs qui sont leurs vassaux, car chacun de ces grands seigneurs est propriétaire. Ils sont plus ou moins riches, mais en cas de guerre, ils se réunissent tous et la décident entre eux. Ils ont leurs cours de justice pour châtier les méchants. Un naturel de cette province vola un peu d'or à l'un de mes Espagnols; je m'en plaignis à Magiscatzin, le chef de la république, qui fit une enquête; on suivit les traces du voleur jusqu'à une ville voisine qui s'appelle Cholula; il y fut pris. On le ramena, et les seigneurs remirent le voleur entre mes mains ainsi que l'or volé, en me disant que je le fisse châtier. Je les remerciai de leur diligence; mais je répondis qu'étant leur hôte je ne saurais empiéter sur leurs droits en châtiant un de leurs sujets et qu'ils voulussent bien le punir suivant leur coutume. Ils me remercièrent, le prirent, et, après avoir fait publier son crime, ils le transportèrent au marché, où ils le déposèrent au pied d'une espèce de théâtre qui se trouvait au milieu de la place; l'accusateur public y monta et à haute voix répéta la nature du délit; après quoi, chaque assistant le frappa de son bâton sur la tête jusqu'à ce qu'il en mourût. Nous en avons vu beaucoup d'autres en prison, où ils étaient détenus pour diverses fautes. Il y a dans cette province, d'après l'étude que j'en fis faire, cinq cent mille habitants en y joignant la petite province voisine qui se gouverne comme celle-ci et n'a pas de souverain; c'est la petite république de Guajozinco dont les habitants se sont, à l'exemple des Tlascaltecs, déclarés vassaux de Votre Altesse.

Lorsque je me trouvais encore dans mon campement et que je guerroyais contre toutes les forces de cette province, je reçus la visite de six seigneurs des principaux sujets de Muteczuma, suivis de plus de deux cents hommes pour leur service. Ils me dirent qu'ils venaient de la part de leur maître me dire combien il désirait être mon ami et le vassal de Votre Altesse; que je n'avais qu'à spécifier le tribut qu'il aurait à payer chaque année à Votre Altesse, tant en or, argent, pierres précieuses, esclaves, étoffes de coton et autres qu'il pouvait avoir; qu'il donnerait tout cela tant que je n'occuperai aucune de ses possessions; et que s'il m'en priait c'est qu'elles étaient stériles et qu'il lui serait pénible d'apprendre que moi et les miens nous puissions manquer du nécessaire. Il m'envoyait par ces gens mille piastres d'or et mille pièces de l'étoffe de coton dont ils se vêtent. Ils demeurèrent près de moi presque tout le temps que dura la guerre; ils en virent la fin et comprirent ce que pouvaient les Espagnols. Ils furent témoins de la soumission de la province, des offres de service des caciques à Votre Majesté sacrée, ce qui me parut déplaire grandement aux envoyés de Muteczuma, car ils firent tout leur possible pour me brouiller avec mes nouveaux alliés; m'affirmant qu'ils me trompaient, que l'amitié jurée était fausse, que tout cela n'était que pour endormir ma vigilance et préparer quelque trahison. De leur côté, ceux de la province me disaient à leur tour qu'il fallait me défier de ces vassaux de Muteczuma: que tous étaient des traîtres; que c'était par mensonges et trahisons qu'ils avaient subjugué toute la terre et qu'ils m'en avisaient en amis et comme les connaissant de longue date. Voyant la contradiction des uns et des autres, j'en éprouvai un grand plaisir, car ils me paraissaient tellement tenir à mon alliance qu'il me serait plus facile de les subjuguer; et je me rappelai cette parole évangélique, qui nous dit que tout royaume divisé sera détruit : « Omne regnum in scipsum divisum desolabitur. » Je négociais donc avec les uns et avec les autres et je remerciais chacun en secret de l'avis qu'il me donnait, en les assurant tous les deux de mon amitié.

Après un séjour de trois semaines en cette ville, les messagers de Muteczuma qui tous étaient restés dans ma compagnie, m'engagèrent à me rendre à une ville appelée Cholula qui se trouve à six lieues de Tlascala; les habitants, me disaient-ils, étaient les alliés de Muteczuma leur maître; c'était là que j'apprendrais la résolution qu'il aurait prise au sujet de ma visite à sa cour; que quelques-uns d'entre eux iraient le voir, lui dire ce que j'avais fait et me rapporteraient sa réponse. Quoique je susse fort bien que dans leur nombre il y en avait plusieurs qui auraient pu me renseigner sur l'heure, je répondis que j'irais, et que je partirais tel jour que je leur signalai. A la nouvelle que j'avais accepté de me rendre à Cholula, les gens de Tlascala vinrent me trouver fort inquiets, pour me supplier de ne point me rendre en cette ville, où m'attendait une trahison organisée pour m'exterminer moi et mes compagnons; que dans ce but Muteczuma avait envoyé cinquante mille hommes, qu'il avait mis en garnison à deux lieues de Cholula; qu'on avait barré la route royale par où nous devions passer; qu'on en avait ouvert une autre, semée de chausse-trapes et de pointes de bois aigu, pour y faire tomber les chevaux et les estropier; que la plupart des rues de la ville étaient barricadées et toutes les plates-formes des maisons garnies de pierres, pour qu'à notre entrée dans la ville les habitants pussent nous exterminer à leur aise; que si je voulais me convaincre de la vérité de leurs assertions, je n'avais qu'à me rappeler la négligence des seigneurs de cette ville à me rendre visite, eux mes voisins, tandis que les gens de Guajozingo, beaucoup plus éloignés, s'étaient empressés de venir. « Faites-les appeler, me dirent-ils, et vous verrez s'ils viendront. »

Je les remerciai de leur conseil et les priai de me donner quelques-uns des leurs, pour sommer les Cholultecs de venir me parler. Ils me les donnèrent et je les envoyai avec un message aux autorités de la ville, d'avoir à se rendre près de moi afin que je puisse les entretenir au nom de Votre Majesté et leur expliquer le but de mon arrivée dans le pays.

Ces Indiens se rendirent donc à Cholula et remirent mon message aux autorités. Ils revinrent avec deux ou trois personnages d'un rang inférieur, qui me dirent être envoyés par leurs seigneurs, malades et qui ne pouvaient venir, mais que je n'avais qu'à leur confier ce que je désirais.

Les Tlascaltecs me dirent que c'était une insigne comédie; que ces messagers étaient des gens de rien et que je ne m'en allasse point avant d'avoir vu les autorités de la ville. Je répondis aux messagers qu'une ambassade envoyée à un aussi grand prince que Votre Majesté, ne devait pas être composée de gens de leur condition et que leurs caciques eux-mêmes étaient peu dignes d'en faire partie; que de toutes façons, si dans trois jours leurs seigneurs ne paraissaient pas devant moi pour jurer obéissance à Votre Altesse et se déclarer ses vassaux, je marcherais contre eux, je les détruirais et je procéderais comme il est de coutume envers toute personne rebelle qui refuse de se soumettre à l'autorité de Votre Majesté. Je leur envoyai en même temps un acte signé de mon nom et notarié, où je parlai de la royale personne de Votre Majesté sacrée et de ma venue dans le pays; je leur disais comment toutes ces terres et beaucoup d'autres plus belles seigneuries appartenaient à Votre Altesse et que ceux qui se déclareraient ses vassaux seraient comblés de faveurs, tandis que les autres seraient traités de rebelles et, comme tels, châtiés en toute justice.

Le lendemain les seigneurs de la ville se présentèrent en grand nombre, s'excusant de venir si tard, sur ce que les gens de Tlascala étaient leurs ennemis, et qu'ils ne se croyaient pas en sûreté sur leur territoire. Ils supposaient bien, disaient-ils, qu'on avait dû me mal parler d'eux; que je n'en crusse pas un mot, que je me rendisse dans leur ville, que là, je verrais que tout ce que l'on m'avait rapporté était faux et que tout ce qu'ils

4

m'avaient dit était vrai. Ils ajoutaient qu'à partir de ce jour ils se déclaraient à perpétuité les vassaux de Votre Majesté sacrée et se tenaient prêts à souscrire à toutes choses qui leur seraient commandées pour le service de Votre Altesse. Je fis dresser procès-verbal de cette déclaration ; puis je me résolus à partir avec eux : c'est que d'abord je ne devais pas montrer de faiblesse et qu'ensuite sachant que leurs terres avoisinent celles de Muteczuma et que les rapports entre les deux peuples sont fréquents, j'espérais développer mes relations avec ce grand seigneur.

Quand les Tlascaltecs apprirent ma résolution, ils en furent fort attristés et me jurèrent que j'avais tort; mais que, puisqu'ils s'étaient déclarés mes amis et les vassaux de Votre Majesté, ils viendraient avec moi pour m'aider en toute occasion ; quoique je m'y opposasse et les priai de n'en rien faire, que cela était inutile, ils me suivirent au nombre de cent mille et arrivèrent avec moi jusqu'à deux lieues de Cholula ; puis, cédant à mes instances ils s'en retournèrent, non sans me laisser encore cinq ou six mille d'entre eux qui restèrent en ma compagnie. Je passai la nuit dans le lit d'un ruisseau qui se trouvait près de la ville, pour renvoyer les gens de Tlascala, de peur qu'ils ne fissent quelque esclandre et parce qu'il était trop tard pour faire mon entrée. Le lendemain de bonne heure, une grande foule vint à ma rencontre au son des trompettes et des tambours ; elle était accompagnée de prêtres en costumes de cérémonie qu'ils portent dans leurs temples. C'est dans cet appareil qu'ils nous conduisirent à la ville et nous installèrent dans un grand édifice où tous mes gens purent se loger à l'aise. On nous y apporta des vivres mais avec parcimonie. Sur notre parcours, nous avions remarqué plusieurs des choses que nous avaient signalées les gens de Tlascala : nous trouvâmes en effet la route royale barrée et l'autre ouverte, il y avait de-ci delà des trous ; certaines rues de la ville étaient barricadées et les plates-formes des maisons étaient chargées de pierres. Sur ce, je devins pensif et plus défiant.

Je rencontrai là divers envoyés de Muteczuma qui venaient conférer avec les gens de la ville ; ils me dirent qu'ils venaient uniquement s'informer de ce qui avait été arrêté entre les chefs de la ville et moi pour en informer leur maître ; puis, après avoir causé, ils s'en allèrent avec eux tous, emmenant même le chef de l'ambassade qui jusqu'alors était resté près de moi. Pendant les trois premiers jours, les habitants pourvurent d'une façon de plus en plus maigre à nos approvisionnements, et mes entrevues avec les personnages de la ville devinrent de plus en plus rares. J'étais alors assez inquiet, lorsqu'une femme de Cholula s'en vint confier à mon interprète, une Indienne qui me fut donnée à Potunchan, cette grande rivière dont je vous parlai dans ma première relation, que les gens de Muteczuma étaient réunis en grand nombre tout près de là, que les habitants de la ville avaient renvoyé leurs femmes et leurs enfants, qu'ils avaient mis leurs valeurs en sûreté et qu'ils devaient tomber sur nous pour nous massacrer. Elle l'engageait donc à se sauver avec elle, répondant de sa personne. L'Indienne, par le moyen de ce Jéronimo de Aguilar que j'avais ramené du Yucatan, me tint au courant de cette conspiration. Je me fis amener un naturel qui passait près de nous, je l'emmenai sans qu'on le vît, dans mon appartement ; je l'interrogeai, et il confirma tout ce que m'avaient dit l'Indienne et les Tlascaltecs. Il fallait agir promptement pour ne pas être prévenu. Je convoquai quelques-uns des notables de la ville, disant que je voulais leur parler ; ils vinrent et je les enfermai dans une salle. Je fis prévenir mes hommes de se tenir prêts à tous événements et qu'au bruit d'un coup d'escopette qui servirait de signal, ils eussent à se jeter sur la foule d'Indiens qui remplissaient la cour et les environs. Mes gens obéirent ; j'attachai les notables dans la salle, je donnai le signal, nous montâmes à cheval et nous tombâmes sur les masses d'Indiens dont en deux heures nous égorgeâmes plus de trois mille. Il faut que Votre Majesté sache que tout avait été si bien préparé avant même que nous sortions de notre maison, que les rues étaient déjà barricadées et les Indiens à leur poste ; si nous les prîmes un peu par surprise et s'ils furent si promptement défaits, c'est qu'ils manquaient de chefs, que j'avais emprisonnés. Je fis mettre le feu à des tours et à des maisons fortifiées d'où l'on nous faisait quelque mal ; je continuai combattant par la ville, non sans avoir laissé une bonne garnison dans notre demeure, et je finis avec l'aide des six mille Tlascaltecs et des quatre cents Cempoaliens par jeter les habitants hors la ville.

De retour à mon palais, je fis venir les notables que j'avais fait incarcérer et leur demandai pourquoi ils avaient voulu me tuer ; ils me répondirent que ce n'étaient pas eux mais les gens de Culua qui les avaient entraînés dans cette affaire ; que comme vassaux de Muteczuma ils avaient dû obéir et que ce prince qui avait organisé le complot, tenait à cet effet cinquante mille hommes en garnison à une lieue et demie de la ville ; mais qu'ils comprenaient maintenant combien ils avaient été trompés ; que je n'avais qu'à délivrer l'un d'eux ; qu'il rappellerait les habitants et ramènerait les enfants et les femmes avec leur bien. Ils me priaient de leur pardonner ; ils me juraient qu'à l'avenir, personne jamais ne les tromperait de nouveau et qu'ils seraient mes amis et les sujets fidèles et loyaux de Votre Altesse. Après leur avoir reproché leur perfidie, je donnai la liberté à deux de ces notables et le jour suivant la ville était repeuplée, pleine de femmes et d'enfants, comme si rien d'extraordinaire n'était arrivé. Je libérai immédiatement tous mes autres prisonniers qui me promirent de servir loyalement Votre Majesté. Pendant les quinze jours que je passai à Cholula, la ville et les environs jouirent d'une paix profonde, il y avait dans les rues un tel mouvement qu'on n'aurait pu se douter que personne y manquât, car les affaires se traitaient et les marchés se tenaient comme de coutume.

Je fis en sorte que les habitants de Cholula et les Tlascaltecs devinssent amis ; ils l'étaient auparavant et il n'y avait pas longtemps que Muteczuma par son astucieuse politique avait attiré les Cholultecs dans son alliance en les éloignant de leurs anciens alliés. Cette ville de Cholula est située dans une plaine ; elle renferme plus de vingt mille maisons dans la cité et tout autant dans ses faubourgs. C'est une seigneurie indépendante avec frontières bien déterminées ; les gens n'obéissent à aucun maître et se gouvernent entre eux comme les habitants de Tlascala. Les Cholultecs sont en quelque sorte mieux vêtus que les

Tlascaltecs; les citoyens notables portent par-dessus leur costume ordinaire une espèce de burnous quelque peu différent de ceux d'Afrique en ce qu'ils ont des poches, mais par la forme et les franges ils sont à peu près semblables. Tous ont été et sont restés depuis notre affaire les fidèles sujets de Votre Majesté. Tous obéissent à ce que je leur commande en votre nom royal et je crois qu'ils seront toujours aussi soumis. Cette ville a toute sa campagne admirablement cultivée, parce que la terre en est fertile et d'une irrigation facile; c'est en même temps une ville aussi belle qu'aucune d'Espagne, se développant dans une plaine et parsemée de hautes tours. Je puis affirmer à Votre Altesse, que du haut de l'une de ces tours j'en comptais plus de quatre cents autres, qui toutes sont des temples. C'est la ville où les Espagnols pourraient prospérer le mieux, par suite de ses plaines bien irriguées où l'on pourrait se livrer à l'élevage des bestiaux, ce que je n'ai encore observé nulle part. La population y est si dense, qu'il n'y a pas un morceau de terre qui n'y soit cultivé, et cependant combien manquent de toutes choses et souffrent de la faim. Beaucoup de pauvres gens, en effet, s'en vont par les rues et les marchés, implorant les riches, comme cela se passe en Espagne et autres pays civilisés.

J'entretins les messagers de Muteczuma du complot qu'avaient organisé contre moi les gens de la ville, et comment les notables m'avaient affirmé qu'ils n'avaient agi que d'après les conseils de leur prince; je leur dis que cela était indigne d'un grand seigneur comme lui, de m'envoyer les plus hauts personnages de sa cour pour m'assurer de son amitié, et de me faire attaquer par des étrangers, pour se déclarer irresponsable, si la chose ne réussissait pas. J'ajoutai que, puisqu'il m'avait manqué de parole, qu'il m'avait trompé, je changerai moi aussi de résolution.

J'avais jusqu'alors l'intention d'aller le voir pour rechercher son amitié et causer avec lui, de bonnes relations et de paix; maintenant j'entrerai dans son royaume en ennemi, bien décidé à lui faire la guerre et tout le mal que je pourrai; que cela me coûterait d'autant plus, que j'avais ardemment désiré son amitié et que j'aurais toujours voulu prendre son avis sur les choses qu'il convenait de faire en ce pays.

Ces gens me répondirent qu'il y avait longtemps qu'ils étaient près de moi; qu'ils ne savaient du complot rien de plus que les choses dont ils avaient été les témoins involontaires; qu'ils ne pouvaient croire que rien eût été fait par les conseils et l'ordre de Muteczuma; qu'ils me priaient de bien m'informer de la vérité sur toutes choses avant de lui déclarer la guerre, ou rien faire pour perdre son amitié; que je permisse à l'un d'eux d'aller le voir et qu'il reviendrait aussitôt. Il y a de cette ville à la résidence de Muteczuma une vingtaine de lieues.

J'acceptai la proposition, et laissai partir le messager qui revint six jours plus tard; il me rapportait dix plats en or, quinze cents pièces d'étoffe, des milliers de poules et de vases pleins d'une boisson dont ils font usage. Il me dit que Muteczuma avait été fort peiné de la conspiration organisée à Cholula, mais que je ne devais pas croire qu'il y était pour rien; que cela était absolument faux; que les troupes qui campaient dans le voisinage étaient bien à lui, mais qu'on les avait envoyées sans ordre de sa part et sur la demande des Cholultecs; cette troupe, ajoutait-il, venait, il est vrai, de deux provinces qui lui appartenaient, dont l'une s'appelait Acazingo et l'autre Izucar; elles confinaient à Cholula et comme il y avait entre elles et cette ville des traités d'alliance pour s'entr'aider en cas de besoin, on avait tout naturellement appelé ces troupes sans le consulter; mais que dorénavant, ses œuvres me prouveraient si oui ou non il m'avait dit la vérité : que maintenant encore il me priait de ne point insister pour aller le voir; que le pays était stérile, que nous manquerions de bien des choses et qu'en quelque endroit que je me trouvasse, je n'avais qu'à lui demander ce dont j'aurais besoin, pour qu'il me l'envoyât immédiatement.

Je lui répondis que ma visite à Muteczuma ne pouvait se remettre; que j'avais à rendre compte du royaume et du souverain à Votre Majesté; mais que je voulais bien croire ce qu'il m'envoyait dire; que, somme toute, il voulût tenir pour bien cette visite que j'étais obligé de lui faire et qu'il ne se hasardât point à ce sujet dans une nouvelle conspiration qui pourrait lui coûter fort cher, ce que je regretterais infiniment.

Quand Muteczuma apprit que j'étais bien résolu à l'aller voir, il m'envoya dire que c'était chose convenue, qu'il m'attendrait dans sa grande ville ; et il m'envoya une suite de personnages pour m'accompagner puisque j'allais entrer sur ses terres. Ceux-ci voulurent me faire prendre certain chemin où l'on nous avait certainement dressé quelque embuche, comme j'en eus la preuve plus tard. Il y avait sur ce chemin tant de ponts et de passages difficiles, que si nous l'avions suivi, les Indiens auraient eu toutes chances de réussir dans leur projet. Mais comme Dieu a toujours semblé prendre en main les intérêts de Votre Majesté depuis sa plus tendre enfance, et comme moi et mes compagnons nous sommes au service de Votre Altesse, il voulut bien nous montrer une autre route, route quelque peu difficile, mais moins dangereuse que celle qu'on voulait nous faire prendre ; cela nous arriva de la manière suivante :

A huit lieues de cette ville de Cholula s'élèvent deux montagnes très hautes et très merveilleuses ; à la fin d'août, elles sont couvertes de tant de neige que de leur cime en bas, on ne voit pas autre chose. De la plus haute de ces montagnes s'échappent souvent, la nuit et le jour, des masses de fumée grosses comme de grandes maisons qui s'élancent droit comme une flèche en colonnes épaisses jusqu'aux nuages, et avec une telle force que les vents très violents qui règnent dans le haut de la montagne ne les font point fléchir. Comme j'ai toujours désiré faire à Votre Altesse les rapports les plus complets sur tout ce qui touche à cette contrée, je résolus de découvrir le secret de ce phénomène, qui me semblait merveilleux. J'envoyai dix de mes compagnons les plus aptes à bien étudier la chose, accompagnés d'Indiens pour leur servir de guides, leur recommandant d'atteindre la cime de la montagne et de découvrir le secret de cette fumée et comment elle sortait de là. Ils partirent et firent leur possible pour atteindre le sommet ; mais ils ne purent y parvenir à cause de la grande quantité de neige dont la montagne est couverte, des nombreux tourbillons de cendre qui s'en échappent et du grand froid qui régnait dans les hauteurs. Cependant ils arrivèrent assez près ; car de l'endroit qu'ils avaient atteint, ils virent sortir la fumée, et elle sortait avec une violence et un tel bruit, qu'il semblait que la montagne allait s'écrouler. Ils descendirent donc et rapportèrent une quantité de neige et de glaçons afin que nous les examinions de près, car cela nous paraissait très extraordinaire, dans un pays qui, selon l'opinion de nos pilotes, appartient à la zone torride.

Ils nous disent en effet que nous sommes sous le vingtième degré qui est la latitude de l'île Espagnola où il fait continuellement une grande chaleur. C'est en allant voir cette montagne que mes hommes remarquèrent un chemin; ils demandèrent aux Indiens où il conduisait? A Culua, dirent-ils, et celui-ci est un bon chemin, tandis que celui par où l'on veut vous conduire est fort mauvais. Les Espagnols suivirent cette route jusqu'aux pieds des montagnes où il vient passer entre les deux. De là, ils découvrirent les plaines de Culua, la grande ville de Tenochtitlan et les lagunes qui s'étendent au milieu de la plaine et dont je parlerai plus tard à Votre Altesse. Ils revinrent fort heureux d'avoir rencontré un aussi bon chemin, et Dieu sait combien je me réjouis de leur découverte. Lorsque mes gens furent de retour et que j'eus reçu d'eux et des Indiens tous les renseignements ayant trait à la route en question, je fis venir les envoyés de Muteczuma qui étaient restés pour me servir de guides et je leur dis que je voulais prendre le chemin de la montagne, plus court que celui qu'ils avaient choisi. Ils me répondirent, qu'en effet, il était plus court et moins accidenté et que s'ils n'avaient pas voulu m'y conduire c'est qu'il traversait le territoire de Guajozingo, république ennemie de Culua, où nous manquerions de vivres; mais que, puisque je voulais le prendre, ils feraient en sorte de m'y ravitailler de toutes choses comme sur l'autre chemin. Nous partîmes donc, craignant que les gens ne poursuivissent le dessein de nous dresser des embuscades; mais comme nous avions hautement affirmé que ce serait là notre chemin, je crus bon de persévérer et de ne point reculer, ce qu'on aurait pu prendre pour un acte de faiblesse de ma part. Le jour de mon départ de Cholula, je fis quatre lieues et je campai dans certaines fermes appartenant à la ville de Guajozingo où les naturels me reçurent fort bien, et me donnèrent quelques esclaves, des étoffes et de minces pièces d'or de peu de valeur. Ils en ont peu et ils sont pauvres, par suite de leur alliance avec les Tlascaltecs; car ils sont comme eux entourés des possessions de Muteczuma, qui coupent leurs communications avec toutes les autres provinces. Le lendemain, j'atteignis le poste situé entre les deux montagnes dont j'ai parlé, d'où nous découvrions les terres de Muteczuma. Nous nous engageâmes sur le territoire d'une de ses provinces appelée Chalco, où, deux lieues avant d'arriver à la ville, je trouvai un campement tout récemment établi et de telles dimensions que nous pûmes tous nous y abriter, nous, les quatre mille Indiens de Tlascala, ainsi que ceux de Guajozingo, de Cholula et de Cempoal; il y avait des vivres pour nous tous et dans chaque hangar de grands feux et beaucoup de bois, pour nous garantir du froid qui règne aux alentours de ces montagnes neigeuses. Ici, quelques Indiens qui paraissaient de grands personnages vinrent m'entretenir, dont l'un, me dit-on, était frère de Muteczuma; ils m'apportaient pour environ trois mille piastres d'or. Ils me dirent, de sa part, qu'il m'offrait ce présent et me priait de m'en retourner, et que j'abandonnasse le projet d'aller à sa capitale, car la contrée était dénuée de ressources, que les chemins étaient fort mauvais, que la ville était entourée d'eau, que je ne pourrais y pénétrer qu'en canots et autres difficultés qu'ils m'énuméraient pour me dissuader de continuer ma route. Ils ajoutaient que je n'avais qu'à formuler mes demandes pour qu'elles fussent aussitôt accordées; qu'ils s'engageaient à me payer un quantum chaque année, quantum qui me serait livré au port de mer, ou partout où je voudrais.

Je les accueillis de la meilleure grâce et leur fis distribuer divers de nos produits d'Espagne, de ceux qu'ils estiment le plus, principalement à celui qui se disait frère de Muteczuma; et je lui répondis que, s'il dépendait de moi, je m'en retournerais pour ne point désobliger leur maître; mais que j'étais venu d'après les ordres de Votre Majesté, avec mission toute spéciale de lui faire un rapport sur Muteczuma, sa grande ville, son empire, dont depuis longtemps déjà il avait entendu parler. Qu'ils lui disent, de ma part, de ne point m'en vouloir pour cette visite, qui ne saurait nuire à sa personne, ni à son pays; que je devais obéir, et que sitôt que je l'aurai vu, je m'en irai dans le cas où il ne lui plairait pas que je restasse près de lui ; qu'il nous serait d'ailleurs beaucoup plus facile de régler entre nous les questions touchant le service de Votre Majesté que de les confier à des personnes tierces quelque expérimentées qu'elles fussent. Ils s'en retournèrent avec cette réponse.

Dans le campement dont j'ai parlé, nous comprîmes à certains indices que les Indiens avaient conçu le dessein de nous attaquer cette nuit ; mais ils s'aperçurent que j'étais sur mes gardes, renoncèrent à leur projet et très secrètement firent filer une foule d'Indiens qu'ils tenaient cachés dans les bois près de notre demeure ; nos gardes et nos sentinelles les ont vus.

Au jour, je partis pour un village qui se trouve à deux lieues de là, appelé Amecameca, de la province de Chalco, qui peut compter entre ville et campagne plus de vingt mille habitants ; on nous y logea dans de fort belles maisons appartenant au seigneur de l'endroit. Plusieurs personnes d'un rang élevé vinrent m'y trouver, me disant que Muteczuma leur maître les avait envoyés pour m'accompagner et veiller à ce que je ne manquasse de rien. Le cacique de cette province me donna quarante esclaves, trois mille castellanos, et, pendant les deux jours que nous restâmes chez lui, fournit généreusement à tous nos besoins. Le jour suivant, accompagné des nobles mexicains, j'allai dormir à quatre lieues de là, dans un petit village placé sur le bord d'une lagune et dont la moitié est construite sur l'eau ; dans la partie terre s'élève une montagne très abrupte où l'on nous logea fort bien. Là encore, ils avaient résolu d'essayer leurs forces contre nous ; mais ils voulaient le faire en toute sécurité en nous surprenant pendant la nuit. J'étais averti et je sus prévenir leur mauvais dessein. Je fis donc si bonne garde, que le matin ces malheureux avaient perdu de quinze à vingt de leurs espions, qui, soit en canot venant de la lagune, soit à pied venant de la montagne, s'étaient avancés pour nous surprendre ; de sorte que bien peu d'entre eux purent aller porter des nouvelles. Nous voyant toujours si bien gardés, ils renoncèrent dès lors à nous surprendre.

Le jour suivant de bonne heure, comme j'allais partir de ce village, arrivèrent douze Indiens de Culua qu'on me dit être de hauts personnages et au milieu d'eux un grand seigneur, jeune homme de vingt à vingt-cinq ans, à qui tous montraient le plus grand respect; à tel point, que lorsqu'il fut descendu de l'espèce de palanquin dans lequel il était venu, tous se mirent à enlever les pierres et la paille du chemin qu'il allait fouler. Arrivés près de moi, ils me dirent qu'ils venaient de la part de Muteczuma leur maître pour me servir d'escorte; qu'il me priait de lui pardonner s'il n'était pas venu me recevoir en personne, parce qu'il était indisposé; mais que, la ville étant proche, et puisque j'étais toujours résolu à m'y rendre, nous nous verrions bientôt, et que là, je serai édifié sur sa bonne volonté à l'égard de Votre Altesse. Cependant, il insistait toujours sur les dangers de ma venue dans sa capitale : j'y souffrirais, disait-il, mille fatigues; il serait honteux de ne pouvoir suppléer à nos besoins comme il le désirait; toutes choses que les douze seigneurs appuyèrent avec violence; enfin, il ne leur restait plus qu'à me barrer la route si je voulais encore passer.

Je les apaisai du mieux que je pus, leur affirmant qu'aucun mal ne leur pouvait venir de ma visite, mais au contraire nombre d'avantages. Ils s'en allèrent avec quelques présents que je leur fis. Pour moi je continuai ma route derrière eux, accompagné d'une foule de personnes de haute qualité. Je suivais le chemin qui longe la grande lagune, quand à une lieue de l'endroit d'où j'étais parti, je vis au milieu de l'eau à deux portées d'arbalète, une petite ville d'environ deux mille habitants, entièrement bâtie sur l'eau, inaccessible et qui me parut très fortifiée. Une lieue plus loin, nous atteignions une grande chaussée, d'une largeur de deux lances (lanza gineta), bordée des eaux de la lagune, et qui, à deux tiers de lieue, nous conduisit à une ville toute petite, mais la plus belle que nous ayons jamais vue. La distribution en était parfaite; ses maisons et ses temples étaient magnifiques et elle était entièrement bâtie sur l'eau. Dans cette charmante ville d'environ deux mille habitants, nous fûmes admirablement reçus et traités. Le cacique et les principaux personnages vinrent me voir et me prièrent de vouloir bien passer la nuit chez eux. Les émissaires de Muteczuma m'en dissuadèrent, m'engageant à pousser jusqu'à trois lieues de là, pour atteindre une autre ville qui s'appelle Iztapalapa et qui appartient à l'un de ses frères ; je m'y rendis. Le chemin de la ville d'où nous venions, où nous avions mangé et dont je ne me rappelle plus le nom se dirigeait par une autre chaussée longue d'une lieue et qui aboutit à la terre ferme. A mon arrivée à Iztapalapa, le cacique vint au-devant de moi accompagné du seigneur d'une autre ville située à trois lieues de là, appelée Culuacan : il y avait aussi une foule de seigneurs venus pour me voir ; je fus admirablement reçu, et l'on me fit présent de trois ou quatre mille castellanos, de quelques esclaves et des étoffes.

Cette ville d'Iztapalapa peut avoir quinze mille habitants, elle s'élève sur le rivage d'un grand lac salé, elle est bâtie moitié sur l'eau et moitié sur terre. Le cacique a des palais, qui, quoique inachevés, sont aussi beaux que les plus beaux que nous ayons en Espagne : je dis bien, des plus beaux, des plus ornementés et des mieux organisés, aussi bien pour le corps de bâtisse, la charpente, les planchers et la perfection des services dans l'intérieur ; sauf les ornementations en relief et autres riches détails, d'usage courant en Espagne et dont ils ne se servent pas ici. En beaucoup de quartiers et à différentes hauteurs, se trouvent de beaux jardins pleins de grands arbres et de belles fleurs avec de grands bassins d'eau douce aux bords cimentés et munis d'escaliers qui descendent au fond des bassins. Il y a un immense jardin potager près du palais au-dessus duquel s'élève un belvéder orné de galeries et de salles magnifiques ; dans ce potager, se développe un immense réservoir d'eau douce de forme carrée avec ses murailles admirablement construites, et tout autour une promenade pavée de briques, assez large pour quatre promeneurs de front et d'une longueur de quatre cents pas, ce qui fait seize cents pour le tour. De l'autre côté de ce trottoir jusqu'à la muraille, clôture du jardin, s'étend un champ de cannes à sucre et, au delà, de charmants bosquets et des parterres de fleurs parfumées. Dans le réservoir, il y a beaucoup de poissons et beaucoup d'oiseaux, tels que sarcelles, canards sauvages et autres espèces d'oiseaux d'eau en si grand nombre, que parfois ils couvrent l'entière surface du bassin.

Le surlendemain de mon arrivée, je partis, et, à une demi-lieue de là, j'enfilai une chaussée qui se dirige tout droit dans la lagune et qui, deux lieues plus loin, vient déboucher sur la grande ville de Tenochtitlan qui s'élève au milieu du lac. Cette chaussée, large de deux lances, est superbement entretenue ; huit cavaliers peuvent y passer de front. Dans ces deux lieues, d'un bout à l'autre de la digue se trouvent trois cités : la première, qui s'appelle Mexicalzinco, s'élève en grande partie dans la lagune même, et les deux autres, qui se nomment Niciaca et Churubusco, sont bâties sur ses bords, à l'exception de quelques maisons construites sur l'eau. La première peut compter trois mille habitants, la seconde plus de six mille et la troisième de quatre à cinq ; dans toutes, les maisons et les édifices sont remarquables, surtout les palais des seigneurs, les oratoires et les temples où ils tiennent leurs idoles.

Il se fait dans ces villes un grand commerce de sel que les Indiens tirent de l'eau de la lagune et de la surface de la terre que baigne cette lagune. Ils font évaporer l'eau et mettent le sel en pains qu'ils vendent aux naturels des environs. Je suivis donc la chaussée ; à une demi-lieue de la ville de Tenochtitlan, à l'entrée d'une autre chaussée qui de la terre ferme vient se réunir à celle-ci, s'élève un poste très fortifié, flanqué de deux tours, entouré de murs de douze pieds de hauteur et garni d'un parapet crénelé pour toute l'enceinte qui embrasse les deux chaussées ; il n'y a que deux portes, l'une pour sortir et l'autre pour entrer. Je rencontrai là un millier des notables habitants de la grande ville qui venaient me voir ; tous portaient le même costume, fort riche selon leur habitude ; en s'approchant de moi, chacun faisait une petite cérémonie en usage chez eux et qui consistait à toucher la terre d'une main et à la baiser ; je restai là plus d'une heure attendant que tous m'eussent rendu leur devoir. Plus loin, près de la ville, se trouve un pont de bois de dix pas de large ; c'est une grande ouverture, qui permet à l'eau de la lagune d'entrer et sortir, car elle monte ou baisse tour à tour ; c'est en même temps une défense pour la ville ; car on n'a qu'à enlever les grands madriers qui composent le tablier du pont toutes les fois qu'il est nécessaire. Il y a beaucoup de ces ouvertures par la ville, comme plus tard je le ferai savoir à Votre Altesse.

Ce pont passé, l'empereur Muteczuma vint me recevoir suivi d'environ deux cents seigneurs, tous pieds nus et vêtus d'une espèce de livrée très riche à leur usage, et plus riche que celle des autres ; ils venaient en file indienne rasant les murs de la rue qui est fort large, très belle, et toute droite, si bien qu'on la voit d'un bout à l'autre, avec ses grandes maisons et ses temples. Muteczuma marchait au milieu de la rue accompagné de deux seigneurs, l'un à sa gauche, l'autre à sa droite ; l'un d'eux était le personnage qui était venu au-devant de moi dans la montagne et l'autre était le frère de Muteczuma, seigneur de cette ville d'Iztapalapa d'où j'étais parti la veille : tous trois étaient vêtus de la même manière, sauf que l'empereur portait des brodequins tandis que les deux autres avaient les pieds nus ; chacun le soutenait par le bras. Lorsque nous fûmes près l'un de l'autre, je descendis de cheval et j'allais l'embrasser, lorsque les deux seigneurs intervinrent pour m'empêcher de le toucher. Tous trois baisèrent la terre selon la coutume et cette politesse accomplie, Muteczuma donna l'ordre à son frère de m'accompagner en me tenant le bras, tandis qu'il prenait l'avance accompagné de l'autre seigneur. Lorsqu'il m'eut adressé quelques paroles, tous les seigneurs qui formaient la procession vinrent à tour de rôle m'entretenir pour reprendre ensuite leur rang de marche. Au moment où j'abordais le prince, je quittai mon collier de perles et de diamants de verre que je lui passai autour du cou, et peu après vint un de ses serviteurs avec deux colliers de *camarones* enveloppés dans une étoffe ; ces *camarones* sont faits avec la conque de coquillages marins de couleur rouge et qu'ils tiennent en haute valeur. De chaque collier pendaient huit perles d'or d'une grande perfection et grosses comme une noix et lorsque cet homme les apporta, le prince se tourna vers moi et me les passa au cou ; puis il continua sa marche dans le même ordre qu'avant, et nous suivîmes jusqu'à notre arrivée dans un beau et grand palais qu'on avait tenu prêt à nous recevoir. Là, il me prit par la main et me mena dans une grande salle qui donnait sur la cour par laquelle nous étions entrés. Là, il me fit asseoir sur une très belle estrado qui avait été faite pour lui, me dit de l'attendre et partit. Peu après, lorsque mes gens furent installés, il revint avec des joyaux de toutes sortes en or, en argent, en plumes éclatantes et nous apportait cinq à six mille pièces d'étoffes de coton très riches, tissues et brodées de différentes manières. Après m'avoir fait ce présent, il s'assit sur un siège qu'on venait de lui dresser près du mien et m'adressa les paroles suivantes :

« Il y a bien longtemps que, par tradition, nous avons appris de nos ancêtres, que ni moi, ni aucun de ceux qui habitent cette contrée n'en sommes les naturels; nous sommes étrangers et nous sommes venus de pays lointains. Nous savons aussi que ce fut un grand chef qui nous amena dans ce pays, où nous étions tous ses vassaux; il retourna dans sa patrie d'où il ne revint que longtemps après, et si longtemps, qu'il retrouva ceux qu'il avait laissés derrière lui, mariés avec les femmes de la contrée et vivant en famille dans les nombreux villages qu'ils avaient fondés. Il voulut les emmener avec lui; mais ils s'y refusèrent et ne voulurent même pas le reconnaître pour leur seigneur.

« Alors il repartit. Nous avons toujours cru depuis, que ses descendants reviendraient un jour pour conquérir notre pays et faire de nous ses sujets; et d'après la partie du monde d'où vous me dites venir, qui est celle d'où le soleil se lève, et les choses que vous me contez du grand roi qui vous a envoyé, nous sommes persuadés que c'est lui notre véritable seigneur; d'autant plus, que depuis longtemps, il est, dites-vous, au courant de nos affaires. Soyez donc certain que nous vous obéirons et que nous vous reconnaîtrons pour maître au lieu et place du grand roi dont vous parlez, et qu'il ne doit pas y avoir le moindre doute à cet égard. » Il ajouta : « Vous pouvez commander à toute cette contrée, au moins dans les parties qui dépendent de mon royaume; vous serez obéi et vous pourrez disposer de mes biens, comme des vôtres. Vous êtes ici chez vous, dans votre palais; reposez-vous donc des fatigues du chemin et des combats que vous avez livrés. Je sais tout ce qui vous est arrivé, de Potunchan ici; je sais que les gens de Cempoal et de Tlascala vous ont dit beaucoup de mal de moi ; ne croyez rien de plus que ce que vous verrez vous-même et surtout de gens qui sont mes ennemis, dont plusieurs étaient mes vassaux, qui ont profité de votre arrivée pour se révolter et me calomnient pour se faire bien venir de vous. On vous a dit aussi que mes palais avaient des murailles d'or, que les nattes étendues dans mes salons et autres articles de mon service étaient également en or, que je me faisais adorer comme un dieu, et autres absurdités. Les palais, vous les voyez ; ils sont de terre, de pierre et de chaume. » Puis, soulevant ses vêtements, il me montra son corps en disant : « Vous voyez que je suis de chair et d'os comme vous », et de ses mains, se palpant les bras et le corps : « Vous voyez que je suis mortel et palpable, et vous voyez combien ces hommes ont menti. Il est vrai que je possède quelques objets en or qui me viennent de mes ancêtres ; ils sont à vous, si vous les désirez. Je m'en retourne dans d'autres palais où je demeure. Ici vous serez pourvu de toutes les choses nécessaires à vous et à vos hommes. N'ayez aucune inquiétude ; ce pays est le vôtre comme ce palais est à vous. »

Je m'efforçai, dans ma réponse, de dire à Muteczuma les choses qui convenaient le mieux, surtout en ce qui touchait Votre Majesté, qui était bien le personnage qu'ils attendaient depuis si longtemps. Il prit congé, et peu après, on nous envoya des poules, du pain, des fruits et autres choses nécessaires pour le service de nos appartements. Je passai six jours de cette manière, vivant dans l'abondance et visité par une foule de seigneurs de la ville.

Seigneur Très Catholique, je vous disais, au début de cette lettre, comment lorsque je partis de la ville de la Vera Cruz à la recherche de Muteczuma, j'y avais laissé cent cinquante de mes hommes pour achever la forteresse que j'avais commencée ; je vous disais aussi comment j'avais laissé plusieurs villages et forteresses des environs de la ville soumis à Votre Altesse, les naturels en paix et la plupart vassaux de Votre Majesté. Or, me trouvant en la ville de Cholula, je reçus des lettres du capitaine que j'avais nommé commandant de la ville, lettres par lesquelles il me faisait savoir que Qualpopoca, cacique de la ville de Nautla, lui avait envoyé dire par ses messagers qu'il désirait fort devenir sujet de Votre Altesse, et que s'il avait tardé à venir jurer l'obéissance qu'il devait comme vassal de Votre Majesté, c'était parce qu'il lui fallait passer par les terres de ses ennemis dont il craignait les attaques; mais que si mon capitaine lui envoyait quatre Espagnols pour l'accompagner, les gens des provinces ennemies qu'il aurait à traverser, le sachant en telle compagnie, n'oseraient l'attaquer et qu'il viendrait tout de suite. Mon capitaine croyant ce que lui disait Qualpopoca, le même fait s'étant répété plusieurs fois, lui envoya les quatre Espagnols. Le cacique ne les eut pas plutôt entre les mains, qu'il donna l'ordre de les tuer, mais de manière qu'on ne pût lui attribuer le crime. Deux de ces malheureux furent sacrifiés; les deux autres, blessés, se sauvèrent dans les bois. A cette nouvelle, mon capitaine avait marché sur Nautla avec cinquante fantassins, deux cavaliers, deux couleuvrines et huit à dix mille Indiens de nos alliés. Il avait attaqué la ville, tué beaucoup de monde, chassé les habitants, brûlé et détruit toutes les maisons, aidé en cela par ses Indiens qui, enragés contre les gens de Nautla, s'étaient battus avec fureur. Quant à Qualpopoca, le cacique de la ville, il avait pris la fuite avec d'autres seigneurs ses alliés. Mon capitaine s'informa auprès de quelques-uns des prisonniers qui avaient combattu pour la défense de la ville, quelle était la cause du meurtre des Espagnols ses envoyés. On lui répondit que Muteczuma avait donné des ordres à Qualpopoca, et aux princes indiens qui l'avaient aidé, et qui tous étaient ses vassaux, que, aussitôt que je serais éloigné de la ville de la Veracruz, ils eussent à tomber sur tous ceux qui avaient secoué son joug et s'étaient déclarés pour Votre Altesse, et qu'ils prissent tous les moyens possibles pour massacrer les Espagnols que j'avais laissés derrière moi.

Prince Invincible, après avoir passé six jours dans cette grande ville de Tenochtitlan, ayant observé beaucoup de choses et fort peu cependant relativement au grand nombre qu'on peut y voir, il me parut nécessaire au service royal et à notre sûreté que le seigneur Muteczuma fût en mon pouvoir et non en liberté, de crainte qu'il ne changeât d'avis au sujet de la résolution qu'il m'avait manifestée de servir Votre Altesse ; d'autant que nous autres Espagnols étant fiers et inquiets, nous pouvions le blesser ; en retour de quoi, il aurait pu nous faire bien du mal vu sa grande puissance. Puis, je pensais que l'ayant en mon pouvoir, toutes les contrées qui lui sont soumises accepteraient plus facilement le joug de Votre Majesté. Ce fut effectivement ce qui arriva. Je résolus donc de m'emparer de sa personne et de la transporter dans le palais fortifié que j'habitais ; et pour qu'il n'y eût ni trouble ni scandale, je réfléchis sur toutes les précautions que je devais prendre pour la réussite de cette affaire, et je me rappelai ce que mon capitaine de la Veracruz m'avait écrit au sujet du massacre de mes hommes dans la ville de Nautla, comme je l'ai raconté plus haut, et comment on avait su que tout ce qui était arrivé, n'était que le résultat des ordres donnés par Muteczuma ; je posai donc de fortes gardes à tous les croisements des rues et je me rendis au palais de Muteczuma comme j'avais l'habitude de le faire. Après avoir quelque temps parlé de choses diverses, il me fit présent de plusieurs bijoux en or, me donna l'une de ses filles, et distribua plusieurs autres filles de grands seigneurs à mes officiers. Lorsque je lui dis tout à coup, que j'avais appris ce qui s'était passé dans la ville de Nautla où l'on m'avait tué deux Espagnols ; que le cacique Qualpopoca, pour se disculper, prétendait n'avoir agi que d'après ses ordres et que, comme vassal, il n'avait pu qu'obéir ; j'ajoutai que je n'en croyais pas un mot et que Qualpopoca ne cherchait qu'à se tirer d'affaire, mais qu'il fallait le convoquer lui et les autres seigneurs qui avaient trempé dans l'attentat dont mes gens avaient été victimes afin de connaître la vérité. Il fallait que les coupables fussent châtiés et que Votre Majesté ne pût soupçonner sa bonne volonté, de crainte qu'au lieu des faveurs que Votre Majesté voulait lui faire, les actes de ces malfaiteurs ne provoquassent la colère de Votre Altesse qui pourrait retomber sur sa tête ; mais que je ne croyais pas un mot des allégations de ces misérables et que j'en étais fort heureux.

L'empereur manda immédiatement quelques-uns de ses officiers, auxquels il donna une toute petite statuette de pierre, en forme de cachot, qu'il portait attachée à son bras, et leur ordonna de se rendre à la ville de Nautla, qui se trouve à soixante ou soixante et dix lieues de Tenochtitlan, d'on ramener Qualpopoca et tous autres individus compromis dans le meurtre des Espagnols; que s'ils s'y refusaient on les ramenât prisonniers, et que s'ils résistaient on convoquât les milices de certaines communes voisines que l'empereur leur signala et qu'on les ramenât morts ou vifs. Ceux-ci partirent sur l'heure. Après leur départ je dis à Muteczuma combien je le remerciais de la diligence qu'il mettait à s'assurer des coupables, puisque j'avais à rendre compte à Votre Altesse de la vie de ces Espagnols, mais qu'il serait bon qu'il vînt au palais jusqu'à ce que cette affaire fût éclaircie; que je le priais instamment de ne point s'offenser de cette mesure; qu'il jouirait près de moi de toute sa liberté; que je n'interviendrais en aucune manière dans l'administration de ses États; qu'il choisirait une salle du palais quelle qu'elle fût et que je serais tout à ses ordres; qu'il pouvait être certain que rien de notre côté ne pourrait le blesser, et qu'au contraire chacun de nous s'empresserait à son service. A ce sujet nous causâmes longuement de choses qui seraient trop longues à dire et dans le cas sans importance. En somme je puis affirmer qu'il acquiesça et me dit qu'il viendrait avec plaisir. Je mandai sur l'heure qu'on préparât son appartement qui fut aussitôt prêt et fort élégamment organisé. Un grand nombre de seigneurs vinrent alors près de Muteczuma, quittèrent leurs vêtements officiels et nu-pieds apportèrent un palanquin fort modeste sur lequel ils emmenèrent leur maître; ils pleuraient en silence; et ce fut dans cet appareil qu'ils arrivèrent à mon palais sans qu'il y eût de trouble dans la ville, qui cependant commençait à s'émouvoir. Dès que le prince en eut connaissance il envoya des gens pour calmer la foule, qui s'apaisa. Depuis, chaque chose reprit son cours et la plus grande tranquillité régna tout le temps que je retins Muteczuma prisonnier, car il se plaisait auprès de moi, et rien ne manquait à son service, aussi luxueux que dans son propre palais, service merveilleux dont je parlerai plus tard. Quant à moi et mes compagnons, nous faisions tous nos efforts pour lui être agréables.

Il y avait quinze jours que Muteczuma était en prison lorsqu'arrivèrent les gens qu'il avait envoyés à la recherche de Qualpopoca et de ses complices; ils ramenaient le cacique, l'un de ses fils et quinze personnes qui, disait-on, avaient été les plus compromises dans le massacre des Espagnols. On avait amené Qualpopoca en palanquin comme un vrai seigneur qu'il était. Aussitôt arrivés on me les livra et je les fis garder avec soin. Après leur avoir fait avouer qu'ils avaient tué les Espagnols, je leur demandai s'ils étaient les vassaux de Muteczuma? « Et de quel autre souverain serais-je donc le vassal? » me répondit Qualpopoca, semblant dire par là qu'il ne saurait y en avoir d'autre. Je leur demandai alors si le massacre avait eu lieu d'après ses ordres? ils répondirent que non, quoique plus tard, au moment où l'on exécutait la sentence qui les condamnait à être brûlés, tous s'écrièrent d'une commune voix que c'était bien Muteczuma qui leur avait donné des ordres et qu'ils n'avaient fait que suivre ses instructions.

Ils furent donc brûlés publiquement sur une place sans qu'il y eût aucun trouble. Comme le jour de leur supplice, ils avaient avoué que Muteczuma leur avait ordonné de tuer les Espagnols, je fis mettre à celui-ci les fers aux pieds, ce dont il éprouva une douleur mortelle. Mais après avoir causé quelque temps avec lui, je les lui enlevai, ce qui lui fit un immense plaisir et depuis, je me suis toujours efforcé de faire tout ce qui pouvait lui être agréable. Je fis savoir aussi à tous les habitants du pays et disais à tous ceux qui venaient me voir, que Votre Majesté s'était réjouie de compter Muteczuma parmi ses vassaux, reconnaissant ainsi combien Votre Altesse était au-dessus de lui; je leur disais qu'ils seraient agréables à Votre Altesse en lui obéissant et en la tenant pour leur seigneur comme ils le faisaient avant que je vinsse dans leur pays. Je fis si bien tout ce que je pus pour plair au prince, et il en éprouva un tel contentement, que bien des fois, lui ayant offert la liberté, le priant de retourner dans son palais, il me répondait toujours, qu'il était fort bien avec moi, qu'il ne voulait pas s'en aller, parce que près de moi, il ne lui manquait rien des choses qu'il désirait, comme cela eût pu lui arriver dans son palais. Il est fort possible que s'en allant il ne craignît d'être importuné par les seigneurs ses vassaux, et poussé par eux à entreprendre quelqu'affaire qui fût contraire au service de Votre Altesse, lui qui s'était proposé de faire de son mieux pour le service de Votre Majesté. Il disait donc que j'eusse à leur communiquer ce que je désirais qu'on fît, parce qu'alors, quoi qu'ils lui pussent conseiller, il pouvait s'y refuser en disant qu'il n'était pas libre. Plusieurs fois, il m'avait demandé la permission d'aller se distraire et passer quelques jours dans ses maisons de campagne, soit dans la ville, soit au dehors, ce que je lui accordais toujours. Plusieurs fois, accompagné de cinq ou six Espagnols, il fit des promenades à deux lieues de la ville, d'où il revenait toujours content dans le palais que nous habitions. A chacune de ces excursions, il faisait largesse de présents tant en bijoux qu'en étoffes, non seulement aux Espagnols mais aux Indiens qui l'accompagnaient dont le nombre passait souvent trois mille, grands seigneurs la plupart et personnages considérables de la ville; et toujours il leur offrait des banquets et des réjouissances que les participants se plaisaient à conter au retour.

Lorsque je fus persuadé que Muteczuma avait le plus grand désir d'être agréable à Votre Altesse, je lui demandai de vouloir bien me montrer les mines d'où l'on tirait l'or, afin que j'en pusse faire un rapport à Votre Majesté. Il me répondit que ce serait avec le plus grand plaisir. Il fit immédiatement appeler quelques-uns de ses sujets, qu'il répartit deux par deux pour les quatre provinces où l'or était exploité; puis il me pria de leur adjoindre des Espagnols afin qu'ils fussent témoins des procédés d'extraction; je fis donc suivre chaque groupe de deux Indiens par deux de mes hommes. Les uns s'en allèrent en une province appelée Cuzula qui est à quatre-vingts lieues de la grande ville de Tenochtitlam, et dont les habitants sont vassaux de Muteczuma; là, on leur montra trois rivières et de chacune d'elles ils nous rapportèrent des échantillons d'or très fin, que les Indiens retirent de la façon la plus primitive (le lavage probablement). En chemin, mes Espagnols me dirent avoir traversé trois provinces très bien cultivées, toutes pleines de villes, de villages et de maisons de campagne avec de si beaux et si grands édifices qu'on n'en pourrait trouver de plus beaux en Espagne. Ils me citèrent tout spécialement un camp retranché avec forteresse, qui leur parut plus fort et mieux construit que le château de Burgos. Les habitants de l'une de ces provinces, appelée Tamazulapa, sont mieux vêtus que ceux de toute autre province et leur semblèrent très civilisés.

Les autres se rendirent en une autre province appelée Malinaltepec, située à soixante-dix lieues de la grande capitale, mais du côté de la mer. Ceux-là me rapportèrent également des échantillons d'or tiré d'une rivière qui passe dans la province. Les autres s'en furent dans une contrée qui se trouve en amont de cette même rivière, où les Indiens parlent une langue différente de celle des gens de Culua et qui s'appelle Tenich; le cacique de l'endroit se nomme Coatelicamatl; comme il habite un pays de montagnes élevées, d'accès difficile, il n'est point vassal de Muteczuma; ses sujets du reste sont fort guerriers et combattent avec des lances de douze à quinze pieds de longueur. Comme ils n'ont point accepté le joug de Muteczuma, les envoyés mexicains qui accompagnaient les Espagnols n'osèrent entrer dans cette province sans en prévenir le cacique et lui en demander la permission, disant qu'ils accompagnaient les Espagnols pour visiter ses mines d'or et qu'ils lui demandaient cette faveur de la part de Muteczuma leur maître et qu'il voulût bien la leur accorder. Coatelicamatl répondit que, pour les Espagnols, il serait enchanté qu'ils entrassent dans le pays et visitassent les mines et tout ce qui les intéresserait; mais que les gens de Culua, sujets de Muteczuma, ne pouvaient pénétrer chez lui, parce qu'ils étaient ses ennemis. Les Espagnols éprouvaient une certaine inquiétude à pénétrer seuls en ce pays inconnu; d'autant que les gens de Culua les en dissuadaient, disant qu'ils seraient assassinés et que c'était pour les tuer plus facilement qu'on ne voulait pas les laisser passer avec eux. Cependant ils résolurent d'entrer seuls. Ils furent très bien accueillis par le cacique et les habitants du pays, qui leur montrèrent sept ou huit torrents et ruisseaux d'où ils tiraient l'or; les Indiens en recueillirent même en leur présence, dont ils me rapportèrent des échantillons. Coatelicamatl, au retour de mes Espagnols, leur adjoignit quelques-uns de ses sujets porteurs d'un message, d'après lequel il mettait lui et sa province au service de Votre Majesté sacrée et il m'envoyait en même temps divers bijoux d'or et des étoffes qui se fabriquent dans le pays. Les derniers se rendirent dans une autre province appelée Juchitepec, qui se trouve presque sur la même ligne que Malinaltepec, à douze lieues de là, où j'ai déjà dit qu'on trouvait de l'or. Là, on les conduisit à deux autres rivières d'où ils me rapportèrent également des échantillons d'or.

J'avais appris par mes Espagnols qu'il y avait dans cette dernière province toutes facilités pour y établir de grandes cultures et pour en tirer de l'or; je priai donc Muteczuma de faire établir une ferme pour Votre Majesté dans cette province de Malinaltepec; il y consentit et il y apporta une telle diligence qu'en deux mois, je puis l'affirmer, on avait semé deux cent quarante boisseaux de maïs, quarante de haricots et planté deux mille pieds de cacao, espèce d'amande qu'on met en poudre pour la consommer; fruit tellement précieux qu'il sert de monnaie dans le pays et que vous pouvez en échange vous procurer toutes choses dans les marchés. Il avait de plus fait construire quatre grandes maisons, où, dans l'une, sans parler des beaux appartements, il avait fait creuser un immense réservoir où s'ébattaient cinq cents canards, palmipèdes des plus utiles pour les Indiens, qui chaque année les dépouillent de leurs plumes pour en fabriquer des étoffes. Il mit encore dans cette ferme quinze cents dindes, sans parler d'une organisation agricole des plus complètes. Les Espagnols qui avaient vu cette ferme l'estimaient à plus de vingt mille piastres d'or.

Je priai aussi Muteczuma de me dire s'il y avait sur la côte quelque fleuve, ou havre, où les navires qui viendraient, pourraient jeter l'ancre. Il me répondit qu'il ne le savait pas, mais qu'il me ferait dessiner toute la côte avec ses fleuves et ses havres; que je pourrais envoyer des Espagnols pour vérifier les faits et qu'il me donnerait des Indiens pour les guider; ce qu'il fit. Le lendemain, on m'apporta une carte sur étoffe, où toute la côte était dessinée; j'y remarquai un fleuve qui débouchait dans la mer, et dont l'embouchure était plus grande que les autres; ce fleuve est situé entre les montagnes de San Martin et l'ouverture en est si grande que les pilotes croyaient qu'elle partageait en deux la province de Goazacoalco. Le prince me demanda qui je voulais envoyer, qu'il ferait en sorte que l'expédition ne manquât de rien et que mes hommes pussent tout voir. Je choisis aussitôt une dizaine d'hommes, dont quelques pilotes et autres individus familiarisés avec les choses de la mer. Mes gens partirent avec l'escorte promise et parcoururent toute la côte depuis le port de San Juan où je débarquai, jusqu'à soixante lieues de là, sans rencontrer ni fleuve, ni havre, où pût se réfugier aucun navire, quoique tout le long de la côte ils en eussent rencontré beaucoup et de grands qu'ils sondaient au moyen de canoas. Ce fut ainsi qu'ils arrivèrent à cette province de Goazacoalco où ils trouvèrent le fleuve en question. Le cacique de cette province appelé Tuchintecatl les reçut fort bien et leur procura des canoas pour étudier le fleuve; ils trouvèrent à l'embouchure deux brasses et demie dans les fonds les plus bas; ils remontèrent environ douze lieues et trouvèrent cinq à six brasses. D'après ce qu'ils purent observer, ils estiment que le fleuve a la même profondeur, jusqu'à trente lieues de là. Sur les deux rives s'étalent de nombreux villages; toute la province est plane, riche, abonde en toutes productions et les habitants y paraissent innombrables; les gens de cette province ne sont point sujets de Muteczuma, mais ses ennemis; de sorte que, lorsque les Espagnols arrivèrent, le cacique leur fit dire que les hommes de Culua ne pouvaient entrer dans son territoire. Quand les Espagnols revinrent, le cacique leur adjoignit quelques-uns de ses sujets porteurs de bijoux en or, de peaux de tigre, de plumages, de pierres précieuses et d'étoffes. Ils me dirent de sa part, qu'il y avait longtemps que Tuchintecatl leur maître avait entendu parler de moi, car les gens de Potonchan qui habitent les bords du Grijalva et qui sont ses alliés lui avaient appris comment j'étais arrivé chez eux, comment nous nous étions battus, parce qu'ils me refusaient l'entrée de leur village, après quoi nous étions devenus amis; alors ils s'étaient déclarés les vassaux de Votre Majesté. Ils ajoutaient que lui aussi se mettait à votre service ainsi que son petit royaume; qu'il me priait de le croire mon ami, à condition que les gens de Culua ne missent point le pied chez lui et que de toutes les productions de son pays, il paierait le tribut que j'exigerai, pour le service de Votre Altesse.

Je fus très heureux des informations que me donnèrent mes envoyés, sur les pays et le port qu'ils avaient découverts; car depuis que j'avais débarqué dans cette contrée, je m'ingéniais à en trouver un que je n'avais pu encore découvrir. C'est qu'en effet, il n'en existe pas un seul depuis le fleuve San Anton voisin du Grijalva, jusqu'au fleuve de Panuco sur la côte nord; là, où certains Espagnols envoyés par Francisco de Garay cherchèrent à fonder une colonie, comme je le conterai plus tard à Votre Altesse. Pour mieux m'édifier sur la valeur du port, les richesses du pays, la bonne volonté des naturels et toutes les choses nécessaires à la colonisation, j'envoyai certaines personnes de mon entourage ayant de l'expérience dans ce genre d'affaire. Ils s'en furent avec les émissaires que m'avait envoyés le seigneur Tuchintecatl à qui je les avais chargés de remettre divers présents de ma part. Celui-ci les reçut très bien; ils étudièrent de nouveau le fleuve et le port, et examinèrent avec soin les emplacements où l'on pourrait établir des villages. Ils revinrent avec une foule de détails, disant qu'il y avait là-bas tout ce qu'il fallait pour s'y établir : quant au cacique il se montra fort content et plein du désir de servir Votre Altesse. Ayant reçu ces bonnes nouvelles, j'expédiai immédiatement un capitaine avec cent cinquante hommes pour jeter les fondements du village et construire une forteresse. Le cacique avait offert de la construire et se mettait à mes ordres pour tout ce dont nous pourrions avoir besoin ; il éleva même six fortins sur l'emplacement choisi pour la colonie et se déclarait très heureux que nous soyons allés nous établir dans son pays.

Dans les chapitres précédents, je vous racontais, Très Puissant Seigneur, qu'à l'époque où je me rendais à la grande ville de Tenochtitlan, j'avais rencontré sur ma route un grand seigneur qui venait de la part de Muteczuma; j'ai su depuis, qu'il était proche parent du prince et qu'il avait son royaume près du sien. On l'appelle Culhuacan, la capitale est une grande ville qui s'élève sur les bords de la lagune d'eau salée, que l'on franchit en canoas : pour se rendre à Tenochtitlan par eau, la distance est de six lieues; par terre, elle est de dix.

Cette ville s'appelle Tezcoco et renferme environ trente mille maisons. Il y a, Seigneur, dans cette ville, des palais et des temples magnifiques, des pyramides et des oratoires admirablement travaillés. Il y a de grands marchés, et en dehors de sa capitale, le seigneur a deux autres villes, l'une à trois lieues de Tezcoco, Oculma, l'autre à six lieues appelée Otumba; chacune de ces villes compte trois ou quatre mille maisons. Cette province de Culhuacan a d'autres villages, fermes et exploitations rurales en grandes quantités. Ce royaume est limitrophe de la république de Tlascala, aujourd'hui vassale de Votre Majesté. Depuis que Muteczuma est entre mes mains, le roi de cette ville qui se nomme Cacamazin, s'est révolté aussi bien contre Votre Altesse à laquelle il avait juré obéissance, que contre Muteczuma. Quoique je l'eusse sommé maintes fois de venir recevoir les ordres de Votre Majesté, il s'y refusa toujours quoi qu'il reçût les mêmes ordres de Muteczuma. Il répondait simplement que si on avait à lui dire quelque chose, on vînt le trouver chez lui; il verrait ce qu'il avait à faire et quel service on exigeait de lui. En même temps, j'appris qu'il avait une grande quantité de gens de guerre tout près à se mettre en marche. Comme il ne tenait compte, ni de mes avertissements ni de mes remontrances, j'en parlai à Muteczuma et je lui demandai ce que nous devions faire pour que sa rébellion ne restât pas impunie. Il me répondit que vouloir s'en emparer par violence offrait un grand péril; c'était un grand seigneur, à la tête d'une nombreuse armée, qu'on ne pourrait prendre sans sacrifier beaucoup de monde; mais qu'ayant nombre de ses principaux serviteurs à la cour de Cacamazin, il les engagerait à se ménager des complices qui, une fois gagnés à notre projet, nous rendraient facile la prise de ce seigneur. Ce fut ce qui arriva. Muteczuma prit ses mesures de telle façon, que ses affiliés persuadèrent à Cacamazin de réunir son conseil dans la ville de Tezcoco pour délibérer d'affaires qui le touchaient personnellement. Ils se réunirent donc dans une jolie maison appartenant au prince et qui se trouve sur le bord de la lagune. Elle était construite de telle façon que l'on naviguait au-dessous comme dans la lagune même; les conjurés avaient placé là des canoas avec des rameurs et des gens à eux, tout prêts en cas de résistance à s'emparer de Cacamazin. Une fois réunis, les conjurés se saisirent de sa personne avant que les gens du prince pussent intervenir; le déposèrent dans une canoa, prirent la lagune et arrivèrent à Tenochtitlan qui, je l'ai dit, était à six lieues de là.

Aussitôt arrivé, on le mit sur un palanquin comme l'exigeait l'étiquette pour un grand personnage et on me l'amena. Je lui fis mettre les fers aux pieds et le confiai à une bonne garde; puis, d'après l'avis de Muteczuma je nommai à sa place, au nom de Votre Altesse, l'un de ses fils nommé Cucuzcazin. Je fis savoir à toutes les autorités et seigneuries du royaume qu'on eût à lui obéir, jusqu'à ce que Votre Altesse ait décidé dans cette affaire. Tout se passa bien, le nouveau roi fut reconnu par les habitants, qui lui obéirent comme à Cacamazin; lui-même se soumit gracieusement à tout ce que je lui demandai de la part de Votre Majesté.

Quelques jours s'étaient passés depuis l'emprisonnement de Cacamazin, quand Muteczuma convoqua tous les caciques, chefs et seigneurs des localités environnantes. Lorsqu'il les eut réunis, il m'envoya dire de me rendre à l'assemblée, où, lorsque je fus arrivé, il nous adressa les paroles suivantes :

« Mes frères et mes amis, il y a longtemps, vous le savez, que vous, vos pères et vos aïeux sont et ont été nos vassaux et nos sujets; vous savez que mes ancêtres et moi nous vous avons toujours traités avec les plus grands égards et je sais que vous avez toujours agi en loyaux et fidèles sujets. Vous devez vous rappeler aussi que nous ne sommes point naturels de cette contrée; que notre race y est venue de très loin, sous la conduite d'un chef qui l'y amena et dont nous étions tous les sujets. Ce chef nous quitta et revint longtemps après; il trouva nos ancêtres établis dans cette contrée, mariés aux femmes du pays, dont ils avaient eu beaucoup d'enfants ; de sorte qu'ils ne voulurent pas s'en retourner avec lui et qu'ils refusèrent de le reconnaître pour leur seigneur. Il partit donc en disant qu'il reviendrait un jour, ou qu'il enverrait quelqu'un pour nous ramener à son service. Vous savez que nous l'avons toujours attendu. Or, d'après ce que nous a dit le capitaine du grand roi qui l'a envoyé chez nous, et venant comme il nous l'a dit, du côté du soleil levant, je tiens pour certain et vous devez le croire aussi, que ce grand roi est bien le seigneur que nous attendions ; d'autant plus, qu'il y avait longtemps qu'il avait entendu parler de nous. Puisque nos prédécesseurs n'ont pas rempli les obligations qu'ils devaient à leur souverain, c'est à nous à les remplir, et nous devons rendre grâce à nos dieux de voir enfin ce que nos pères ont si longtemps attendu. Je vous supplie donc, étant convaincu de tout ce que je viens de dire, de reporter à ce grand roi, l'obéissance que vous m'accordiez à moi-même, puisqu'il est votre seigneur naturel, et en son lieu et place, à son capitaine. Vous lui rendrez donc tous les tributs et services que vous m'avez rendus jusqu'à ce jour, comme je m'engage à lui obéir dans tout ce qu'il m'ordonnera, car non seulement vous remplirez un devoir, mais vous me ferez le plus grand plaisir. » Le prince nous fit ce discours en pleurant à chaudes larmes et en manifestant la plus grande douleur qui se puisse concevoir ; les grands seigneurs qui l'avaient écouté, sanglotaient aussi et furent longtemps avant de pouvoir lui répondre : et je puis certifier à Votre Majesté sacrée qu'il n'y eut pas un Espagnol présent qui ne fût ému de cette douleur. Quand les larmes des grands furent apaisées, ils répondirent au prince, qu'il était toujours leur maître ; qu'ils avaient promis de faire ce qu'il leur commanderait ; que d'accord avec les raisons qu'il leur avait données, ils seraient heureux d'obéir ; et que, de ce jour et à jamais, ils s'engageaient à rester les vassaux fidèles de Votre Altesse. Puis tous ensemble et chacun en particulier, ils jurèrent de faire tout ce qui leur serait ordonné au nom de Votre Majesté comme de bons et fidèles sujets sont tenus de le faire, et d'accepter tous les tributs de servitude auxquels ils étaient tenus envers Muteczuma. Je fis prendre acte de cette séance par notaire public et je le fis dresser en présence de plusieurs Espagnols qui m'avaient servi de témoins.

Cet acte passé, ainsi que la cérémonie où tous ces notables s'engageaient au service de Votre Majesté, je dis un jour à Muteczuma, que Votre Altesse avait besoin d'or pour certains travaux et que je le priais d'envoyer quelques-uns de ses Indiens auxquels j'adjoindrais de mes Espagnols, afin qu'ils se rendissent auprès des caciques qui s'étaient offerts à votre service, pour au nom de Votre Majesté leur demander un premier tribut : parce que, outre la nécessité où se trouvait Votre Altesse, ce serait de leur part une marque de zèle dont Votre Altesse leur tiendrait compte. Qu'ils prélevassent donc sur leurs biens pour m'en donner une part, que je désirais vous envoyer, tels que l'or et autres choses précieuses que j'avais déjà envoyées à Votre Majesté. Il me répondit aussitôt de lui désigner dix de mes gens que je lui donnai et, deux par deux ou cinq par cinq, il les répartit par les villes et les provinces dont les noms m'échappent, ayant égaré les notes à ce sujet; mais quelques-unes d'entre elles se trouvaient à quatre-vingts et cent lieues de Tenochtitlan. Il leur avait joint des Indiens, avec ordre de les conduire aux caciques de ces provinces et leur demander de ma part un tribut d'or qu'ils s'empressèrent de livrer. Tout se passa donc bien; chacun de ces caciques donna très bénévolement ce que j'avais demandé en bijoux, étoffes, feuilles d'or et d'argent et autres objets. J'envoyai à la fonte ce qui pouvait se fondre et le cinquième de Votre Majesté monta à trente-deux mille quatre cents piastres d'or, sans compter les bijoux d'or et d'argent, les plumes et pierres précieuses et autres objets de valeur, que je mis à part pour Votre Majesté sacrée et qui peuvent valoir plus de cent mille ducats : objets et bijoux qui, en dehors de leur valeur intrinsèque, sont si beaux et si merveilleux que, vu leur nouveauté et leur étrangeté, elles n'ont pas de prix, et qu'il n'y a pas un prince au monde qui possède rien d'aussi riche et d'aussi magnifique.

Que Votre Altesse n'aille point croire que je lui dise là rien de fabuleux; car je puis certifier que toutes les créatures vivantes qui peuplent la terre et les eaux dont Muteczuma put avoir connaissance, il les fit reproduire en or, argent, pierreries et plumes avec une telle perfection, qu'elles paraissaient naturelles. Il m'en donna de toutes sortes pour Votre Altesse, sans parler d'autres que je lui demandais et qu'il me fit fabriquer en or : crucifix, images de saints, médailles, bijoux, colliers et autres objets de notre pays, qu'on imita de façon merveilleuse. Il revint également à Votre Altesse, du cinquième de l'argent perçu, cent et tant de marcs que je livrai aux artistes indiens pour en faire des plats petits et grands, des écuelles, des tasses et des cuillères, qu'ils fabriquèrent avec une perfection que nous ne saurions dire. Muteczuma me fit en outre présent de pièces d'étoffe de sa garde-robe d'une telle finesse, que tissées de coton sans mélange de soie, il ne pourrait s'en tisser d'aussi belles au monde, ni de couleurs si vives et si diverses. Il y avait, entre autres, des vêtements d'hommes et de femmes absolument merveilleux ; je citerai des couvertures de lit, qui composées de soie ne pourraient les égaler. Il y avait d'autres tissus ressemblant à des tapisseries qui pourraient décorer des salons et des églises ; il y avait aussi des couvre-pieds et des couvertures tissées de plumes et de coton, de toutes les couleurs et les plus merveilleuses qu'on pût voir, et tant d'autres choses encore que je ne saurais les dépeindre à Votre Majesté. Il me donna une douzaine de sarbacanes avec lesquelles il chasse les oiseaux, dont je ne pourrai dire l'élégante perfection ; car elles étaient couvertes de fines peintures aux nuances les plus délicates, où se trouvaient représentés, dans toutes les attitudes, des oiseaux, des animaux, des arbres et des fleurs, et dont les points de mire étaient formés par des grains d'or ; il y en avait un autre dans le milieu également bien ciselé. Il me donna en même temps un carnier en filet d'or pour les petites balles qui seraient en or. Il me donna des moules en or, et une foule d'autres choses.

Pour rendre compte à Votre Royale Excellence, Très Puissant Seigneur, de la grandeur des choses extraordinaires et superbes de cette grande ville de Tenochtitlan, et de la magnificence du service de Muteczuma, son souverain, des rites et cérémonies de cette nation, de l'ordre qui règne dans le gouvernement de cette capitale, aussi bien que dans les autres villes qui en dépendent, il faudrait un temps infini et plusieurs écrivains habiles. Pour moi, je ne saurais dire la centième partie des choses que j'aurais à dire; mais je m'efforcerai de conter les choses que j'ai vues, et, bien que mal dites, elles paraîtront encore si extraordinaires, qu'on ne voudra pas les croire, puisque nous, qui les avons vues de nos yeux, notre raison se refuse à les comprendre. Mais je puis assurer à Votre Majesté que si ma relation pèche par son insuffisance, elle sera toujours au-dessous plutôt qu'au-dessus de la réalité des choses, car en ceci, comme en tout ce que je pourrais écrire à Votre Altesse, je m'engage à dire à mon prince et seigneur la vérité, sans rien ajouter qui l'augmente ou la diminue.

Avant de raconter les merveilles de cette grande ville et des autres dont je vous parlerai dans un prochain chapitre, je crois que pour mieux me faire comprendre, je dois d'abord décrire la ville de Mexico, où se trouve située cette ville et celles que j'ai citées et comment est composé l'empire de Muteczuma. Ce royaume est de forme ronde, entouré de hautes et pittoresques montagnes, et la plaine peut compter soixante et dix lieues de circonférence; dans cette plaine, il y a deux lagunes qui l'occupent presque tout entière, car le service des canoas embrasse plus de cinquante lieues. La plus petite de ces lagunes a de l'eau douce, la plus grande de l'eau salée. Un groupe de monticules élevés qui se trouvent au milieu de la plaine, les sépare, et elles communiquent par un détroit qui s'ouvre entre les monticules et la montagne. Ce détroit peut avoir de largeur la portée d'une arbalète, et pour le passage d'une lagune à l'autre, les habitants des villes et villages qui vivent sur leurs bords, se sont entendus pour le libre passage de leurs canoas qui leur évite la route de terre. Cette grande lagune salée a ses flux et reflux comme la mer, de sorte qu'à chaque flux, la lagune salée se précipite dans la lagune d'eau douce avec l'impétuosité d'un torrent, tandis qu'au reflux c'est l'eau douce qui se jette dans l'eau salée.

Cette grande ville de Tenochtitlan est fondée entre la lagune d'eau salée et la terre ferme; aux approches de la ville, de quelque côté qu'on veuille l'aborder, la distance est de deux lieues. Elle a quatre entrées, auxquelles conduisent des chaussées construites de mains d'hommes, d'une largeur de deux lances. La ville est grande comme Séville et Cordoue. Ses rues principales sont très larges et toutes droites; quelques-unes de celles-ci et toutes les autres sont moitié terre et moitié eau, formant des canaux pour la circulation des canoas. Mais toutes, à intervalles réguliers, sont ouvertes par des tranchées qui font communiquer les canaux entre eux et toutes ces ouvertures, dont quelques-unes sont très larges, sont couvertes par des ponts composés de longues pièces de bois admirablement jointes et fort bien travaillées, sur la plupart desquelles dix cavaliers peuvent passer de front. Comprenant que si les habitants de cette ville voulaient se révolter contre nous, la disposition des rues leur mettait en mains toutes facilités pour réussir; car ils n'auraient pour nous affamer qu'à enlever les ponts, je fis construire dès mon arrivée à Mexico, quatre brigantins qui furent achevés en peu de temps et qui pouvaient enlever trois cents hommes et transporter tous mes cavaliers à la fois. Cette ville a un grand nombre de places, où se tiennent des marchés quotidiens; l'une de ces places est deux fois grande comme celle de la ville de Salamanque, place entourée de portiques où chaque jour se presse une foule de soixante-dix mille acheteurs et vendeurs. On trouve là tous les genres de marchandises et de produits que peut offrir ce monde : victuailles de toutes sortes, bijoux d'or et d'argent, ustensiles de plomb, de cuivre, d'étain et de laiton; autres objets de pierres, d'or, de plumes et de coquilles. On y vend des pierres brutes et ouvrées, des adobes, des briques cuites, des bois en billes ou travaillés; dans la rue de la chasse, se trouvent des collections de tous les oiseaux du pays, poules, cailles, perdrix, canards sauvages, faucons, milans, crécerelles, gobe-mouches, poules d'eau, pigeons, tourterelles, oiseaux chanteurs, perroquets, et les oiseaux de proie, aigles, faucons, milans et autres, dont ils vendent les dépouilles garnies de leurs plumes, têtes, ongles et becs. Ils vendent des lapins, des lièvres, des chevreuils et des petits chiens comestibles. Il y a la rue des herboristes, où l'on peut trouver toutes les racines et plantes médicinales du monde ; là se trouvent les offices pharmaceutiques, où l'on peut se procurer les remèdes préparés, les potions, les emplâtres et les onguents. Ici s'élèvent les boutiques des barbiers, où l'on vous rase et lave la tête ; plus loin vous trouverez des auberges où l'on donne à boire et à manger, et voilà des commissionnaires pour porter les fardeaux. Il s'y vend beaucoup de bois, du charbon, des fourneaux de terre cuites, et des nattes de toutes couleurs pour les lits, et d'autres plus fines pour les sièges, les chambres et les salles de réception. Les légumes abondent : oignons, poireaux, ails, cresson et cresson alénois, bourraches, oseilles, chardons comestibles et cardons. Les fruits ne sont pas moins nombreux ; on y trouve des cerises et des prunes qui ressemblent à celles d'Espagne ; ils vendent du miel d'abeille, de la cire et du sirop de canne de maïs aussi doux que le sirop de canne, et du miel de certaines plantes qu'ils appellent maguey et qui est meilleur que le moût de raisin ; et de ces plantes, ils font aussi du vin qu'ils vendent au marché. On y débite toutes sortes de fils de coton en écheveaux de toutes couleurs, ce qui nous rappelle le marché des soieries de Grenade, avec cette différence, que tout y est ici en plus grande quantité. Ils vendent des couleurs pour les peintres, autant qu'on en pourrait trouver en Espagne et d'une variété de nuances qu'on ne saurait imaginer. Ils ont des cuirs de chevreuils tannés avec ou sans le poil, teint en blanc, en rouge et d'autres couleurs. Ils vendent beaucoup de poteries, belles et bonnes ; urnes, récipients, réservoirs grands et petits, gargoulettes, aiguières, alcarazas, d'une argile très fine, peintes et vernies. Ils vendent du maïs en grain, moulu et en pain, bien meilleur que celui qu'on trouve dans les îles ou sur la terre ferme. Ils vendent des pâtés de poissons et d'oiseaux ; ils vendent du poisson frais ou salé, cru et rôti. Ils vendent des œufs de poules, des œufs d'oies ainsi que de tous les oiseaux dont j'ai parlé, et ils vendent aussi des omelettes toutes prêtes. On vend en somme dans ces marchés tout ce que peuvent fournir le royaume et les contrées adjacentes, et ces produits sont si nombreux et de telle qualité que je ne saurais les énumérer tous, faute de mémoire pour me rappeler leurs noms. Chaque genre de marchandise se vend dans une rue spéciale, sans qu'une autre marchandise puisse s'y mêler; l'ordre le plus parfait règne dans toutes les transactions, tout se vend par nombre d'articles ou par mesure. Je n'ai jamais rien vu vendre au poids. Il y a sur cette grande place une espèce de Palais de Justice où siègent dix à douze personnes qui sont des juges et décident en tous les différents qui peuvent se produire dans le marché et passent condamnations des délits. Il y a également des inspecteurs qui se promènent dans le marché, observant les achats, les ventes et les mesures, brisant celles qu'ils reconnaissent fausses et arrêtant les délinquants.

Il y a dans cette grande ville, des temples ou maisons d'idoles d'une fort belle architecture; les personnes chargées des services religieux vivent dans ces temples et leurs alentours, car en dehors des chapelles où ils tiennent leurs idoles, il y a de fort beaux logis. Tous ces religieux sont vêtus de noir, jamais on ne leur coupe les cheveux, et du jour qu'ils entrent en exercice, ils ne les peignent plus que lorsqu'ils en sortent. Tous les fils des personnages principaux, des seigneurs ou des riches marchands sont élevés et confinés dans le temple dès l'âge de sept à huit ans, jusqu'à l'époque de leur mariage ; cette coutume s'applique aux aînés qui doivent hériter, plutôt qu'aux autres. Ils n'ont aucune relation avec les femmes, et pas une d'elles ne peut pénétrer dans le temple. Ils doivent se priver de certains mets à certaines époques de l'année; parmi ces temples, il y en a un, le principal, dont nulle langue humaine ne pourrait dire la grandeur et la beauté; car il est si vaste, que dans son enceinte entourée d'une muraille très haute on pourrait y installer une ville de quinze cents habitants. Il y a dans cette enceinte de fort jolis édifices avec de grandes salles et des corridors où résident les serviteurs des idoles. J'y ai compté quarante tours très hautes et admirablement construites dont la plus importante a un escalier de cinquante marches qui permet d'arriver à sa plate-forme. La principale est plus haute que la grande tour de Séville. Elles sont si bien construites en bois et maçonnerie qu'on ne saurait faire mieux nulle part, car tout l'intérieur des chapelles où ils enferment leurs idoles est en stuc couvert de peintures et de reliefs représentant des figures bizarres et monstrueuses. Toutes ces tours servent de sépultures aux grands seigneurs, et les chapelles où l'on a placé leurs restes sont dédiées à leurs idoles de prédilection.

Il y a dans ce grand temple trois salles où se trouvent les idoles principales; salles d'une hauteur et d'une grandeur merveilleuses, avec nombreuses figures en reliefs dans la menuiserie et la maçonnerie; à l'intérieur de ces salles se trouvent d'autres chapelles dont les portes sont toutes petites; elles sont absolument obscures et quelques prêtres seulement y résident. A l'intérieur de ces chapelles, ils ont des idoles comme il y en a du reste au dehors. Je fis enlever de dessus leurs autels et je fis jeter par les escaliers les plus importantes de leurs idoles, celles en qui ils avaient plus de foi; je fis laver ces chapelles qui étaient pleines du sang de leurs sacrifices et je mis à leur place des images de la Sainte Vierge et d'autres saints, ce qui excita l'indignation de Muteczuma et de son peuple. On me supplia premièrement de n'en rien faire, parce que si le bruit s'en répandait dans les différents quartiers, la foule se soulèverait contre moi, parce que les Indiens croyaient que ces idoles les comblaient de tous les biens; que, les laissant profaner, ils encourraient leur colère, n'en recevraient plus rien, qu'elles retireraient les fruits de la terre et que tout le monde mourrait de faim. Je leur fis dire par mes interprètes dans quel profond aveuglement ils étaient au sujet de ces idoles faites de leurs mains et de choses impures; ils devaient apprendre qu'il n'y avait qu'un seul Dieu, le seigneur universel qui créa le ciel, la terre et toutes les choses; qui les avait créés eux comme nous, que ce Dieu existait de toute éternité et que c'était lui qu'il fallait croire et adorer et non telle autre idole ou créature. Je leur dis encore tout ce que m'inspirait la circonstance pour les arracher au culte de leurs idoles et les amener à la connaissance de Dieu notre seigneur. Quelques notables et Muteczuma répondirent qu'ils ne pouvaient que me répéter ce qu'ils m'avaient déjà dit, et que n'étant point naturels de ce pays, que de longues périodes s'étant écoulées depuis que leurs ancêtres s'y étaient établis, ils pouvaient facilement être tombés dans quelque erreur ; que moi nouvellement arrivé je devais mieux savoir les choses qu'ils devaient croire et qu'ils feraient ce que je leur dirais être le meilleur. De sorte que Muteczuma et plusieurs des principaux habitants de la ville s'en vinrent avec moi enlever les idoles, nettoyer les chapelles et y installer nos images ; ils le firent avec une physionomie satisfaite et je leur défendis qu'ils sacrifiassent désormais des créatures humaines comme ils en avaient la coutume ; coutume exécrable à Dieu et défendue par les lois de Votre Majesté qui ordonnent de tuer celui qui tue. A partir de ce jour, ils y renoncèrent et pendant tout le temps que je passai dans la ville, on ne tua, ni ne sacrifia une seule créature humaine.

La grosseur et la grandeur des idoles qu'adorent ces Indiens dépassent de beaucoup les dimensions du corps d'un homme de grande taille. Elles sont faites d'une pâte de tous les grains et légumes qu'ils consomment ; une fois moulus ils les mêlent et les pétrissent avec le sang des cœurs humains qu'ils ont arrachés de poitrines vivantes ; c'est avec le sang qui coule de ces poitrines ouvertes qu'ils mettent cette espèce de farine en pâte et qu'ils en font une quantité suffisante pour en fabriquer ces grandes statues. Une fois modelées, ils leur offraient les cœurs de nouveaux sacrifiés et leur oignaient la figure avec du sang. Chaque fonction de la vie a son idole, à l'imitation des gentils qui autrefois honoraient leurs dieux. Ainsi, pour demander la victoire, ils ont un dieu et pour demander une bonne moisson, ils en ont un autre, et ainsi pour toutes choses qu'ils désirent ou dont ils ont besoin.

Il y a dans cette ville beaucoup de grandes et belles maisons, et les palais y sont si nombreux, parce que tous les seigneurs de la terre, vassaux de Muteczuma, sont obligés d'avoir une demeure dans la ville et d'y résider un certain nombre de jours dans l'année. Il y a en outre une foule de gens riches qui ont aussi des palais. Tous ont non seulement de grands et beaux appartements, mais ils y entretiennent des parterres de fleurs diverses, tant dans leurs salles que dans les cours. Deux canaux de maçonnerie suivent une des chaussées qui mènent à la ville ; ils ont deux pas de large sur six pieds de hauteur ; l'un d'eux laisse passer une masse d'eau délicieuse, de la grosseur d'un corps humain, qui vient aboutir au cœur de la ville où chacun vient faire sa provision; l'autre canal reste vide et remplace le premier quand on le nettoie. Cette eau doit franchir les tranchées sur des ponts, et là, les canaux ont un volume de la grosseur d'un bœuf et ils ont la longueur des poutres qui relient les chaussées entre elles. Les marchands transportent l'eau dans leurs barques par toute la ville, et pour la prendre des conduites, ils viennent avec leurs canoas au-dessous des ponts où passent les canaux, et là, des hommes affectés à ce service chargent les canoas d'eau, en échange d'un salaire convenu.

A toutes les entrées de la ville, là où l'on décharge les canoas et où s'accumulent les divers produits qui servent à l'alimentation des habitants, il y a des cabanes où séjournent les gardes chargés de lever une contribution sur chaque produit (voilà l'octroi à Mexico). J'ignore si cette taxe est au profit de l'empereur ou de la ville, on ne me l'a pas dit : mais je crois bien que c'est au profit de l'empereur, car sur les marchés des autres provinces, la taxe se payait au seigneur de l'endroit. Dans tous les marchés et tous les lieux publics de cette capitale, il y a tous les jours une foule de travailleurs et ouvriers de métiers divers qui viennent attendre qu'on les embauche, chacun pour le genre de travail qui le concerne.

Les habitants de cette ville sont plus soignés dans leurs vêtements et de manières plus polies que les habitants des villes de provinces, parce que là siège l'empereur, et qu'il y a toujours autour de lui une foule de grands seigneurs qui influent sur la civilité des gens. Pour ne pas être trop prolixe dans la relation des choses de cette grande ville (et je ne saurais en dire trop), je me résumerai en ajoutant que dans le commerce de la vie, les gens déploient tout autant de politesse et d'aménité qu'en Espagne, et que considérant leur barbarie, leur ignorance du vrai dieu et leur éloignement de toute autre nation civilisée, c'est une chose admirable de voir combien ils sont policés en toutes choses.

Il y a tant à dire sur l'état des maisons de Muteczuma et les admirables choses dont il s'entourait et de sa magnificence, que je le jure à Votre Altesse, je ne sais ni par où commencer, ni si j'en pourrai conter la moindre partie. Qu'y a-t-il de plus magnifique, qu'un seigneur barbare comme celui-ci possède reproduit, en or, argent, pierres et plumes précieuses tous les animaux et toutes les choses qui se peuvent trouver dans son royaume, et si finement exécutées en or et en argent qu'il n'est pas un bijoutier au monde qui puisse faire mieux : quant aux pierreries, on ne saurait comprendre avec quels instruments ils les taillent avec une telle perfection; pour les objets de plumes, ni la cire, ni quelque produit que ce soit ne pourrait en imiter le travail merveilleux. On ne sait au juste jusqu'où s'étendent les possessions de Muteczuma ; car il n'y avait pas une province à deux cents lieues de chaque côté de la ville où il n'envoyât des messagers toujours obéis, quoiqu'il fût en guerre avec certaines provinces enclavées dans son empire. Je pus cependant estimer que l'étendue de son royaume devait être à peu près celle de l'Espagne, car, jusqu'à soixante lieues de ce côté de Potonchan où se trouve le Grijalva, il envoya des messagers à une ville appelée Zumatlan, qui se trouve à deux cent trente lieues de Mexico, pour commander aux habitants d'avoir à se déclarer vassaux de Votre Majesté.

Les plus importants personnages de ces provinces, surtout ceux des provinces limitrophes résidaient, comme je l'ai dit, une partie de l'année dans la capitale et tous où presque tous avaient leurs aînés au service de Muteczuma. Il tenait des garnisons dans toutes les provinces vassales où il avait des employés, ses gouverneurs et ses receveurs pour le service des taxes que chaque province avait à lui payer; il y avait des comptes très bien tenus affectés à chaque province, car ils possèdent des caractères et des figures dessinées sur un papier qu'ils fabriquent, ce qui leur permet de bien tenir leurs comptes. Chaque province était taxée selon la qualité de ses cultures, de sorte qu'il avait à sa disposition une infinité de produits. Absents ou présents, ses vassaux le craignaient à tel point, que jamais prince ne le fut davantage. Il avait au dehors de la ville comme au dedans, plusieurs maisons de campagne dont chacune était réservée à une distraction nouvelle; elles étaient aussi bien construites qu'on pouvait le désirer et d'une richesse correspondant à la grandeur d'un tel prince; il avait dans sa capitale, des palais où il résidait, si grands et si merveilleux que je n'en saurais dépeindre la magnificence. Je ne puis en dire autre chose, sinon qu'en Espagne il n'existe rien de comparable. Il avait un autre palais presque aussi grand, avec de beaux jardins que dominaient des pavillons ornés de marbres et de jaspes admirablement travaillés. Il y avait dans ce palais, des appartements assez vastes pour y recevoir deux grands princes avec leurs suites et serviteurs. Il y avait là, dix grands réservoirs peuplés de toutes les espèces d'oiseaux d'eau du pays qui sont fort nombreuses et toutes domestiquées. Pour les oiseaux de mer, l'eau des réservoirs était salée, pour les oiseaux de rivière ils étaient remplis d'eau douce. On vidait les bassins de temps à autre pour les nettoyer et on les remplissait au moyen des canoas. On donnait à chaque volatile, la nourriture dont il avait l'habitude lorsqu'il vivait en liberté; de sorte que celui-ci avait du poisson, celui-là des vers, cet autre du maïs ou autre grain plus menu auquel il était accoutumé. Je puis certifier à Votre Altesse qu'il fallait par jour aux Palmipèdes seuls, dix arrobes (250 livres) de poissons qu'on prenait dans le lac salé. Il y avait pour prendre soin de ces oiseaux trois cents individus qui n'avaient pas d'autre occupation. Il y avait d'autres gens qui ne s'occupaient que de soigner les oiseaux malades. Sur ces étangs et ces bassins il y avait des promenades et des pavillons fort élégamment décorés où l'empereur venait se délecter à voir ses collections d'oiseaux. Il y avait dans cet endroit une salle réservée à certains hommes, femmes et enfants tout blancs de figure, de corps, de cheveux, de cils et de sourcils. Le prince avait un autre palais très élégant, où se trouvait une vaste cour pavée de dalles de couleur, de manière à former comme le damier d'un jeu d'échec. Chacune des parties de ce damier avait une profondeur de neuf pieds sur une surface de six mètres carrés, la moitié de chaque avait un toit de dalles en terre cuite et l'autre moitié n'était couverte que d'un filet de lianes très bien fait. Chacune de ces grandes cages contenait un oiseau de proie depuis la crécelle jusqu'à l'aigle.

Il y avait là tous les oiseaux que nous avons en Espagne et d'autres espèces que nous ne connaissons pas. Chaque espèce offrait un grand nombre de sujets et sur le toit de chaque cage il y avait un bâton en forme de perchoir et un autre en dessous du filet; les oiseaux se perchaient sur l'un la nuit ou quand il pleuvait, et sur l'autre quand il faisait beau temps. Chaque jour on donnait à ces oiseaux des poules et pas autre chose. Il y avait aussi dans ce palais, de grandes salles contenant d'autres cages, construites en gros madriers parfaitement ajustés et dans toutes, il y avait des lions, des tigres, des loups, des renards et des chats d'espèces diverses, tous en grande quantité, que l'on nourrissait avec des poules; pour les animaux féroces et les oiseaux, il y avait trois cents autres Indiens préposés à leur garde. Il y avait encore une autre maison, où le prince avait réuni une collection de monstres humains, nains, bossus, contrefaits et une foule d'autres difformités; chacun de ces monstres avait une chambre à lui; et il y avait aussi diverses personnes pour prendre soin de ces malheureux. Quant aux autres sources de distraction que nous offrait la ville, je m'arrête, ne pouvant en relever le nombre et en détailler la diversité.

Le service du prince était organisé de cette manière : chaque matin, au petit jour, six cents notables ou grands seigneurs se présentaient au palais; les uns restaient assis, d'autres se promenaient par les salles, causant et s'entretenant mais sans qu'aucun d'eux pénétrât près du prince. Les serviteurs de ces grands seigneurs remplissaient deux ou trois grandes cours et la rue qui était fort large, et ils restaient là jusqu'à la nuit. Au moment où l'on servait le dîner de Muteczuma, on apportait également à manger à tous ses courtisans et l'on distribuait des rations à tous les serviteurs. Quotidiennement, l'office était ouverte à qui demandait à boire et à manger. On servait le prince de la manière suivante : trois ou quatre cents jeunes garçons s'avançaient avec les plats qui étaient innombrables, car pour chaque repas on lui apportait toutes sortes de mangers en viandes, fruits et légumes que la terre peut fournir; comme il fait froid, on apportait chaque assiette et chaque tasse sur un petit brasero garni de braise pour que rien ne se refroidît. On mettait tous les plats dans une grande salle où Muteczuma mangeait; cette salle avait son plancher couvert de nattes toutes neuves où le prince s'asseyait sur un coussin de cuir très élégant. Au moment du repas il était entouré de cinq ou six vieillards à qui il distribuait des choses qu'il mangeait. L'un des serviteurs restait près de lui, enlevant et lui donnant les plats que lui passaient d'autres serviteurs selon les besoins du service. Au commencement et à la fin du repas, on lui présentait toujours une aiguière pour se laver les mains, il ne se servait jamais deux fois de la même serviette; les plats, les assiettes et les tasses ne servaient également qu'une fois ainsi que les petits réchauds; à chaque repas on en apportait des neufs.

Ce prince revêtait chaque jour quatre costumes différents toujours neufs et ne les mettait qu'une fois. Tous les seigneurs qui entraient dans son palais y entraient nu-pieds, et quand il sortait précédé de quelques-uns d'entre eux, ils marchaient la tête et les yeux baissés, dans une posture toute d'humilité; quand ils lui parlaient, ils n'osaient, par respect, le regarder en face. Et je sais bien qu'ils agissaient ainsi par respect pour leur maître, car plusieurs de ces nobles indiens n'osaient en me parlant me regarder la figure, disant que c'était irrévérencieux et inconvenant. Quand Muteczuma sortait, ce qui était fort rare, tous les gens qui l'accompagnaient et ceux qui se trouvaient sur son passage à travers les rues, détournaient le visage, sans le regarder jamais et la plupart se prosternaient jusqu'à ce qu'il fût passé. L'un de ses officiers marchait toujours au-devant de lui, portant trois longues verges pour faire savoir que le maître allait venir et quand il descendait de son palanquin, il prenait l'une de ses verges et la portait où il allait. Les cérémonies qu'exigeait l'étiquette à la cour de ce prince, étaient si nombreuses, qu'il me faudrait beaucoup trop de temps pour les rappeler toutes et une grande mémoire pour m'en souvenir; et il n'y a pas de sultans ou grand seigneurs infidèles de ceux que nous connaissons, qui mettent en pratique, à leur cour, des cérémonies aussi compliquées.

Dans cette grande ville je m'occupais d'organiser toutes choses pour le service de Votre Majesté sacrée, pacifiant et amenant à son obéissance plusieurs provinces et contrées couvertes de villes, villages et forteresses; j'en recherchais les mines, m'informant de tout ce qui concernait le royaume de Muteczuma et les provinces adjacentes qui sont nombreuses et si merveilleusement belles que cela paraîtrait incroyable. Je m'occupais de toutes ces choses, au grand plaisir de Muteczuma et des populations de ces provinces qui semblaient de tout temps avoir reconnu Votre Majesté pour leur souverain naturel et qui faisaient avec la meilleure volonté tout ce que je leur commandais en votre nom royal.

C'est en ces choses et autres non moins utiles au service de Votre Altesse que j'ai employé mon temps depuis le 8 novembre 1519 jusqu'au mois de mai de cette année (1520). Me trouvant libre de tous soucis en cette ville, j'ai réparti plusieurs de mes Espagnols en diverses provinces, pacifiant et colonisant la contrée, hanté d'un grand désir de voir arriver un navire avec la réponse à la première relation que j'ai envoyée à Votre Majesté; j'attends ce navire pour envoyer par son entremise tout ce que j'ai amassé or, argent et bijoux pour Votre Altesse. Sur ces entrefaites, certains Indiens, vassaux de Muteczuma, de ceux qui demeurent près de la côte, vinrent m'annoncer que près des montagnes de Saint Martin qui bordent la côte de la mer et un peu avant le port et la baie de San Juan, ils avaient aperçu dix-huit navires; qu'ils ignoraient d'où ils venaient; mais que les ayant vus, ils étaient immédiatement venus m'en avertir. Après cet Indien, il me vint un naturel de l'île Fernandina qui m'apportait une lettre d'un Espagnol que j'avais placé sur la côte afin d'en surveiller les abords, de donner de mes nouvelles aux navires qui pourraient arriver, et chargé de leur indiquer la ville, afin qu'ils ne se perdissent pas. Voici ce que me disait l'Espagnol : Que le même jour il avait signalé un navire seul, près du port de San Juan, qu'il avait examiné toute la côte, et qu'il n'en avait pas vu d'autre; qu'il croyait que c'était le navire que j'avais envoyé à Votre Majesté sacrée, car ce devait être à peu près l'époque de son retour;

que pour s'en assurer il restait en observation, espérant que ce navire arriverait au port et qu'aussitôt il viendrait me faire part de ce qu'il aurait appris. Ayant lu cette lettre, j'expédiai deux Espagnols par deux chemins différents, afin qu'ils ne manquassent point le courrier qu'on pourrait m'envoyer de la côte. Je leur donnai comme instruction, de se rendre au port, de s'informer du nombre des navires arrivés, d'où ils venaient, et d'accourir à toute vitesse pour m'en rendre compte. En même temps, je dépêchai un autre courrier à la Veracruz, pour dire à mon lieutenant que j'avais su l'arrivée des navires ; qu'il s'informât lui-même, et qu'il me fît savoir ce qu'il en aurait appris. J'en envoyai un autre encore au capitaine des cent cinquante hommes que j'avais envoyés dans la province et au port de Goatzacoalco, pour qu'il s'arrêtât là où mon courrier le rencontrerait, et qu'il ne poursuivît pas sa route avant de nouveaux ordres. Je lui disais que je connaissais l'arrivée de certains navires, mais il le savait déjà avant d'avoir reçu ma lettre. Quinze jours s'étaient écoulés depuis le départ de mes courriers, sans que je reçusse aucune nouvelle, ce qui m'avait jeté dans une grande inquiétude ; ce fut alors, qu'arrivèrent des Indiens, vassaux de Muteczuma, qui nous annoncèrent que les navires en question avaient jeté l'ancre dans le port de San Juan, et que les gens de l'expédition avaient débarqué. Ces Indiens apportaient une lettre nous apprenant qu'il y avait là-bas quatre-vingts cavaliers, huit cents fantassins et dix à douze pièces d'artillerie ; tout se trouvait dessiné sur un papier du pays pour le montrer à Muteczuma. Ils me dirent aussi, que l'Espagnol que j'avais envoyé à la côte ainsi que mes deux autres courriers, se trouvaient au pouvoir des nouveaux arrivés et que leur capitaine me faisait savoir qu'il ne les laisserait point partir.

A cette nouvelle, je résolus d'envoyer un religieux que j'avais en ma compagnie, mon aumônier (Fray Bartolomé de Olmédo), avec une lettre de moi, et une autre des alcades et régidors de la ville de la Veracruz qui se trouvaient à Mexico ; ces lettres étaient adressées au capitaine et aux troupes qui venaient de jeter l'ancre dans le port de San Juan, lettres par lesquelles je leur faisais savoir tout ce qui m'était arrivé durant mon séjour en cette contrée : comment j'avais conquis une foule de villes, villages et forteresses ; comment je les avais amenés à reconnaître l'autorité de Votre Majesté et comment je m'étais emparé du souverain maître de toutes ces provinces ; comment je résidais dans cette ville, sa grandeur et l'or et les bijoux que j'avais réunis pour Votre Altesse.

Je leur disais que j'avais envoyé à Votre Majesté un rapport complet sur mon expédition, et je les priais de me dire qui ils étaient ? s'ils étaient sujets des royaumes et seigneuries de Votre Altesse ? leur demandant de m'écrire s'ils étaient venus d'après vos ordres pour coloniser, ou s'ils passaient seulement et devaient s'en retourner ? que s'ils se trouvaient en nécessité de quelque chose je ferais mon possible pour le leur procurer, que quand bien même ils ne viendraient pas de la part de Votre Altesse, je ferais cependant mon possible pour leur être utile. Que sinon, je les sommais de la part de Votre Majesté de partir et de ne point débarquer sur ses terres, car en ce cas, je marcherais contre eux, avec toutes les forces dont je pourrais disposer aussi bien espagnoles qu'indiennes, que je les ferais prisonniers ou les tuerais, comme des étrangers qui envahissaient les terres et seigneuries de mon seigneur et roi. Cinq jours après le départ du religieux chargé de cette lettre, vingt des Espagnols que j'avais laissés à la ville de la Veracruz arrivèrent à Mexico, m'amenant un religieux et deux laïques dont ils s'étaient emparés à la Veracruz ; ces gens-là m'apprirent que la flotte et l'armée qui se trouvaient dans le port appartenaient à Diego Velazquez ; que le capitaine de cette expédition était un nommé Panfilo Narvaez, colon de l'île Fernandina ; que cette flotte amenait quatre-vingts cavaliers, de grandes munitions de poudre et huit cents hommes à pied, dont quatre-vingts arquebusiers et quatre-vingts arbalétriers ; que leur chef s'intitulait capitaine général et lieutenant gouverneur de toutes ces contrées, au nom de Diego Velazquez ; qu'il prétendait avoir des pouvoirs de Votre Majesté et qu'il avait retenu près de lui les messagers que j'avais envoyés à la côte. Il s'était informé de tout ce qui touchait à la ville de la Veracruz, et des gens qui l'habitaient ; il s'informa également des hommes que j'avais envoyés au Goazacoalco, dans une province à trente lieues du port de Tuchtepec, et de tout ce que j'avais fait pour le service de Votre Altesse, et des villes et des villages que j'avais conquis et pacifiés, et de cette grande ville de Tenochtitlan, et de l'or et des bijoux qui abondaient dans ce pays. Il s'était informé près de mes envoyés, de tout ce qui m'était arrivé. Pour eux, Narvaez les avait envoyés à la ville de la Veracruz, afin qu'ils parlassent à mes hommes pour tâcher de les attirer à son parti et se révoltassent contre moi.

Ces Espagnols m'apportaient en même temps plus de cent lettres que Narvaez et les siens avaient envoyées aux habitants de la Veracruz, leur disant de croire à tout ce que diraient le prêtre et ses acolytes ; que s'ils se décidaient pour le parti de Narvaez il leur serait accordé mille faveurs et que s'ils s'y refusaient, ils encourraient mille disgrâces. Je passe sous silence mille autres choses que leur dirent le religieux et ses compagnons; presque au même moment, m'arrivait un Espagnol, de ceux que j'avais envoyés au Goazacoalco; il m'apportait une lettre de son capitaine Juan Velazquez de Léon.

Celui-ci me répétait que les troupes qui avaient jeté l'ancre au port de San Juan, étaient sous les ordres de Panfilo de Narvaez, envoyé par Diego Velazquez, et il me faisait remettre une lettre, que Narvaez lui avait envoyée par un Indien comme à un parent de Diego Velazquez et son beau-frère à lui-même Panfilo Narvaez, lettre dans laquelle il lui disait avoir appris par mes envoyés sa présence et celle de mes troupes; qu'il l'engageait vivement à venir le rejoindre ; qu'il accomplirait ainsi un devoir en rentrant au service de ses chefs et qu'il soupçonnait bien que je le retenais par force. Mais le capitaine comprenant mieux ce qu'il devait au service de Votre Majesté se refusa non seulement à ce que lui demandait Narvaez, mais il partit de suite, après m'avoir envoyé la lettre, pour se joindre aux gens que j'avais avec moi.

Je m'informai ensuite auprès de ce religieux de beaucoup d'autres choses et surtout des projets de Diego Velazquez et de Narvaez ; j'appris comment ils avaient organisé cette expédition contre moi, parce que j'avais envoyé la relation de ma conquête à Votre Majesté et non à Diego Velazquez, et comment Narvaez venait avec la perfide résolution de me massacrer, moi et quelques autres de mes compagnons qui lui avaient été signalés. J'appris en même temps que le licencié Figueroa, juge résident de l'île Espagnola, et les juges et officiers de justice de Votre Altesse, ayant su que Diego Velazquez préparait cette flotte, et dans quel but il la préparait, prévoyant le dommage dont cette entreprise menaçait les intérêts de Votre Majesté, avaient envoyé le licencié Lucas Vazquez de Ayllon, l'un des juges, avec pouvoir de requérir et ordonner à Diego Velazquez de ne point envoyer sa flotte. Ce juge, à son arrivée, rencontra Diego Velazquez avec toutes ses troupes à la pointe de l'île Fernandina et sur le point de partir; il le requit donc ainsi que tous ceux qui faisaient parti de la flotte de ne point mettre à la voile, en raison du tort que cette expédition pourrait causer aux intérêts de Votre Altesse; il les menaça même de peines et de châtiments qu'ils bravèrent, car nonobstant et malgré tout ce que le juge put dire, Velazquez expédia la flotte.

Je sus aussi que ce licencié Ayllon était au port de San Juan; qu'il avait suivi la flotte, espérant que sa présence pourrait enrayer le mal; parce que les détestables projets de l'expédition étaient notoires pour lui comme pour tout le monde. De mon coté je renvoyai le religieux à Narvaez avec une lettre dans laquelle je lui disais que j'avais appris de ce religieux qu'il était le capitaine de l'armée qui avait amené la flotte et que j'en étais heureux; mais que, puisqu'il savait que j'étais dans ce pays pour servir Votre Altesse, je m'étonnai qu'il ne m'écrivît point, ou ne m'envoyât aucun messager pour m'annoncer son arrivée. Il savait que je ne pouvais que m'en réjouir: soit que nous fussions d'anciens amis, soit que je fusse persuadé qu'il venait pour servir Votre Altesse, ce que je désirais le plus; mais envoyer comme il avait fait, des espions et des agents pour corrompre mes hommes, et des lettres pleines de promesses ou de menaces pour les détacher de ma personne et les enlever au service de Votre Majesté, comme si nous étions les uns des infidèles et les autres des chrétiens, les uns sujets de Votre Altesse et les autres ses ennemis, c'était une vilaine action. Je le suppliai donc à l'avenir de renoncer à de tels agissements, mais qu'il me fît savoir la vraie cause de sa venue. On m'avait dit qu'il se présentait comme capitaine général et lieutenant de Diego Velazquez; qu'il s'était fait proclamer comme tel dans le pays; qu'il avait nommé des alcades, des regidores et des officiers de justice, ce qui violait ouvertement toutes les lois et le respect dû à Votre Altesse. Cette contrée, disais-je, appartenait à Votre Majesté; elle était peuplée de ses vassaux; elle avait ses conseils et sa justice organisés; il était donc mal venu à en usurper les charges, à moins que pour les exercer il n'apportât des pouvoirs de Votre Majesté. Je le suppliais donc de présenter ces pouvoirs à moi et au conseil municipal de la Veracruz; que nous obéirions, comme nous le devions, aux lettres et instructions de notre seigneur et roi, et que tout serait fait pour le mieux des intérêts de Votre Majesté; je lui rappelai que j'habitais cette grande ville de Mexico, dont le souverain était en mon pouvoir, que j'avais amassé des quantités considérables d'or et de bijoux, appartenant partie à Votre Altesse, partie à moi et à mes compagnons; que je ne pouvais abandonner la ville, de crainte que la population ne se révoltât, ce qui me ferait perdre mes trésors et la ville, après quoi je perdais la contrée tout entière. Je donnai en même temps au religieux une lettre pour le licencié Ayllon qui, lorsque ma lettre arriva, je le sus plus tard, venait d'être enlevé par Narvaez et envoyé à la Havane avec deux navires.

Le jour que le religieux partit, je reçus un messager de la ville de la Veracruz qui m'annonçait que tous les Indiens des environs s'étaient soulevés et joints à Narvaez et spécialement ceux de la ville de Cempoal et de ses environs; que pas un ne voulait venir travailler ni à la ville, ni à la forteresse, ni à quoi que ce fût; parce que Narvaez leur avait dit que j'étais un méchant homme, qu'il venait pour s'emparer de moi et de mes compagnons, nous emmener prisonniers et quitter le pays. Narvaez avait une troupe bien plus nombreuse que la mienne; il avait beaucoup de chevaux et beaucoup d'artillerie, moi j'en avais fort peu; qui donc serait vainqueur? la conclusion était facile à déduire.

On m'annonçait également que Narvaez venait occuper la ville de Cempoal qui est tout près de la Veracruz; qu'on croyait, connaissant ses mauvaises intentions, qu'il viendrait attaquer mes hommes. On me disait que les Indiens gagnés à sa cause abandonnaient la ville pour ne pas combattre contre les nôtres et se réfugiaient dans la montagne près d'un cacique vassal de Votre Altesse et notre ami, et qu'ils pensaient rester là jusqu'à ce que je leur envoyasse dire ce qu'il fallait faire. Lorsque je vis le grand dommage qui commençait à se produire et comment on se révoltait par suite des exhortations de Narvaez, je pensai que me rendant sur les lieux il me serait plus facile d'apaiser le mouvement, car en me voyant les Indiens n'oseraient pas se soulever. Je pensais aussi pouvoir en imposer à Narvaez, pour l'arrêter dans la mauvaise voie et faire cesser le scandale de sa conduite. Je partis donc de Mexico ce jour même, laissant notre demeure fortifiée et bien approvisionnée de maïs et d'eau avec cinq cents hommes et de l'artillerie pour la défendre. Je partis avec soixante-dix de mes hommes, accompagné de quelques seigneurs de la cour de Muteczuma. Je laissai mes instructions à l'empereur, lui rappelant bien qu'il s'était déclaré le vassal de Votre Altesse et qu'il était sur le point de recevoir de Votre Majesté la récompense des services qu'il lui avait rendus; je lui recommandai les Espagnols que je laissai derrière moi, ainsi que l'or et les bijoux qu'il m'avait donnés pour nous et pour Votre Altesse. Je lui dis que j'allais voir quelle espèce de gens étaient ceux qui venaient d'arriver; que j'ignorais d'où ils venaient, et que ce ne pouvait être que de méchantes gens et non des sujets de Votre Altesse. Le prince me promit de veiller à ce que mes hommes ne manquassent de rien, de prendre sous sa garde les trésors que j'avais réunis pour Votre Majesté et que ceux de ses sujets qui venaient avec moi, me porteraient tant que la route passerait sur ses dépendances et me feraient donner tout ce dont j'aurais besoin; et il me priait de lui faire savoir si ces hommes étaient de mauvaises gens, parce qu'il assemblerait de suite une armée pour les combattre et les chasser du pays.

Je le remerciai vivement, lui promis que Votre Altesse lui

tiendrait compte de ses bonnes intentions, et je lui fis présent de joyaux et d'étoffes diverses ainsi qu'à l'un de ses fils et à d'autres seigneurs qui se trouvaient près de lui. A Cholula, je rencontrai Juan Velazquez, le capitaine que j'avais envoyé au Goazacoalco et qui arrivait avec toute sa troupe. J'en éliminai quelques-uns qui me parurent mal disposés et je les envoyai à Mexico; je poursuivis mon chemin avec les autres. A quinze lieues de Cholula je rencontrai le père Olmedo, mon aumônier que j'avais envoyé à la côte pour s'informer des nouveaux arrivés; il m'apportait une lettre de Narvaez, dans laquelle celui-ci me disait avoir les ordres de Diego Velazquez pour s'emparer de cette contrée; que je me rendisse donc auprès de lui pour me soumettre et lui obéir; et qu'il avait fondé une ville avec alcades et conseillers municipaux.

J'appris du religieux comment on s'était emparé du licencié Ayllon, de son notaire et de son alguazil, comment on les avait envoyés sur les navires et comment on l'avait circonvenu pour qu'il gagnât certains de mes hommes au parti de Narvaez. Il me conta comment Narvaez faisait parade devant lui et certains Indiens, de sa petite armée, fantassins, cavaliers et artilleurs, qu'il avait débarqués afin de les terroriser. Il disait à mon aumônier : Jugez si vous pourrez jamais vous défendre et si vous ne serez pas obligé de faire ce que nous voulons. Il me dit encore comment il avait trouvé en compagnie de Narvaez un grand seigneur, sujet de Muteczuma et gouverneur de toutes ses provinces jusqu'à la côte de la mer. Il apprit que ce gouverneur s'était entretenu avec Narvaez au nom de Muteczuma, et qu'il lui avait fait présent de certains bijoux d'or. Narvaez lui avait à son tour donné quelques bagatelles; il avait en même temps envoyé divers messages à l'empereur, pour lui dire qu'il irait le délivrer, qu'il viendrait s'emparer de moi et de mes compagnons pour s'en aller ensuite; qu'il ne courrait point après l'or, et qu'il n'avait qu'un but, me faire prisonnier et s'en retourner à l'île Fernandina en remettant le pays aux mains de ses maîtres légitimes. Enfin, quand je sus qu'il voulait s'emparer du pays sans y admettre d'autres que lui; moi, ni mes compagnons ne le voulant point reconnaître comme capitaine et notre maître, au nom de Diego Velazquez, alors qu'il marchait contre nous et nous déclarait la guerre; sachant qu'il s'était allié avec les Indiens et qu'il avait traité avec Muteczuma; voyant quel désastre allaient subir les intérêts de Votre Majesté, quels que fussent les pouvoirs qu'il se flattait de posséder; sachant aussi qu'il avait des instructions de Diego Velazquez, de nous pendre moi et mes compagnons aussitôt que nous serions entre ses mains; malgré tout, je n'hésitai pas à me rapprocher de lui, pour le bien convaincre du dommage qu'il allait causer à Votre Altesse et m'efforcer de le faire renoncer aux mauvais desseins qu'il semblait avoir.

Je poursuivis donc ma route : j'étais à quinze lieues de Cempoal où Narvaez avait établi son quartier général, lorsque m'arriva son aumônier accompagné d'un autre religieux et d'Andres del Duero, colon de l'île Fernandina qui était arrivé avec Narvaez; ils venaient m'engager à me soumettre, à le reconnaître pour capitaine général et à lui céder ma conquête; ils ajoutaient, que je courais les plus grands risques, puisqu'il était fort et que j'étais faible; que non seulement il avait une nombreuse troupe d'Espagnols, mais que les Indiens viendraient combattre à son côté; que cependant, si je voulais lui céder le pays, il mettrait à ma disposition des navires et des vivres en abondance; qu'il me laisserait partir moi et ceux de mes hommes qui voudraient m'accompagner avec tout ce que nous possédions, sans soulever à cet égard la moindre difficulté. L'un de ces deux religieux me dit qu'il venait chargé des pouvoirs de Diego Velazquez, qu'il pouvait traiter avec moi, ses pouvoirs étant reconnus par Narvaez, et que lui et son collègue étaient prêts à me faire les conditions que je désirerais.

Je leur répondis que je ne connaissais aucun ordre de Votre Altesse m'enjoignant de céder ma conquête à Narvaez; que, s'il était porteur de cet ordre, il voulût bien me le présenter devant le conseil municipal de la Veracruz, suivant la coutume espagnole, et que je m'empresserais d'obéir. Mais que, jusqu'à plus ample information, je ne ferais pour rien au monde ce qu'il me demandait; qu'au contraire, mes compagnons et moi, étions prêts à mourir, plutôt que de livrer un pays que nous avions conquis, occupé et pacifié pour le compte de Votre Majesté; qu'autrement, nous ne serions plus que des sujets traîtres et déloyaux. Ils employèrent d'autres arguments pour me convaincre, mais je ne voulus rien admettre sans avoir vu les instructions de Votre Majesté, qu'ils ne voulurent jamais me montrer. Il fut enfin convenu entre ces religieux, Andres del Duero et moi, que nous nous rencontrerions avec Narvaez en un lieu sûr, accompagnés de dix personnes chacun; que là, il me notifierait ses instructions, s'il en avait, et qu'alors je donnerais une réponse. Nous échangeâmes donc des lettres de garantie mutuelle; engagement qu'il me parut ne pas devoir tenir, car il organisa un complot pour me faire assassiner par deux hommes désignés parmi les dix qui devaient l'accompagner, pendant que les huit autres occuperaient l'attention de mes gens. Ils disaient que moi étant mort, c'était fini : c'eût été fini en effet, si Dieu qui intervient quelquefois en semblable occurrence n'était intervenu; je fus renseigné par ceux-là mêmes qui devaient faire le coup. Mis ainsi au courant de l'affaire, j'écrivis à Narvaez et à ses trois négociateurs, lui disant que je connaissais ses mauvais desseins et que je ne tomberais point dans le piège. Puis, je les sommai d'avoir à me notifier les instructions de Votre Altesse, si elles existaient; j'exigeais qu'en tous cas, il renonçât au titre de capitaine général et de chef de la justice, et qu'il ne se mêlât en rien de ces divers services, sous peine d'un châtiment exemplaire. En même temps, je publiais un manifeste ordonnant à toutes personnes qui se trouvaient avec Narvaez de refuser de lui obéir comme capitaine général et chef de justice; j'ordonnais qu'à une époque déterminée ils parussent devant moi, pour que je leur fisse connaître ce qu'ils avaient à faire pour le service de Votre Altesse, avec menace, s'ils s'y refusaient, de les poursuivre comme traîtres, perfides et méchants sujets, révoltés contre leur roi pour s'emparer de ses royaumes et seigneuries, avec intention de les livrer à qui n'y avait aucun droit. J'ajoutais que, s'ils se refusaient à obéir à ce que leur mandait le manifeste, je marcherais contre eux pour les saisir et les faire prisonniers.

La réponse que fit Narvaez fut d'arrêter le notaire et le porteur de ma sommation ainsi que les Indiens qui les accompagnaient ; il les retint jusqu'à ce que j'envoyasse un autre messager pour avoir des nouvelles de mes gens, devant lesquels Narvaez faisait parade de ses forces, nous menaçant tous, si nous ne lui abandonnions pas la contrée. Voyant que je ne pouvais en aucune façon tolérer d'aussi condamnables abus ; sachant que les Indiens s'ameutaient et se révoltaient de plus en plus ; me recommandant à Dieu, mettant de côté la crainte des dommages qui pouvaient s'en suivre ; considérant, que mourir au service de mon roi pour défendre ses possessions contre tout agresseur, serait pour moi et les miens cueillir la gloire la plus pure, je donnai l'ordre à Gonzalo de Sandoval, grand alguazil, de s'emparer de Narvaez et de ceux qu'il nommait ses alcades et ses regidors. Je lui donnai quatre-vingts hommes avec ordre d'aller surprendre le traître pendant que moi, avec une troupe de cent soixante-dix hommes, car nous n'étions que deux cent cinquante, sans une pièce d'artillerie, sans un cheval, tous à pied, je suivrai mon grand alguazil pour lui prêter main-forte, si Narvaez voulait opposer quelque résistance.

Le même jour où Sandoval, moi et nos gens arrivions à la ville de Cempoal, où Narvaez et ses troupes étaient campés, il fut informé de notre marche et sortit aussitôt de son camp avec quatre-vingts chevaux et cinq cents fantassins, sans compter ceux qu'il laissait derrière lui, installés dans le grand temple de la ville admirablement fortifié. Il arriva à une lieue de l'endroit où je m'étais arrêté ; comme il ne me rencontra pas, et que ses renseignements lui venaient des Indiens, il crut qu'on s'était moqué de lui ; il retourna à Cempoal tenant sa troupe prête et se faisant garder par deux sentinelles qu'il fit placer à une lieue de la ville. Comme je désirais éviter le scandale, il me sembla qu'il serait moindre en agissant de nuit, en silence, sans qu'on soupçonnât ma présence, si possible, aller tout droit à la résidence de Narvaez que chacun de nous connaissait parfaitement et m'en emparer. Le tenant en mon pouvoir, j'espérais que tout serait terminé et que la plupart se rendraient, attendu que presque tous, en venant, n'avaient cédé qu'à la violence, tant ils avaient peur que Diego Velasquez ne leur enlevât les Indiens qu'ils possédaient dans l'île Fernandina. Le jour de Pâques de l'Esprit-Saint un peu après minuit, je partis pour Compoal; peu après, je rencontrai les deux sentinelles de Narvaez; je m'emparai de l'une d'elles, qui me donna des renseignements, l'autre m'échappa. Je fis forcer la marche pour que cette sentinelle n'arrivât pas avant moi et n'annonçât mon arrivée ; mais elle me précéda d'une demi-heure. Quand j'arrivai près de Narvaez je trouvai toute la troupe sous les armes, les cavaliers en selle et deux cents hommes surveillant chaque quartier. Mais nous arrivâmes en un tel silence, que quand on nous aperçut et que l'on cria aux armes, j'entrais déjà dans la cour du temple, où la masse des troupes étaient groupées; elles occupaient aussi trois ou quatre tours et autres points fortifiés. Dans l'un de ces temples où Narvaez s'était établi, il avait garni les escaliers de la pyramide de dix-neuf pièces d'artillerie; nous mîmes un tel entrain à monter à l'assaut de cette pyramide, que les artilleurs n'eurent que le temps de tirer un seul coup, qui grâce à Dieu ne fit de mal à personne. La pyramide gravie, on pénétra dans la pièce où se tenaient Narvaez et une cinquantaine d'hommes, qui luttèrent avec Sandoval, mon premier alguazil; celui-ci le somma plusieurs fois de se rendre; et sur son refus la lutte continua; il se rendit. Pendant que Gonzalo de Sandoval s'emparait de Narvaez, moi et mes hommes défendions les approches de la pyramide à ceux qui accouraient au secours de leur capitaine. J'avais pris toute l'artillerie, j'en fortifiai la pyramide qui fut inabordable; de sorte que sans mort d'hommes, sauf deux qui furent tués par un boulet, tous ceux qu'il importait de prendre étaient entre nos mains; toutes les armes nous étaient remises et tous les soldats avaient juré obéissance à Votre Majesté. Ils me dirent que jusqu'alors Narvaez les avait trompés, en affirmant qu'il avait des pouvoirs de Votre Altesse, que je n'étais qu'un révolté, traître à Votre Majesté et autres calomnies du même genre. Lorsqu'ils connurent la vérité et les mauvais desseins de Diego Velasquez et de Narvaez et combien ils avaient mal agi, ils furent tous très heureux que Dieu en eût autrement décidé.

Je puis en effet certifier à Votre Majesté que si Dieu n'eût agi mystérieusement dans toute cette affaire, et que Narvaez fût resté vainqueur, c'eût été le plus grand désastre que l'Espagne eût éprouvé depuis longtemps : car il eût obéi aux instructions de Velasquez qui lui avait ordonné de me pendre moi, et la plupart de mes compagnons, afin que personne ne pût protester contre les événements. Je sus de plus que les Indiens comprenaient parfaitement que si Narvaez s'était emparé de moi comme il l'avait juré, ce n'eût pas été sans d'immenses pertes dans les deux troupes. Profitant donc de la circonstance, ils auraient massacré tous ceux que j'avais laissés dans la ville ; ensuite, ils se seraient réunis pour tomber sur les survivants de manière que leur pays fût à jamais délivré de la présence des Espagnols. Votre Altesse peut être certaine, que si ce complot eût réussi, il eût fallu vingt ans pour reconquérir, et pacifier cette contrée qui était conquise et pacifiée.

Deux jours après la prise de Narvaez, comme je ne pouvais maintenir tant de gens réunis dans la ville, qui était à moitié détruite, les hommes de Narvaez l'avaient pillée, et les habitants s'étant enfuis l'avaient laissée déserte : je dépêchai deux capitaines avec chacun deux cents hommes, l'un pour aller fonder une ville au port de Goazacoalco où, je l'ai dit à Votre Altesse, j'avais déjà envoyé Velasquez de Léon ; l'autre, à cette rivière (le Panuco) qu'avaient découverte les navires de Francisco de Garay. De plus, j'envoyai encore deux cents hommes à la Veracruz, où je fis venir les navires qu'avait amenés Narvaez et avec le reste de mes troupes je restai à Cempoal pour travailler à ce qui convenait le mieux au service de Votre Majesté. De là, j'expédiai un courrier à la ville de Mexico, pour faire savoir aux Espagnols que j'y avais laissés, tout ce qui m'était arrivé. Ce courrier me revenait douze jours après, m'apportant des lettres de mes alcades me disant que les Indiens révoltés assiégeaient notre quartier de toutes parts, qu'ils y avaient mis le feu et creusé des mines ; que mes gens s'étaient vus dans le plus grand péril et qu'ils seraient massacrés, si Muteczuma n'avait ordonné la suspension des hostilités ; que néanmoins, ils étaient cernés et qu'on ne laissait personne sortir de notre palais. On ajoutait que pendant différentes rencontres, les Indiens leur avaient enlevé beaucoup de vivres, qu'ils avaient brûlé les quatre brigantins que j'avais construits, qu'ils étaient en extrême péril, et que, pour l'amour de Dieu, je me hâtasse de les secourir. Voyant les terribles circonstances où se trouvaient mes Espagnols, jugeant que si je ne les secourais pas aussitôt, non seulement, on me les tuerait, mais on me prendrait l'or, l'argent et les bijoux que nous avions amassés pour Votre Majesté aussi bien que pour nous, et qu'en même temps nous perdrions la plus grande et la plus noble cité de ce monde nouvellement découvert, et qu'en la perdant nous perdions tout, puisqu'elle était la capitale et commandait à cet univers; j'expédiai des courriers à la recherche des hommes que j'avais envoyés au Panuco et au Goatzacoalco, avec ordre de rebrousser chemin et de se rendre par la voie la plus rapide à Tlascala où je les attendrai avec toute l'artillerie et soixante-dix cavaliers, de sorte que réunis nous comptions cinq cents fantassins et soixante-dix chevaux. Nous partîmes à toute vitesse pour la ville de Mexico; pendant la route, pas un envoyé de Muteczuma ne vint, comme par le passé, nous recevoir; toute la contrée était soulevée et les villes à moitié désertes; j'en conçus de fâcheux soupçons, craignant que les Espagnols qui étaient à Mexico n'eussent été massacrés et que toutes les forces indiennes réunies nous attendissent dans quelque défilé pour nous anéantir. Je m'avançai donc avec les plus grandes précautions jusqu'à la ville de Tezcoco, située comme je l'ai dit à Votre Majesté sur les bords de la grande lagune. Là, je m'informai des Espagnols que j'avais laissés à Mexico, on me répondit qu'ils étaient vivants. Je demandai une canoa pour envoyer un de mes gens aux informations; pendant qu'il ferait son voyage, je devais garder près de moi, comme otage, l'un des principaux seigneurs de la ville; les autres, ceux que je connaissais, avaient disparu. Ce seigneur fit amener la canoa, envoya quelques Indiens avec mon Espagnol, et resta près de moi. Au moment où mon courrier s'embarquait, je vis venir un canot dont j'attendis l'arrivée; il m'amenait l'un des Espagnols assiégés dans la grande ville; il me dit que mes hommes étaient vivants, sauf cinq ou six que les Indiens avaient massacrés; mais qu'ils étaient toujours assiégés; que nul ne pouvait sortir de notre palais et qu'ils ne pouvaient obtenir des vivres qu'au prix des plus grands sacrifices; que cependant, depuis l'annonce de mon arrivée, les Indiens les traitaient avec un peu moins de rigueur, que Muteczuma comptait sur ma présence pour que chaque chose rentrât dans l'ordre et que mes hommes pussent sortir dans la ville comme ils en avaient l'habitude. En même temps que l'Espagnol, Muteczuma m'envoyait un Indien chargé de me dire que je ne devais pas ignorer ce qui s'était passé dans la ville; que sans doute j'arrivais fort irrité et avec des projets de vengeance; qu'il me priait de m'apaiser, qu'il avait souffert plus que moi de ces événements et que tout s'était fait contre sa volonté. Il me faisait dire d'autres choses encore pour apaiser le ressentiment dont il me croyait plein, ajoutant que je n'avais qu'à me présenter à mon palais où mes ordres seraient exécutés comme devant. Je lui fis répondre que je n'avais contre lui aucun ressentiment et que je ferai ce qu'il m'engageait à faire.

Le jour suivant, veille de la Saint-Jean-Baptiste, je partis et m'arrêtai la nuit à trois lieues de la grande ville. Le jour de la Saint-Jean je me remis en route après avoir entendu la messe et j'entrai à Mexico vers le midi. Je vis peu de monde dans la ville, quelques ponts avaient été enlevés à l'entrecroisement des rues, ce qui me parut de mauvais augure quoique en somme ils eussent pu les enlever par crainte de ce qui s'était passé et qu'en arrivant je les ferais remettre en place. Je me rendis à notre palais où je logeai mes hommes ainsi que dans le grand temple qui en est voisin. Mes vieux soldats de Mexico nous reçurent avec une joie folle comme si nous leur sauvions la vie qu'ils croyaient perdue et nous passâmes ce jour et cette nuit fort calmes, croyant que tout était terminé. Le jour suivant, après la messe, j'envoyai un courrier à la Veracruz pour porter à mes gens la bonne nouvelle que les chrétiens étaient vivants, que j'étais entré dans la ville et que tout allait bien. Ce courrier revint une demi-heure plus tard tout défait, blessé, et nous criant que tous les Indiens de la ville soulevés, marchaient contre nous et que les ponts étaient enlevés. Derrière lui, la foule se précipitait si nombreuse que les rues et les plates-formes des maisons disparaissaient sous la multitude des

Indiens ; ils accouraient poussant des cris et des hurlements les plus épouvantables qui se puissent imaginer. Ils nous lançaient une telle quantité de pierres avec leurs frondes qu'on eût dit une grêle véritable ; et les flèches et les javelots étaient si nombreux, que les cours de notre demeure en étaient pleines, à tel point, que nous pouvions à peine y marcher. Je fis deux ou trois sorties dans lesquelles nos ennemis se battirent avec acharnement, si bien, qu'une troupe de deux cents hommes commandées par un capitaine, perdit quatre de ses hommes et rentra blessé avec une foule d'autres ; dans la sortie que je guidais, je fus également blessé ainsi que nombre des miens. De notre côté nous leur faisions peu de mal, parce qu'ils se réfugiaient de l'autre côté des ponts, et que de chaque maison et de toutes les terrasses on nous couvrait de pierres ; nous en prîmes quelques-unes qui furent incendiées. Mais il y en avait tant, toutes fortifiées, occupées par une telle multitude d'Indiens et si bien approvisionnées de pierres et autres projectiles, que nous ne pouvions faire face à tant d'ennemis et les empêcher de nous faire beaucoup de mal. Ils assiégeaient notre palais avec tant de vigueur qu'ils y mirent le feu plusieurs fois ; l'incendie prit un jour une telle extension que nous ne pûmes l'éteindre qu'en sacrifiant une partie du palais dont nous abattîmes les murailles ; et sans la nombreuse garde d'arquebusiers, arbalétriers et artilleurs dont j'avais garni nos approches ils nous eussent enlevés d'assaut. Nous combattîmes ainsi jusqu'à la nuit, que les Indiens remplirent de cris et de hurlements.

Pendant cette nuit, je fis réparer les brèches et renforcer les parties faibles de notre citadelle ; j'organisai les postes et les gens qui devaient les occuper, et les escouades qui devaient sortir et combattre le jour suivant, et je fis panser les blessés qui étaient plus de quatre-vingts.

Au petit jour, les Indiens se précipitèrent sur nous avec plus de rage encore ; ils formaient une telle multitude que mes artilleurs n'avaient pas besoin de pointer, et n'avaient qu'à tirer dans le tas. L'artillerie devait leur faire un mal énorme, car nous avions treize pièces en batterie, sans compter les arquebusiers et les arbalétriers ; eh bien ! ils n'avaient même pas l'air de s'en apercevoir; après chaque décharge, les vides se remplissaient comme par enchantement et nous avions toujours des troupes fraîches devant nous. Laissant dans notre demeure le renfort que j'y devais laisser, je fis une sortie, m'emparai de quelques ponts et brûlai plusieurs maisons où nous tuâmes beaucoup de monde; mais les Indiens étaient si nombreux, que malgré tout, nous ne faisions que petite besogne. De plus, il nous fallait combattre sans répit tandis que nos adversaires ne combattaient que quelques heures remplacés par des troupes fraîches. Ils nous blessèrent ce jour-là cinquante ou soixante Espagnols dont aucun ne mourut; nous luttâmes jusqu'à la nuit, et rentrâmes nous reposer à la forteresse. Constatant les dommages que nous faisaient subir les Indiens, et comment ils nous blessaient et nous exterminaient sans grand péril; que les pertes que nous leur infligions étaient sans nul effet, vu leur grand nombre; nous employâmes une nuit et un jour à construire trois tours de bois dont chacune pouvait contenir vingt hommes qui se trouvaient ainsi à l'abri des pierres qu'on nous lançait des plates-formes des maisons. Ces hommes étaient des arquebusiers et des arbalétriers mêlés de soldats armés de pics, de pioches et de fortes barres de fer, pour perforer les maisons et détruire les barricades que les Indiens avaient élevées dans les rues. Pendant la construction de ces machines le combat ne cessa pas un instant; quand nous voulûmes sortir, les Indiens se précipitèrent pour entrer chez nous et nous eûmes toutes les peines du monde à les repousser. Muterzuma était toujours entre nos mains ainsi que l'un de ses fils et autres seigneurs dont nous nous étions emparés dans le principe; j'ordonnai qu'on l'amenât sur la terrasse de notre palais afin qu'il parlât aux capitaines indiens et leur dit de cesser leurs attaques. On l'amena donc, mais en arrivant sur une espèce de balcon qui faisait saillie sur la rue pour haranguer les Mexicains, il reçut un coup de pierre si violent qu'il mourut trois jours après. Je remis son cadavre à deux Indiens nos prisonniers pour qu'ils le livrassent à ses sujets; j'ignore ce qu'ils en firent, mais la guerre loin de cesser devint chaque jour plus cruelle et plus acharnée.

Un jour, les chefs indiens me demandèrent de me présenter à cette même place où leur maître avait été blessé, disant qu'ils avaient à me parler; je m'y rendis et nous discutâmes longtemps, moi, les priant de cesser leurs attaques injustes; leur disant qu'ils se rappelassent les services que je leur avais rendus, et avec quelle douceur je les avais traités. Ils me répondirent que la guerre cesserait à une condition, c'est que je m'en irais et quitterais le pays; qu'autrement ils avaient juré de mourir tous jusqu'à l'extermination de chacun de nous. Mais ce qu'ils en disaient était pour m'attirer hors du palais, et nous surprendre entre les ponts à notre sortie de ville. Je leur répliquai qu'ils ne pouvaient croire que je leur demandasse la paix par crainte, mais bien par pitié du mal que je leur avais fait et des plus grands maux que je pourrais leur faire encore et du regret que j'aurais de détruire une ville aussi belle que la leur.

Mes tours étant terminées, je fis une sortie pour m'emparer des ponts et de certaines maisons; nous poussions les tours en avant, quatre pièces d'artillerie les suivaient par derrière accompagnées d'arquebusiers, d'arbalétriers et de plus de trois mille Indiens de Tlascala qui combattaient dans nos rangs comme alliés. Arrivés près du pont, nous plaçâmes nos tours contre les murailles des maisons en abaissant un tablier qui nous permettait de passer sur les plates-formes; mais il y avait une telle multitude d'Indiens préposés à la défense du pont et des plates-formes, ils nous lançaient une telle grêle de pierres, et d'un tel poids qu'ils disloquèrent mes tours, me tuèrent un Espagnol et m'en blessèrent un grand nombre sans que nous avancions d'un pas, quoique nous combattions en désespérés. Cette lutte sans résultat dura jusqu'à midi, heure à laquelle nous regagnâmes fort tristes, notre demeure. Notre retraite leur causa un tel orgueil qu'ils nous poursuivirent jusqu'aux portes de notre palais et qu'ils s'emparèrent du grand temple. Plus de cinq cents Indiens qui me parurent de grands personnages occupèrent la pyramide principale; puis ils y amassèrent du pain, de l'eau, des vivres et une masse de pierres. Ils étaient armés de lances très longues avec pointes en silex et obsidiennes plus larges que les nôtres et non moins aiguës. De là haut, ils faisaient beaucoup de mal à mes hommes, notre demeure étant tout près du temple. Mes troupes attaquèrent la pyramide deux ou trois fois et s'efforcèrent de l'escalader, mais elle était très haute. L'escalier compte plus de cent marches et la montée est des plus escarpées; les défenseurs étaient armés de pierres et d'armes défensives et presque à l'abri de nos attaques, car nous n'avions pu gagner les plates-formes voisines; aussi, chaque fois que mes soldats renouvelaient l'attaque, ils étaient repoussés, ce qui exalta tellement les Mexicains, qu'ils les poursuivaient bravement jusqu'aux portes de notre palais. Voyant que s'ils continuaient à rester maîtres de la pyramide, ces Indiens non seulement continueraient à nous faire beaucoup de mal, mais puiseraient une nouvelle audace dans leurs succès, je sortis moi-même de notre quartier, quoique blessé de la main gauche. Je fis attacher mon bouclier à mon bras et je m'en fus à la pyramide suivi de quelques Espagnols, pendant que j'en faisais cerner la base, ce qui était chose facile. Les hommes cependant n'étaient pas à la fête, car il leur fallut contenir et combattre les Indiens dont le nombre s'était considérablement accru; pour moi, je commençai à gravir l'escalier de la pyramide suivi de mes quelques Espagnols. Les Indiens se défendirent avec courage, si bien que quatre de mes soldats atteints par leurs projectiles roulèrent au pied de la pyramide; mais grâce à Dieu et avec l'aide de sa glorieuse mère, à laquelle j'avais consacré le temple en y installant son image, nous atteignîmes la plate-forme et là, nous attaquâmes nos adversaires avec tant de vigueur que nous les obligeâmes à sauter d'un étage à l'autre, couloirs étroits qui se succédaient en étage autour de la pyramide. La pyramide avait quatre de ces étages à une distance de 18 pieds l'un de l'autre. Plusieurs furent précipités du haut en bas où ils arrivaient brisés et où mes soldats les achevaient. Quant à ceux qui restèrent sur la terrasse d'en haut, ils luttèrent avec une telle opiniâtreté qu'il nous fallut plus de trois heures pour les exterminer; de sorte que tous moururent sans que pas un seul nous échappât. Je puis assurer à Votre Majesté que ce fut là une étonnante victoire, et que si Dieu n'avait pas brisé leur effort vingt d'entre eux eussent suffi pour arrêter l'assaut d'un millier d'hommes. Je fis ensuite mettre le feu à la tour ainsi qu'à plusieurs autres qui faisaient partie du grand temple d'où les Indiens avaient du reste retiré les saintes images que j'y avais mises.

La perte de la pyramide enleva aux Mexicains quelque peu de leur assurance et comme ils faiblissaient partout, je remontai sur ce balcon d'où je leur avais parlé précédemment pour adresser de nouveau la parole à leurs capitaines qui me semblaient démoralisés. Ils s'assemblèrent, je leur fis remarquer qu'ils ne pouvaient se défendre, que nous leur faisions chaque jour beaucoup de mal, que nombre des leurs succombaient, que nous incendions et détruisions leur ville et que nous les poursuivrions jusqu'à leur totale destruction. Ils me répondirent que nous leur faisions en vérité beaucoup de mal, et que nombre des leurs mouraient chaque jour, mais qu'ils étaient résolus à mourir tous pour en finir avec nous. « Regarde, disaient-ils, ces rues, ces places et ces maisons couvertes de monde : nous avons compté qu'en perdant vingt-cinq mille des nôtres contre un seul d'entre vous, nous viendrions à bout de vous tous; vous êtes si peu nombreux en comparaison de nous autres! tu sauras de plus que nous avons détruit toutes les chaussées qui conduisaient à la ville, à l'exception d'une seule; vous n'avez plus d'autre chemin pour vous en aller que les eaux du lac; vous n'avez plus que très peu de vivres et presque pas d'eau douce, et bientôt vous mourrez tous de faim, sans que nous prenions la peine de vous tuer. » Ils avaient en vérité bien raison; car n'eussions-nous eu d'autres ennemis que la faim, la soif et le manque de vivres, ils auraient suffi pour nous exterminer tous en peu de jours. Nous discutâmes longtemps encore, chacun de nous plaidant sa cause; la nuit venue, je fis une sortie, nous les prîmes au dépourvu et nous nous emparâmes d'une rue où nous incendiâmes plus de trois cents maisons. Comme les Indiens accouraient à la rescousse, je m'élançai dans une autre rue, où je brûlai également un grand nombre de maisons, de celles à plates-formes, voisines de notre demeure, d'où ils nous avaient fait tant de mal. Les incidents de cette nuit leur inspirèrent une grande terreur et ce fut cette même nuit que je fis réparer les tours qu'on m'avait démolies le jour précédent.

Poursuivant la victoire que Dieu nous donnait, je me dirigeai, au petit jour, vers cette même rue où nous avions été défaits la veille : je la trouvai aussi vaillamment défendue, mais comme il y allait de notre honneur et de notre vie, attendu que la seule chaussée existante venait déboucher dans cette rue, et quoique pour l'atteindre il fallût passer huit ponts sur des fossés larges et profonds et s'emparer de toute une voie bordée de maisons et de tours, nous nous élançâmes avec tant d'ardeur, qu'avec l'aide de Dieu, nous nous emparâmes de quatre de ces ponts et que nous incendiâmes toutes les maisons, plates-formes et tours qui se trouvaient en arrière de ces ponts, malgré qu'ils eussent fortifié tous ces ponts avec d'épaisses barricades de briques et de terre, de manière à se mettre à l'abri de l'artillerie. Nous comblâmes les quatre fossés avec les briques, la terre des barricades, les pierres et les bois des maisons incendiées. Ce ne fut pas, il faut le dire, sans grand danger et sans avoir eu nombre de mes Espagnols blessés. Cette nuit je fis garder les ponts avec le plus grand soin, pour que les Indiens ne nous les reprissent point, le jour suivant je fis une nouvelle sortie, et Dieu nous accorda de nouveau une grande victoire; malgré la multitude innombrable qui défendait les ponts, malgré les barricades qu'en cette nuit même, avaient construites les Indiens, nous les emportâmes toutes et nous comblâmes les fossés; plusieurs de mes cavaliers qui nous suivaient arrivèrent même jusqu'à la terre ferme. Pendant que je m'occupais de réparer les ponts et de combler les fossés, on vint m'appeler en toute hâte, me disant que les Indiens qui attaquaient nos quartiers demandaient la paix et que leurs chefs m'attendaient pour traiter. Laissant là mes hommes, je m'en allai, suivi de deux cavaliers, voir ce que ces gens me voulaient, ils me dirent que si je leur donnais ma parole que le passé leur serait pardonné, ils feraient lever le siège, rétablir les ponts, reconstruire les chaussées et se mettraient au service de Votre Majesté comme ils l'avaient fait avant leur révolte. Ils me prièrent en même temps de faire amener un de leurs prêtres que j'avais fait prisonnier et qui était le chef de leur religion ; il vint, leur parla et nous mit d'accord. Ils envoyèrent alors des courriers, qui d'après leurs assurances devaient ordonner aux capitaines et soldats de leurs divers postes, d'avoir à cesser le combat et déposer les armes. Sur ce, nous nous séparâmes et je me mis tranquillement à dîner dans l'intérieur du quartier, quand tout à coup, on vint m'avertir que les Mexicains avaient repris les ponts dont nous nous étions emparé le matin et qu'ils m'avaient tué plusieurs Espagnols. Dieu sait quelle émotion me causa cette fatale nouvelle, ne voyant plus comment nous pourrions nous ouvrir la route de terre. Je partis à toute bride, suivi de quelques chevaux, longeai la rue entière sans m'arrêter, tombai sur les Indiens, repris les ponts et arrivai, les poursuivant, jusqu'à la terre ferme. Mes hommes étaient fatigués, blessés, terrorisés, et devant cet immense péril ne me suivirent pas ; de sorte que, une fois les ponts passés, quand je voulus revenir, je les trouvai aux mains des ennemis et les fossés dégagés. La tranchée était de droite et de gauche couverte d'Indiens, et les abords de la lagune remplis de canots bondés d'hommes armés ; et tous, nous couvraient de tant de milliers de pierres et de javelots que, sans l'assistance miséricordieuse de Notre Seigneur, il nous eût été impossible d'échapper. Mes gens se crurent perdus ; quand j'arrivai au dernier pont pour pénétrer dans la ville, je le trouvai encombré par mes cavaliers dont tous les chevaux s'étaient abattus, de façon que je ne pus passer. Je fus obligé, seul, de faire face à mes ennemis et en même temps je m'efforçais d'ouvrir un passage pour que les chevaux pussent gagner l'autre bord. Une fois le pont libre, je passai, non sans grande difficulté, car pour atteindre la rive opposée, il me fallait faire, avec mon cheval, un saut de plus de deux mètres ; les Indiens qui me chargeaient, ne purent, grâce à ma cuirasse, me faire grand mal, mais ils me meurtrirent le corps.

Les Mexicains restèrent donc victorieux cette nuit-là, et maîtres de quatre ponts. Je laissai les quatre autres à la garde de fortes escouades et je regagnai notre palais où je fis construire un pont de bois que portaient quarante hommes. En voyant le grand péril où nous étions, et quelles pertes nous infligeaient chaque jour les Indiens, craignant qu'ils ne détruisissent la dernière chaussée comme les autres. ce qui équivalait, pour nous, à une mise à mort; pressé par mes compagnons de partir au plus tôt; tous étant blessés et la majorité si gravement, qu'ils ne pouvaient plus combattre, je résolus de quitter la ville cette nuit même.

Je pris tout l'or et les bijoux de Votre Majesté qui se pouvaient emporter et les déposai dans une des salles de notre palais; là, je les remis par ballots aux officiers de Votre Altesse, nommés à cet effet en votre nom royal; je les remis aussi aux alcades, corregidors, regidors, et à tous ceux qui étaient présents, les priant qu'ils m'aidassent à les emporter et à les sauver; je donnai une de mes juments que l'on chargea autant qu'il se pouvait et je la fis garder par certains de mes Espagnols et de mes serviteurs; quant au reste, je le distribuai entre les officiers, les alcades, les corregidors et les soldats pour qu'ils l'emportassent. Le palais dépouillé de ses richesses, tant de celles appartenant à Votre Majesté, qu'à mes soldats et à moi-même, je partis le plus secrètement possible, emmenant avec moi un fils et deux filles de Muteczuma, Cacamazin le seigneur de Culhuacan, son frère que j'avais nommé à sa place et autres princes et caciques de villes et provinces que je retenais comme otages. En arrivant aux tranchées que les Indiens avaient abandonnées, je passai facilement la première avec le pont que j'avais préparé, nul du reste pour nous en défendre le passage, sauf quelques sentinelles, qui poussèrent aussitôt les hauts cris, de sorte qu'en arrivant à la seconde tranchée nous étions entourés d'une multitude qui nous assaillait par terre et par eau; je passai rapidement avec cinq cavaliers et une centaine de fantassins avec lesquels nous traversâmes à la nage toutes les tranchées pour atteindre enfin la terre ferme. Laissant mes hommes en arrière je retournai à la rescousse; des deux côtés, on combattait avec fureur et ma troupe, Espagnols comme Tlascaltecs, nos alliés, souffraient des pertes énormes; des milliers d'Indiens tombaient sous nos coups; mais nombre d'Espagnols et de chevaux succombèrent. Nous perdîmes tout l'or, les bijoux, les étoffes, tout ce que nous emportions; nous perdîmes toute l'artillerie. Enfin, ayant réuni ceux qui survivaient, je les fis passer en avant et suivi de quatre de mes cavaliers et d'une vingtaine de soldats qui osèrent rester avec moi, je pris l'arrière-garde pour les protéger, luttant sans trêve avec les Indiens, jusqu'à ce que nous arrivâmes à une ville appelée Tacuba, située en dehors de la chaussée, et Dieu sait au prix de quelles fatigues et de quels dangers. Chaque fois que je me lançais sur les Indiens, j'en revenais couvert de flèches, de javelots et lapidé ; comme nous avions de l'eau à droite et à gauche, les Mexicains pouvaient blesser sans péril ceux qui, comme nous, étaient à terre ; et quand nous tombions sur eux, ils se jetaient à l'eau. Nous ne leur faisions que peu de mal et si quelques-uns périrent c'est qu'ils s'étouffèrent et se noyèrent entre eux, tant était grande leur multitude. C'est au milieu de ces fatigues que je menai ma troupe jusqu'à la ville de Tacuba sans perdre ni un Espagnol ni un Indien, sauf un cavalier à l'arrière-garde, et nous avions à faire face aux ennemis de trois côtés à la fois ; mais les plus rudes attaques venaient de l'arrière, par où les Indiens nous venaient de Mexico.

Arrivé à la ville de Tacuba, je trouvai ma troupe réunie sur la place ne sachant où aller ; je donnai l'ordre de gagner la campagne au plus vite, avant que les Indiens se réunissent en plus grand nombre et s'emparassent des plates-formes des maisons, d'où ils auraient pu nous faire beaucoup de mal. Mais ceux qui étaient à l'avant me dirent qu'ils ne savaient quel chemin prendre ; je les mis en queue, et, prenant la tête de la colonne je les conduisis en dehors de la ville et j'attendis l'arrière-garde dans les champs ; quand elle me rejoignit, j'appris qu'on s'était battu ; que plusieurs Indiens et Espagnols étaient morts, et que nous avions semé la route d'or et de bijoux que ramassaient les Indiens. J'attendis là que tous mes gens fussent arrivés, combattant avec les Indiens que je retins jusqu'à ce que mes hommes se fussent emparés d'une pyramide et de son temple, qu'ils occupèrent sans perdre un seul des leurs ; et cela, parce que j'avais contenu nos ennemis jusqu'à ce que ma troupe se fût établie sur la pyramide [1]. Mais Dieu sait au prix

---

1. C'était un temple dédié à la mère de leur dieu, où l'on établit plus tard le sanctuaire si connu de Guadalupe.

de quelle fatigue ! Des vingt-quatre chevaux qui nous restaient, pas un qui pût courir, pas un cavalier qui pût lever les bras et pas un misérable soldat qui, tous blessés, pût faire un mouvement.

Nous nous fortifiâmes dans ce temple où nous fûmes cernés toute la nuit sans que nous pussions reposer une heure. Dans cette effroyable déroute nous perdîmes cent cinquante Espagnols, quarante-cinq chevaux et juments et plus de deux mille Indiens alliés [1]; on nous tua également le fils et les filles de Muteczuma et tous les seigneurs que j'emmenais prisonniers. Cette même journée, vers minuit, nous croyant moins surveillés, nous sortîmes de notre camp en silence, laissant nos feux allumés, sans savoir quel chemin prendre, ni où nous allions, lorsqu'un Indien de Tlascala, qui nous servait de guide, se chargea de nous ramener chez lui, si on ne venait pas nous couper la retraite. Des sentinelles nous aperçurent ; elles appelèrent les populations environnantes qui se rassemblèrent en masse et nous suivirent toute la nuit. Quand le jour parut, cinq de mes cavaliers qui nous servaient d'avant-garde tombèrent sur des troupes d'Indiens dont ils tuèrent quelques-uns ; ceux-ci furent défaits et s'enfuirent, croyant que le reste de mes gens arrivait. Voyant que les ennemis se réunissaient de toutes parts, je pris les mesures suivantes : je réunis les mieux portants de mes hommes fantassins et cavaliers que je répartis en avant et sur les côtés, tandis que les blessés occupaient le centre ; ce fut ainsi que nous cheminâmes tout le jour, combattant sans trêve ni repos, de façon qu'en un jour et une nuit, nous fîmes à peine trois lieues. Sur ces entrefaites, le Seigneur voulut qu'à la tombée de la nuit nous fissions la rencontre d'un temple et sa pyramide qui nous fournirent un excellent quartier où nous nous fortifiâmes. Pour cette nuit on nous laissa tranquilles, encore qu'au jour naissant il y eut une autre attaque, mais sans conséquence autre, que la crainte que nous avions de cette multitude, qui nous suivait sans répit.

Un autre jour, je partis à une heure de l'après-midi dans

---

1. Bernal Diaz del Castillo dit, huit cent soixante et dix Espagnols et douze cents Tlascaltecs. Johan Cano dit, onze cent soixante et dix.

l'ordre que j'ai dit, avec mes gens d'avant et d'arrière, bien sur leur garde; mais les ennemis nous suivaient toujours, ameutant de leurs cris tous les habitants d'une province fort peuplée. Mes cavaliers et moi, quoiqu'en nombre infime, nous leur courrions sus, mais sans leur faire grand mal, car le sol était raboteux et les Indiens se sauvaient dans les rochers. Nous fîmes ce jour-là quelques lieues, et nous arrivâmes dans un grand village où nous pensions avoir quelque démêlé avec les habitants; en nous voyant, ils abandonnèrent la place pour se réfugier dans les villages environnants. Je restai là deux jours parce que mes hommes valides, aussi bien que les blessés et les chevaux, étaient rendus de fatigue et mourants de soif et de faim. Nous y trouvâmes du maïs que nous mangeâmes et dont nous emportâmes une provision cuite et rôtie. Le jour suivant nous partîmes, toujours accompagnés de la meute hurlante qui, à l'arrière et à l'avant, tenta quelques attaques et nous poursuivions notre route guidés par les Tlascaltecs : route longue et fatigante, car souvent il nous fallait abandonner les chemins battus. Vers le tard, nous arrivâmes dans une plaine où s'étalaient quelques pauvres maisons auprès desquelles nous campâmes, fort à court de vivres. Le jour suivant, nous partîmes de bonne heure; à peine étions-nous en route que les ennemis nous rejoignirent et tout en nous battant, nous arrivâmes à un grand village, à deux lieues du précédent, où sur notre droite nous trouvâmes quelques Indiens retranchés sur une colline; espérant les déloger, car la colline était près de nous, et désirant m'assurer s'ils étaient plus nombreux, je m'avançai avec cinq chevaux et dix fantassins pour examiner cette colline. En arrière se trouvait une grande ville et beaucoup d'Indiens contre lesquels nous eûmes à lutter; mais comme le terrain était rocailleux et le nombre des ennemis considérable, je jugeai prudent de regagner le village où j'avais laissé mes gens. Je sortis de cette escarmouche grièvement blessé de deux coups de pierre; et, m'étant fait panser, je fis évacuer le village, l'endroit me paraissant dangereux. Nous cheminions toujours, suivis par de nombreuses troupes d'Indiens; ils nous attaquèrent si sérieusement qu'ils nous blessèrent cinq cavaliers et leurs chevaux, dont l'un fut tué; Dieu sait quelle douleur nous éprouvâmes de cette perte, car nous n'avions, après Dieu, d'autre espoir que notre cavalerie. La chair du cheval nous consola quelque peu, car nous la dévorâmes avec le cuir, sans en rien laisser tant nous étions affamés. Depuis notre fuite de la grande ville, nous n'avions, en effet, pour nous soutenir, que du maïs bouilli et rôti en quantité insuffisante, et des herbes que nous ramassions dans les champs. Voyant chaque jour s'accroître le nombre de nos ennemis, pendant que chaque jour nous nous affaiblissions davantage, je fis fabriquer la nuit des brancards et des béquilles pour que les blessés que nous portions en croupe pussent se soutenir et marcher seuls, de façon que mes cavaliers fussent libres de combattre en toute liberté. Il semble, en vérité, que je fus en cette affaire inspiré par l'Esprit-Saint, car le lendemain nous étions à peine à deux lieues de notre campement, que nous fûmes entourés d'une telle multitude d'Indiens, que de droite, de gauche et tout autour de nous, la plaine disparaissait sous leur nombre. Ils nous attaquèrent en masses si serrées que nous ne nous voyions pas les uns des autres. Nous crûmes notre dernier jour arrivé, vu les milliers de nos ennemis et le peu de résistance que pouvaient leur opposer des hommes fatigués, presque tous blessés et mourant de faim. Mais Notre Seigneur Dieu daigna montrer sa puissance et sa miséricorde envers nous. Malgré notre faiblesse, nous brisâmes l'orgueil et la superbe de nos ennemis, car nous tuâmes un grand nombre d'entre eux et parmi ceux-ci, des personnages principaux et des seigneurs; ils étaient en effet une telle multitude, qu'ils se nuisaient les uns les autres et ne pouvaient ni combattre ni fuir. Nous luttions donc ainsi depuis le matin, quand Dieu permit que l'un de ces grands personnages, le chef peut-être de toute l'armée, succombât et que sa mort fît cesser les hostilités. (C'est la fameuse bataille d'Otumba.) Nous nous en allâmes donc un peu plus tranquilles, quoique pleins d'inquiétudes encore, jusqu'à une petite maison située au milieu d'une plaine, où cette nuit-là nous établîmes notre campement. De là, nous apercevions les montagnes de Tlascala, dont la vue nous réjouit le cœur. Nous connaissions en effet le pays et désormais nous pouvions nous diriger, quoique nous ne fussions pas certains de retrouver des amis dans les habitants. Nous pouvions croire, qu'en nous voyant en si misérable état, ils n'en profitassent pour nous anéantir et recouvrer leur ancienne liberté; et ces doutes nous jetaient dans une affliction égale à celle qui nous accablait dans nos combats avec les Mexicains.

Le jour suivant, au lever du soleil, nous enfilâmes un chemin fort plat qui nous conduisait directement à la province de Tlascala; peu d'ennemis nous y suivirent, quoique nous fussions entourés de grands villages; cependant du haut de quelques collines et à l'arrière-garde, mais de loin, les Indiens nous accompagnaient encore de leurs hurlements. Ce même jour, 8 juillet, nous sortîmes enfin des terres mexicaines pour arriver dans celles de Tlascala en un village de trois ou quatre mille habitants nommé Hueyotlipan, où nous fûmes très bien reçus. Nous pûmes nous y refaire de la grande fatigue et de la grande faim dont nous avions tant souffert; cependant on ne nous livra des vivres que contre argent : les Indiens ne voulaient même accepter que de l'or. Je restai trois jours dans ce village, où je reçus la visite de Magiscatzin, de Xicotencatl, de tous les seigneurs de la république et de quelques-uns de Huajozingo; tous me dirent combien ils avaient été touchés de mes malheurs et s'efforcèrent de m'en consoler; ils me répétaient ce qu'ils m'avaient dit autrefois : que les gens de Culua étaient des traîtres; mais que je n'avais pas voulu les croire. Je devais, ajoutaient-ils, m'estimer heureux d'être vivant, et ils juraient de m'appuyer jusqu'à la mort pour me venger des affronts que j'avais subis. Car outre qu'ils avaient juré allégeance à Votre Majesté, ils avaient aussi à venger des enfants et des frères tués à mes côtés par les Mexicains, sans compter les injures qu'ils en avaient reçues dans tous les temps; je pouvais donc compter qu'ils seraient mes alliés fidèles jusqu'à la mort. Comme je venais blessé, que tous mes compagnons étaient épuisés, ils nous offraient leur ville, qui était à quatre lieues du village pour nous y reposer, soigner nos blessures et nous refaire.

Je les remerciai, j'acceptai leur offre généreuse et leur offris quelques pauvres bijoux de ceux que nous avions sauvés, ce dont ils me furent reconnaissants ; puis, je m'en allai avec eux à Tlascala où nous fûmes très bien reçus. Magiscatzin me fit présent d'un lit de bois garni d'étoffes pour que je pusse mieux dormir, car nous n'en avions pas, et tant qu'il put s'en procurer, il en distribua d'autres à mes compagnons. Quand je partis pour Mexico, j'avais laissé à Tlascala des malades et certains de mes domestiques avec de l'argent, des effets et objets divers, pour être plus libre de mes mouvements s'il survenait quelque chose ; toutes mes notes et tous les traités passés avec les naturels de cette région furent perdus ainsi que tous les effets de mes Espagnols qui n'emportaient rien autre que les vêtements qu'ils avaient sur le corps. J'appris qu'un autre de mes serviteurs était venu de la ville de la Veracruz m'apporter des vivres et objets divers en compagnie de cinq cavaliers et quarante-cinq fantassins, lequel avait emmené les gens que j'avais laissés derrière moi et emporté tout l'argent et biens divers appartenant à moi et à mes compagnons, ainsi que sept mille piastres en lingots d'or que j'avais laissés dans des coffres, sans compter d'autres bijoux et plus de quatorze mille piastres d'or en barres que le cacique de la province de Tuchitepec avait donné au capitaine que j'avais envoyé au Goatzacoalco, et autres choses précieuses qui valaient plus de trente mille piastres d'or. Eh bien ! les habitants de Culua, les Mexicains les avaient tués ou dépouillés. J'appris également qu'ils avaient assassiné sur les routes, beaucoup d'autres Espagnols qui venaient me rejoindre à Mexico, croyant que tout était en paix et que les chemins étaient sûrs comme je les avais laissés.

Je puis assurer Votre Majesté que nous éprouvâmes à la nouvelle de ces désastres la douleur la plus grande ; car la perte de ces Espagnols nous rappelait la mort de nos camarades, dans la ville, au passage des ponts et dans notre retraite. Cela me jeta dans des doutes inquiétants sur le sort de ma garnison de la Veracruz. Je craignais que nos anciens alliés en apprenant nos défaites ne se fussent révoltés. Je dépêchai donc aussitôt divers courriers auxquels des Indiens devaient servir de guides ; je les engageai à prendre des voies détournées pour arriver plus sûrement à la Veracruz et à revenir le plus vite possible, me faire savoir ce qui s'était passé. Grâce à Dieu, ils trouvèrent les Espagnols en bonne santé et les Indiens soumis. Ce nous fut une consolation dans notre tristesse; mais la nouvelle de nos désastres fut pour eux un grand sujet de douleur. Je restai vingt jours dans la ville de Tlascala, soignant mes blessures qui s'étaient envenimées pendant la retraite, surtout celle de la tête, et faisant soigner celles de mes compagnons. Quelques-uns moururent, soit de leurs blessures, soit de leurs fatigues; d'autres restèrent manchots, d'autres boiteux, car les remèdes manquaient pour les pansements. Moi-même je restai estropié de la main gauche.

Les gens de ma compagnie, témoins de tant de morts et voyant ceux qui survivaient, maigres, blessés et terrorisés par les périls et les souffrances qu'ils avaient à subir et les redoutant de nouveau pour l'avenir, me suppliaient de les ramener à la Veracruz; nous pourrions, disaient-ils, nous y fortifier avant que les naturels que nous tenions pour alliés se révoltassent en nous voyant si faibles et si misérables, se joignissent à nos ennemis pour nous empêcher de gagner le port, et nous écrasassent sous le nombre. Une fois à la Veracruz, étant tous réunis, appuyés sur nos navires, nous serions plus forts et nous pourrions plus facilement nous défendre s'ils nous attaquaient, jusqu'à ce que nous pussions faire venir du secours des îles. Pour moi, je crus que montrer une telle pusillanimité, surtout aux yeux de nos amis, serait perdre notre prestige et peut-être nous les aliéner; puis, je savais que la fortune aime les audacieux. Enfin nous étions chrétiens, et confiant en la bonté miséricordieuse de Notre Seigneur; je pensai qu'il ne permettrait pas que nous périssions tous, ni que se perdît une si grande et si noble contrée pacifiée par Votre Majesté ou sur le point de l'être; qu'il fallait donc poursuivre la guerre pour achever cette pacification, obtenue déjà, et je me refusai de toutes façons à retourner à la mer. Passant sous silence les travaux et les dangers qui nous pouvaient subvenir, je dis à mes hommes que je n'abandonnerai point cette contrée, non seulement parce que ce serait une honte pour moi, mais un danger pour nous tous et une trahison envers Votre Majesté. J'ajoutais que j'étais absolument résolu à reprendre les hostilités et à faire à nos ennemis tout le mal que je pourrais.

Après vingt jours de repos en cette ville de Tlascala, quoique fort mal guéri de mes blessures et quoique mes hommes fussent encore bien faibles, je partis en guerre contre la ville de Tepeaca, alliée de nos ennemis les Mexicains. J'avais appris que les gens de cette ville avaient assassiné dix ou douze Espagnols qui passaient chez eux pour gagner la grande ville. Cette province de Tepeaca est voisine et frontière des républiques de Tlascala et de Cholula, mais elle est beaucoup plus grande. A mon entrée dans son territoire, je fus attaqué par une multitude d'Indiens qui s'efforçaient de nous repousser et se réfugiaient dans des positions inaccessibles. Bref, ne pouvant entrer dans le détail de toutes les rencontres qui eurent lieu pendant cette guerre, je dirai seulement, qu'après les sommations d'usage que je leur fis au nom de Votre Majesté, auxquelles ils refusèrent d'obéir, nous leur fîmes la guerre, et avec l'aide de Dieu et la bonne fortune de Votre Altesse, nous les avons toujours battus sans que pendant le cours de cette guerre ils ne pussent tuer, ni même blesser un seul de mes Espagnols. Quoique cette province soit fort grande, en l'espace de vingt jours je m'emparai d'une foule de villes et de leurs dépendances, dont les caciques et personnages principaux sont venus se déclarer les vassaux de Votre Majesté ; en outre j'ai chassé de la province les Indiens de Mexico, qui étaient venus en grand nombre pour lui prêter leur appui, et pour les empêcher de gré ou de force de reconnaître mon autorité. Je me suis donc occupé jusqu'à présent de cette guerre qui n'est pas encore terminée, car il me reste encore quelques villes et villages à soumettre ; mais avec l'aide de Dieu ils seront bientôt comme les autres, sous la domination royale de Votre Majesté. Dans la partie de la province où l'on me tua les Espagnols, les habitants étant forts guerriers et enclins à la rébellion, j'en fis esclaves une certaine quantité, dont j'attribuai le cinquième aux officiers de Votre Majesté. Je pris cette mesure, parce que, après s'être révoltés contre l'autorité de Votre Altesse, après avoir massacré mes hommes, ils les mangèrent; fait de notoriété publique et dont je puis envoyer la preuve juridique à Votre Majesté. Je pris encore cette résolution de les faire esclaves pour jeter l'épouvante parmi les Indiens de Mexico et parce que la population est si dense que si je ne leur imposais pas un châtiment exemplaire il me serait impossible de les soumettre. Dans cette guerre nous eûmes pour alliés les Indiens de Tlascala, Cholula et Huajocingo, ce qui a cimenté nos bonnes relations, et nous sommes certains qu'ils serviront toujours Votre Altesse comme de loyaux serviteurs. Pendant que je combattais avec les gens de Tépéaca, je reçus des lettres de la Veracruz qui annonçaient l'arrivée dans le port de deux navires en détresse, partie d'une nouvelle flotte que Francisco de Garay avait envoyée sur la rivière Panuco, où les Indiens du pays avaient attaqué sa troupe, lui avaient tué dix-sept ou dix-huit soldats et blessé beaucoup d'autres. Ils lui avaient aussi tué sept chevaux; si bien que les survivants de cette troupe s'étaient jetés à la mer pour gagner leurs navires à la nage. Le capitaine et ses hommes arrivèrent fort abattus, presque tous blessés à la ville, où mon lieutenant les accueillit et fit panser leurs blessures. Et pour qu'ils se rétablissent plus rapidement, il envoya une partie d'entre eux chez un cacique de nos amis près de là, où l'on en prenait soin.

Ce fâcheux événement nous affligea autant que nos propres désastres; et cela ne serait pas arrivé, si la première fois ces hommes m'avaient consulté, comme j'en ai parlé dans le temps à Votre Altesse. J'étais en effet parfaitement au courant des choses de la région et j'aurais pu leur donner un conseil qui leur eût épargné une défaite; et cela d'autant mieux, que le cacique de cette province s'était reconnu vassal de Votre Majesté et m'avait envoyé à ce titre des courriers à Mexico, chargés de divers présents comme je l'ai dit plus haut. J'écrivis à la Veracruz, que si le lieutenant de Francisco de Garay et ses hommes voulaient s'en aller, qu'on fît le possible pour les aider à se remettre en route.

Après la soumission de la plus grande partie de cette province de Tépéaca à l'autorité de Votre Majesté, nous nous réunissions souvent, mes officiers et moi, pour causer de ce qu'il serait utile de faire pour assurer la sécurité dans la région. Nous rappelant que les naturels après avoir juré obéissance s'étaient révoltés et nous avaient tué des Espagnols; considérant que cette province se trouve être le débouché de tous les passages de la côte à l'intérieur, et que c'est le chemin que prennent les marchandises pour pénétrer dans le pays; considérant que si cette province était livrée à elle-même, les Indiens et les seigneurs de Mexico qui sont leurs voisins les induiraient à se révolter de nouveau, ce qui nous causerait de grands dommages, compromettrait la pacification et ruinerait le commerce; attendu que les deux passages en question de la mer à l'intérieur, pourraient tomber entre les mains des naturels et qu'ils pourraient s'y fortifier; nous arrêtâmes pour ces raisons et pour d'autres qui nous parurent convenables, qu'il était nécessaire de fonder dans cette province de Tépéaca et dans le lieu le plus propice, une ville où les habitants se trouveraient dans les meilleures conditions de séjour et de défense. Nous mîmes sur-le-champ notre projet à exécution; et moi, au nom de Votre Majesté, je baptisai la ville Sécurité de la Frontière (Segura de la Frontera), je nommai les alcades, les corrégidors et autres officiers avec les cérémonies habituelles. Et pour la grande sûreté des futurs habitants, je fis rassembler sur l'emplacement désigné, des matériaux dont abondait le pays, pour construire une forteresse dont on jeta les fondations.

Comme j'écrivais cette relation, je vis arriver les messagers du cacique de la ville de Huaquechula située à cinq lieues d'ici; elle se trouve à l'entrée d'un passage que l'on prend pour aller à Mexico; ces messagers me dirent de la part de leur maître, qu'ils étaient venus un peu tard présenter sa soumission à Votre Majesté, mais que je ne lui en voulusse pas, car il avait en sa ville et bien contre sa volonté quelques capitaines mexicains; que chez lui et à une lieue plus loin se trouvait un corps de trente mille hommes gardant le passage dont ils nous défendraient l'accès et décidés à empêcher que les Indiens de la ville et des provinces voisines n'acceptassent l'autorité de Votre Altesse et ne devinssent nos amis. Ils me dirent qu'un grand nombre seraient venus se mettre aux ordres de Votre Altesse, si les gens de Culua ne s'y étaient opposés ; et qu'ils me le faisaient savoir afin que j'y misse un terme ; car outre la défense faite aux gens de bonne bonne volonté de venir à nous, ces Mexicains faisaient beaucoup de mal aux habitants de la ville et des environs. Etant très nombreux, les Mexicains leur faisaient souffrir mille avanies, leur prenaient leurs femmes et les dépouillaient de leurs biens ; je n'avais donc qu'à leur donner des ordres, auxquels ils s'empresseraient d'obéir. Après les avoir remerciés, je les renvoyai en les faisant accompagner de treize chevaux, deux cents soldats et trente mille de nos alliés. Il fut convenu que cette armée prendrait un chemin détourné, qu'arrivée près de la ville le cacique et les habitants en seraient avertis et entoureraient les maisons où se trouvaient logés les capitaines mexicains, qu'ils s'en empareraient ou les tueraient avant que leurs gens pussent les secourir, et que quand ils viendraient, les Espagnols pénétreraient dans la ville pour les attaquer et les battre. Ils partirent avec les Espagnols, passèrent par Cholula et certaine partie de la province de Guajocingo, frontière des possessions de Guaçachula, à quatre lieues de cette ville. Or dans un village de la république de Guajocingo, on vint dire aux Espagnols que les Indiens de cette province s'étaient entendus avec ceux de Guacachula et de Mexico pour attirer les Espagnols dans leur ville et tous ensemble les attaquer et les détruire.

Comme mes compagnons se trouvaient encore sous l'impression de terreur que nous avaient laissée les Mexicains et les événements passés à Mexico, cet avis jeta l'épouvante parmi les Espagnols ; le capitaine qui les commandait fit une enquête, et mit en état d'arrestation tous les gens de Guajocingo qui l'accompagnaient, ainsi que les envoyés de Guaçachula, puis il revint à Cholula avec ses prisonniers ; de cette dernière ville il me les envoya, sous la garde de quelques cavaliers et soldats, avec détails sur l'affaire.

Le capitaine m'écrivait en outre que ses hommes étaient fortement impressionnés et que cette campagne lui paraissait dangereuse. Les prisonniers arrivés, je les interrogeai au moyen de mes interprètes et je m'aperçus que le capitaine les avait mal compris. Je les fis mettre immédiatement en liberté, les assurant que je les tenais pour loyaux serviteurs de Votre Majesté sacrée et que j'irais en personne attaquer les gens de Culua. Puis ne voulant montrer ni faiblesse, ni crainte aux naturels amis aussi bien qu'ennemis, je résolus de poursuivre cette campagne et, pour relever le courage de mes hommes, j'abandonnai toute autre affaire ; j'interrompis la relation que j'adressais à Votre Majesté et je partis sur l'heure pour Cholula où j'arrivai ce même jour. J'y trouvai mes Espagnols encore sous le coup du complot qu'ils m'avaient dénoncé.

J'allai passer la nuit à Guajocingo dont nous avions arrêté les personnages principaux ; le jour suivant, après m'être entendu avec les envoyés de Guaçachula, par où et comment je devais pénétrer dans la place, je partis une heure avant le lever du jour et j'arrivai vers les dix heures. A une demi-lieue de là, je trouvais des envoyés de la ville qui me dirent que les choses se présentaient le mieux du monde ; que les Mexicains ignoraient notre présence, attendu que les gens de la ville avaient enlevé leurs gardes et qu'ils s'étaient également emparés des sentinelles que les capitaines mexicains avaient placées sur les pyramides et les temples de la ville pour observer les environs ; que les ennemis reposaient en toute sécurité, comptant sur la vigilance de leurs gardes, et que je pouvais pénétrer dans la ville sans être signalé. Je m'avançai donc à toute vitesse au travers d'une plaine où l'on pouvait difficilement me voir, lorsque ceux de la ville m'ayant aperçu, comme nous étions déjà fort près, ils enveloppèrent aussitôt les maisons où se trouvaient les capitaines mexicains et les attaquèrent ainsi que les autres disséminés par la ville. Je n'étais plus qu'à une portée d'arbalète, quand ils m'amenèrent une quarantaine de prisonniers, ce qui ne m'empêcha point de précipiter ma course. La ville retentissait de cris et de hurlements ; j'avançais en combattant et, guidé par un naturel, j'arrivai à la maison occupée par les capitaines mexicains ; je la trouvai entourée par plus de trois mille hommes qui luttaient pour pénétrer dans l'intérieur, s'étant déjà rendus maîtres des plates-formes. Les capitaines et leurs Indiens, quoique en petit nombre, luttaient avec tant de bravoure que les assaillants ne pouvaient forcer les portes ; mais à mon arrivée nous entrâmes tous et en si grand nombre, que je ne pus sauver les assiégés, qui presque tous furent immédiatement massacrés. J'aurais cependant voulu m'emparer de quelques-uns vivants, pour m'informer des choses de la grande ville et savoir quel seigneur avait succédé à Muteczuma. Je n'en pus recueillir qu'un seul à moitié mort, dont j'obtins les nouvelles que je dirai ci-après.

Dans l'intérieur de la ville on tua beaucoup de Mexicains qui s'y étaient établis, et quand les survivants apprirent mon arrivée, ils détalèrent au plus vite pour se mettre sous la sauvegarde de l'armée qui campait en dehors ; pendant leur fuite nombre d'entre eux succombèrent. Cette armée, qui occupait une hauteur dominant la ville et la plaine, fut si rapidement mise au courant de ce qui se passait, que les gens qui fuyaient se rencontrèrent avec les leurs accourant à leur secours. Ils étaient plus de trente mille et la troupe la plus brillante que nous eussions jamais vue. Ils étaient couverts d'or, d'argent et de plumages ; comme la ville est grande, ils y mettaient le feu partout où ils passaient. On vint aussitôt m'avertir ; je m'élançai de leur côté avec mes cavaliers seulement, ma troupe étant trop fatiguée ; je les rompis du premier choc, ils reculèrent, et nous sortîmes à leur suite en en massacrant un grand nombre le long d'une montée des plus rudes, tellement que, quand nous atteignîmes le sommet de la montagne, ni les Indiens ni nous autres ne pouvions avancer ni reculer ; il en tomba une foule qui moururent de chaleur, sans une seule blessure ; deux de mes chevaux tombèrent essoufflés, dont l'un mourut. Nous fîmes en somme beaucoup de mal à nos ennemis, car nos alliés indiens accoururent à la rescousse, et comme ils étaient frais et dispos et les Mexicains rendus de fatigue, on en tua beaucoup ; de sorte qu'en peu d'instants le camp fut nettoyé des vivants et rempli de morts. Nous nous emparâmes ensuite de leurs demeures, qu'ils avaient élevées dans les champs voisins ; elles étaient divisées en trois quartiers, dont chacun avait d'air d'une petite ville ; car, en dehors des gens de guerre, ils avaient de nombreuses suites de serviteurs, et quantité de vivres et de bagages pour leur entretien. Tout fut pillé et incendié par nos alliés les Indiens, dont le nombre, je l'affirme à Votre Majesté sacrée, montait à plus de cent mille. A la suite de cette victoire, nous chassâmes les ennemis de la province, et après nous être emparés des ponts et des passages qui étaient en leur pouvoir, nous retournâmes à la ville où nous fûmes admirablement reçus et où nous nous reposâmes trois jours, ce dont nous avions le plus grand besoin.

A cette époque, les habitants d'un grand village qui se trouve situé au sommet des montagnes distantes de deux lieues du camp des Mexicains et au pied du volcan, village appelé Ocuituco, vinrent jurer obéissance à Votre Majesté. Ils me dirent que leur cacique s'était joint aux gens de Culua au moment où nous leur faisions la guerre, espérant que nous n'arriverions jamais à son village. Il y avait, disaient-ils, longtemps qu'ils désiraient être de mes amis, et qu'ils seraient venus se déclarer les vassaux de Votre Majesté si ce cacique ne les en avait empêchés, quoiqu'ils le lui eussent plusieurs fois demandé; que maintenant ils voulaient jurer obéissance à Votre Altesse; qu'ils avaient au milieu d'eux un frère de leur cacique qui avait toujours approuvé leur manière de voir et qu'ils me priaient de le leur donner comme successeur à la seigneurie; que je ne consentisse pas à ce que l'autre revînt, et que du reste, ils se refuseraient à le recevoir. Je leur répondis qu'ils méritaient un châtiment exemplaire pour s'être alliés aux gens de Mexico et s'être révoltés contre Votre Majesté, et que j'avais résolu d'en tirer vengeance sur leurs biens et leurs personnes; mais que, puisqu'ils étaient venus faire amende honorable et qu'ils m'assuraient que leur cacique était le seul coupable, je voulais bien, au nom de Votre Majesté, leur pardonner le passé et leur accorder notre amitié. Mais je les avertissais que si jamais ils retombaient dans la même faute ils seraient sévèrement châtiés; que si au contraire ils se montraient les vassaux fidèles de Votre Altesse je les en récompenserais. Ils me le promirent. Cette ville de Guaçachula, située dans une plaine, s'appuie d'un côté sur des monts élevés à pentes rapides, du côté de la plaine elle est entourée par deux rivières éloignées de deux portées d'arbalète et passant toutes deux dans de profondes barrancas.

La ville n'a que peu de voies d'accès et elles sont si âpres et rapides, qu'à cheval on peut à peine les monter ou les descendre. Toute la ville est entourée d'une forte muraille de pierre et mortier de huit mètres de hauteur à l'extérieur, et presque au niveau du sol à l'intérieur; tout le long de cette muraille court un parapet de trois pieds de haut. En cas de guerre, ils ont quatre portes d'une largeur à laisser passer un cavalier, et chaque entrée forme des demi-cercles qui se croisent les uns les autres, avec, tout à l'entour, un parapet le long de la muraille pour mieux se défendre. Il y a dans le haut de ces entrées une immense quantité de pierres petites et grosses et autres projectiles pour écraser les ennemis.

Cette ville compte cinq ou six mille habitants et les trois villages qui en dépendent, à peu près autant. La vue de la ville est fort belle, car elle est semée de jardins, de vergers, d'arbres et de fleurs.

Après nous être reposés trois jours, nous partîmes pour une autre ville appelée Izzucan, située à quatre lieues de Guaçachula. On m'avait dit qu'il y avait là aussi une forte garnison mexicaine et que les habitants et ceux des villes et villages voisins, leurs sujets, se montraient grands partisans des gens de Culua, leur cacique étant de Mexico et parent de Muteczuma. J'avais avec moi tant d'Indiens alliés, vassaux de Votre Majesté, qu'ils couvraient la campagne et les collines à la ronde; je crois en vérité qu'ils étaient plus de cent vingt mille. Nous arrivâmes à cette ville d'Izzucan vers les dix heures; on en avait éloigné les femmes et les enfants, mais elle avait une garnison de cinq ou six mille soldats bien armés. Nous autres Espagnols marchions en avant; les gens firent un simulacre de défense, mais peu après ils abandonnaient la ville parce que les guides nous avaient découvert une entrée large et facile : nous poursuivîmes donc les défenseurs par toutes les rues jusqu'à les faire sauter par les créneaux des murailles dans une rivière qui de ce côté entoure la place et dont ils avaient coupé les ponts. Nous mîmes quelque temps à passer, puis nous poursuivîmes pendant une demi-lieue nos ennemis, dont un petit nombre seulement put nous échapper.

De retour à la ville, le cacique s'étant enfui avec les Mexicains, j'envoyai près des notables ux habitants que j'avais faits prisonniers, pour leur dire de ramener la population ; que je leur promettais, s'ils juraient obéissance à Votre Majesté, d'oublier leur rébellion et que je les traiterais en amis. Ma commission fut faite, et au bout de trois jours, arrivèrent quelques personnages principaux qui demandèrent pardon du passé, s'excusant sur les ordres de leur seigneur, mais jurant qu'à l'avenir ils seraient les fidèles sujets de Votre Majesté, puisque leur cacique les avait abandonnés. Je les engageai donc à se rassurer, leur disant de revenir à leurs maisons et d'y ramener leurs femmes et leurs enfants qui se trouvaient cachés dans les environs. Je les priai également de ramener à moi les Indiens qui s'étaient révoltés, que je leur pardonnerais le passé, mais que sinon, je serais obligé de marcher contre eux et de leur faire beaucoup de mal, ce dont je serais désolé. Ils firent comme je leur demandais : en deux jours, la ville de Izzucan fut repeuplée ; tous les habitants vinrent jurer obéissance à Votre Altesse, et, la ville pacifiée, ils devinrent nos amis et nos alliés avec les Indiens de Guaçachula.

L'absence du cacique, qui s'était rendu à Mexico, amena certaines contestations au sujet de la seigneurie de cette ville et province d'Izzucan. Il s'agissait de décider entre un enfant naturel et un héritier légitime ; je me décidai pour l'enfant légitime qui n'avait que dix ans et fut reconnu pour leur seigneur. N'étant pas en état de gouverner, je lui donnai pour tuteurs quatre personnages dont l'un, son oncle, un autre, grand seigneur d'Izzucan, et les deux derniers de Guaçachula, qui gouverneraient en son nom jusqu'à sa majorité. Cette ville d'Izzucan peut avoir trois ou quatre mille maisons, ses rues sont belles et les maisons bien construites ; elle avait une centaine de temples et oratoires sur pyramides, véritables forteresses qui toutes furent incendiées. Elle est située dans une plaine et s'appuie d'un côté sur une colline, où s'élève une forteresse ; du côté de la plaine elle est entourée par une rivière qui coule près de ses murailles ; le lit de la rivière, très profond, lui sert de défense. Les Indiens ont en outre construit un parapet de deux mètres de hauteur qui entoure la ville, et ils avaient amassé des pierres pour se défendre. Leur territoire embrasse une vallée toute ronde, plantée d'arbres à fruits et de coton qui ne pousse nulle part aux environs, à cause du froid. Ici, c'est ce que l'on appelle la terre chaude, les montagnes l'abritant contre les vents du nord. Toute la vallée est artificiellement irriguée au moyen de canaux construits de la façon la plus ingénieuse.

Je séjournai dans cette ville jusqu'à ce qu'elle fût entièrement repeuplée et que les choses de la vie usuelle eussent repris leur cours. C'est là que vint me trouver le cacique d'une ville appelée Guajocingo, qui se déclara le vassal de Votre Majesté, ainsi que le cacique d'une autre ville située à dix lieues d'Izzucan, sur la frontière des terres mexicaines. Il me vint encore les envoyés de huit villages de la province de Oaxaca, qui est celle dont j'ai parlé dans un chapitre précédent; province visitée par les Espagnols que j'avais envoyés à la recherche de l'or dans la province de Zacatula et de Tamazula qui est voisine. Je disais qu'il y avait de grandes villes et de belles maisons mieux construites que partout ailleurs. Cette province d'Oaxaca est à quarante lieues d'Izzucan. Les habitants de ces huit villages qui étaient venus s'offrir comme sujets de Votre Altesse, me dirent que les gens de quatre autres villages qui restaient, viendraient bientôt pour la même cérémonie. Ceux-ci me prièrent de leur pardonner de n'être pas venus plus tôt, la peur des Mexicains les en avait empêchés; mais ils n'avaient jamais pris les armes contre moi et n'avaient jamais tué aucun des miens; dorénavant ils resteraient les fidèles sujets de Votre Majesté, de sorte que Votre Altesse peut être certaine que sous peu de temps nous regagnerons ce que nous avons perdu, tout ou partie, car chaque jour les seigneurs d'un grand nombre de villes et provinces autrefois sujettes de Muteczuma viennent jurer fidélité à Votre Majesté, parce que dans ce cas ils sont bien accueillis et bien traités, tandis que dans le cas contraire ils sont châtiés et détruits.

Je sus par les prisonniers que je fis à Guaçachula, et particulièrement par celui qui était blessé, tout ce qui s'était passé à Mexico; comment après la mort de Muteczuma lui avait succédé l'un de ses frères, seigneur de la ville d'Istapalapa, nommé Cluitlahuatzin et qui lui succéda, parce que le fils de Muteczuma, son héritier, mourut au passage des ponts. Des deux fils qui restaient vivants, l'un, me dit le prisonnier, est fou, l'autre est épileptique; ce fut pour cela que le frère hérita, mais surtout parce qu'il nous avait fait la guerre et qu'on le tenait pour un vaillant homme. J'appris également que les Mexicains fortifiaient leur capitale ainsi que toutes les villes de leur dépendance, au moyen de chemins de ronde, trappes, fossés, etc... et qu'ils amassaient d'immenses approvisionnements de guerre. On me dit encore qu'ils fabriquaient des grandes lances pour se défendre contre ma cavalerie; j'en avais déjà vu quelques-unes dans la province de Tepeaca ainsi que dans les demeures et le camp des Mexicains à Guaçachula. J'appris bien d'autres choses, sur lesquelles je me tais, pour ne pas importuner Votre Majesté.

J'ai envoyé à l'île Espagnola quatre navires, pour qu'ils me reviennent chargés de chevaux et de soldats; je donnai commission de m'en acheter quatre autres, pour que de Saint-Domingue dans la même île Espagnola, ils me reviennent également chargés de chevaux, armes, poudre et arquebuses qui sont les choses dont nous avons le plus besoin. Car les piétons avec leurs rondaches servent peu tout seuls, perdus au milieu de tant de monde et dans ces grandes villes et forteresses.

J'écris au licencié Rodrigo de Fonséca et aux officiers de Votre Altesse qui habitent l'île, leur demandant de me prêter toute l'aide qui se pourra dans l'intérêt de Votre Altesse et pour la sécurité de nos personnes. Car avec les secours que j'attends, j'ai l'intention de retourner sur cette grande ville et j'espère, ainsi que je l'écrivis à Votre Majesté, qu'en peu de temps les choses tourneront à mon avantage et que je recouvrerai nos pertes passées. En tous cas, je fais en ce moment construire douze brigantins pour naviguer sur le lac; on prépare ici toutes les pièces, qu'on transportera par terre et qu'on montera en peu de temps; on fabrique de même toute la ferrure, on réunit la poix et l'étoupe, les voiles et les rames et tout ce qui est nécessaire à la complétion de ma flotte. Je certifie à Votre

Majesté que je n'aurai ni cesse ni repos, que je n'aie mené à bien cette entreprise, bravant fatigue, dépense et danger pour réussir.

Il y a deux ou trois jours que j'appris par une lettre de mon lieutenant à la Veracruz qu'il lui était arrivé une caravelle avec un équipage de trente hommes, tant soldats que marins qui venaient à la recherche des gens que Francisco de Garay avait envoyés en cette contrée et dont j'ai parlé jadis à Votre Altesse; comment ils étaient arrivés à court de vivres, si bien que, si nous ne les avions secourus, ils seraient morts de faim et de soif. Je sus de ceux-là, qu'ils venaient de la rivière Panuco où ils étaient restés trente jours sans y rencontrer personne; ce qui me fait supposer qu'à la suite des événements dont j'ai parlé, les habitants avaient abandonné la place. Les hommes de la caravelle nous dirent également qu'ils devaient être suivis de deux autres navires de Garay avec hommes et chevaux et que probablement ils devaient être déjà passés remontant la côte. Je crus remplir mes devoirs envers Votre Majesté en envoyant la caravelle à la recherche de ces navires, parce que leur capitaine ignorant ce qui s'était passé pouvait subir un désastre comme ceux qui l'avaient précédé; je lui faisais donc savoir qu'il eût à se rendre au port de la Veracruz où le commandant de la caravelle l'attendait. Plaise à Dieu qu'on retrouve ces deux navires, car les Indiens étant sur leurs gardes et les Espagnols sans défiance, il en peut résulter un grand dommage pour le service de Dieu et de Votre Altesse; ce serait en outre un encouragement pour ces chiens enragés de carnage, dont l'audace ne ferait que croître pour attaquer ceux qui viendraient par la suite.

Dans un chapitre précédent, j'ai dit comment, après la mort de Muteczuma, on avait élu pour souverain l'un de ses frères, Cluitlahuatzin qui amenait force matériel de guerre et fortifiait sa capitale ainsi que les villes voisines; j'ai su depuis, que ce Cluitlahuatzin, avait envoyé des messagers dans toutes les villes et provinces sujettes de l'empire, pour avertir les habitants qu'il leur faisait grâce pendant un an de toute servitude et tribut auxquels ils étaient accoutumés, à la condition qu'ils fissent aux chrétiens une guerre sans trêve ni merci, jusqu'à ce qu'ils fussent exterminés ou chassés du pays; qu'ils fissent également la guerre à tous les Indiens nos alliés et nos amis. Quoique comptant sur Notre Seigneur, pour que les ennemis ne réussissent point dans leur funeste projet; néanmoins, je me trouve au milieu de difficultés extrêmes pour prêter secours aux Indiens nos amis, qui viennent de toutes parts nous implorer contre les Mexicains, leurs ennemis et les nôtres, qui leur font la guerre pour les punir de leur alliance avec nous; en vérité je ne puis les secourir tous comme je le désirerais, mais comme je l'ai dit, il plaira à Notre Seigneur suppléer à notre faiblesse en nous envoyant des secours sur lesquels je compte, comme sur ceux que j'ai envoyé demander à l'île Espagnola. Ce que j'ai vu et trouvé de ressemblance entre cette contrée et l'Espagne, tant pour sa fertilité que sa grandeur et la température qu'il y fait et autres points qui les rapprochent, m'a décidé à la baptiser la Nouvelle-Espagne de la mer Océane, et c'est au nom de Votre Majesté que je lui ai donné cette appellation. Je supplie humblement Votre Altesse qu'elle le tienne pour bien et mande qu'on la nomme ainsi.

J'ai écrit à Votre Majesté, quoique en mauvais style, tout ce qui s'est passé dans ces contrées, et tout ce qui pouvait intéresser Votre Altesse, et dans une lettre qui accompagne cette relation, je supplie Votre Royale Excellence de vouloir bien envoyer une personne de confiance pour y procéder à toutes enquêtes, recherches et perquisitions afin d'en faire un rapport à Votre Majesté, et je l'en supplie humblement de nouveau, parce que, en m'accordant cette faveur, Votre Altesse sera convaincue de la vérité de ce que je lui ai dit. Très Haut et Très Excellent Prince, que Notre Seigneur Dieu augmente et conserve la vie et les biens et les royaumes de Votre Majesté sacrée autant que son royal cœur peut le souhaiter.

De la Ville Sécurité de la Frontière (Segura de la Frontera), le 30 octobre 1520.

De Votre Majesté le très humble serviteur et sujet qui baise les mains royales et les pieds de Votre Altesse.

FERNAND CORTES.

Depuis que cette lettre fut écrite, dans le mois de mars de la présente année (1521) on apprit qu'à la Nouvelle-Espagne, les Espagnols s'étaient emparés de la grande ville de Tenochtitlan et que, pendant le siège, il mourut plus d'Indiens qu'il ne mourut de juifs dans le siège de Jérusalem par Vespasien. Il y avait aussi plus d'habitants à Mexico qu'il n'y en avait dans la cité sainte; les Espagnols y trouvèrent peu de trésors, à peine deux cent mille piastres, parce que les Indiens avaient tout jeté dans les eaux du lac. Les Espagnols s'étaient fortifiés dans la ville, où ils se trouvent aujourd'hui au nombre de 1500 soldats et 500 cavaliers; le nombre de leurs alliés indiens monte à plus de cent mille, de grandes et étranges choses se sont passées là-bas; c'est un nouveau monde que nous serions bien désireux de voir, nous qui en sommes si loin. Ces nouvelles, que nous tenons pour certaines, vont jusqu'au 22 avril 1522.

Cette relation fut imprimée dans la noble et très loyale cité de Séville par Jacobo Crombreger, Allemand, le 8 novembre de l'année 1522.

LETTRE TROISIÈME

Envoyée par Fernand Cortes, capitaine et procureur général du Yucatan, appelé la Nouvelle-Espagne de la mer Océane, au Très Haut et Très Puissant César et Seigneur invincible Don Carlos, Empereur toujours auguste et Roi d'Espagne, notre Seigneur.

Des choses dignes d'admiration qui se sont succédé pendant la conquête et la reprise de la très grande ville de Tenochtitlan et des autres provinces ses sujettes qui se sont révoltées. Des victoires grandes et insignes, dignes de mémoire, que remportèrent le capitaine Cortes et les Espagnols dans cette ville et les provinces. Cette lettre raconte comment ont été découvertes la mer du Sud et autres nombreuses et grandes provinces riches en mines d'or, en perles et pierres précieuses et dans lesquelles on espère trouver des épices.

Très Haut et Très Puissant Prince, Roi Très Catholique et Invincible Empereur : Alonzo de Mendoza de Medellin, que j'envoyais de cette Nouvelle-Espagne le 5 mars de l'année passée 1521, emportait à Votre Majesté une seconde relation de tout ce qui s'y était passé. Je terminai ce rapport le 30 octobre de l'année 1520. Mais par suite de mauvais temps et de la perte de trois navires dont l'un devait porter mon rapport à Votre Majesté et les deux autres aller chercher des secours à l'île Espagnola, il y eut un grand retard dans le départ de Mendoza, d'autant que j'écrivis plus longuement à Votre Majesté; à la fin de cette relation je racontais à Votre Majesté comment les Indiens de Tenochtitlan nous avaient chassés de la ville et comment j'avais marché contre la province de Tepeaca, province de leur dépendance, qui s'était révoltée et que je remis sous le joug de Votre Majesté, grâce au courage de mes Espagnols et au concours des Indiens nos alliés. Je disais comment la trahison dont nous avions été victimes et le grand nombre des camarades que nous avions perdus avaient laissé dans nos cœurs des souvenirs brûlants, et je parlais de l'immuable résolution que j'avais prise d'aller combattre de nouveau les habitants de cette grande ville, cause de nos désastres. J'ajoutais que dans ce but je faisais construire treize brigantins pour les attaquer par la lagune et leur faire tout le mal que je pourrais, si les habitants persévéraient dans leurs mauvais desseins. J'écrivais à Votre Majesté qu'en attendant l'achèvement de mes brigantins, moi et mes alliés indiens, nous nous préparions à reprendre les hostilités, et que j'avais envoyé à l'île Espagnola pour demander des secours, en hommes, chevaux, armes et artillerie, et que je m'étais adressé pour cela aux officiers de Votre Majesté; je leur envoyais en même temps l'argent nécessaire pour payer toutes les dépenses et j'assurais Votre Majesté que je n'aurais ni cesse, ni repos que je n'eusse remporté une éclatante victoire sur nos ennemis, ne reculant pour cela devant aucun danger, fatigue ni dépense et que dans cette résolution, je me préparais à partir de la province de Tepeaca.

Je faisais aussi savoir à Votre Majesté comment une caravelle de Francisco de Garay, lieutenant-gouverneur de la Jamaïque, était arrivée en détresse au port de la Veracruz. Elle avait un équipage de trente hommes qui nous apprirent que deux autres navires étaient partis pour la rivière Panuco où un capitaine de Garay avait déjà été battu et qu'ils craignaient que ceux-ci n'éprouvassent le même sort. A ce sujet, j'écrivais à Votre Majesté que j'avais immédiatement envoyé une caravelle à la recherche de ces navires pour les prévenir, et il plut à Dieu que l'un nous arriva au port de la Veracruz. Ce navire avait cent vingt hommes à bord : le capitaine fut mis au courant de ce qui était arrivé à la première expédition de Garay, et l'un des lieutenants, qui avait assisté à la défaite, l'assura que s'il se rendait sur les bords du Panuco, il serait fort mal reçu des Indiens. Malgré tout, ce capitaine avait résolu de se rendre au Panuco, lorsque le vent, soufflant en tempête, enleva le navire dont les amarres furent brisées et l'emporta à douze lieues dans le port de San Juan. Là, il eut à peine débarqué son monde ainsi que ses chevaux et autant de juments que le navire fut jeté à la côte faisant eau de toutes parts. Mis au courant de cette affaire, j'écrivis au capitaine pour lui dire combien j'étais désolé de ce qui lui était arrivé; que j'avais envoyé des ordres à la Veracruz pour qu'on accueillit les naufragés et qu'on leur donnât tout ce dont ils auraient besoin. Je lui disais qu'il eût à consulter son équipage et que si tous ou quelques-uns voulaient se retourner avec l'un des navires qui se trouvaient dans le port, on le mettrait à leur disposition. Mais le capitaine et ses hommes préférèrent rester dans le pays et venir me rejoindre. Jusqu'à présent, nous n'avons rien su de l'autre navire et comme le temps se passe nous avons les plus grandes inquiétudes sur son sort. Fasse Dieu qu'il arrive à bon port!

Au moment de quitter la ville de Tepeaca, j'appris que deux provinces appelées Cecatami et Xalazingo, vassales de l'empereur du Mexique, s'étaient révoltées et que sur le chemin de la Veracruz ici, on avait assassiné quelques Espagnols, les Indiens de ces deux provinces étant soulevés et fort mal disposés contre nous. Pour rétablir la sécurité de la route et punir ces Indiens de leurs méfaits, s'ils ne venaient pas faire amende honorable, j'envoyai sur les lieux, un de mes lieutenants avec vingt chevaux, deux cents fantassins et une troupe de nos alliés, chargés de sommer les révoltés au nom de Votre Majesté, de venir se déclarer sujets de Votre Altesse comme ils l'avaient fait auparavant, et d'apporter les plus grands égards dans ses relations avec eux; mais, que s'ils refusaient nos ouvertures de paix, qu'il leur fît la guerre; qu'une fois ces provinces pacifiées il revînt avec ses hommes à la ville de Tlascala, où je l'attendrais. Il partit au commencement de décembre 1520 et poursuivit son chemin vers ces provinces qui sont à vingt lieues d'ici.

L'expédition en route, Très Puissant Seigneur, je quittai la ville de Segura de la Frontera dans la province de Tepeaca, vers la mi-décembre de cette année.

Sur l'instante demande des habitants j'y laissai une garnison de soixante hommes sous les ordres d'un lieutenant et je renvoyai toute l'infanterie à Tlascala, où l'on travaille à mes brigantins. Pour moi, je m'en fus, suivi de vingt chevaux, passer la nuit à Cholula où l'on m'avait prié de venir; car la variole, qui a enlevé beaucoup de monde en ce pays comme dans les îles, avait emporté grand nombre de seigneurs de la ville, et les habitants désiraient que leurs successeurs fussent élus d'après mes avis.

A mon arrivée, ils me reçurent le mieux du monde, et leurs élections faites à leur satisfaction, je leur fis part de ma résolution d'entrer en guerre dans la province et la ville de Mexico; je les engageai donc, comme vassaux de Votre Majesté, à se lier eux et nous d'une éternelle amitié, les priant de nous apporter le concours de leurs forces tant que durerait cette guerre, et à traiter les Espagnols qui passeraient sur leur territoire, comme des alliés fidèles. Je restai trois jours à Cholula et après avoir reçu la promesse solennelle des caciques, je partis pour Tlascala qui est à six lieues de là, où ma venue fut célébrée, tant par les Espagnols que par les habitants de la ville. Le jour suivant, tous les seigneurs de la province et de la ville vinrent me trouver, pour m'annoncer que Magiscazin, le chef suprême de la république, était mort de la petite vérole, sachant bien qu'ayant été mon meilleur ami, cette nouvelle me causerait une grande douleur. Il laissait un fils âgé de douze à treize ans à qui devait revenir la seigneurie de son père et les seigneurs me priaient de la lui confirmer; je le leur accordai au nom de Votre Majesté, ce dont ils furent très satisfaits.

En arrivant à Tlascala, je vis avec plaisir que les maîtres et charpentiers travaillaient activement à la construction de mes brigantins; planches, assemblage, etc., l'ouvrage avançait; j'envoyai donc immédiatement à la Veracruz pour en faire venir les ferrures, voiles, agrès, cordages et autres objets nécessaires à leur complétion; la poix manquant, j'en fis fabriquer par mes

Espagnols dans une forêt voisine, de manière que tout le matériel de mes brigantins fût prêt; pour qu'ensuite, avec l'aide de Dieu, lorsque je me trouverais dans la province de Mexico, je puisse faire transporter ce matériel à Tezcoco, c'est-à-dire à une distance de douze lieues de la ville de Tlascala. Pendant les quinze jours que j'y demeurai, je ne m'occupais que de hâter mes charpentiers et de préparer les armes pour nous mettre en route.

Deux jours avant la Nativité, le capitaine que j'avais envoyé avec une troupe de deux cents hommes dans les provinces de Cecatami et de Xalazingo revint à Tlascala; il me raconta qu'il avait eu divers combats à soutenir contre les naturels de l'endroit et qu'enfin, de gré ou de force, ils étaient venus demander la paix. Le capitaine m'amenait quelques seigneurs de ces provinces, auxquels malgré leur révolte et le meurtre de plusieurs chrétiens, je crus devoir pardonner, parce qu'ils me promirent que dorénavant ils seraient de bons et fidèles sujets de Votre Majesté; je leur pardonnai donc et les renvoyai chez eux. Ainsi se termina cette expédition, pour la plus grande gloire de Votre Majesté, par la pacification du pays et la sécurité des chemins qu'avaient à parcourir mes Espagnols de l'intérieur à la ville de la Veracruz.

Le second jour de la Pâques de nativité, je passai une revue de mes forces en cette ville de Tlascala; je comptais quarante chevaux, cinq cent cinquante fantassins dont quatre-vingts arquebusiers et arbalétriers, neuf pièces d'artillerie et peu de poudre; je divisai ma cavalerie en quatre escadrons de dix hommes chacun, et de mes fantassins je fis neuf bataillons de soixante soldats sous les ordres d'un capitaine. Je profitai de cette revue pour adresser à mes hommes des paroles d'encouragement; je leur rappelai que nous avions colonisé cette contrée pour servir les intérêts de Votre Majesté sacrée; qu'ils savaient aussi bien que moi que les Indiens après s'être déclarés sujets de Votre Majesté s'étaient pendant quelque temps comportés comme tels, recevant de nous et nous rendant tour à tour maints services; mais qu'ils n'ignoraient pas comment, sans aucun motif, les naturels de Culua, les habitants de Tenochtitlan ainsi que les habitants des provinces leurs vassales, non seulement s'étaient révoltés contre Votre Majesté, mais nous avaient tué beaucoup de monde, tant Espagnols que de nos alliés indiens, et nous avaient chassés de leur ville; qu'ils n'oubliassent donc point les fatigues et les dangers que nous avions bravés, et comprissent combien il convenait au service de Dieu et de Votre Majesté catholique de reprendre ce que nous avions perdu; puisque nous avions pour cela les meilleurs motifs et les meilleures raisons. N'avions-nous pas à combattre contre nations barbares pour la propagation de notre sainte foi, pour le service de Votre Majesté, pour la sécurité de nos existences? D'autre part, n'avions-nous point pour nous aider des milliers d'amis fidèles? et n'étaient-ce pas là de puissants motifs pour exalter notre courage? Je les engageai donc à se réjouir et rappeler leur ancienne valeur et qu'ils observassent religieusement les ordonnances que j'avais fait publier, touchant l'ordre et la discipline à observer pendant cette guerre; qu'ils travailleraient ainsi à la plus grande gloire de Dieu et de Votre Majesté. Tous le promirent et jurèrent de mourir pour notre sainte foi et le service de Votre Majesté; ils s'engageaient également à recouvrer ce que nous avions perdu, et à venger l'affront que nous avaient infligé les Mexicains et leurs alliés. Je les remerciai au nom de Votre Majesté, et, tous fort satisfaits, nous regagnâmes nos logis après cette revue.

Le jour suivant, qui était le jour de saint Jean l'évangéliste, je convoquai tous les seigneurs de la province de Tlascala; ils savaient, leur ai-je dit, que je devais partir pour entrer sur le territoire de nos ennemis et ils devaient comprendre que je ne pouvais m'emparer de la ville de Mexico sans mes brigantins. Je les priais donc de fournir à leurs ouvriers comme aux miens tout ce dont ils auraient besoin, qu'ils les traitassent comme ils l'avaient fait jusqu'à ce jour et qu'ils se tinssent prêts à faire transporter tout le matériel des brigantins à Tezcoco le jour où je demanderais qu'on me l'expédiât. Ils promirent de le faire et voulurent qu'un corps nombreux de leurs guerriers m'accompagnât; quant au transport des brigantins, la nation entière s'y emploierait s'il était nécessaire, car tous voulaient mourir là où je mourrais, ou se venger des gens de Mexico, leurs ennemis mortels. Le jour suivant, 28 décembre, jour des Innocents, je partis avec toute ma troupe en bon ordre et nous fûmes camper à six lieues de Tlascala dans un village appelé Tezmeluca, de la province de Huajocingo, dont les habitants nous ont toujours été aussi fidèles que les Tlascaltecs; c'est là que nous passâmes la nuit.

Dans ma précédente relation, Seigneur Très Catholique, je disais que les Indiens de Mexico amassaient des munitions de guerre, organisaient leur force, construisaient des chausse-trapes et des retranchements, pour se préparer à me recevoir. Connaissant leurs ruses et leur audace de guerre, j'avais souvent songé par quel côté je pourrais les surprendre. Ils savaient que nous avions à choisir entre trois routes pour pénétrer sur leur territoire; je choisis celle de Tesmeluca; le passage y étant plus rude et plus difficile, je pensais que de ce côté nous éprouverions moins de résistance, attendu qu'ils y seraient moins sur leur garde.

Le lendemain du jour des Innocents, après avoir entendu la messe et m'être recommandé à Dieu, nous partîmes de Tesmeluca; je pris les devants avec dix cavaliers et soixante de mes vétérans armés à la légère et nous commençâmes à gravir le sentier dans le plus grand ordre, m'éclairant le mieux possible, et nous passâmes la nuit à quatre lieues de là, dans le haut du défilé sur les confins du territoire mexicain. Il y faisait un froid intense, mais ayant beaucoup de bois à notre disposition nous passâmes une assez bonne nuit. Le jour suivant, un dimanche, nous continuâmes notre route sur le plateau de la montagne et j'envoyai en éclaireurs quatre chevaux et trois fantassins; nous commençâmes alors la descente. Je mis les cavaliers à l'avant-garde suivis des arbalétriers et des arquebusiers, puis le reste de la troupe en arrière, car tout en supposant la vigilance des ennemis en défaut, j'étais certain qu'ils viendraient me barrer la route et nous tendraient quelques embûches pour nous surprendre. Les quatre cavaliers et les fantassins de l'avant-garde trouvèrent effectivement le chemin obstrué par des arbres et des branchages, coupé et barricadé par des pins et des cyprès énormes qui paraissaient tout fraîchement abattus. Croyant que par delà le chemin serait dégagé, ils poussèrent en avant, mais le trouvèrent comme devant, tout encombré d'arbres renversés. Et comme de chaque côté la forêt s'étendait épaisse et profonde, ils ne pouvaient que lentement avancer; voyant que la route se prolongeait obstruée, ils avaient grand'peur que tous ces arbres dissimulassent des ennemis; et comme la densité de la végétation les empêchait d'utiliser leurs chevaux, plus ils avançaient et plus leur inquiétude grandissait.

Après avoir un certain temps cheminé de cette façon, l'un des cavaliers dit aux autres : « Mes amis, n'allons pas plus avant, si vous m'en croyez, et retournons dire à notre capitaine l'embarras dans lequel nous sommes et le grand danger que nous courons tous, en ne pouvant nous servir de nos chevaux; mais, si vous n'êtes pas de mon avis, allons en avant, car j'ai fait pour cette campagne le sacrifice de ma vie. » Les autres lui répondirent que son conseil était bon, mais qu'il leur paraissait bien de ne retourner que lorsqu'ils auraient aperçu les ennemis, ou qu'ils se fussent assurés jusqu'à quelle distance la route était obstruée. Ils suivirent donc, et trouvant toujours la route dans le même état, ils s'arrêtèrent et m'envoyèrent l'un des piétons me dire ce qu'ils avaient vu. J'étais à l'avant-garde avec ma cavalerie, et me recommandant à Dieu, nous poussâmes en avant : puis j'envoyai dire à l'arrière-garde qu'elle se hâtât, mais qu'elle n'eût aucune crainte, car nous atteindrions bientôt la plaine. Je rejoignis mes quatre cavaliers et nous continuâmes à avancer, quoique avec les plus grandes difficultés; enfin, au bout d'une demi-heure, nous arrivâmes sur un terrain plat. Là, nous attendîmes mes hommes; lorsqu'ils furent arrivés, je les engageai à rendre grâce à Dieu, de nous avoir amenés sains et saufs jusque-là, d'où nous apercevions toutes les provinces du Mexico qui s'étendent au milieu et tout autour des lagunes. Ce nous fut un grand plaisir d'admirer ces belles contrées, plaisir mêlé de tristesse au souvenir de nos désastres, et nous jurâmes tous de n'en sortir jamais que morts ou victorieux. Ce serment nous remplit de courage et de gaieté.

Les ennemis nous ayant découverts allumèrent aussitôt des

grands feux dans toute la vallée ; je recommandai aussitôt à mes hommes d'être ce qu'ils avaient toujours été, et d'être ce que j'attendais d'eux tous, de ne point se débander et qu'ils conservassent dans leur marche l'ordre le plus parfait. Déjà, les Indiens des fermes et villages environnants commençaient à pousser leurs cris de guerre, appelant à la rescousse pour nous défendre le passage des ponts et des défilés : mais nous avançâmes avec une telle hâte, que nous étions déjà dans la plaine avant qu'ils pussent nous rejoindre. Avançant toujours, nous nous trouvâmes en face de troupes mexicaines que je fis charger par quinze de mes cavaliers qui en tuèrent quelques-uns sans recevoir une seule blessure. Entre temps, nous suivions le chemin de Tezcoco qui est une des plus grandes et des plus belles villes de la vallée. Les fantassins se trouvaient quelque peu fatigués, et comme il se faisait tard, nous passâmes la nuit dans un village appelé Coatepec, dépendance de la ville de Tezcoco, et que nous trouvâmes abandonné. Cette nuit, je réfléchis que cette ville et province qui s'appelle Acoluacan est grande et peuplée de plus de cent cinquante mille hommes qui pouvaient nous attaquer, et je voulus me charger de la première garde avec dix cavaliers, en recommandant à mes hommes la plus grande vigilance.

Le jour suivant, un lundi, dernier jour de décembre, nous poursuivions notre route dans l'ordre accoutumé, quand à une lieue du village de Coatepec, avançant légèrement inquiets et nous demandant si les habitants de cette province nous accueilleraient en amis ou ennemis, craignant fort qu'ils nous déclarassent la guerre, nous vîmes venir à nous quatre notables indiens porteurs d'un oriflamme d'or, large d'un mètre, pesant plus de quatre marcs d'or et qu'ils nous présentaient en signe de paix. Dieu sait comme nous la souhaitions cette paix et combien nous en avions besoin, étant en si petit nombre, éloignés de tout secours, entourés d'ennemis. Lorsque je vis les quatre Indiens, dont l'un m'était connu, je fis arrêter ma troupe et je m'avançais à leur rencontre. Après nous être salués, ils me dirent qu'ils venaient de la part de leur roi qui se nommait Guanacazin et qu'ils me priaient de sa part de ne causer aucun dommage dans son royaume, car ses sujets étaient innocents des désastres qu'avaient soufferts les Espagnols, dont les Mexicains étaient seuls coupables ; que pour lui, il se déclarait vassal et sujet de Votre Majesté, notre ami, et promettait de s'en montrer toujours digne ; il nous invitait à nous rendre dans sa capitale où nous pourrions juger des sentiments des habitants à notre égard.

Je leur répondis par mes interprètes qu'ils étaient les bienvenus ; que je me réjouissais de leur amitié, que j'acceptais leurs regrets de m'avoir fait la guerre comme alliés des Mexicains ; mais qu'ils savaient parfaitement qu'à cinq ou six lieues de la ville de Tezcoco, dans certain village de leur dépendance, ils m'avaient dernièrement tué cinq cavaliers, quarante-cinq fantassins et plus de trois cents Indiens de Tlascala qui venaient comme porteurs ; qu'ils nous avaient pris beaucoup d'or, d'argent et d'étoffes, qu'il n'y avait d'autre excuse à cette affaire que de nous rendre ce qu'ils nous avaient pris. Qu'à cette condition, quoique tous méritassent la mort pour le massacre de tant de chrétiens, je leur accorderais la paix, puisqu'ils venaient me la demander. Que sinon, je procéderai contre eux avec toute la rigueur possible.

Ils me répondirent à leur tour que tout ce qu'on nous avait pris avait été transporté à Mexico par les gens de cette ville, mais que l'on chercherait et que l'on me rendrait tout ce qu'on aurait trouvé. Ils me demandèrent si j'entrerais ce jour même dans la ville, ou si je m'arrêterais dans les deux villages de Coathlinchan et Huexotla, à une lieue et demie de Tezcoco et qui en sont comme des faubourgs : ce qu'ils désiraient dans le but suivant. Je leur dis que je ne comptais pas m'arrêter et que j'irais directement à Tezcoco. Ils s'en réjouirent fort et demandèrent à me devancer pour préparer mes logements et ceux de mes hommes. Ils partirent ; lorsque nous arrivâmes dans les deux villages, les notables vinrent nous recevoir et nous apportèrent à manger. Vers les midi, nous arrivâmes au centre de la ville où nous avions nos logements dans un grand palais, qui avait appartenu au père de Guanacazin, seigneur de la ville.

Avant de nous installer, je réunis mes hommes et leur

défendis, sous peine de mort, de sortir sans permission de notre palais, palais d'une grandeur telle, qu'une troupe double de la nôtre eût pu s'y installer tout entière. Je donnai cet ordre parce que les habitants m'avaient l'air de se retirer dans leurs maisons, que les rues me paraissaient à moitié désertes et qu'on ne voyait ni femme ni enfant, ce qui était un fort mauvais signe. Le jour de notre entrée dans la ville se trouvait être la veille de l'année nouvelle; après nous être installés, nous nous regardions quelque peu inquiets d'avoir vu si peu de monde dans les rues; puis, nous pensâmes que c'était peut-être par crainte qu'on ne sortait pas, et nous nous tînmes un peu moins sur nos gardes. Vers le tard, quelques Espagnols montèrent sur les hautes plates-formes du palais, d'où le regard embrassait toute la ville, et ils s'aperçurent que les habitants l'abandonnaient; les uns fuyaient avec leurs biens dans la lagune où ils s'embarquaient sur de grands canots appelés acali; les autres gagnaient la montagne. J'eus bien envie de les arrêter, mais il était tard, la nuit vint et ils fuyaient à toute vitesse. Ainsi, le roi de la province que je désirais garder comme otage ainsi que les principaux habitants de la ville, m'échappèrent et s'en furent à Mexico, à six lieues de là, où ils emportèrent tout ce qu'ils purent enlever. Et c'était pour cela que les messagers étaient venus me trouver, dans l'espoir de me retarder et me détourner d'entrer de suite dans la ville, qu'ils abandonnèrent cette nuit-là.

Nous fûmes ainsi trois jours dans cette ville, sans avoir aucune rencontre avec les Indiens, soit qu'ils n'osassent point venir à nous, soit que nous tinssions peu nous-mêmes à les aller chercher. Mon intention du reste, était de toujours leur accorder la paix quand ils viendraient me la demander. Sur ces entrefaites, les seigneurs de Coathlinchan, Huexotla et Atengo qui sont de grands villages et comme les faubourgs de Tezcoco vinrent me trouver, pleurant et me suppliant de leur pardonner d'avoir abandonné leurs villages; mais qu'en dehors de cela, ils ne m'avaient point fait la guerre, volontairement du moins, et qu'ils s'engageaient à faire dorénavant tout ce que je leur demanderais, pour le service de Votre Majesté. Je leur répondis que sachant avec quelle douceur je les avais traités, ils avaient eu tort d'abandonner leurs villages; mais, que puisqu'ils promettaient d'être nos amis, qu'ils revinssent chez eux, qu'ils y ramenassent leurs femmes et leurs enfants et qu'à l'avenir, je les traiterais suivant leurs œuvres. Ils revinrent, mais ne nous parurent pas satisfaits.

Lorsque l'empereur de Mexico et les seigneurs de Culua (et l'on entend par là toutes les terres et provinces sujettes de l'empire) apprirent que les gens de Coathlinchan, Huexotla et Atengo s'étaient déclarés vassaux de Votre Majesté, ils leur envoyèrent des messagers pour leur dire qu'ils avaient mal agi; que si la crainte les avait poussés, ils devaient savoir que les Mexicains avaient le nombre et le pouvoir et que sous peu, ils nous extermineraient tous, nous les Espagnols aussi bien que les Tlascaltecs nos alliés; et que, si c'était par amour de leurs villages et de leurs terres, ils n'avaient qu'à les abandonner et venir à Mexico, où on leur en donnerait de meilleures et de plus fertiles.

Les caciques de Coathlichan et de Huexotla s'emparèrent des messagers et me les amenèrent; ceux-ci avouèrent être envoyés par les seigneurs de Mexico, mais pour prier les caciques qui étaient mes amis de leur servir de médiateurs et traiter de la paix entre eux et moi. Les caciques me dirent alors que cela était faux et que les gens de Mexico ne voulaient que la guerre. Je savais bien qu'ils avaient raison; mais désirant m'attacher les Mexicains dont dépendait la paix ou la guerre avec les autres provinces soulevées, je fis remettre les messagers en liberté, leur disant de n'avoir aucune crainte, que je voulais qu'ils retournassent à Mexico pour assurer l'empereur que je ne voulais pas la guerre, encore que j'eusse mille raisons de la faire et que je lui demandais que nous devinssions amis comme autrefois. Pour mieux le ramener au service de Votre Majesté, je lui faisais dire encore, que les fauteurs principaux de la guerre passée n'étaient plus, que je voulais oublier ce passé et qu'il ne m'obligeât point à saccager ses terres et détruire la ville, ce qui me peinerait infiniment. Je les renvoyai donc, avec promesse de leur part de m'apporter une réponse. A la suite de cette négociation, les caciques de Coathlichan et de Huexotla restèrent mes amis et mes alliés; je leur pardonnai le passé, ce dont ils parurent fort contents. Après être resté huit jours dans cette ville de Tezcoco, sans incident, ni rencontre avec les naturels, mais fortifiant notre quartier et prenant toutes précautions pour l'attaque et la défense, voyant que les Indiens ne se montraient nulle part, je sortis de la ville avec deux cents Espagnols, dont dix-huit chevaux, trente arbalétriers, et dix arquebusiers, emmenant avec nous trois ou quatre mille Indiens de nos alliés. Je suivis la rive du lac jusqu'à la ville d'Istapalapa qui se trouve à deux lieues de Mexico et à six lieues de Tezcoco. Cette ville, d'environ dix mille maisons, est construite moitié dans l'eau; le seigneur de l'endroit était le frère de Muteczuma, que les Mexicains élurent pour son successeur parce qu'il avait été l'âme de la précédente guerre et qu'il nous avait chassés de la ville. C'est pour cela, et parce que je savais que les habitants d'Istapalapa étaient nos ennemis mortels, que j'avais résolu d'aller les attaquer. Ils nous signalèrent deux lieues avant notre arrivée et envoyèrent à notre rencontre quelques-uns de leurs guerriers à pied, pendant que d'autres s'avançaient dans des canoas, de sorte que nous eûmes à escarmoucher avec les deux troupes jusqu'à notre arrivée à la ville : mais auparavant, à deux tiers de lieue de là, ils ouvrirent une chaussée qui sépare la lagune d'eau douce de la lagune d'eau salée, comme le plan de la ville de Mexico que j'ai envoyé à Votre Majesté peut la lui montrer. Cette chaussée ouverte, l'eau du lac salé se précipita avec impétuosité dans le lac d'eau douce, quoique les deux lacs se trouvassent à une demi-lieue l'un de l'autre; pour nous, sans nous inquiéter de cette affaire, enivrés par la victoire, nous continuâmes la poursuite jusqu'à pénétrer dans la ville au milieu des Indiens affolés. Les Indiens, avertis, avaient tous abandonné les maisons de terre ferme et s'étaient retirés avec leurs biens dans les maisons bâties sur l'eau; c'est là que se réfugièrent ceux que nous poursuivions et qui avaient fort courageusement combattu; mais le Seigneur nous animait d'une telle ardeur, que nous les poursuivîmes jusque dans la lagune, ayant de l'eau jusqu'aux aisselles et parfois même en nageant; nous leur prîmes plusieurs de ces maisons bâties sur l'eau et les Indiens perdirent plus de six mille des leurs, tant guerriers que femmes et enfants; car les Indiens nos alliés, la victoire décidée, se livrèrent à un massacre général. La nuit vint, je rassemblai mes gens et fis mettre le feu à quelques maisons; à la lueur des flammes, je me souvins tout à coup, de la chaussée qu'on avait ouverte sur notre chemin et je songeai au grand danger que nous courions; mes hommes réunis, nous nous mîmes en route. La nuit étant fort obscure, quand nous arrivâmes à la tranchée, vers les neuf heures à peu près, l'eau était si profonde et se précipitait avec une telle violence que nous la passâmes courant et nageant : plusieurs Indiens de nos alliés s'y noyèrent et nous perdîmes tout le butin que nous avions fait dans la ville. Je puis assurer Votre Majesté que si nous n'avions point passé cette nuit-là ou même si nous avions passé trois heures plus tard, personne de nous n'eût échappé, car nous eussions été entourés par l'eau et sans aucune issue pour nous sauver. Au petit jour, nous vîmes les eaux de chaque lagune au même niveau; l'eau ne courait plus et tout le lac salé était couvert de canots remplis de guerriers croyant nous surprendre. Ce jour-là je retournai à Tezcoco, escarmouchant de temps à autre avec les Indiens de la lagune, mais sans leur faire grand mal parce qu'ils se réfugiaient aussitôt dans leurs canoas. En arrivant à Tezcoco je retrouvai mes hommes fort tranquilles, n'ayant eu ni alarme, ni rencontre et fort heureux de nos succès. Le jour suivant l'un de mes Espagnols mourut de ses blessures; ce fut le premier que les Indiens me tuèrent en campagne, en ces nouvelles hostilités.

Le lendemain je reçus des envoyés de la ville d'Otumba et de quatre autres villes avoisinantes qui se trouvent à quatre, cinq et six lieues de Tezcoco. Ils venaient me demander pardon de la faute qu'ils avaient commise en prenant parti contre nous dans la dernière guerre, car ce fut à Otumba que s'étaient réunies toutes les forces de Mexico pour nous accabler dans notre retraite.

Ces gens d'Otumba savaient bien qu'ils ne pouvaient se disculper dans cette affaire, encore qu'ils invoquassent une excuse en disant que les Mexicains les avaient emmenés de force ; ils ajoutaient, pour s'attirer ma bienveillance, que l'empereur de Mexico leur avait envoyé des émissaires pour les détourner de faire alliance avec nous, sous menace d'une destruction complète ; que malgré tout, ils se déclaraient sujets de Votre Majesté et prêts à faire tout ce que je leur commanderai. Je leur répondis qu'ils n'ignoraient pas l'énormité de leur faute, et que pour mériter mon pardon et me faire croire à leur repentir, ils devaient m'amener ces émissaires et tous les Mexicains qui se trouvaient sur leurs territoires ; que sinon je ne leur pardonnerai pas. « Retournez chez vous, leur dis-je ; repeuplez vos villages et prouvez-moi par vos actes, que vous êtes les sujets fidèles de mon seigneur. » Je n'ajoutai rien de plus. Ils s'en retournèrent donc chez eux, promettant de faire ce que je désirerais, et depuis ils ont toujours été de loyaux et obéissants serviteurs de Votre Majesté.

Dans ma précédente relation, Prince Très Excellent et Très Fortuné, je disais à Votre Majesté, comment à l'époque où nous fûmes battus et chassés de la ville de Mexico, j'emmenais avec moi un fils et deux filles de Muteczuma, le roi de Tezcoco qui s'appelait Cacamazin, deux de ses frères et autres grands personnages ; je disais que les ennemis les tuèrent tous, à l'exception de deux jeunes frères de Cacamazin qui eurent le bonheur d'échapper ; l'un de ses deux frères qui se nommait *Ixtlilxochitl* ou d'autre façon Cucascazin, et que, au nom de Votre Majesté et avec l'assentiment de Muteczuma, j'avais nommé roi de Tezcoco et du royaume de Aculuacan, se sauva à notre arrivée à Tlascala et retourna à Tezcoco. Comme on avait fait monter sur le trône un autre de ses frères nommé Guanacazin, dont j'ai parlé plus haut, celui-ci fit tuer son frère de la manière suivante :

Lorsque Cucascazin arriva à Tezcoco, les gardes s'en emparèrent et en avertirent Guanacazin, leur maître, qui à son tour notifia le fait à l'empereur de Mexico. Celui-ci en apprenant l'arrivée de Cucascazin ne put croire qu'il s'était évadé, mais que nous l'avions envoyé comme espion ; il donna donc l'ordre à Guanacazin de faire mourir son frère, ce qu'il exécuta sur l'heure. L'autre frère, le plus jeune resta près de moi, et comme c'était un enfant, il nous fut facile d'en faire un chrétien, à qui nous donnâmes le nom de Don Fernando. Lorsque je partis de Tlascala pour Mexico, je le laissai derrière moi à la garde de mes Espagnols et je dirai à Votre Majesté ce qui lui arriva.

Le lendemain de notre retour d'Istapalapa à Tezcoco, je résolus d'envoyer Gonzalo de Sandoval, grand alguazil de Votre Majesté, à la tête de vingt chevaux et deux cents fantassins, tant arquebusiers qu'arbalétriers, dans une expédition qui avait pour but : 1° d'escorter des courriers que j'envoyais à Tlascala pour s'informer de la marche de mes brigantins et veiller aux intérêts de la ville de la Veracruz et des gens que j'avais laissés dans ces parages; 2° pour établir la sécurité des routes au sujet de l'allée et venue de mes courriers, attendu que nous ne pouvions sortir de la province d'Aculuacan sans passer par les terres de nos ennemis et que mes Espagnols de la Veracruz et autres lieux ne pouvaient parvenir jusqu'à moi, qu'en courant les plus grands dangers. Je donnai ordre au grand alguazil de conduire mes courriers en sûreté, puis de revenir sur la province de Chalco, frontière d'Aculuacan, dont les habitants quoique passant pour alliés des Mexicains, désiraient se déclarer pour Votre Majesté, mais ne l'osaient en présence d'une garnison mexicaine que le souverain de Culua leur avait imposée. Mon lieutenant partit, accompagné de tous les Indiens de Tlascala qui nous avaient suivis comme porteurs et de tous ceux qui nous avaient suivis à titres divers et qui retournaient chez eux chargés de dépouilles. Comme ils marchaient un peu en avant, Sandoval, qui occupait l'arrière-garde avec ses Espagnols, crut que les ennemis n'oseraient les attaquer. Mais quand ceux-ci, qui occupaient les villages de la lagune, s'aperçurent de cet ordre de marche, ils tombèrent sur les Tlascaltecs, leur enlevèrent leur butin et en tuèrent plusieurs. Aussitôt que mon capitaine connut l'attaque, il accourut avec ses chevaux et ses fantassins, tomba sur les Indiens, en tua un grand nombre à coup de lances et dispersa les autres, qui se réfugièrent dans l'eau et dans les villages de la lagune; mes courriers arrivèrent à Tlascala suivis des Tlascaltecs, portant le butin qui leur était resté. Ayant mis mes hommes en sûreté, Gonzalo de Sandoval poursuivit sa route jusqu'à Chalco tout près de là; le lendemain de bonne heure, de nombreux Mexicains s'avancèrent pour l'attaquer. Les deux troupes se trouvant en face l'une de l'autre, les nôtres se jetèrent sur l'ennemi et dispersèrent deux bataillons avec une charge de cavalerie, de manière qu'en peu d'instants ils nous abandonnèrent le champ de bataille en y laissant une foule de morts. Cette action nettoya la route, les habitants de Chalco vinrent au-devant des Espagnols et nous nous réjouîmes mutuellement de notre victoire. Des notables habitants demandèrent à me voir et s'en vinrent passer la nuit à Tezcoco. Le lendemain ils se présentèrent devant moi avec les deux fils de leur cacique qui m'offrirent trois cents piastres d'or en lingots, me disant que leur père était mort et qu'avant de mourir il leur avait avoué que sa plus grande douleur, avant de quitter ce monde, était de ne point m'avoir vu et qu'il m'avait attendu bien longtemps. Il leur avait ordonné de venir me trouver aussitôt que je serais dans leur pays et qu'ils me tinssent pour leur père. Aussitôt qu'ils apprirent ma venue à Tezcoco ils auraient bien voulu venir à moi, mais la crainte des gens de Culua les en avait empêchés. Ils n'auraient même pas osé venir, si mon capitaine n'était pas allé chez eux, et ils demandaient que je voulusse bien leur donner la même escorte, lorsqu'ils s'en retourneraient; ils me dirent encore, que jamais, temps de paix ou temps de guerre, ils n'avaient été mes ennemis; que je devais me souvenir que lorsque les Mexicains assiégeaient mon palais et se battaient avec les Espagnols pendant mon voyage à Cempoal, lors de l'arrivée de Narvaez, qu'il y avait à Chalco deux Espagnols que j'y avais envoyés pour acheter du maïs, qu'ils firent conduire à Guaxocingo parce qu'ils savaient que les habitants étaient de nos amis, et cela de peur que les Mexicains ne les tuassent comme ils avaient fait de tous ceux qu'ils surprirent hors de nos quartiers. Ils me contèrent cela et bien d'autres choses en pleurant; je les remerciai et leur promis de faire tout ce qu'ils désireraient et que je les traiterais en amis. Depuis lors, ils nous ont toujours montré la meilleure volonté et s'empressent d'obéir à tout ce que je leur mande de la part de Votre Majesté.

Ces enfants du cacique de Chalco et les personnes qui les accompagnaient restèrent un jour près de moi et me prièrent qu'à leur retour je les fisse accompagner. Gonzalo de Sandoval avec une troupe de cavaliers et de fantassins partit avec eux. Il devait, après les avoir remis chez eux, se rendre à Tlascala pour m'en ramener quelques Espagnols et ce Don Fernando, frère de Cacamazin, dont j'ai parlé plus haut. Au bout de quatre ou cinq jours le grand alguazil était de retour m'amenant les Espagnols et Don Fernando. J'appris bientôt qu'étant frère des seigneurs de cette ville, le trône lui appartenait quoiqu'il eût d'autres frères. Or, la province n'ayant plus de chef depuis la fuite de Guanacazin à Mexico, pour cette raison et d'autres encore et parce qu'il était ami des chrétiens, je fis nommer Don Fernando roi de Tezcoco, au nom de Votre Majesté. Les habitants quoique peu nombreux l'acclamèrent et lui obéirent; les absents et les fuyards commençaient à regagner leurs demeures et la ville fut bientôt repeuplée.

Deux jours après cette cérémonie, les seigneurs de Coatlinchan et de Huexotla vinrent me trouver pour me dire qu'ils savaient de source certaine que toutes les forces des Mexicains devaient m'attaquer; et ils me demandèrent s'il leur fallait emmener leurs femmes et leurs enfants dans la montagne ou les placer sous ma sauvegarde et me les amener, parce qu'ils avaient une grande peur. Je relevai leur courage, disant qu'ils n'avaient rien à craindre, et leur conseillai de regagner leurs maisons et de se tenir tranquilles; que, pour moi, je ne désirais rien tant que de me rencontrer avec les Mexicains; qu'ils fissent donc bonne garde au moyen d'espions et de sentinelles et m'avertissent à temps de l'arrivée des ennemis. Ils partirent, prenant fort à cœur les choses que je leur avais recommandées; le soir, je réunis mes gens, j'établis des gardes et des sentinelles et nous passâmes la nuit sans dormir. Nous attendîmes encore le jour suivant, croyant ce que nous avaient dit les gens de Huexotla et de Coatlinchan; plus tard, je sus que divers partis de Mexicains poussaient des pointes, espérant surprendre nos Tlascaltecs qui allaient et venaient pour les besoins du service. J'appris qu'ils s'étaient alliés avec les Indiens de deux villages sujets de Tezcoco et qui s'élevaient sur les bords de la lagune, pour, de là, nous faire le plus de mal qu'ils pourraient. Ils creusaient des fossés, élevaient des barricades et s'y fortifiaient de leur mieux. Je pris douze chevaux, deux cents fantassins et deux petites pièces de campagne, et je fus les rejoindre à une lieue et demie de là. En sortant de la ville, je tombai sur quelques-uns de leurs coureurs et sur des troupes d'avant-garde ; nous les mîmes en fuite, en tuâmes plusieurs et les autres se retirèrent dans la lagune. Nous brûlâmes une partie des villages et retournâmes à Tezcoco victorieux. Le lendemain, les principaux de ces villages vinrent me demander pardon, me priant de ne plus détruire leurs maisons et qu'ils me promettaient de ne plus recevoir de Mexicains chez eux.

C'étaient des gens de peu, sujets de Don Fernando ; je leur pardonnai au nom de Votre Majesté. Le lendemain, des gens des mêmes villages se présentèrent, maltraités et meurtris de coups, se plaignant que les Mexicains étaient revenus chez eux et que, n'y ayant point trouvé le même accueil que d'habitude, ils les avaient battus, en avaient emmené plusieurs avec eux et les auraient tous emmenés s'ils ne s'étaient défendus. Ils me priaient d'être sur mes gardes, de façon que lorsque les Mexicains reviendraient je fusse prêt à les secourir. Ils s'en retournèrent à leur village.

Les gens que j'avais laissés à Tlascala occupés à la construction des brigantins avaient appris qu'il était arrivé à la Veracruz un vaisseau qui portait, outre les matelots, trente ou quarante Espagnols, dont huit cavaliers, des arquebusiers, des arbalétriers et de la poudre. Comme ils ne savaient rien de nos faits et gestes et que le peu de sûreté des routes les empêchait de nous rejoindre, ils étaient fort inquiets ; ceux de Tlascala n'osaient non plus venir m'apporter cette bonne nouvelle. L'un de mes serviteurs ayant appris que quelques-uns voulaient hasarder le passage ordonna, sous les peines les plus sévères, que personne ne sortît de Tlascala avant que j'en donnasse l'ordre moi-même ; et, cependant, un de mes domestiques, sachant bien que rien au monde ne me ferait tant de plaisir que d'apprendre l'arrivée du navire et du secours qu'il m'apportait, partit pendant la nuit et arriva à Tezcoco où nous fûmes très surpris de le voir vivant. Nous fûmes naturellement bien heureux de cette nouvelle, car nous avions un extrême besoin de secours.

Ce même jour, Seigneur Très Catholique, m'arrivèrent certaines gens notables de Chalco qui me dirent que, pour s'être déclarés sujets de Votre Majesté, les Mexicains avaient juré leur mort et la destruction de leur ville ; ils avaient réuni toutes leurs forces, mais avaient besoin de mes secours pour parer à un aussi grand danger. Je puis assurer Votre Majesté, comme je l'ai déjà fait dans ma précédente relation, qu'en dehors de nos travaux quotidiens, ma plus grande préoccupation était de ne pouvoir secourir tous nos alliés les Indiens qui, pour s'être déclarés nos amis, se trouvaient livrés à la vindicte des Mexicains. Quoique, en telle occurrence, nous fassions notre possible, parce que nous ne pouvions mieux servir les intérêts de Votre Majesté qu'en secourant ses vassaux, à mon grand regret je ne pus dans le cas des gens de Chalco faire ce qu'ils me demandèrent. Je leur répondis donc que, pour le moment, je devais m'occuper du transport de mes brigantins, et que j'avais besoin pour cela de tous les hommes de Tlascala qu'il me fallait faire accompagner par une grande partie de mes forces, tant fantassins que cavaliers; mais qu'ils pouvaient s'adresser aux gens des provinces de Guajocingo, de Cholula et de Guaçachula, sujets de Votre Majesté et nos amis; qu'ils étaient leurs voisins, et qu'ils allassent les prier de ma part de leur prêter secours et de leur envoyer un renfort de troupes pour leur permettre d'attendre que je les secourusse moi-même; que, pour le moment, je ne pouvais rien de plus. Ils eussent, de beaucoup, préféré que je leur donnasse quelques Espagnols; ils me remercièrent cependant et me demandèrent des lettres de recommandation pour mes alliés, afin qu'ils pussent invoquer leurs secours avec plus d'autorité : d'autant, qu'entre les habitants de ces provinces et ceux de Chalco qui obéissaient à des influences diverses, il y avait toujours eu quelques difficultés. Pendant que je m'occupais de cette affaire, des députés de Guajocingo et de Guaçachula m'arrivèrent précisément et me dirent, en présence des gens de Chalco, que les caciques de leurs provinces n'avaient plus eu de mes nouvelles depuis mon départ de Tlascala; que cependant ils avaient toujours entretenus des sentinelles dans les défilés de leurs montagnes qui confinent aux territoires mexicains, et qu'ils avaient allumé de grands feux qui sont des signaux de guerre pour me prouver qu'ils étaient prêts, eux et leurs gens, à voler à mon secours; qu'ils en avaient vu d'autres de tous côtés, et qu'ils venaient savoir ce qui se passait et préparer leurs troupes si j'en avais besoin.

Je leur rendis grâce, et leur dis que Dieu aidant, mes Espagnols et moi nous nous trouvions dans la meilleure situation, ayant toujours battu nos ennemis; que je me réjouissais d'autant plus de leur présence, que j'avais à cœur de les présenter comme des alliés et des amis aux habitants de Chalco qui se trouvaient là, et qu'en conséquence je les priais, puisque les uns et les autres étaient sujets de Votre Majesté, qu'ils fussent dorénavant des amis sincères et qu'ils s'entr'aidassent mutuellement contre les Mexicains, qui étaient des gens pervers, et plus spécialement à l'heure présente, où les habitants de Chalco avaient besoin de secours contre les Indiens de Culua qui les menaçaient. L'alliance que je désirais se conclut; et, après être restés deux jours près de moi, les uns et les autres s'en furent très contents avec promesse de s'entr'aider mutuellement. Trois jours plus tard, on m'annonça que le matériel des treize brigantins était prêt; comme les gens qui devaient le transporter ne pouvaient venir sans escorte, j'envoyai Gonzalo de Sandoval, le grand alguazil, avec quinze chevaux et deux cents hommes pour les accompagner; en même temps, je lui donnai l'ordre de détruire un grand village de la dépendance de Tezcoco qui touche aux frontières de Tlascala, dont les habitants m'avaient assassiné cinq cavaliers et quarante-cinq soldats qui venaient de la Veracruz me rejoindre à Mexico, alors que j'étais assiégé, n'osant croire à une aussi abominable trahison. Ce fut à Tezcoco que nous trouvâmes dans les temples de la ville les cuirs des cinq chevaux avec leurs pieds et leurs ferrures, si bien empaillés, que nulle part on eût pu le faire mieux; ils étaient là comme trophées, ainsi que les vêtements et les armes des Espagnols que les Indiens avaient offerts à leurs idoles. Nous retrouvâmes le sang de nos amis répandu dans ces temples et ces chapelles, et ce fut un affreux spectale qui renouvela toutes nos douleurs. Les misérables habitants de ce village et des autres environnants firent aux malheureux chrétiens, quand ils passèrent, le meilleur accueil pour les rassurer et les mieux trahir. Les Espagnols devaient en effet traverser un défilé dangereux où les cavaliers, oligés de mettre pied à terre, ne pouvaient utiliser leurs chevaux, chose prévue par les Indiens qui, placés en embuscade de chaque côté du défilé, massacrèrent une partie de ces hommes et s'emparèrent des autres pour les amener à Tezcoco et les sacrifier à leurs idoles; et ce fut bien ainsi que les choses se passèrent; car, lorsque Gonzalo de Sandoval passa par là, quelques-uns de ses Espagnols trouvèrent sur la muraille de l'une des maisons de ces villages, où les Indiens tuèrent les chrétiens, une inscription au charbon, disant : *là fut fait prisonnier le malheureux Juan Juste*, l'un des cinq cavaliers, — inscription qui brisa le cœur de ceux qui la virent.

Lorsque le grand alguazil arriva dans ce village, les habitants qui se savaient fautifs s'enfuirent aussitôt; Sandoval les poursuivit, en tua un grand nombre et s'empara des femmes et des enfants qu'il emmena comme esclaves. Pris de pitié, il ne voulut cependant ni décimer la population, ni détruire le village, et avant de s'éloigner, il rappela les gens qui revinrent dans leurs maisons. Le pays est maintenant tranquille et les gens regrettent le passé. Le grand alguazil arriva cinq ou six lieues plus loin, à un village de Tlascala qui se trouve tout près des frontières mexicaines, et y rencontra les Espagnols et les Indiens qui portaient les brigantins. Le lendemain de son arrivée, tous se mirent en route avec les planches et les membrures que transportaient, dans l'ordre le plus parfait, plus de huit mille hommes; et, certes, c'était une chose merveilleuse à voir que le transport de ces treize navires à travers dix-huit lieues de plaines et de montagnes. Je puis certifier à Votre Majesté que la ligne des porteurs, de l'avant-garde à l'arrière-garde, s'étendait sur plus de deux lieues. L'avant-garde se composait de huit cavaliers et cent Espagnols ; les côtés étaient défendus par plus de dix mille guerriers sous les ordres de Alutecatle et Teutepll, célèbres généraux tlascaltecs. A l'arrière-garde, marchaient cent autres Espagnols et huit chevaux accompagnés de dix mille autres guerriers dans leurs brillants costumes, sous les ordres de Chichimecatl, l'un des grands seigneurs de la république, ayant sous ses ordres divers autres capitaines. C'était lui qui, au départ, commandant l'avant-garde, protégeait les porteurs de planches, tandis que les deux autres chefs, à l'arrière, suivaient les porteurs des membrures. En arrivant sur les terres de Mexico, les maîtres charpentiers des brigantins firent passer les membrures à l'avant et les planches à l'arrière, parce que les membrures à l'avant causeraient moins d'embarras en cas d'une attaque, qui ne pouvait se produire qu'à l'avant. Mais Chichimecatl, qui escortait les planches à l'avant, prit pour un affront qu'on le mît à l'arrière, et l'on eut toutes les peines du monde à lui faire accepter ce poste, voulant être là, disait-il, où il y avait du danger. Il s'y résigna cependant, mais à la condition qu'il n'y resterait pas un Espagnol et qu'il voulait seul avoir l'honneur de braver le péril. Les capitaines tlascaltecs avaient en outre deux mille Indiens chargés de vivres.

C'est dans ce nouvel ordre que le convoi poursuivit sa route. Elle dura trois jours ; le quatrième, il fit son entrée dans la ville au son des tambours et je sortis pour le recevoir. Comme je le disais plus haut, la colonne avait une telle étendue que les gens de l'arrière ne pénétrèrent dans la ville que six heures après les premiers. A leur arrivée, je remerciai les capitaines tlascaltecs de tous les bons offices qu'ils m'avaient rendus ; je leur fis assigner des logements et donner tout ce dont ils avaient besoin. Ils me dirent qu'ils venaient dans le dessein de se mesurer avec les gens de Culua, que je devais songer que leurs Indiens et eux-mêmes venaient avec la ferme volonté de se venger des Mexicains ou de mourir avec nous. Je les remerciai, leur disant de se reposer d'abord et que bientôt je leur en donnerai les mains pleines. Après que les gens de Tlascala se furent reposés trois jours à Tezcoco, je fis réunir vingt-cinq chevaux, trois cents fantassins, cinquante arbalétriers et arquebusiers, six petites pièces de campagne, et, sans rien dire à personne du but de mon expédition, je sortis de la ville vers les neuf heures, suivi de mes capitaines tlascaltecs avec plus de trente mille hommes répartis en bataillons fort bien organisés selon leur coutume. A quatre lieues de la ville, sur le tard, nous rencontrâmes un corps mexicain que les cavaliers attaquèrent et mirent en déroute. Les Tlascaltecs, qui sont fort agiles, se mêlèrent à la poursuite; nous tuâmes beaucoup de monde à l'ennemi et nous campâmes sur le champ de bataille.

Le lendemain de bonne heure, je poursuivis ma route sans dire encore où je voulais aller, parce que je me défiais des gens de Tezcoco dont je n'étais pas sûr et qui pouvaient en donner avis aux Mexicains. Nous arrivâmes à une ville appelée Xaltocan, située au milieu d'une lagune avec ses alentours défendus par de larges fossés remplis d'eau, ce qui rendait la ville très forte et inabordable pour ma cavalerie.

Les ennemis poussaient de grands cris et nous couvraient de flèches et de javelots. Mes soldats, cependant, se jetèrent à l'eau et pénétrèrent avec peine dans la ville dont ils chassèrent les habitants et qu'ils brûlèrent en partie. Cette nuit, nous allâmes dormir à une lieue de là, et le matin, peu après la mise en route, nous rencontrâmes les ennemis qui, de loin, commencèrent à pousser les hurlements qu'ils ont coutume de pousser à la guerre et qui ne laissent pas que d'être effrayants. Nous les suivîmes et en les suivant, nous arrivâmes à une grande ville appelée Cuautitlan; elle était déserte : nous y passâmes la nuit.

Le lendemain, nous poussons en avant et nous arrivons à une autre ville nommée Tenayucan où nous ne rencontrons aucune résistance; sans nous y arrêter, nous arrivons à Ascapozalco, car toutes ces villes sont au bord de la lagune; nous ne nous y arrêtons pas davantage, car je désirais arriver à une autre ville appelée Tacuba qui est voisine de Mexico. En y arrivant, nous tombons dans un dédale de canaux et nous nous trouvons en face des ennemis. A leur vue, nous et les Tlascaltecs nous précipitons sur eux et pénétrons dans la ville, d'où, après en avoir massacré bon nombre, nous les expulsons. Comme il était tard, nous préparâmes nos logements dans un palais assez vaste pour nous abriter tous. Au petit jour, nos alliés les Indiens commencèrent à piller et incendier la ville, sauf le palais où nous logions, et ils y mirent une telle rage qu'ils en détruisirent plus d'un quart. Je laissai faire, parce que lorsque nous nous échappâmes en déroute de la ville de Mexico et que nous arrivâmes à Tacuba, les habitants se joignirent aux Mexicains pour nous accabler et nous tuer beaucoup de monde.

Pendant les six jours que nous restâmes en cette ville de Tacuba nous n'eûmes ni rencontre, ni escarmouche avec les ennemis. Les capitaines de Tlascala et leurs guerriers passaient le temps à défier les Mexicains et à les provoquer en combats singuliers; ils luttaient donc les uns contre les autres fort galamment, s'interpellant, se menaçant, s'accablant d'injures et nous donnant chaque jour un spectacle des plus curieux, pendant lequel succombait une foule d'ennemis sans que pas un de nous courût aucun danger. De notre côté, nous poussions des pointes sur les chaussées et les ponts de la ville, où, malgré leurs grands moyens de défense, les Mexicains ne résistaient que faiblement. Parfois, ils feignaient de nous laisser pénétrer dans leur ville, nous criant : « Entrez, entrez vous reposer », et d'autres fois : « Croyez-vous que nous avons encore un Muteczuma pour faire tout ce que vous vouliez? » Sur ces entrefaites, je me trouvai un jour près d'un pont dont ils avaient enlevé le tablier. J'étais d'un côté, eux de l'autre; je fis signe à mes hommes de garder le silence, et, comme les Mexicains comprirent que je voulais parler, ils firent aussi taire les leurs.

Je leur adressai donc la parole, leur demandant pourquoi ils étaient assez fous pour s'exposer à être exterminés. Je m'informai s'il y avait parmi eux quelque haut seigneur de la ville, qu'il s'approchât, que j'avais à lui parler. Ils me dirent que toute cette multitude de guerriers étaient des seigneurs et que je pouvais parler. Comme je ne répondais pas, ils commencèrent à m'insulter; et je ne sais qui des miens leur cria qu'ils mourraient de faim et que nous ne les laisserions plus sortir à la recherche des vivres. Ils repartirent qu'ils n'étaient en nécessité de rien, et que, dans ce cas, ils se nourriraient de nos chairs et de celles des Tlascaltecs; et l'un d'eux prit quelques galettes de maïs qu'il nous lança en disant : « Prenez et mangez si vous avez faim; pour nous, nous n'avons nul besoin. » Puis ils commencèrent à pousser leurs cris de guerre et la lutte recommença.

Comme je n'étais venu à Tacuba que dans l'espoir de m'entretenir avec les Mexicains et m'éclairer sur leurs projets, que ma présence n'avait plus de motif, au bout de six jours je résolus de retourner à Tezcoco pour hâter la construction de mes brigantins et les lancer au plus vite sur les eaux du lac. Le jour de notre départ, nous allâmes coucher à Cuautitlan, suivis de loin par les ennemis; de temps à autre ma cavalerie les chargeait et me ramenait des prisonniers. Le jour suivant, nous poursuivions notre route, et les Indiens voyant que nous ne songions pas à les attaquer, crurent que nous avions peur et se réunissant en grand nombre ils tombèrent sur notre arrière-garde. Ce que voyant, je commandai à mes gens de pied de continuer leur marche sans s'arrêter; je mis à leur suite cinq cavaliers, j'en gardai vingt près de moi, j'en envoyai six autres en embuscade sur la droite, six autres sur la gauche, cinq autres encore d'un côté et les trois derniers d'un autre côté, avec ordre, lorsque l'ennemi s'avancerait nous croyant tous en avant, de tomber sur lui au cri que je pousserais de Santiago. Lorsqu'il fut temps je donnai le signal; nous commençâmes à les charger. La poursuite se continua pendant deux lieues sur une plaine unie comme la main, ce qui était un spectacle des plus réjouissants. Un grand nombre de Mexicains périrent en cette rencontre de la main de nos alliés et des nôtres, et cela les refroidit si bien, qu'ils renoncèrent à nous suivre. Pour nous, ayant tourné bride, nous rejoignîmes bientôt la troupe. Nous allâmes passer la nuit dans un joli village appelé Oculman qui se trouve à deux lieues de Tezcoco, et d'où nous partîmes le lendemain pour arriver à la ville vers les midi. Nous y fûmes reçus par le grand alguazil mon capitaine et ses gens, qui tous se réjouirent fort de notre retour, car depuis le jour de notre départ ils n'avaient eu de nous aucune nouvelle et étaient fort désireux d'en avoir. Le lendemain de notre arrivée, les seigneurs et capitaines de Tlascala me demandèrent la permission de retourner chez eux ; ils s'en allèrent très contents et chargés de dépouilles.

Deux jours après notre retour à Tezcoco, arrivèrent des émissaires de Chalco, chargés de me dire que les Mexicains se préparaient à attaquer la ville et qu'on me suppliait d'envoyer des secours comme je l'avais fait une première fois. J'envoyai sur-le-champ Sandoval avec vingt cavaliers et trois cents hommes en l'engageant à partir en toute diligence et à faire tout ce qu'il pourrait en faveur de ces Indiens, sujets de Votre Majesté et nos amis. Arrivé à Chalco, il trouva réunie une grande troupe de gens, tant de cette province que de Guajocingo et de Guaçachula qui l'attendaient. Sandoval leur donna ses ordres et l'armée se mit en marche pour la ville de Huastepec, où les Mexicains tenaient garnison et d'où ils faisaient des incursions à Chalco.

Les ennemis se trouvaient dans un petit village de la route ; ils en sortirent pour nous attaquer ; comme nos alliés étaient nombreux et qu'ils étaient soutenus par les Espagnols tant gens de pied que de cheval, ils se jetèrent sur les Mexicains qui nous abandonnèrent le champ de bataille, poursuivis par les nôtres qui en tuèrent beaucoup. On campa dans un village près de Huastepec d'où l'on partit le jour suivant. A leur arrivée à Huastepec, les Espagnols furent attaqués par les Mexicains qui furent dispersés avec perte de grand nombre des leurs ; on les chassa de la ville et les cavaliers mirent pied à terre pour donner à manger à leurs chevaux et se reposer. Mais n'étant plus sur leur garde, les ennemis reviennent remplissant l'air de leurs féroces hurlements et accablent nos hommes de dards, de flèches et de pierres. Cependant nos gens, secondés par leurs alliés, reprennent l'offensive, s'élancent sur les Mexicains qu'ils rejettent une seconde fois hors la ville. On les poursuivit l'espace d'une lieue ; puis, nos troupes revinrent à Huastepec, où elles se reposèrent pendant deux jours.

En ce même temps, le grand alguazil apprit que dans un village appelé Ayacapistla il y avait une troupe de guerriers mexicains ; il résolut de s'y rendre pour traiter avec eux, s'il se pouvait. Ce village était naturellement fortifié, situé comme il l'était sur une hauteur, en dehors des attaques de la cavalerie. Lorsque les Espagnols arrivèrent, les gens du village, sans s'exposer à aucun péril, les attaquèrent en leur lançant des milliers de pierres ; quoique nous fussions accompagnés de nombreux alliés, ceux-ci, en voyant la situation du village, se refusèrent à prendre part à l'assaut. Mais Sandoval et ses Espagnols exaspérés jurèrent de s'emparer de la place ou de mourir, et au cri de Santiago! ils s'élancèrent en avant ; et Dieu leur prêta une telle force que malgré la difficulté des lieux et la vigueur de la défense, ils parvinrent à déloger les ennemis, mais au prix de nombreuses blessures. Les Indiens en voyant monter les Espagnols les suivirent ; et les ennemis entourés de toutes part perdirent tant de monde, que ceux qui assistèrent au combat affirmèrent qu'un ruisseau qui coulait au pied du village fut pendant plus d'une heure rouge du sang indien ; ce qui ennuya fort nos hommes qui, altérés par une affreuse chaleur, n'osaient boire l'eau du ruisseau. L'affaire terminée, les villages pacifiés, après avoir été châtiés comme ils le méritaient, Sandoval revint à Tezcoco avec tout son monde et je puis certifier à Votre Majesté que ce fut là une action éclatante où les Espagnols montrèrent la plus grande valeur.

Quand les Mexicains apprirent que les gens de Chalco unis aux Espagnols avaient défait leurs troupes, ils résolurent d'envoyer contre eux une nouvelle armée commandée par leurs plus vaillants capitaines. A cette nouvelle, les habitants de Chalco m'envoyèrent immédiatement demander du secours. J'y renvoyai Sandoval avec piétons et cavaliers. Mais quand il arriva, une rencontre avait eu déjà lieu entre les deux partis, et la bataille avait été des plus vives. Il plut à Dieu que les gens de Chalco fussent vainqueurs ; ils tuèrent un grand nombre de Mexicains, firent quarante prisonniers au nombre desquels se trouvaient un de leurs généraux et deux capitaines renommés qu'ils livrèrent aux mains du grand alguazil afin qu'il me les fît remettre. Il m'en envoya quelques-uns et garda les autres, parce que, pour assurer la tranquillité des gens de Chalco, il se rendait avec toute sa troupe dans un de leurs villages frontières de Mexico. Mais, jugeant sa présence inutile, Sandoval revint à Tezcoco ramenant avec lui les prisonniers qu'il avait gardés. Nous eûmes encore avec les Mexicains de nombreuses escarmouches et rencontres dont je ne parlerai pas pour éviter les redites.

Maintenant que la route de la Veracruz à Tezcoco était sûre, nous avions tous les jours des nouvelles de la côte, comme làbas ils en avaient des nôtres. Je reçus donc de la villa un courrier qui amenait des arquebusiers, des arbalétriers et de la poudre, qui nous firent le plus grand plaisir. Peu de jours après, je reçus un autre courrier qui m'annonçait l'arrivée au port de trois navires qui m'amenaient des chevaux et des hommes que l'on promettait de m'expédier prochainement. Ce fut Dieu qui nous envoya miraculeusement ce secours dont nous avions tant besoin.

Très Puissant Seigneur, je me suis efforcé en toutes circonstances et de toutes manières de gagner l'amitié des gens de Mexico; premièrement, pour que je n'eusse point à les détruire; secondement, pour que nous puissions nous reposer de nos fatigues des guerres précédentes et principalement parce qu'en cela je croyais servir les intérêts de Votre Majesté. Partout où j'avais sous la main un citoyen de la ville, je le renvoyais à Mexico pour engager les gens à accepter la paix. Le mercredi saint, 27 de mars 1521, je fis venir devant moi les capitaines mexicains que les habitants de Chalco m'avaient livrés et je leur demandai si quelques-uns d'entre eux voulaient retourner à Mexico, chargés de ma part de prier leurs seigneurs de renoncer à la guerre et de se reconnaître sujets de Votre Majesté, comme ils l'étaient auparavant; que pour moi, je ne désirais autre chose que leur amitié. Quoique redoutant qu'un tel message ne soulevât la colère de leurs concitoyens et qu'on ne les punît de mort, deux d'entre eux cependant acceptèrent la commission et demandèrent une lettre, car, quoique personne dans la ville ne pût la comprendre, ils savaient qu'entre nous c'était une recommandation et que les seigneurs mexicains leur prêteraient plus de créance. Je leur fis traduire le contenu de la lettre qui ne faisait que répéter ce que je leur avais dit et ils partirent, accompagnés de cinq cavaliers qui devaient les laisser en lieu de sûreté.

Le samedi saint, les gens de Chalco et leurs alliés me firent savoir que les Mexicains se préparaient à les attaquer et me firent voir, dessinés sur une grande carte d'étoffe blanche, tous les villages qui marcheraient contre eux et les chemins qu'ils devaient suivre; ils me priaient de venir à leur secours. Je leur dis que je leur en enverrai dans quatre ou cinq jours, mais qu'en un cas pressant, j'irai moi-même. Le troisième jour de la Pâques de résurrection ils revinrent me disant que l'ennemi approchait. Je fis donc préparer pour le vendredi suivant une expédition composée de vingt-cinq chevaux et de trois cents hommes.

Le jeudi, m'arrivèrent des envoyés de Tizapan, Mexicalzingo et Nautla et d'autres villes des environs; ils venaient se déclarer sujets de Votre Majesté et nos amis, me jurant qu'ils n'avaient jamais tué aucun Espagnol et ne s'étaient jamais révoltés contre Votre Majesté. Ils m'apportaient un cadeau d'étoffes; je les remerciai, leur promis d'avoir soin d'eux, et ils se retirèrent satisfaits.

Le vendredi, 5 avril 1521, je sortis de Tezcoco à la tête de trente chevaux et de trois cents hommes; j'y laissai également trois cents hommes et vingt chevaux sous les ordres de Gonzalo de Sandoval. Plus de vingt mille Indiens de Tezcoco m'accompagnaient. D'après l'ordre de marche, nous fûmes dormir dans un village dépendant de Chalco, appelé Tlalmanalco, où nous fûmes parfaitement accueillis et bien logés. La place étant importante, les gens de Chalco, depuis que nous sommes alliés, y entretiennent une garnison, d'autant que cette ville est sur la frontière de Mexico. Le jour suivant, nous arrivâmes à Chalco vers les neuf heures; je ne m'y arrêtai qu'un instant, le temps de donner mes ordres aux seigneurs de l'endroit et leur manifester mes intentions qui étaient de visiter les côtes des lagunes, mesure importante, car à mon retour je devais trouver mes brigantins achevés et prêts à être lancés dans les eaux du lac.

Mes ordres donnés, nous partîmes le soir de Chalco pour aller passer la nuit dans un de ses villages, où nous fûmes rejoints par plus de vingt mille guerriers de nos amis. Les gens de ce village m'ayant averti que les Mexicains m'attendaient dans une plaine au delà, j'ordonnai que tous mes gens fussent prêts au petit jour; après avoir entendu la messe, nous nous mîmes en route. Je pris la tête avec vingt cavaliers, j'en envoyai dix à l'arrière-garde et nous passâmes en cet endroit un défilé entre des montagnes agrestes. Vers les deux heures, nous arrivâmes au pied d'un piton très élevé à pentes rapides, dont le sommet était couvert de femmes et d'enfants et dont les pentes étaient garnies de gens de guerre. Ils nous accueillirent avec leurs hurlements accoutumés et nous couvrirent de pierres lancées avec des frondes ou à la main, de flèches et de dards, blessant un grand nombre d'entre nous.

Nous savions bien que les ennemis n'avaient pas osé nous attendre en rase campagne, et quoique nous eussions pu prendre une autre route, je craignis de donner une preuve de faiblesse, en passant sans infliger aux Mexicains une bonne leçon. Et pour que nos alliés indiens ne pussent croire à quelque défaillance de ma part, je voulus examiner les alentours de la colline qui embrassaient plus d'une lieue; les abords en étaient si difficiles, que cela paraissait pure folie que vouloir enlever la place de vive force. Je pouvais, il est vrai, cerner la colline et affamer sa garnison, mais je ne pus m'y résoudre. Je résolus donc de tenter l'assaut par trois côtés que j'avais remarqués; j'ordonnai à Cristobal Corral, lieutenant d'un bataillon de soixante fantassins, que j'avais toujours sous la main, de se charger avec sa compagnie du côté le plus inabordable; il devait être soutenu par des arbalétriers et arquebusiers; je donnai ordre aux capitaines Juan Rodriguez de Villafuerte et Francisco Verdugo d'attaquer avec leurs hommes le second côté et à Pedro Dircio et Andrés de Monjaras, capitaines, de se charger du troisième. Au signal que je donnerai par un coup d'escopette, tous devaient se précipiter à l'assaut et vaincre ou mourir.

Au signal convenu, ils partirent, enlevèrent les premières marches de la colline, mais ne purent passer au delà tant la pente était rapide et les aspérités rugueuses. Les ennemis les couvraient de quartiers de rocs qui se brisant faisaient à mes hommes un mal énorme, si bien qu'en peu d'instants ils nous tuèrent deux Espagnols et en blessèrent plus de vingt. Voyant qu'il n'y avait rien de plus à faire, que de tous côtés on arrivait au secours des Indiens de la colline et que toute la plaine était couverte de monde, je donnai à mes capitaines l'ordre de la retraite. Une fois mes cavaliers en selle nous courûmes à ceux de la plaine que nous mîmes en déroute et que nous poursuivîmes pendant une heure et demie, en tuant et blessant un grand nombre ; les ennemis étant très nombreux, mes cavaliers s'étaient écartés de droite et de gauche à leur poursuite ; à leur retour, ils m'informèrent, qu'à une lieue de là, ils avaient remarqué un autre piton également couvert de monde, mais que celui-là n'était pas aussi abrupt que le premier ; qu'il y avait aux alentours de grandes habitations et que nous y trouverions deux choses qui nous avaient manqué là-bas ; l'eau d'abord et puis la facilité de nous emparer de cette forteresse naturelle et d'en chasser les ennemis. Nous partîmes donc fort désappointés de n'avoir pu remporter la victoire et nous allâmes camper au pied de l'autre colline où nous eûmes à souffrir de rudes fatigues et de grandes privations, car nous n'y trouvâmes point d'eau, et nous ni nos chevaux n'avions bu de la journée. Aussi, toute la nuit, il nous fallut entendre les cris de joie des ennemis et le concert infernal de leurs trompettes et de leurs tambours.

Au lever du jour, accompagné de mes capitaines, je m'en fus examiner la colline qui me parut presque aussi formidable que l'autre.

Mais il y avait deux pics qui en dominaient les hauteurs et qui nous semblaient d'une ascension plus facile. Une foule de guerriers les occupaient pour les défendre. Mes capitaines et moi, ainsi que d'autres officiers qui se trouvaient en notre compagnie, nous prîmes nos boucliers et nous allâmes à pied, jusqu'au bas de la colline, car on avait emmené boire nos chevaux à une lieue de là. Nous n'avions d'autre intention que d'étudier la force de la place et de choisir l'endroit où nous pourrions l'attaquer. Comme nous arrivions au pied du piton, des gens qui se trouvaient sur les pics, croyant que j'allais attaquer ceux du centre, abandonnèrent les hauteurs pour défendre leurs hommes; quand je vis la faute qu'ils avaient commise, et qu'en nous emparant de ces deux pics, nous pourrions faire beaucoup de mal à nos adversaires, je commandai sans bruit à l'un de mes capitaines de monter rapidement avec sa troupe et de s'emparer du pic le plus abrupt qu'on venait d'abandonner. Il y réussit. Pour moi, je m'élançai sur la colline, là où s'étaient groupés la plupart des combattants; grâce à Dieu, je m'emparai de l'un des côtés de la place, d'où je gagnai une hauteur, de niveau avec celle où les Indiens se battaient, hauteur dont la prise semblait impossible, au moins, sans courir de grands dangers; cependant, mon capitaine avait planté sa bannière sur la pointe du pic et de là commençait à foudroyer les ennemis à coups d'arbalètes et d'arquebuses. Ceux-ci voyant le mal que nous leur faisions, et considérant la partie perdue, nous firent signe qu'ils se rendaient et mirent bas les armes.

Comme j'ai toujours pour principe de faire comprendre à ces gens que je ne leur veux aucun mal, quelque coupables qu'ils soient; que je préfère les attirer au service de Votre Majesté (ce qu'ils comprennent très bien, étant fort intelligents), je fis cesser le combat.

Ils vinrent à moi et je les reçus fort bien. Bref, quand ils virent comment je me conduisais avec eux, ils le firent savoir à ceux de l'autre colline qui, quoique victorieux, résolurent de se déclarer sujets de Votre Majesté et vinrent me demander pardon du passé.

Je restai deux jours chez cette population des *Peñolès*; de là, j'envoyai mes blessés à Tezcoco et je partis; j'arrivai vers les dix heures à Huastepec dont j'ai parlé plus haut, et nous allâmes loger dans la maison de campagne du seigneur de l'endroit, où il y eut de la place pour nous tous. Cette campagne est la plus grande, la plus belle, la plus charmante que nous ayons jamais vue. Elle a deux lieues de tour, un joli ruisseau l'arrose et de-ci, de-là, à intervalles rapprochés, s'élèvent des pavillons entourés de jardins d'une fraîcheur délicieuse; ici croissent tous les arbres à fruits de la contrée, et plus loin poussent toutes les plantes et fleurs odoriférantes. Il ne se peut rien voir de plus beau, et de plus digne d'admiration que cette campagne. Nous

nous y reposâmes tout un jour, comblés de soins par les naturels. Le jour suivant, nous partîmes et nous arrivâmes à huit heures dans un grand village appelé Yautepec, où nous attendait une nombreuse troupe d'ennemis.

Quand ils nous aperçurent, soit terreur, soit désir de nous tromper, ils semblèrent nous faire des signaux de paix; puis, tout à coup, ils prirent la fuite abandonnant le village. Comme rien ne m'y retenait, je les poursuivis avec mes trente chevaux l'espace de deux lieues, jusqu'à les enfermer dans un autre village appelé Xilotepec où nous en tuâmes un grand nombre. Nous prîmes les gens de ce village par surprise, car nous arrivâmes avant leurs courriers; nous en tuâmes aussi quelques-uns; nous prîmes des femmes et des enfants et le reste prit la fuite. Je restai deux jours dans ce village, espérant que le cacique viendrait se déclarer sujet de Votre Majesté, et comme il ne vint pas, je fis en m'en allant incendier le village. Au moment de partir m'arrivèrent quelques habitants notables du village précédent appelé Yautepec, pour me prier de leur pardonner et de les recevoir comme serviteurs de Votre Majesté. Je leur accordai leur demande de bonne volonté, car ils avaient été sévèrement châtiés.

Ce même jour, j'arrivai à neuf heures, en vue d'une place très forte appelée Cuernavaca, où se trouvait une foule de gens de guerre. Cette ville était naturellement fortifiée et entourée de rochers et de barrancas (étroites et profondes vallées) dont quelques-unes avaient plus de soixante pieds de profondeur; il n'y avait aucun accès pour les cavaliers, sauf deux passages que nous ne connaissions pas, et il nous fallait de plus, pour les atteindre, faire un circuit de plus d'une lieue et demie. On pouvait aussi y entrer par des ponts de bois; mais on en avait enlevé les tabliers et eussions-nous été dix fois plus nombreux, que cela ne nous eût servi de rien. Lorsque nous arrivâmes en face d'eux, ils nous tirèrent à loisir des dards, des flèches et des pierres; pendant que nous étions là, ne sachant que faire, un Indien de Tlascala passa par un sentier fort dangereux sans que personne le vît. Quand les gens de Cuernavaca l'aperçurent, ils crurent que les Espagnols entraient derrière lui, et pleins d'une étrange panique ils s'enfuirent poursuivis par l'Indien. Trois ou quatre de mes serviteurs et deux autres d'une compagnie en voyant passer l'Indien le suivirent et passèrent comme lui ; moi et mes cavaliers nous nous dirigions vers la montagne pour tâcher de découvrir l'entrée de la ville, tandis que nos ennemis les Indiens nous couvraient de dards et de flèches, car la barranca qui nous séparait n'était pas plus large qu'un fossé. Comme ils étaient absorbés par leur lutte avec nous, ils n'avaient pas vu les Espagnols qui, arrivant sur eux à l'improviste, commencèrent à les sabrer ; ne s'attendant pas à être ainsi attaqués par derrière, car ils ignoraient la fuite de leurs concitoyens et l'ouverture du passage où s'étaient faufilés l'Indien et les Espagnols, ils furent tellement épouvantés que nos hommes les massacraient comme des gens sans défense. Ils cessèrent la lutte et prirent la fuite ; nos gens de pied entraient alors dans la ville et l'incendiaient pendant que les habitants l'abandonnaient au plus vite. Ils se retirèrent dans la montagne, perdant beaucoup de monde et poursuivis par mes cavaliers qui en tuèrent infiniment.

Après avoir découvert l'entrée de la ville qui se trouve au midi nous allâmes loger dans des maisons de campagne, car la ville était à moitié brûlée. Vers le tard, le cacique, accompagné des notables, voyant que dans une place réputée aussi forte, ils n'avaient pu se défendre et craignant d'être exterminés dans la montagne, vinrent se déclarer vassaux de Votre Majesté ; je voulus bien accepter leurs promesses et dorénavant ils furent toujours de nos amis. Ces Indiens et les autres qui vinrent se faire reconnaître comme sujets de Votre Majesté, après que nous eûmes pris leur ville et détruit leurs maisons, nous dirent que s'ils étaient venus si tard à merci, c'est qu'ils pensaient que leurs fautes seraient, à nos yeux, affaiblies par le châtiment subi et que par la suite nous leur en garderions moins de rancune.

Nous passâmes la nuit dans cette ville et, le lendemain, nous poursuivîmes notre route au milieu de forêts de pins désertes et sans eau, où nous traversâmes avec la plus grande peine un long défilé sans pouvoir étancher notre soif, si bien que plusieurs de nos alliés indiens y moururent. A sept lieues plus loin nous campâmes dans quelques fermes; le matin, nous poursuivons notre marche et nous arrivons en vue d'une grande ville appelée Xuchimilco qui est construite sur la lagune d'eau douce; les habitants avertis de notre arrivée avaient élevé des barricades, creusé des fossés et levé les ponts de toutes les chaussées qui menaient à la ville qui se trouve à trois ou quatre lieues de Mexico; et la garnison, composée d'une multitude de guerriers éprouvés, était résolue à se bien défendre ou à mourir.

Arrivés devant la place, et mes hommes à leurs postes de combat, je mis pied à terre, et m'avançai jusqu'à une barricade garnie de gens de guerre; mes arquebusiers et mes arbalétriers leur tuant beaucoup de monde, ils se retirèrent; les Espagnols se jetèrent dans l'eau, passèrent à la nage et atteignirent la terre ferme; en une demi-heure, nous nous emparâmes de la moitié de la ville, tandis que les ennemis dans leurs canoas nous combattirent jusqu'à la nuit. Les uns se retiraient pendant que d'autres nous tenaient tête, et ils renouvelèrent ce stratagème tant de fois que nous tombâmes dans le panneau; car ils agissaient ainsi, pour deux raisons, pour enlever de leurs maisons tout ce qu'ils pouvaient sauver et pour donner aux Mexicains le temps de venir à leur secours. Ce jour-là, ils nous tuèrent deux Espagnols qui s'étaient débandés pour piller et que nous ne pûmes secourir. Dans la soirée, les Indiens cherchèrent à nous couper la retraite de manière à nous prendre tous, et se réunissant en masses, ils se portèrent à l'arrière sur le chemin que nous avions suivi pour pénétrer dans la ville; en les voyant si subitement, nous fûmes effrayés de leur audace et de leur agilité et, me trouvant plus à portée, six de mes cavaliers et moi, nous nous jetâmes au milieu d'eux. La terreur qu'ils avaient des chevaux les mit en fuite. Nous les poursuivîmes en dehors de la ville, en laissant un grand nombre sur le carreau, courant nous-mêmes de grands dangers, car, pleins de bravoure, ces Indiens s'élançaient au-devant des chevaux, le bouclier et l'épée à la main. Comme nous nous trouvions dans une affreuse mêlée, mon cheval s'abattit de fatigue. Me voyant à pied, les ennemis revinrent sur moi; je les contenais avec ma lance, lorsqu'un Indien de Tlascala me voyant en si grand péril vint à mon secours et avec l'aide d'un de mes domestiques qui arriva juste à point, ils réussirent à relever mon cheval; sur ces entrefaites, mes Espagnols arrivèrent et l'ennemi se retira. Alors, comme nous étions tous très fatigués, nous rentrâmes dans la ville. Quoiqu'il fît presque nuit et qu'il était temps de reposer, j'ordonnai que toutes les tranchées d'où les ponts avaient été enlevés fussent comblées avec des pierres et des briques, de manière que les chevaux pussent entrer et sortir sans difficulté de la ville. Je ne quittai les lieux que lorsque je vis que tous les mauvais pas étaient parfaitement aplanis, et nous passâmes la nuit faisant bonne garde.

Les gens de Mexico, sachant que nous étions à Xuchimilco, résolurent de nous attaquer avec de grandes forces, par terre et par eau, et de cerner la place espérant que nous ne pourrions pas leur échapper. Pour moi, je montai sur l'une des pyramides pour voir arriver les ennemis, savoir de quel côté ils nous attaqueraient et donner mes ordres en conséquence. Quand j'eus donné mes ordres, nous vîmes venir à nous une flotte d'au moins deux mille canoas portant plus de douze mille hommes, pendant que par terre s'avançait une multitude qui couvrait la plaine. Les capitaines qui marchaient en avant avaient en mains de nos épées qu'ils brandissaient en criant Mexico! Mexico! Tenochtitlan! Tenochtitlan! Ils nous jetaient des injures, disant qu'ils nous tueraient avec ces mêmes épées qu'ils nous avaient prises quand ils nous chassèrent de la ville. J'avais assigné un poste à chacun de mes lieutenants, et comme du côté de la terre ferme les ennemis étaient plus nombreux, je chargeai de leur côté à la tête de vingt cavaliers et cinq cents Indiens de Tlascala; nous nous divisâmes en trois pelotons et j'ordonnai à chacun, après avoir dispersé les ennemis, de se réunir au pied d'une colline qui se trouvait à une demi-lieue de là, et où ces derniers s'étaient réunis en grand nombre. Chaque escadron poursuivit l'ennemi de son côté, et après l'avoir défait et lui avoir tué beaucoup de monde, nous nous retrouvâmes au pied de la colline. J'ordonnai à quelques-uns de mes soldats, parmi les plus lestes, qu'ils s'efforçassent d'escalader le côté le plus âpre de la colline pendant que nous en ferions le tour avec nos chevaux. Quand les Indiens virent les Espagnols grimper jusqu'à eux, ils tournèrent le dos, pensant échapper par la fuite, mais tombèrent sur nos quinze cavaliers qui avec les Tlascaltecs en firent un terrible carnage ; en peu d'instants plus de cinq cents des leurs restèrent sur le carreau, pendant que les autres s'enfuyaient dans la montagne. Les six autres cavaliers se trouvaient sur une voie plaine et large, où ils pouvaient à loisir se servir de leurs lances ; quand, à une demi-lieue de Xuchimilco, ils tombèrent sur des bataillons indiens qui venaient au secours de la ville ; ils les défirent, et, nous trouvant tous réunis, il était dix heures, nous retournâmes à Xuchimilco. Nous trouvâmes nos hommes à l'entrée, inquiets de notre absence et désireux de savoir ce qui nous était arrivé. Ils me contèrent qu'ils avaient été serrés de fort près et qu'ils avaient eu beaucoup de peine à repousser les Mexicains dont ils avaient tué quelques centaines. Ils me donnèrent deux de nos épées qu'ils leur avaient reprises et me dirent que les arbalétriers n'avaient plus de flèches. Sur ces entrefaites, avant même que nous eussions mis pied à terre, déboucha tout à coup d'une large chaussée, une nouvelle troupe hurlante de Mexicains. Nous courûmes sur eux, et comme il y avait de l'eau de chaque côté de la chaussée, nous les jetions dans la lagune. Les ennemis défaits, je rappelai mes gens et nous retournâmes à la ville bien fatigués. Je fis tout incendier, à l'exception des bâtiments que nous occupions. Nous y étions restés trois jours sans cesser un instant de combattre, et nous partîmes, laissant la ville détruite et déserte, et c'était un spectacle étrange, car elle contenait une foule d'édifices et de temples sur leurs pyramides, et pour ne point m'éterniser, je me tais sur une foule de choses intéressantes.

Le jour que je partis, je m'arrêtai sur une place, en terre ferme près de la ville, où les habitants tiennent leur marché ; je venais de fixer l'ordre de la marche : dix chevaux à l'avant, dix autres au centre avec les gens de pied, et moi avec dix autres à l'arrière-garde, quand les Indiens de Xuchimilco, nous voyant filer, s'imaginèrent que c'était de peur. Ils nous poursuivirent; je me retournai contre eux avec mes dix cavaliers, les jetai dans l'eau et leur infligeai une telle leçon qu'ils ne songèrent plus à nous inquiéter. A dix heures, nous arrivâmes à la ville de Culhuacan qui est à deux lieues de Xuchimilco; toutes ces villes, Mexico, Culhuacan, Churubusco, Istapalapa, Cilitahuac et Mezquic sont construites sur l'eau et sont toutes situées à une lieue, une lieue et demie les unes des autres. Culhuacan était déserte; nous logeâmes dans la maison du cacique et nous y restâmes deux jours. Mes brigantins achevés, je devais commencer le siège de Mexico; je devais donc examiner la disposition des lieux, les entrées et les sorties, et par où nous pouvions le mieux attaquer et nous mieux défendre. Le lendemain de notre arrivée à Colhuacan, je pris cinq chevaux et deux cents piétons, et nous nous rendîmes jusqu'à la lagune qui est tout près, par une chaussée qui conduit à la ville de Mexico; la lagune était couverte de canoas pleines de gens de guerre. Nous arrivâmes à une barricade que les Indiens avaient élevée sur la chaussée et que mes soldats attaquèrent. Quoiqu'elle fût très forte, courageusement défendue, et que les ennemis nous eussent blessé dix Espagnols, cependant nous nous en emparâmes, y tuant une foule d'Indiens, et cela sans l'aide des arquebusiers et des arbalétriers qui n'avaient plus ni poudre, ni flèches. De là, nous vîmes comment la chaussée se dirigeait tout droit à Mexico sur une longueur d'une lieue et demie; l'autre chaussée qui va de Mexico à Istapalapa était couverte d'une multitude d'Indiens. Quand j'eus bien examiné toutes choses, je jugeai bon de laisser à Culhuacan une garnison de cavaliers et de fantassins. Je réunis les autres et nous revînmes à la ville, où nous détruisîmes et incendiâmes les temples et les idoles.

Le lendemain, nous partîmes pour Tacuba qui est à deux lieues; nous y arrivâmes à neuf heures, escarmouchant de droite et de gauche avec les Mexicains qui sortaient de la lagune pour attaquer nos Indiens porteurs; mais ils se trouvèrent déçus et nous laissèrent tranquilles. Je crois l'avoir dit, mon projet était de faire le tour de toutes les lagunes pour bien saisir et me rendre compte de l'état des lieux, comme aussi secourir nos alliés ; je n'avais donc pas à m'arrêter à Tacuba. Des gens de Mexico qui sont tout près de là, puisque les faubourgs de leur ville s'étendent jusqu'à Tacuba, voyant que nous poursuivions notre voyage de ce côté, assemblèrent une force considérable et se jetèrent résolument au milieu de nos porteurs de bagages ; mais nos cavaliers, venant en bon ordre dans un pays plat, les dispersèrent sans éprouver aucune perte. Comme nous chargions de droite et de gauche, deux de mes domestiques qui me suivaient généralement en campagne, s'étant écartés, furent enlevés par les ennemis qui durent les sacrifier comme de coutume. Dieu sait quelle douleur j'en ressentis, car c'étaient de braves gens, qui s'étaient toujours bien comportés au service de Votre Majesté. En sortant de Tacuba, nous poursuivîmes notre route à travers des populations riveraines, escarmouchant sans cesse. J'appris alors comment des Mexicains m'avaient enlevé ces deux hommes, et pour les venger, les ennemis me suivant toujours, entonnant des chants de victoires, avec vingt chevaux, je me mis en embuscade derrière quelques maisons, laissant mes hommes et les bagages filer à l'avant ; les Indiens les suivirent pleins de confiance ; alors je m'élançai au cri de « Santiago ! » je tombai au milieu d'eux et avant qu'ils pussent se réfugier dans la lagune, nous en massacrâmes une centaine des principaux et des plus brillamment armés, ce qui leur ôta l'envie de nous suivre. Ce jour-là, nous allâmes dormir à Coatlinchan, deux lieues plus loin ; nous y arrivâmes bien fatigués et mouillés jusqu'aux os, car il avait plu le soir. La ville était déserte. Nous poursuivîmes escarmouchant toujours avec des Indiens qui nous accompagnaient hurlant et nous allâmes camper dans un village appelé Gilotepeque, également abandonné. Le jour suivant, nous atteignîmes vers midi la ville d'Oculman qui dépend de Tezcoco où nous arrivâmes à la nuit. Nous y fûmes reçus par nos compagnons comme des sauveurs, car depuis notre départ, ils n'avaient point eu de nos nouvelles et pendant notre absence avaient eu maintes échauffourées. Les habitants leur disaient chaque jour, que les Mexicains profiteraient de mon voyage pour venir les attaquer. Ainsi se termina avec l'aide de Dieu une expédition qui fut des plus profitables aux intérêts de Votre Majesté, pour une foule de raisons que je dirai plus tard.

Très Puissant et Invincible Seigneur, du temps que j'étais à Mexico, lorsque j'y arrivai la première fois, je m'occupai, comme je le fis savoir à Votre Majesté dans mon précédent rapport, de la création de centres agricoles dans certaines provinces. Dans l'une d'elles appelée Chinantla, j'avais envoyé dans ce but, deux Espagnols; cette province est indépendante de Mexico; quant aux autres qui en étaient sujettes, les naturels massacrèrent mes agents, pendant que j'étais assiégé dans Mexico, et s'emparèrent de tout le matériel qui était considérable. Pour ceux de Chinantla, je n'en entendis point parler pendant plus d'un an; car le pays entier étant en révolution, nous ne pouvions avoir de nouvelles les uns des autres. Les Indiens de cette province de Chinantla, ennemis des Mexicains et sujets de Votre Majesté, engagèrent les chrétiens à ne point sortir de leur territoire, car les gens de Culua nous faisaient la guerre et croyaient que peu d'entre nous, que peut-être pas un seul vivait encore. Mes Espagnols restèrent donc à Chinantla, et l'un d'eux, qui était jeune et brave, fut choisi par les habitants pour leur capitaine : il les menait à la guerre et grâce à lui revenaient victorieux. Plus tard, comme il plut à Dieu que nous remportions quelques victoires contre ceux qui nous avaient chassés de Mexico, les Indiens de Chinantla dirent aux deux chrétiens, qu'ils avaient appris qu'il y avait des Espagnols à Tépeaca, que s'ils tenaient à le savoir, ils y enverraient deux des leurs, qui vu le danger de traverser les terres ennemies voyageraient la nuit jusqu'à ce qu'ils fussent arrivés à Tépeaca; et l'un de mes Espagnols m'envoya par ces Indiens la lettre suivante :

« Nobles Seigneurs, je vous ai écrit deux ou trois lettres et je ne sais si vous les avez reçues; comme je n'ai point eu de réponse, je doute qu'elles vous soient arrivées. Je vous fais savoir, Seigneurs, comment les gens de Culua, partout révoltés, ont pris les armes et nous ont plusieurs fois attaqués : mais, grâce à Notre Seigneur, nous avons toujours été vainqueurs. Nous avons presque chaque jour des rencontres avec les gens de

Tuxtepec qui sont sujets des Mexicains. Parmi ceux qui sont restés les sujets fidèles de Sa Majesté sont les sept villages de Tenez ; Nicolas et moi, nous sommes toujours à Chinantla qui en est le chef-lieu. Je désirerais vivement savoir où se trouve le capitaine pour lui écrire ce qui se passe ici ; et si, par hasard, vous m'écriviez où il est et si vous pouviez m'envoyer vingt ou trente Espagnols, je partirais d'ici avec deux notables habitants qui désirent voir et parler au capitaine. Il serait bon que ces hommes nous vinssent, car voilà le moment de cueillir le cacao et les Mexicains en profitent pour nous faire la guerre. Que Notre Seigneur garde vos nobles personnes suivant leurs désirs. De Chinantla, je ne sais quel quantième du mois d'avril 1521. Au service de vos grâces. »

« FERNANDO DE BARRIENTOS. »

Lorsque les deux Indiens arrivèrent avec cette lettre dans la province de Tepeaca, le lieutenant que j'avais laissé là-bas avec quelques hommes, me l'envoya tout de suite à Tezcoco. L'ayant lue, nous en éprouvâmes tous le plus grand plaisir. Nous avions toujours compté sur l'amitié des Chinantlecas, et nous craignions que s'ils s'étaient alliés aux Mexicains ils n'eussent tué ces Espagnols. Je leur écrivis donc en leur contant ce qui s'était passé et qu'ils eussent bonne espérance ; car, quoi qu'ils fussent de toutes parts entourés par les ennemis, bientôt, grâce à Dieu, ils seraient libres, et pourraient aller et venir en toute sûreté.

Après avoir fait le tour de la lagune pendant lequel j'avais recueilli de précieux renseignements pour assiéger Mexico par terre et par eau, je m'occupai à Tezcoco de rassembler des armes et des gens ; je veillai à ce qu'on achevât promptement mes brigantins et j'en fis creuser le canal où ils devaient être lancés. On avait commencé ce canal aussitôt que les membrures et les planches se trouvèrent réunies ; et de là où l'on commença la liaison des pièces, à la lagune, il y a bien une demi-lieue, qui est la longueur de mon canal. Pour le creuser, j'employai plus de huit mille Indiens d'Acoluacan et de Tezcoco qui y travaillèrent pendant cinquante jours ; car cette tranchée avait douze pieds de haut sur douze de large et elle était armée, tout le long, de planches et d'estacades, de sorte que mes navires se pouvaient conduire sans fatigue et sans danger jusqu'à la lagune, chose digne d'être vue, je vous assure.

Les brigantins terminés flottèrent dans le canal le 28 avril 1521 ; je fis alors une revue générale de mes forces et je trouvai quatre-vingt-six chevaux, cent dix-huit arquebusiers et arbalétriers, sept cents fantassins armés d'épées et de boucliers, trois gros canons de fer, quinze petites pièces de bronze et dix quintaux de poudre. Au cours de cette revue, je recommandai a tous mes hommes de bien se pénétrer des ordonnances que j'avais publiées pour tout ce qui avait trait à la guerre, de s'y conformer à la lettre et qu'ils se réjouissent et reprissent courage, car ils devaient voir que Notre Seigneur nous conduisait à la victoire.

Ne savaient-ils pas qu'à notre arrivée à Tezcoco, nous n'avions avec nous que quarante cavaliers ; que Dieu nous avait secourus au delà de nos espérances et qu'il était venu des navires nous amenant des cavaliers et les hommes d'armes qui étaient au milieu de nous? Cela et la conviction que nous avions tous de combattre pour la propagation de notre foi, et pour amener au service de Votre Majesté tant de provinces, devaient élever leurs âmes et les décider à vaincre ou à mourir. Tous me répondirent qu'ils y étaient résolus. Nous passâmes ce jour de revue dans l'allégresse, désireux de commencer ce siège et d'en finir avec cette guerre, dont dépendait la paix ou la désorganisation de tout le pays.

Le lendemain, j'envoyai des courriers à Tlascala, Huajocingo et Cholula pour annoncer que mes brigantins étaient terminés, et que moi et mes gens étions prêts à commencer le siège de la grande ville de Mexico. Je priais donc les chefs de ces trois républiques de mettre sur pied le plus de leurs guerriers qu'elles pourraient et de me les envoyer à Tezcoco, où je les attendrais pendant dix jours, et qu'ils ne tardassent pas davantage, car cela dérangerait tous mes plans. Mes courriers à leur arrivée trouvèrent les gens des trois provinces prêts à partir et fort désireux de se mesurer avec les Mexicains. Les Indiens de Huajocingo et de Cholula vinrent à Chalco d'après mes ordres, car je voulais en cet endroit organiser une division pour le siège. Quant aux capitaines de Tlascala, ils arrivèrent à Tezcoco avec tout leur monde magnifiquement armé, cinq ou six jours avant la Pâques du Saint-Esprit, époque que je leur avais assignée. Lorsque j'appris qu'ils approchaient, je sortis avec plaisir pour les recevoir : et ils arrivaient si pleins d'enthousiasme et dans un si bel appareil qu'on ne pouvait rien voir d'aussi beau. Selon ce que me dirent les capitaines, l'armée comptait plus de cinquante mille hommes de guerre ; ils furent accueillis et installés de notre mieux.

Le second jour de la pâques, j'assemblai ma cavalerie et mon infanterie sur la place de Tezcoco pour en faire le partage et donner à mes lieutenants les troupes qu'ils devaient prendre avec eux, pour former trois garnisons dans trois des villes qui se trouvent autour de Mexico. Je fis capitaine de l'un de ces corps, Pedro de Alvarado ; je lui donnai trente chevaux, dix-huit arquebusiers et arbalétriers, cent cinquante fantassins et plus de vingt-trois mille Tlascaltecs ; c'était le corps destiné à occuper Tacuba.

Je fis Cristobal de Oli capitaine du second corps ; je lui donnai trente-trois chevaux, dix-huit arquebusiers et arbalétriers, cent soixante fantassins et plus de vingt mille Indiens de nos alliés ; Oli devait occuper la ville de Culuacan.

Je fis capitaine du troisième corps Gonzalo de Sandoval, le grand alguazil. Je lui donnai vingt-quatre chevaux, quatre arquebusiers, treize arbalétriers et cent cinquante fantassins. Cinquante d'entre eux étaient des hommes d'élite qui m'avaient toujours suivi, et il eut tous les Indiens de Huajocingo, de Cholula et de Chalco, qui montaient à plus de trente mille hommes. Sandoval devait se rendre à Istapalapa pour la détruire, s'avancer sur l'une des chaussées de la lagune sous la protection de mes brigantins, et se joindre à la garnison de Culuacan, pour qu'après mon arrivée dans la lagune avec les brigantins, il établisse son camp, là où il lui paraîtrait le plus convenable.

Pour les treize brigantins avec lesquels je devais pénétrer dans la lagune, je leur répartis trois cents hommes, tous marins consommés et des plus adroits. De telle sorte que chaque brigantin portait vingt-cinq Espagnols, son capitaine, son pilote et six arquebusiers et arbalétriers.

Mes ordres donnés, les deux capitaines qui devaient occuper avec leurs hommes les villes de Tacuba et de Culuacan, ayant reçu mes instructions, partirent de Tezcoco le 10 mai et furent dormir à deux lieues de là, dans un joli village appelé Oculman. J'appris, ce jour-là, qu'il y avait eu au sujet des logements quelques contestations entre ces capitaines, je m'en occupai immédiatement et j'envoyai l'un des miens qui les réconcilia. Le lendemain de bonne heure ils allèrent camper dans un autre village appelé Xilotepec qu'ils trouvèrent abandonné, car c'était territoire ennemi. Le jour suivant, ils continuèrent leur chemin jusqu'à la ville de Cuautitlan dont j'ai parlé à Votre Majesté. Elle était également déserte. Ils traversèrent plus loin deux villages qu'ils trouvèrent encore abandonnés, et sur l'heure de vêpres ils entrèrent à Tacuba. La ville était déserte; mes hommes s'établirent dans les palais du roi qui sont beaux et très grands. Quoiqu'il fût tard, les Tlascaltecs poussèrent une pointe à l'entrée des chaussées de Mexico et pendant deux heures se battirent fort galamment avec les Mexicains. La nuit survint et ils rentrèrent à Tacuba.

Le lendemain, de bonne heure, les deux capitaines s'entendirent comme je leur avais ordonné, pour aller détruire la canalisation qui conduisait l'eau douce à Mexico. L'un d'eux, suivi de vingt chevaux, de quelques arquebusiers et arbalétriers, s'en fut à la source de cette fontaine qui se trouvait à un quart de lieue de Tacuba et coupa et brisa la conduite d'eau qui était faite de bois et de maçonnerie, et eut à lutter contre les Mexicains qui l'attaquaient par terre et par eau. Il les mit en déroute et remplit le but de l'expédition qui était d'enlever l'eau douce à la ville, ce qui fut une grande privation.

Ce même jour, les capitaines firent réparer quelques mauvais pas sur les routes, les ponts et les canaux, pour que les chevaux pussent se transporter plus facilement d'un endroit à un autre. Ce travail dura trois jours, pendant lesquels il y eut de nombreuses rencontres entre les deux partis, rencontres dans lesquelles nous eûmes quelques blessés, mais dans lesquelles les ennemis perdirent un grand nombre des leurs ; nous leur gagnâmes en même temps plusieurs ponts, il y eut harangues, insultes et défis entre les Mexicains et les Tlascaltecs qui nous offrirent un spectacle des plus intéressants. Le capitaine Cristobal de Oli qui devait avec sa troupe occuper la ville de Culuacan, à deux lieues de Tacuba, partit pour rejoindre son poste, tandis que Pedro de Alvarado restait à Tacuba où il avait chaque jour des escarmouches et des combats à soutenir contre les Indiens de Mexico. Oli arriva à Culuacan le jour même de son départ vers les dix heures ; il trouva la ville abandonnée et s'installa dans les palais du cacique. Le lendemain matin, il alla jeter un coup d'œil sur la chaussée qui conduit à Mexico ; il emmenait une vingtaine de chevaux et quelques arbalétriers avec six ou sept mille Tlascaltecs : ils trouvèrent les ennemis prêts à les recevoir ; ils avaient élevé des barricades, détruit la chaussée, enlevé les ponts ; on se battit, les arbalétriers leur tuèrent plusieurs hommes, et ce fut pendant six jours une suite de rencontres et d'escarmouches.

Une nuit, vers minuit, une sentinelle de la ville vint pousser des cris près du campement ; les sentinelles espagnoles répondirent par un appel aux armes, les hommes sortirent et ne trouvèrent personne, car les cris qui venaient de très loin leur avaient causé quelque frayeur. Comme nos hommes étaient divisés en tant de partis, ceux des deux garnisons considéraient mon arrivée avec les brigantins comme une sauvegarde : ils m'attendirent quelques jours et j'arrivai enfin comme je le dirai plus loin. Pendant ces six jours, les troupes de Tacuba et de Culuacan se réunissaient souvent, la cavalerie poussant des pointes de tous les côtés et transperçant de ses lances une foule d'ennemis ; ils allaient dans la montagne amasser du maïs pour leurs approvisionnements ; c'est avec le maïs qu'on fait le pain dans ce pays et ce maïs est bien supérieur à celui des îles.

Dans le chapitre précédent, j'ai dit que je comptais rester à Tezcoco avec trois cents hommes et les treize brigantins jusqu'à ce que j'apprisse que les garnisons avaient occupé leurs lieux respectifs et qu'alors je m'embarquerais pour jeter un coup d'œil sur la ville et m'attaquer aux canoas. Je désirais cependant m'en aller par terre pour me rendre compte de l'installation de mes hommes, mais je savais que je pouvais m'en rapporter à mes lieutenants, tandis que l'affaire des brigantins avait une si grande importance que je résolus de m'embarquer sur l'un d'eux, parce que c'était du côté de l'eau que je prévoyais le plus de risques; et cela, malgré l'avis de mon entourage qui me sommait de rejoindre mes garnisons, comme étant les postes où l'on avait le plus besoin de moi.

Le jour qui suivit la Fête-Dieu, le vendredi à quatre heures du matin, j'expédiai Gonzalo de Sandoval et ses hommes qui devaient se rendre directement à la ville d'Istapalapa qui est à six petites lieues de Tezcoco. Ils y arrivèrent un peu après midi et commencèrent à brûler les maisons et à lutter avec les habitants. Mais ceux-ci voyant la grande force de Sandoval qui avait avec lui plus de trente mille Indiens de nos amis, se retirèrent dans leurs canoas.

Le grand alguazil s'établit alors solidement dans la ville et attendit ce jour-là les ordres que j'avais à lui donner.

Aussitôt l'alguazil expédié, je m'embarquai sur les brigantins et nous partîmes à la voile et à la rame; au moment même où Sandoval combattait à Istapalapa et brûlait la ville, nous arrivions en vue d'un piton haut et fortifié, voisin de la ville et tout entouré d'eau. Il y avait là une foule de gens des environs mêlés à des Mexicains; ils savaient que la première attaque serait dirigée contre Istapalapa et ils se tenaient là pour la défendre et nous faire le plus de mal possible. Quand ils virent arriver la flottille, ils commencèrent à nous insulter et allumer de grands feux pour avertir les villes riveraines de la lagune. Quoique j'eusse l'intention d'aller attaquer la partie de la ville d'Istapalapa qui est construite sur l'eau, je me retournai contre le piton, où je débarquai avec cent cinquante hommes; cette colline est de pentes agrestes et rapides; nous y montâmes à l'assaut, péniblement, et nous emportâmes les barricades que les Indiens avaient établies sur la cime. Alors, nous les abordâmes avec une telle vigueur, que pas un n'échappa, sauf les femmes et les enfants. Ce combat nous coûta vingt-cinq blessés, mais ce fut une grande victoire.

Comme les gens d'Istapalapa avaient allumé de grands feux sur le haut d'un de leurs temples, placé sur une colline élevée près de leur ville, les habitants de Mexico et autres lieux comprirent que j'entrais dans la lagune avec mes brigantins; ils réunirent immédiatement une nombreuse flotte de canoas pour tenter une attaque contre mes navires; il y avait, au juger, plus de cinq cents canoas. Quand je vis que cette flotte se dirigeait droit sur nous, nous descendîmes du piton et nous embarquâmes en toute hâte; j'ordonnai aux capitaines des brigantins de ne point bouger, de façon que les ennemis se résolussent à nous attaquer, persuadés que par crainte nous n'osions aller au-devant d'eux; en effet, ils couraient sur nous à toute vitesse; mais à deux portées d'arbalète, ils s'arrêtèrent court. Je désirais ardemment que ma première rencontre avec eux fût une victoire, de manière à leur inculquer une grande terreur des brigantins; parce qu'à mon avis, ils représentaient la clef de cette guerre et que c'était grâce à eux que nous pourrions infliger le plus de mal à nos ennemis. Or, pendant que nous nous observions les uns les autres, il s'éleva grâce à Dieu un vent de terre, des plus favorables pour nous; j'ordonnai donc aux capitaines de se lancer sur la flotte des canoas et de les poursuivre jusque dans les rues de la ville; comme le vent était bon, les Indiens eurent beau faire force de rames, nous fûmes bientôt au milieu d'eux; nous brisâmes une foule de canoas, tuâmes et noyâmes une multitude de Mexicains, chose pour nous la plus réjouissante du monde. Nous poursuivîmes les ennemis pendant plus de trois lieues, jusque dans les maisons de Mexico, et ainsi, il plut à Dieu, Notre Seigneur, de nous donner une plus grande victoire que nous ne l'avions désirée.

Mes hommes de la garnison de Culuacan, mieux placés que ceux de Tacuba pour observer la marche des brigantins, voyant que le temps était pour nous, et que nous culbutions les canoas de nos ennemis, s'en réjouirent plus qu'on ne saurait dire; car je le répète, eux et les gens de Tacuba avaient le plus grand désir de me voir et pour une foule de raisons : mes deux troupes se trouvaient en effet perdues entre une telle multitude d'ennemis, que le Seigneur élevait heureusement le courage des miens, tandis qu'il abattait celui de nos adversaires, de manière à les empêcher de se précipiter sur les divers quartiers de mes gens, ce qui aurait pu amener un désastre malgré la ferme résolution de mes Espagnols, de vaincre ou de mourir, comme tous ceux qui n'ont de secours à attendre que de Dieu.

Aussi lorsque mes hommes de Culuacan nous virent à la poursuite des canoas, la plus grande partie d'entre eux, cavalerie et infanterie, s'élancèrent sur la chaussée de Mexico où ils bataillèrent vaillamment avec les Indiens, détruisant leurs barricades, passant les tranchées à pied et à cheval et s'emparant des ponts avec l'aide des brigantins, les Tlascaltecs nos amis, et les Espagnols continuèrent à suivre les Mexicains, qu'ils tuaient en grand nombre, les autres se jetant à l'eau du côté opposé à mes navires, ils s'avancèrent ainsi victorieux, sur la chaussée plus d'une grande lieue, jusqu'à toucher l'endroit où je m'étais arrêté avec les brigantins, comme je le dirai ci-après.

Nous donnâmes bien la chasse aux canoas pendant plus de trois lieues; celles qui nous échappèrent se réfugièrent entre les maisons de la ville et, comme il était tard, je fis retirer les brigantins que je dirigeai vers la chaussée; je résolus de m'y arrêter, et je débarquai avec une trentaine d'hommes pour m'emparer de deux petits temples placés sur pyramides. Lorsque nous mîmes pied à terre, les Indiens se jetèrent sur nous fort courageusement pour les défendre; nous nous en emparâmes avec beaucoup de peine et je fis aussitôt mettre en batterie trois grosses pièces de fer que j'avais apportées, et comme la partie de la chaussée attenant à la ville, sur une longueur d'une demi-lieue, était couverte de monde et les deux côtés de la lagune bondés de canoas avec des gens de guerre, je fis décharger l'une des pièces au milieu de cette foule où elle fit d'affreux ravages; mais par la négligence d'un artilleur, notre provision de poudre prit feu, heureusement qu'il ne nous en restait guère. Je dépêchai immédiatement l'un des brigantins à Istapalapa, où se trouvait Sandoval, avec ordre de me rapporter toute la poudre qu'il avait à sa disposition. Quoique j'eusse d'abord eu l'intention, aussitôt mes brigantins en retraite, de me rendre à Culuacan, en les chargeant de faire tout le mal possible aux ennemis, me trouvant sur la chaussée, après leur avoir pris les deux temples, je résolus de camper en cet endroit, appuyé par les brigantins, avec ordre à la moitié des gens de Culuacan, plus cinquante fantassins du grand alguazil, de venir me rejoindre le jour suivant.

L'affaire convenue, nous passâmes la nuit faisant bonne garde, car le danger était imminent; tous les guerriers de Mexico accouraient sur la chaussée et dans leurs canoas; à minuit, la lagune et la chaussée étaient couvertes d'une multitude armée qui se jeta sur notre camp, et nous nous vîmes à toute extrémité, surtout parce que c'était de nuit, et que jamais en tel moment les Indiens n'ont coutume de se battre, sauf pour achever une victoire. Comme nous étions sur nos gardes nous nous défendions à qui mieux mieux, pendant que les brigantins qui portaient chacun une petite pièce de campagne commençaient à les foudroyer et que les arquebusiers et les arbalétriers tiraient dans la masse; de sorte que les Mexicains n'osèrent plus avancer et ne purent nous faire grand mal. Ils nous laissèrent donc passer le reste de la nuit tranquilles.

Le lendemain de bonne heure, nous arrivèrent de Culuacan, quinze arquebusiers et arbalétriers avec cinquante fantassins et huit chevaux; quand ils arrivèrent, nous étions aux prises avec les Mexicains qui nous attaquaient sur terre et sur l'eau. Il y en avait une telle multitude que la terre et l'eau en étaient couvertes, et ils poussaient de tels hurlements qu'il semblait que le monde allait crouler. Mais nous allions de l'avant, et nous nous emparâmes d'un pont qu'ils avaient abandonné et d'une barricade qui en défendait l'entrée. L'artillerie et les cavaliers leur faisaient tant de mal, qu'ils reculèrent presque jusqu'aux premières maisons de la ville. Comme du côté de la chaussée où les brigantins ne pouvaient pas aller, les Indiens dans leurs canoas nous accablaient de dards et de flèches, je fis ouvrir un passage par où pénétrèrent quatre brigantins qui acculèrent ces canoas contre les maisons de la ville, de sorte qu'elles n'osèrent plus sortir. De l'autre côté de la chaussée, les huit autres brigantins à la poursuite des canoas, les acculèrent également dans la ville où ils pénètrent avec elles, ce qu'ils n'avaient osé jusqu'alors, parce qu'il y avait là des bas-fonds et des estacades qui les gênaient fort. Cependant ils trouvèrent des canaux où ils purent s'engager en sûreté; ils y poursuivirent les canoas, en prirent plusieurs, et mirent le feu dans les faubourgs. Et nous passâmes ainsi tout le jour à combattre.

Le jour suivant, le grand alguazil avec les gens qu'il avait à Istapalapa tant espagnols que nos alliés se dirigea sur Culuacan, où conduit une chaussée d'une lieue et demie de longueur; il était à peine à un quart de lieue d'Istapalapa, qu'il arriva à une petite ville, construite sur le bord de la lagune dont une partie était praticable pour les chevaux; il fut attaqué par les habitants qu'il dispersa, en tuant un grand nombre; après quoi, il incendia la ville. Ayant appris que les Indiens avaient coupé la chaussée en maints endroits, je fis venir les brigantins pour qu'ils servissent de ponts à mes gens. Dès qu'ils furent passés, ils allèrent camper à Culuacan; Sandoval avec dix cavaliers prit le chemin de la chaussée où nous avions établi nos quartiers et nous trouva bataillant; ses cavaliers et lui mirent pied à terre et tombèrent sur les Indiens avec lesquels nous étions mêlés. Dans les premiers moments du combat, le grand alguazil eut le pied traversé par un dard et quoique les ennemis nous eussent blessé plusieurs autres Espagnols, néanmoins, les grosses pièces, les arquebuses et les arbalètes leur firent tant de mal que ni les gens des canoas, ni les gens de la chaussée ne s'avançaient plus avec la même audace et qu'ils se montraient plus timides et moins arrogants que d'habitude. Nous restâmes là six jours, nous battant tous les jours; pendant ce temps, les brigantins incendiaient dans les alentours de la ville toutes les maisons qu'ils pouvaient aborder : ils découvrirent un canal par lequel ils pouvaient pénétrer dans les faubourgs et jusque dans le cœur de la ville, ce qui équivalait à une victoire, car cela arrêta les canoas, dont pas une n'osa plus s'approcher de nos quartiers, que de fort loin.

Un autre jour, Pedro de Alvarado, capitaine de la garnison de

Tacuba, me fit savoir que les Mexicains allaient et venaient en terre ferme par deux chaussées voisines, une grande et une petite située de l'autre côté de la ville, et qu'il leur serait facile de s'échapper par là le jour où ils le croiraient nécessaire. J'aurais désiré cette sortie plus qu'eux-mêmes, car il nous eût été beaucoup plus facile d'en finir avec nos ennemis sur la terre ferme que dans cette grande forteresse campée au milieu des lagunes. Cependant, comme il importait que la ville fût entièrement cernée, afin que les Indiens ne pussent plus s'approvisionner de rien en terre ferme, je commandai à Sandoval, quoiqu'il fût blessé, d'aller occuper un petit village qui se trouve au débouché de l'une des chaussées et d'y établir ses quartiers. Il s'y rendit avec vingt-trois chevaux, cent fantassins, dix-huit arquebusiers et arbalétriers et me laissa cinquante autres soldats en dehors de ceux que j'avais déjà en ma compagnie, et le lendemain il occupait le village. A partir de ce jour, la ville de Mexico se vit fermer toutes les chaussées qui lui servaient de voies d'accès avec la terre ferme.

Très Puissant Seigneur, j'avais dans mes quartiers de la chaussée deux cents fantassins espagnols, dont vingt-cinq arquebusiers et arbalétriers, sans compter les équipages de mes brigantins qui montaient à plus de deux cent cinquante ; et comme les ennemis se trouvaient déjà cernés, que nous avions avec nous un grand nombre de guerriers amis, je résolus, avec l'aide des brigantins qui devaient m'appuyer aux deux extrémités de la chaussée, de pénétrer dans la ville aussi loin que je pourrais. Dans ce but, je fis venir à mon camp quelques chevaux et fantassins de Culuacan pour qu'ils entrassent avec nous, et que dix cavaliers se tinssent à l'entrée de la chaussée, pour protéger notre arrière-garde ; il en restait d'autres à Culuacan, car les Indiens de Xuchimilco, Culuacan, Istapalapa, Churubusco, Cuactlahui et Mizcquic, toutes villes situées aux bords des lagunes, étaient partisans de Mexico ; et comme ils devaient nous prendre par derrière, je comptais sur ces dix ou douze cavaliers pour nous défendre, sur ceux qui restaient à Culuacan et sur dix mille Indiens nos alliés. J'ordonnai en même temps au grand alguazil et à Pedro de Alvarado, que de leurs côtés ils attaquassent les Mexicains le même jour, comptant pour ma part pénétrer chez eux le plus loin que je pourrais. Nous sortîmes donc de nos quartiers de bonne heure, et suivîmes à pied la chaussée, où nous trouvâmes les ennemis derrière une tranchée large et profonde d'une longueur de lance ; ils y avaient élevé une barricade sur laquelle nous nous élançâmes avec ardeur et que nous finîmes par emporter. De là nous suivîmes la chaussée jusqu'à l'entrée de la ville, où se trouvait un temple précédé d'un pont fort large, dont on avait enlevé le tablier. Ce grand canal était également défendu par une forte barricade, aux abords de laquelle le combat s'engagea. Comme les brigantins nous assistaient de chaque côté de la chaussée, nous n'eûmes pas grand'peine à occuper cette barricade, ce qui eût été impossible sans leur assistance. Lorsque les Mexicains abandonnèrent la barricade, les gens des brigantins mirent pied à terre, et nous autres, passâmes la tranchée à la nage ainsi que les Indiens de Tlascala, Guajocingo, Chalco et Tezcoco qui étaient plus de quatre-vingt mille hommes. Pendant que nos alliés comblaient la tranchée, nous autres Espagnols nous emparâmes d'une autre barricade qui était dans la rue principale et la plus large de la ville. Comme cette rue était de terre ferme il nous fut facile de l'occuper, et nous poursuivîmes les Mexicains jusqu'à un autre pont qui n'avait plus qu'une planche sur laquelle ils passèrent. Une fois passés, ils l'enlevèrent pour se réfugier derrière une autre barricade de briques et de terre. Arrivés là, nous ne pouvions passer sans nous jeter à l'eau, ce qui était fort dangereux, les défenseurs se battant avec rage ; de plus, de chaque côté de la rue sur les terrasses des maisons, se trouvaient une multitude d'Indiens qui nous couvraient de projectiles. Cependant arrivèrent les arquebusiers et les arbalétriers qui, appuyés par une pièce de gros calibre, infligeaient aux ennemis des pertes énormes. Certains Espagnols en profitèrent pour passer la tranchée à la nage ; ce que voyant, les Mexicains abandonnèrent la barricade et les plates-formes des maisons et s'enfuirent ; alors, nous passâmes tous. Je fis tout de suite aveugler la tranchée et détruire la barricade ; pendant ce temps, les Espagnols et nos alliés indiens s'avancèrent dans la rue jusqu'a une distance de deux portées d'arbalète, où se trouvait un pont, voisin d'une place où s'élevaient les principales maisons de Mexico. L'ennemi n'en avait pas enlevé le tablier, il n'y avait pas construit de barricade, parce qu'il n'avait point prévu que nous remporterions de tels avantages ; nous-mêmes n'avions point ambitionné un tel succès.

A l'entrée de la place, je fis mettre une pièce en batterie, qui fit d'autant plus de mal que cette place était absolument remplie de combattants. Mes Espagnols voyant qu'il n'y avait pas de canaux, où se trouvaient pour nous les plus grands dangers, que tout était terre-plein, résolurent de pénétrer sur la place. Lorsque les Mexicains les virent s'avancer, accompagnés d'une multitude de nos alliés, qu'ils méprisaient absolument quand nous n'étions pas avec eux, ils s'enfuirent poursuivis par nos amis, qui les enfermèrent dans la cour des idoles, cour entourée d'une muraille de pierres. Dans ma précédente relation, j'ai dit que le circuit de cette cour était grand comme celui d'une ville de quatre cents maisons. Ils l'abandonnèrent aussitôt et nous l'occupâmes quelque temps ainsi que les Pyramides. Mais les Mexicains voyant que nous n'avions pas de cavalerie revinrent sur nous, reprirent les pyramides, nous chassèrent de la cour et nous jetèrent dans une situation des plus dangereuses ; notre retraite ressemblait à une fuite, quoique nous fissions face un instant sous les portiques de la cour. Mais nous fûmes assaillis avec une telle vigueur qu'on nous rejeta de la place dans la rue et que ma pièce d'artillerie fut démontée.

Ne pouvant résister aux assauts furieux des Mexicains, nous nous retirions en désordre sous le coup du plus grand désastre, quand il plut à Dieu de nous envoyer trois cavaliers qui arrivèrent chargeant au milieu de la place ; en les apercevant, l'ennemi crut qu'il en venait d'autres et s'enfuit, laissant quelques morts et nous abandonnant de nouveau la grande cour. Dix ou douze d'entre les principaux Indiens s'étaient retranchés sur la grande pyramide qui a plus de cent fortes marches d'élévation ; quatre ou cinq Espagnols y montèrent pour les déloger et quoiqu'ils se défendissent bien, ils s'emparèrent de la plateforme et les tuèrent tous. Cinq ou six cavaliers nous arrivèrent encore et d'accord avec les premiers dressèrent une embuscade où périrent trente Mexicains. Comme la nuit approchait, je fis sonner la retraite, mais nous fûmes alors chargés par une telle multitude, que sans la cavalerie nous eussions couru les plus grands dangers. J'avais heureusement fait combler et aplanir tous les mauvais pas de la rue et de la chaussée, les chevaux pouvaient aller et venir, et lorsque les Indiens se précipitaient sur notre arrière-garde, nos cavaliers les chargeaient à coups de lance et en tuaient beaucoup; et comme la rue était très longue, ils purent charger quatre ou cinq fois.

Mais quelque mal qu'ils reçussent, les Indiens se jetaient sur nous comme des chiens enragés que nous ne pouvions arrêter, pas plus que les empêcher de nous suivre. Tout le jour se passa donc en ces prises et reprises; sauf que les ennemis occupaient de nouveau des plates-formes des maisons de la grande rue, ce qui mettait nos chevaux en danger. Enfin, nous reprîmes le chemin de la chaussée et nous regagnâmes nos quartiers avec quelques blessés, mais après avoir incendié la plupart des belles maisons de la grande rue, de manière que, quand nous reviendrions, l'ennemi ne pût plus nous faire de mal du haut des plates-formes. Ce même jour, Gonzalo de Sandoval et Pedro de Alvarado eurent de leurs côtés des combats sanglants à soutenir contre les Mexicains; nous étions alors à une lieue et demie les uns des autres, ce qui est à peu près la dimension de la ville, je la crois même plus grande. Quant aux nombreux alliés nos amis, ils se battirent le plus courageusement du monde et se retirèrent sans aucune perte.

Sur ces entrefaites, Don Fernando, roi de la ville de Tezcoco et de la province d'Aculuacan, dont j'ai parlé plus haut à Votre Majesté, s'efforçait de nous gagner les gens de sa capitale et de son royaume, surtout les grands personnages, car ce n'étaient pas encore des alliés fidèles comme ils le devinrent plus tard. Chaque jour, Don Fernando recevait la visite de nombreux seigneurs et de quelques-uns de ses frères qui venaient se déclarer en notre faveur et demandaient à combattre les Mexicains à nos côtés. Comme Don Fernando était jeune, qu'il avait pour nous la plus grande affection et qu'il reconnaissait la grâce que je lui avais faite au nom de Votre Majesté, en le mettant à la tête d'une si grande province malgré les droits que d'autres de ses frères y avaient avant lui, il usait de son influence pour décider ses vassaux à venir partager nos travaux et nos dangers. Il harangua ses frères au nombre de six ou sept, tous jeunes gens bien dispos à venir nous rejoindre. Pour capitaine, il envoya l'un d'eux nommé Ixtlilxochitl, âgé de vingt-quatre ans, courageux, aimé de tous, avec plus de trente mille hommes fort bien équipés, et il en envoya vingt mille autres rejoindre mes deux capitaines. Je les reçus le mieux du monde, en les remerciant de leur bon vouloir; et Votre Majesté peut se figurer quel secours nous procurait l'amitié de Don Fernando et le fâcheux étonnement des Mexicains en voyant marcher contre eux, ceux qu'ils tenaient pour sujets et pour amis, leurs parents et leurs frères, leurs pères et leurs fils !

Au bout de deux jours, la lutte recommença contre la ville, comme je l'ai dit plus haut. A la vue d'un nouveau secours qui nous arrivait, les gens de Xuchimilco et certains villages des Otomies, peuplades montagnardes et plus nombreuses que les habitants de Xuchimilco, sujets de l'empereur de Mexico, vinrent m'offrir leurs services comme vassaux de Votre Majesté, me priant de leur pardonner d'avoir tardé si longtemps. Je leur pardonnai et me réjouis fort de leur soumission, parce que c'était de leur côté que mes hommes de Culuacan pouvaient éprouver le plus de dommage. Comme du quartier que j'occupais sur la chaussée, nous avions, grâce à l'appui des brigantins, détruit une foule de maisons des faubourgs de la ville et que les Mexicains n'osaient plus hasarder une canoa de ce côté, je pensai que notre sécurité était assurée par la présence de sept de ces navires et qu'il serait bon d'en envoyer trois à chacun de mes capitaines, le grand alguazil et Pedro de Alvarado. Je recommandais aux capitaines des brigantins de bien surveiller les approches des nouveaux quartiers où les Mexicains, avec leurs canoas, allaient s'approvisionner d'eau, de fruits, de maïs et autres victuailles; je leur recommandai de courir d'un quartier à l'autre et qu'ils se tinssent à l'arrière-garde toutes les fois que nos gens chercheraient à forcer l'entrée de la ville en combattant. Ils s'en allèrent donc où je les envoyai et y rendirent de grands services, car de jour comme de nuit ils faisaient des descentes merveilleuses et capturaient beaucoup de canoas et d'Indiens ennemis.

Cette affaire réglée, et me trouvant sous la main des guerriers des villes, dont j'ai parlé plus haut, je les réunis pour leur dire que dans deux jours j'avais résolu de forcer l'entrée de la ville; qu'ils se tinssent prêts et que je verrais bien, en cette circonstance, s'ils étaient nos amis. Ils promirent d'être là le jour suivant; je fis préparer tous mes hommes, j'écrivis à Sandoval, à Alvarado ainsi qu'aux capitaines des brigantins ce que j'avais résolu et ce qu'ils auraient à faire.

Le jour venu, le matin, après avoir entendu la messe et renouvelé mes ordres à mes capitaines, je sortis du camp avec quinze ou vingt chevaux, trois cents hommes de pied et tous nos alliés, qui étaient une multitude; nous enfilâmes la chaussée où, à trois portées d'arbalète, nous trouvâmes les Mexicains qui nous attendaient en poussant de grands cris. Comme il y avait trois jours que la lutte avait cessé, ils avaient rouvert les tranchées que nous avions comblées et les avaient appuyées de plus fortes barricades qu'auparavant. Les brigantins nous accompagnaient de chaque côté de la chaussée et comme ils ne pouvaient arriver près des ennemis, ils les couvraient de boulets, de flèches et de balles. Les voyant ébranlés, les hommes sautent à terre et s'emparent du pont et de la barricade, pendant que nous commençons à passer de l'autre côté à la poursuite des Mexicains qui nous font tête devant d'autres ponts et d'autres barricades; nous nous en emparons cependant, avec plus de peine que jamais et nous chassons les ennemis de la rue et de la place où s'élevaient des grandes maisons de la ville. Là, j'ordonnai aux Espagnols de s'arrêter, pour attendre que j'eusse comblé les tranchées, travail immense auquel travaillaient plus de dix mille Indiens. Quand la besogne fut achevée, la nuit venait, et pendant tout ce temps mes Espagnols et nos alliés luttaient et se battaient avec les gens de la ville, leur dressant des embuscades où ils en tuèrent des milliers. Pour moi, à la tête de mes cavaliers, je parcourus un moment la ville, perçant de nos lances tous les Mexicains que nous pouvions atteindre, de sorte qu'ils ne se hasardaient plus guère sur la terre ferme.

Voyant que ces malheureux se refusaient à toute transaction et qu'ils montraient une telle résolution de nous chasser ou de mourir, j'en conclus deux choses : la première, c'est que nous ne retrouverions rien ou peu de chose, des richesses que nous avions perdues; la seconde, c'est qu'ils nous obligeraient à les détruire sans merci. Cette dernière pensée m'affligeait affreusement et je me demandais comment je pourrais leur inspirer une crainte assez grande pour qu'ils vinssent à résipiscence et comprissent tout le mal que je pouvais leur faire en brûlant et détruisant leurs temples et leurs palais. Et pour qu'ils en fussent fortement impressionnés, je fis mettre le feu, ce jour-là, aux grands palais de la place, à ceux-là mêmes où nous étions logés autrefois avant qu'on nous chassât de la ville, palais assez grands pour abriter chacun un prince, avec une suite de plus de six cents personnes. Les autres qui étaient voisins étaient un peu moins grands, mais plus élégants et plus jolis; c'était là que Muteczuma avait réuni toutes les variétés d'oiseaux qu'il collectionnait.

Ce fut à mon grand regret que je les détruisis et cela faisait encore beaucoup plus de peine aux Mexicains et aux habitants des bords de la lagune, car pas un ne pensait que nous pussions jamais arriver jusque-là.

Il était tard et l'incendie allumé, je rappelai mes gens pour regagner nos quartiers; en nous voyant en retraite, les Mexicains se ruèrent sur nous et sur l'arrière-garde; mais le terrain étant propice à la cavalerie nous courûmes sur eux, en transperçant une infinité de nos lances, ce qui ne les arrêtait nullement. Ce jour-là cependant ils montrèrent quelque faiblesse, nous voyant dans leur ville, la détruisant, la saccageant; et surtout, en apercevant leurs anciens alliés, les gens de Tezcoco, de Chalco, de Xuchimilco et les Otomies qu'ils interpellaient au passage. D'autre part, les Tlascaltecs leur montraient les corps de leurs concitoyens étalés sur la terre, se glorifiant d'en faire leur repas du soir et leur déjeuner du lendemain, c'était affreux. Nous revînmes donc nous reposer dans nos camps, car nous avions eu une journée des plus pénibles. D'un autre côté, les sept brigantins étaient entrés dans les canaux de la ville et en avaient brûlé une bonne part. Les capitaines de Tacuba et de Culuacan et leurs six brigantins avaient aussi fait une excellente besogne ; je me tairai sur les détails de leurs combats, satisfaits d'ajouter qu'ils rentrèrent victorieux dans leurs quartiers, sans perte sensible.

Le lendemain au petit jour, après avoir entendu la messe, je partis pour Mexico, dans le même ordre que la veille, avec tous mes gens, afin que l'ennemi n'eût pas le temps de creuser la tranchée et d'élever des barricades ; mais bien que nous fussions partis de bonne heure, sur les trois tranchées qui coupaient la chaussée conduisant à la ville et que nous avions comblées la veille, deux avaient été creusées comme auparavant et il nous fallut les reprendre ; si bien que la lutte se prolongea de huit heures jusqu'à l'après-midi et que nous dépensâmes presque toutes les flèches, poudre, balles et boulets dont s'étaient munis les arquebusiers et les arbalétriers ; et je puis assurer Votre Majesté que nous nous trouvions dans le plus grand péril, chaque fois qu'il fallait s'emparer de ces ponts, parce qu'il fallait nous jeter à l'eau pour passer de l'autre côté ; peu d'entre nous pouvaient ou osaient le faire, car les Mexicains nous repoussaient à coups de sabre et à coups de lance ; mais comme il n'y avait point là de plates-formes d'où ils pouvaient nous accabler de projectiles comme dans la ville, et que d'autre part nous les couvrions de traits, étant fort rapprochés les uns des autres ; que chaque jour nous prenions plus de courage avec une volonté plus ferme de les atteindre ; qu'ils connaissaient à ce sujet mon irrévocable résolution ; il ne leur restait plus qu'à vaincre ou mourir. Votre Majesté pensera que nous étions bien négligents, courant de si grands dangers, à la prise de ces ponts et de ces barricades, de ne pas les garder une fois qu'ils étaient à nous, plutôt que de revenir chaque jour nous exposer aux mêmes périls. Tout étranger en aurait jugé de même et je dois dire à Votre Majesté que cela n'aurait pu se faire qu'à deux conditions : ou que nos quartiers fussent établis sur la place, autour du grand temple, ou que mes gens gardassent les ponts pendant la nuit. Des deux côtés il y avait de grands dangers et impossibilité ; établir nos quartiers dans la ville, les Indiens étant légions et nous en petit nombre, chaque nuit et à toute heure de la nuit, ce n'eût été qu'une suite d'alertes et de combats, renouvelés de tous côtés et pour nous une fatigue au-dessus de nos forces. Faire garder les ponts la nuit ! mes Espagnols étaient si fatigués d'avoir combattu tout le jour ! et je ne pouvais confier la garde des ponts à d'autres. Nous étions donc forcés de reprendre ces ponts chaque fois que nous revenions sur la ville.

Ce jour-là, comme la reprise des ponts et l'aveuglement des tranchées nous prirent beaucoup de temps, nous ne pûmes faire grand'chose de plus, sauf que dans une grande rue qui mène à Tacuba, nous nous emparâmes de deux ponts dont les tranchées furent comblées en même temps que nous détruisions une partie des maisons de la rue. Arriva le soir et le moment de nous retirer, chose moins dangereuse que l'attaque des ponts. En nous voyant en retraite, les Mexicains se réjouissaient, il semblait qu'ils eussent remporté la plus grande victoire du monde et qu'ils nous avaient mis en fuite. Dans ces retraites, il fallait que les chaussées fussent parfaitement comblées pour que la cavalerie pût facilement se rendre d'un point à un autre. Ainsi, dans ces retraites, où les ennemis nous suivaient avec tant d'acharnement, nous simulions quelquefois la fuite, et la cavalerie se retournait subitement contre eux, leur infligeant toujours la perte d'une douzaine des plus enragés. Ils tombaient là comme dans nos pièges, toujours victimes de leur ardeur ; nous ne pouvions nous empêcher de les admirer ; car, quel que fût le mal qu'ils étaient certains de recevoir, ils ne laissaient pas que de nous suivre jusqu'à notre sortie de la ville.

Nous gagnâmes enfin notre camp, où je reçus des nouvelles de mes deux capitaines, me disant le succès de leurs armes et que les Mexicains avaient perdu beaucoup de monde sur terre et sur l'eau. Alvarado m'écrivait de Tacuba qu'il avait gagné deux ou trois ponts. Comme il se trouvait sur la chaussée qui va du marché de Mexico à Tacuba et que les trois brigantins pouvaient en certains endroits aborder à la chaussée même, il avait couru moins de danger que les jours passés. De ce côté d'Alvarado, il y avait beaucoup plus de ponts et de tranchées mais moins de maisons à plates-formes que sur les autres chaussées. Pendant tout ce temps-là les Indiens d'Istapalapa, Churubusco, Mexicalcingo, Culuacan et Mizquic qui habitent, je l'ai dit, la lagune d'eau douce, n'avaient point voulu faire leur soumission, mais ne nous avaient pourtant fait aucun mal. Les gens de Chalco qui étaient de fidèles sujets de Votre Majesté, voyant que nous avions suffisamment à faire avec les Indiens de la grande ville, s'allièrent avec quelques populations voisines et tombèrent sur les villes de la lagune auxquelles ils firent beaucoup de mal. Les habitants de celles-ci, voyant que chaque jour, nous remportions une victoire sur les gens de Mexico, souffrant du dommage que leur causaient nos amis et redoutant celui qu'ils pourraient leur faire, se résolurent à venir me trouver, pour me demander pardon du passé, me priant d'ordonner aux Indiens de Chalco de ne plus leur faire la guerre.

Je leur promis le pardon et leur dis que je n'avais d'inimitié que contre les Mexicains; que pour que je crusse à leur amitié (étant bien résolu à m'emparer de la ville de Mexico, de gré ou de force), il fallait qu'ils missent à ma disposition toutes leurs canoas, qu'ils les tinssent donc prêtes avec tous les hommes de guerre qu'ils pourraient réunir, pour dorénavant combattre sur les lagunes à nos côtés. Je leur demandai en même temps, mes hommes n'ayant que de misérables cabanes, ce dont ils souffraient doublement à cause de la saison des pluies, je leur demandai de construire dans nos quartiers autant de maisons qu'ils pourraient, d'apporter des briques et du bois des maisons de leur ville qui se trouvaient le plus près de mon camp. Ils me répondirent que canoas et guerriers étaient prêts, et quant aux maisons ils s'y mirent avec une telle ardeur, que d'un côté à l'autre des deux pyramides de la chaussée où nous étions campés, ils en construisirent une telle quantité, que de la première à la dernière, la distance était de quatre portées d'arbalète. Votre Majesté se rendra compte de la largeur de la chaussée qui traverse la partie la plus profonde de la lagune, quand je lui dirai qu'elle était de chaque côté bordée de ces maisons, et qu'il y avait au milieu une large rue où piétons et cavaliers se promenaient avec plaisir. Il y avait toujours au quartier, tant Espagnols qu'Indiens pour les servir, plus de deux mille personnes ; pour les gens de guerre nos alliés indiens, ils logeaient à Culuacan qui se trouve à une lieue et demie de chez nous. C'étaient les habitants de cette ville qui nous fournissaient les vivres, dont nous avions grand besoin, de poissons surtout et de cerises, dont il y a tant, qu'elles pourraient suffire, pendant cinq ou six mois qu'elles durent, à une population double de celle de la région.

Comme nous étions entrés dans la ville trois jours de suite sans compter les trois ou quatre fois que nous y avions déjà pénétré ; que nous avions toujours battu les Mexicains, et qu'avec notre artillerie, nos arquebuses et nos arbalètes, nous leur avions tué beaucoup de monde, nous pensions qu'à chaque instant, ils viendraient demander la paix, ce que nous attendions avec la plus vive impatience ; mais rien ne pouvait les amener à résipiscence. Voulant les réduire, et les forcer à demander merci, je résolus d'entrer chaque jour dans la ville, et de les attaquer de trois côtés à la fois ; je fis donc venir tous les habitants du bord des lagunes avec leurs canoas, ce qui me faisait ce jour-là un effectif de plus de cent mille de nos alliés ; j'ordonnai à quatre de mes brigantins, appuyés de près de mille cinq cents de ces canoas, d'attaquer d'un côté ; j'ordonnai à trois autres avec autant de canoas, de s'en aller faire le tour de la ville, en incendiant les maisons et faisant tout le mal qu'ils pourraient ; pour moi, j'entrai par la rue principale que je trouvai libre, jusqu'aux grandes maisons de la place. Mais les ponts étant levés, je pris la route de Tacuba où se trouvaient encore cinq ou six ponts. De là, j'envoyai un capitaine par une autre rue avec cinquante ou soixante hommes et six chevaux pour les appuyer avec douze mille Indiens de nos alliés pour les accompagner ; j'envoyai un autre capitaine par une autre route, et moi, suivi de mes gens, je continuai sur Tacuba. Nous franchîmes trois chaussées qui furent comblées ; nous laissâmes les autres pour le jour suivant, car il se faisait tard et qu'on ne pouvait faire plus. Et cependant, je désirais fort que nous occupions tous cette chaussée, afin que les troupes d'Alvarado pussent communiquer avec les nôtres ainsi que les brigantins. Nous remportâmes ce jour-là une grande victoire tant sur les lagunes que sur terre et l'on fit quelque butin dans la ville. De leur côté, Alvarado et le grand alguazil furent contents de leur journée.

Le lendemain, je rentrai à Mexico, dans le même ordre que la veille, et Dieu nous donna une si grande victoire, que partout où je passais avec mes gens, il y avait à peine l'ombre d'une résistance. Les ennemis se retiraient avec une telle précipitation, que nous croyons avoir conquis les trois quarts de la ville. Alvarado de son côté poursuivait les Mexicains avec le même succès, et ce jour-là, comme la veille, je m'attendais à les voir implorer la paix, que victorieux, ou vaincu, je désirais par-dessus tout. Mais jamais ils n'eurent un moment de défaillance. Ce jour-là, nous regagnâmes nos quartiers avec beaucoup de plaisir, quoique j'eusse l'âme désolée de voir chez les habitants de cette ville une telle résolution de mourir.

Pendant ces derniers jours, Pedro de Alvarado s'était emparé de plusieurs ponts; pour les garder, il y mettait une escouade de cavaliers et de fantassins, pendant que la troupe regagnait ses quartiers à trois quarts de lieue de là. Comme c'était pour ses gens une fatigue insupportable, il voulut transporter son quartier à l'extrémité de la chaussée qui débouche sur le Marché de Mexico, grande place toute entourée de portiques et plus grande que celle de Salamanque. Pour arriver jusque-là, il n'avait plus à s'emparer que de deux ou trois tranchées; mais elles étaient larges et profondes; en somme, depuis plusieurs jours il remportait maintes victoires. Ce jour-là, croyant remarquer des signes de faiblesse chez les Mexicains, sachant que je leur livrais chaque jour les plus rudes combats, il s'aveugla si bien sur la certitude d'une victoire, qu'il résolut de franchir ces deux tranchées, dont l'une avait au moins soixante mètres de large et près de quatre mètres de profondeur. Il attaqua donc ce même jour; et avec l'aide des brigantins, la troupe passa et poursuivit les Mexicains qui avaient pris la fuite. Pedro de

Alvarado s'empressait de faire combler cette immense ouverture pour que la cavalerie pût passer ; je lui recommandais du reste, chaque jour, de ne point avancer d'un pas sans aplanir le terrain de manière que les chevaux qui faisaient notre vraie force pussent évoluer à l'aise. Les Indiens, voyant qu'il n'y avait pas plus de quarante Espagnols de l'autre côté de la tranchée et que pas un cheval n'avait passé, se retournèrent subitement, et avec une telle vigueur, qu'ils repoussèrent nos gens et les jetèrent à l'eau. Ils tuèrent un certain nombre de nos alliés et nous prirent quatre Espagnols, qu'ils s'empressèrent de sacrifier. A la fin, Alvarado put regagner son quartier. Quand je fus de retour dans le mien, et que j'appris ce qui s'était passé, j'en éprouvai une douleur profonde, car c'était un encouragement pour les Mexicains, qui s'imagineraient que nous n'oserions plus pénétrer dans leur ville. Alvarado s'était engagé dans cette action téméraire pour plusieurs raisons ; c'était, je l'ai dit, qu'il s'était emparé d'une grande partie de la chaussée, qu'il voyait les Mexicains découragés, et surtout parce que ses hommes le priaient de s'emparer du Marché, parce que, une fois ce point gagné, c'était pour ainsi dire la ville conquise ; car c'était là le cœur, la force et l'espérance des Indiens. De plus, les soldats d'Alvarado, voyant que je gagnais chaque jour sur les Mexicains, eurent peur que je ne m'emparasse du Marché avant eux, et comme ils en étaient beaucoup plus près que moi, ils avaient tenu à honneur de m'y précéder.

Alvarado était fort humilié de son échec ; de mon côté j'en étais d'autant plus désolé que mes gens me pressaient de les conduire par l'une des trois rues qui menaient à ce même Marché ; que nous n'y éprouverions aucune résistance et qu'une fois que nous y serions établis, nous n'aurions plus moitié autant de peine. Pour moi, j'invoquai toutes les raisons possibles pour ne pas les écouter, quoiqu'ils sussent à quoi s'en tenir ; c'est que de grandes difficultés et d'immenses périls s'opposaient à l'entreprise ; car pour entrer dans le Marché, il y avait une multitude de maisons à plate-forme, de ponts enlevés et de tranchées coupées, de manière que chacune des maisons qu'il nous faudrait attaquer était comme une île au milieu de l'eau,

Ce fut en rentrant le soir à mon camp que j'appris le désastre subi par Alvarado; le lendemain, de bonne heure, je m'en allai le rejoindre pour lui reprocher son imprudence, savoir ce qu'il avait gagné sur les ennemis et lui indiquer les moyens d'attaque et de défense dans ses prochaines escarmouches avec les Mexicains. Mais en arrivant à ses quartiers, je fus étonné de ses progrès du côté de la ville, du grand nombre de ponts et de mauvais passages dont il s'était emparé, et je trouvai sa conduite plus excusable. Après avoir causé de ce qu'il y avait à faire, je regagnai mon camp.

Je poussai de nouvelles pointes dans la ville, par les voies que j'avais coutume de prendre; les brigantins et les canoas attaquaient de deux côtés; j'attaquai de quatre autres côtés; nous avions toujours l'avantage, et l'on tuait beaucoup de Mexicains parce que nos alliés indiens étaient chaque jour plus nombreux. J'hésitais cependant à pénétrer dans le cœur de la ville; je voulais voir si les ennemis protesteraient contre les cruautés commises par nos alliés, et je craignais d'exposer mes gens devant des hommes si ardemment résolus à mourir. Devant ce retard, les Espagnols qui, depuis vingt jours, s'étaient battus sans relâche me pressaient de toutes manières pour que j'entrasse et me saisisse du grand Marché, parce que, ce point gagné, il ne resterait plus aux Mexicains que peu de place pour se défendre, et que s'ils refusaient de se rendre, ils mourraient de faim et de soif, n'ayant plus à boire que l'eau salée de la lagune. Comme je m'y refusais, le trésorier de Votre Majesté me dit que toute l'armée le demandait et que je n'avais plus qu'à me rendre. Je répondis au trésorier et à d'autres personnes qui l'appuyaient, qu'ils avaient raison et que j'en étais convaincu plus que personne, mais que je m'y étais refusé jusqu'alors par suite de la pression qu'on me faisait subir, quoiqu'à bonne intention; j'y voyais de tels dangers, qu'un homme prudent s'y refuserait; mais ils insistèrent tellement, que je leur promis de faire ce que je pourrais, après m'être entendu avec les chefs des autres quartiers.

Le lendemain, je tins conseil, avec les notabilités de mon camp, et il fut convenu que j'avertirais le grand alguazil et

Pedro de Alvarado que le jour suivant, nous devions pénétrer dans Mexico et nous efforcer d'occuper le Marché; je leur écrivis pour leur mander ce qu'ils auraient à faire du côté de Tacuba; en outre, et pour donner plus de précision à mes ordres, je leur envoyai deux de mes serviteurs pour leur communiquer tous les détails de l'affaire.

J'ordonnai donc à Sandoval de se rendre auprès de Pedro de Alvarado avec dix cavaliers, cent fantassins, quinze arbalétriers et arquebusiers et qu'il laissât dans le camp dix autres cavaliers, en leur disant que l'attaque générale devait avoir lieu le lendemain; que ces cavaliers se missent en embuscade derrière certaines maisons, qu'ils fissent enlever leurs bagages comme s'ils abandonnaient le camp, afin que les Mexicains les suivissent et donnassent dans le piège. Gonzalo de Sandoval, avec ses trois brigantins, et Pedro de Alvarado, avec les trois autres, devaient s'efforcer d'occuper la grande tranchée où Alvarado avait été défait et mettre toute diligence à la combler; ils devaient marcher en avant, mais en ayant soin de combler chaque tranchée nouvelle qu'ils occuperaient, et que, s'ils pouvaient sans trop de risques arriver jusqu'au Marché, ils y fissent leur possible, puisque j'avais le même objectif; qu'ils considérassent bien, que je ne les obligeais point à s'emparer à tout hasard d'un passage où ils pourraient éprouver une défaite. Je prenais soin de les prévenir, parce que, les connaissant, je savais que sur un ordre de moi, ils eussent exposé leur vie. Mes courriers trouvèrent Gonzalo de Sandoval et Pedro de Alvarado dans leur camp où ils leur expliquèrent ce qui avait été convenu. Comme ils n'avaient à combattre que sur un seul point et moi sur plusieurs, je les priai de m'envoyer soixante-dix à quatre-vingts hommes pour renforcer ma troupe; ils vinrent ce même soir me rejoindre avec mes deux serviteurs comme je l'avais demandé.

Mes ordres étant donnés, le jour suivant, nous quittâmes le camp après avoir entendu la messe; les sept brigantins étaient accompagnés de plus de trois mille canoas de nos alliés; j'étais à la tête de vingt-cinq chevaux, de toute mon infanterie et des soixante-dix soldats qu'on m'avait envoyés de Tacuba. Nous suivîmes la chaussée et nous entrâmes dans la ville, où je répartis mes gens de la manière suivante : parmi les rues que nous occupions, il y en avait trois qui conduisaient au Marché, que les Indiens appellent tianguiz, tandis que cette partie de la ville se nomme Tlaltelolco. La rue principale était l'une de ces trois, qui conduisait au marché. Je confiai cette rue au trésorier et au maître des comptes de Votre Majesté; ils devaient y pénétrer avec soixante-dix hommes et plus de vingt mille Indiens de nos alliés en laissant à l'arrière-garde sept ou huit chevaux; je leur recommandai de détruire les barricades, et de bien combler les tranchées au fur et à mesure qu'ils s'en empareraient et je leur avais donné une douzaine d'hommes armés de pioches accompagnés d'un grand nombre d'Indiens chargés spécialement de cette besogne.

Les deux autres rues, qui vont de Tacuba au Marché, sont plus étroites et coupées d'un plus grand nombre de ponts et de tranchées. J'ordonnai à deux de mes lieutenants d'enfiler la plus large avec quatre-vingts hommes et plus de dix mille Indiens de nos amis et je laissai au commencement de cette rue deux pièces d'artillerie et huit chevaux pour assurer les derrières de la colonne.

Pour moi je pris la plus étroite de ces rues, avec huit chevaux, cent fantassins, dont vingt-cinq arquebusiers et arbalétriers et une multitude de nos amis. Je fis arrêter les cavaliers à l'ouverture de la rue et je leur recommandai de rester là et de ne venir me rejoindre que sur un ordre formel de ma part. Puis je mets pied à terre et nous arrivons à une barricade qui défendait un pont; les arquebusiers et les arbalétriers, appuyés par une petite pièce de campagne, l'enlevèrent en peu d'instants, et nous poussons en avant sur une chaussée coupée en deux endroits. En dehors de ces trois attaques données par nous à la ville, le nombre de nos alliés indiens qui pénétraient de toutes parts dans Mexico et envahissaient les plates-formes des maisons, était si considérable qu'il semblait que rien ne pût nous résister. Après nous être emparés de ces deux ponts et de ces deux barricades, pendant que les Espagnols occupaient la chaussée, nos Indiens s'enfoncèrent dans la rue sans prendre aucune précaution ; pour moi, je restai accompagné d'une vingtaine d'Espagnols, dans une petite île qui se trouvait là, d'où j'observais une troupe de nos alliés enveloppés par les Mexicains. Ils les repoussaient quelquefois jusqu'à les jeter à l'eau, mais grâce à nous, ils pouvaient reprendre l'offensive. En outre, nous surveillions toutes les traversées des rues d'où pouvaient surgir des Mexicains sur les derrières des Espagnols qui s'étaient enfoncés sur la chaussée. Ils m'envoyaient dire, en cet instant, qu'ils étaient fort avancés et qu'ils approchaient de la place du Marché ; que de toutes façons ils voulaient aller de l'avant, parce qu'ils entendaient le bruit du combat que Sandoval et Alvarado livraient de leur côté.

Je leur défendis de faire un pas en avant sans combler les tranchées avec le plus grand soin, de manière que s'ils étaient forcés de battre en retraite, ils n'éprouvassent point de difficulté du côté de l'eau qui avait toujours été notre grand danger. Ils me répondirent qu'ils avaient eu soin d'aveugler toutes les tranchées dont ils s'étaient emparés et que je pouvais m'en assurer moi-même. Craignant qu'ils n'eussent négligé quelque précaution dans l'affaire des chaussées, je me rendis sur les lieux et je constatai qu'ils avaient franchi une brèche de plus de dix mètres de large, où ils s'étaient contentés de jeter quelques pièces de bois et des brassées de roseaux, sur lesquels ils avaient pu passer les uns après les autres ; enivrés par la victoire, ils s'en allaient convaincus que tout était en ordre.

Au moment où j'arrivai à la tranchée pleine de cette eau maudite, je vis les Espagnols et grand nombre de nos alliés qui revenaient en fuyards poursuivis par les ennemis acharnés comme des chiens après eux. Témoin d'un si grand malheur, je leur criais : attention ! prenez garde ! et m'avançant sur le bord de l'eau, je la vis toute pleine d'Espagnols et d'Indiens ; et il ne paraissait même pas qu'ils y eussent jeté un fétu de paille. Et les Mexicains poursuivaient les Espagnols avec une telle fureur qu'ils se jetaient à l'eau derrière eux, et de toutes parts accouraient des canoas pleines d'ennemis qui s'emparaient des Espagnols vivants. Le désastre fut si rapide, que voyant massacrer mes gens, je jurai de rester là et de mourir en les défendant ;

mais pour le moment tout ce que nous pouvions faire, moi et ceux qui m'accompagnaient, c'était de tendre la main à quelques malheureux Espagnols qui se noyaient, pour les aider à sortir de l'abîme. Les uns en sortaient blessés, les autres à moitié asphyxiés, et d'autres sans armes que j'envoyai à l'arrière, et le nombre des ennemis qui nous chargeaient était si considérable, que ma petite troupe, composée d'une quinzaine d'hommes, était cernée de toutes parts.

J'étais tout entier à l'idée de sauver mes camarades et m'inquiétais peu du danger que je pouvais courir, quand les ennemis s'emparèrent de moi et allaient m'emporter, sans un capitaine de cinquante hommes qui me suivait toujours et un jeune soldat de sa compagnie, à qui, après Dieu, je dois la vie, et qui pour me la donner comme un vaillant homme, perdit la sienne.

Dans ces conjonctures, les Espagnols qui arrivaient en déroute, fuyaient par la chaussée; comme elle était étroite et presque au ras de l'eau, car ces chiens l'avaient construite ainsi dans le but de nous y prendre, et que les Indiens mêlés aux Espagnols s'y pressaient en foule, la masse ne pouvait avancer que lentement, ce dont profitaient les Mexicains, qui attaquaient la chaussée de droite et de gauche, pour prendre ou tuer qui bon leur semblait. Et ce capitaine qui était avec moi et qui s'appelle Antonio de Quinônes me disait : « Allons-nous-en, sauvons votre personne, car vous le savez, vous mort, nous serions tous perdus. » Et pourtant, je ne pouvais me résoudre à m'en aller. Ce voyant, Quinônes me saisit et me fit faire volte-face, et quoique j'eusse voulu mourir, je cédai aux supplications du capitaine et de ceux qui l'accompagnaient; nous nous mîmes en retraite luttant de nos épées et nos boucliers contre les ennemis qui nous poursuivaient. En cet instant, parut un de mes domestiques à cheval, qui fit un peu de place; mais il reçut d'un Mexicain un coup de lance dans la gorge qui le renversa. Me trouvant dans cette grande mêlée, attendant que mes hommes se sauvassent par cette petite chaussée, pendant que nous cherchions à contenir les ennemis, arriva l'un de mes serviteurs avec un cheval pour que je pusse le monter; mais il y avait une telle boue sur cette chaussée, causée par ceux qui entraient et sortaient de l'eau, que personne n'eût pu s'y tenir et surtout avec les bousculades que les gens se livraient pour se sauver. Cependant, je montai à cheval, non pour combattre, car cela était impossible; en effet, les huit cavaliers que j'avais laissés dans une petite île, n'avaient pu moins faire que tenter de nous secourir, mais obligés d'y renoncer, leur retraite fut si périlleuse, que deux juments montées par deux de mes serviteurs tombèrent à l'eau, les Mexicains tuèrent l'une d'elles, l'autre fut sauvée par mes soldats. L'un de mes pages appelé Cristobal de Guzman venait à moi, avec un cheval qu'on l'avait chargé de me remettre, pour que je pusse me sauver, mais les ennemis massacrèrent et le cheval et le pauvre garçon avant qu'ils pussent arriver jusqu'à moi. Cette mort jeta dans le camp une grande tristesse aussi vive encore aujourd'hui chez tous ceux qui avaient connu Guzman.

Au milieu de toutes ces difficultés, Dieu permit que les survivants arrivassent à la rue de Tacuba qui est très large. Je réunis mes hommes et avec neuf chevaux je restai à l'arrière-garde. Les ennemis venaient sur nous avec une telle joie et un tel orgueil de leur victoire, qu'il semblait que pas un de nous ne dût échapper. En reculant le mieux que je pouvais, j'envoyai dire au trésorier et à l'officier compteur, qu'ils se retirassent sur la place avec la plus grande prudence; j'envoyai le même ordre aux deux capitaines qui étaient entrés par la rue qui menait au Marché. Les uns et les autres s'étaient battus avec la plus grande vaillance et s'étaient emparés de plusieurs barricades et chaussées qu'ils avaient comblées avec soin, de sorte qu'ils ne furent point inquiétés dans leur retraite. Avant que le trésorier n'opérât la sienne, les Mexicains, du haut d'une barricade où ils combattaient, lui avaient jeté deux ou trois têtes de chrétiens, sans qu'il pût savoir si ces malheureux appartenaient à la troupe d'Alvarado ou à la mienne. Lorsque nous fûmes réunis sur la place, les ennemis nous chargeaient par tant de côtés à la fois, que nous avions toutes les peines du monde à nous défendre, et dans ces mêmes lieux où, avant notre défaite, ils n'eussent pas osé tenir tête à trois cavaliers et dix fantassins,

Tout à coup, sur l'une des pyramides qui se trouvaient près de la place, ils firent brûler des parfums et des gommes qui ressemblent à de l'encens, et qu'ils offraient à leurs idoles en remercîment de leur victoire. J'aurais bien voulu troubler la cérémonie, mais cela était impossible, car mes gens s'approchaient déjà de leurs quartiers.

Les Mexicains nous tuèrent dans cette défaite trente-cinq ou quarante Espagnols et plus de mille Indiens; ils blessèrent vingt autres Espagnols, et moi-même je fus blessé à la jambe. Nous perdîmes une petite pièce de campagne, des escopètes, des arbalètes et autres armes. Aussitôt après leur victoire, les Mexicains voulant frapper de terreur Sandoval et Alvarado, emportèrent à Tlaltelolco tous les Espagnols vivants ou morts qu'ils avaient pris, et là, sur les hautes pyramides des temples, à la vue de leurs camarades, ils les dépouillèrent de leurs vêtements et les sacrifièrent en leur ouvrant la poitrine dont ils retiraient le cœur sanglant pour l'offrir à leurs idoles. Les Espagnols du camp d'Alvarado pouvaient voir de l'endroit où ils combattaient les corps nus et blancs des victimes qui les dénonçaient comme chrétiens. Quoiqu'ils en éprouvassent une grande douleur, ils se retirèrent dans leurs quartiers, après avoir courageusement combattu et s'approchèrent fort près de la place du Marché qui eût été prise ce jour-là, si Dieu, pour nos péchés, n'avait permis un tel désastre.

Ce jour-là, nous rentrâmes dans nos quartiers plus tôt que d'habitude et chargés de tristesse; on nous disait que les brigantins étaient perdus et que les Mexicains les avaient enveloppés de leurs canoas; Dieu ne le permit pas, quoique les brigantins et les canoas de nos alliés eussent couru les plus grands dangers, si bien que l'un d'eux faillit être pris. Les Indiens blessèrent le capitaine et le maître d'équipage; le capitaine mourut de sa blessure huit jours après.

Ce jour-là et la nuit suivante, les Mexicains célébrèrent leurs réjouissances par un tel vacarme de tambours et de trompettes que tout semblait crouler; ils ouvrirent toutes les rues, nettoyèrent et creusèrent toutes les tranchées comme elles étaient auparavant et mirent leurs sentinelles et veilleurs de nuit à deux portées d'arbalète de nos quartiers. Comme nous y étions rentrés défaits, blessés et sans armes, il fallait nous reposer et nous refaire. Les Mexicains profitèrent de ces circonstances pour envoyer des émissaires dans toutes les provinces vassales, leur annoncer qu'ils avaient remporté une grande victoire, tué une foule d'Espagnols, que bientôt ils nous auraient tous exterminés et qu'elles ne fissent point la paix avec nous. Ils leur envoyaient comme preuves de leur victoire, les deux têtes des chevaux qu'ils avaient tués et d'autres dépouilles qu'ils nous avaient enlevées, les exhibant partout où besoin était et profitant de la circonstance pour remettre ces provinces sous le joug. Mais en somme, pour rabattre leur suffisance et qu'ils ne crussent point tant à notre faiblesse, chaque jour, quelques-uns des nôtres, cavaliers et fantassins, soutenus par des Indiens alliés, s'en allaient combattre dans la ville, sans trop de résultats, il il est vrai, que la prise de quelques tranchées dans la rue qui mène à la place.

Deux jours après notre défaite, alors que la nouvelle en était répandue dans tous les pays, les habitants de Cuernavaca, anciens sujets de Mexico et qui étaient devenus nos alliés, vinrent à mon camp, pour me dire que les Indiens de Malinalco leurs voisins leur faisaient beaucoup de mal, ravageaient leurs terres et s'allaient joindre aux Indiens de Cuisco pour les attaquer et les exterminer, parce qu'ils s'étaient déclarés nos amis et sujets de Votre Majesté. Ils ajoutaient, qu'après les avoir défaits, ces Indiens marcheraient sur nous. Quoique nos malheurs fussent tout récents et que nous eussions plus besoin de secours que nous n'étions capables d'en donner, ces gens me le demandaient avec de telles instances que je ne pus leur refuser. J'y trouvai la plus grande opposition chez les miens, qui prétendaient que c'était me suicider, que de me priver de la plus petite force. Néanmoins, je fis accompagner ces Indiens par quatre-vingts soldats et dix chevaux sous les ordres d'Andrès de Tapia, à qui je recommandai de faire de son mieux pour le service de Votre Majesté et la sécurité de nos troupes dont il connaissait la position précaire ; je le priai, en outre, de ne pas rester plus de dix jours dans cette expédition. Il partit, et arrivé à un petit village entre Malinalco et Cuernavaca il trouva l'ennemi qui l'attendait; appuyé par les gens de Cuernavaca, Tapia leur livra bataille et ses hommes se conduisirent si bien qu'il les défit et les poursuivit jusque dans Malinalco, située sur un pic élevé inaccessible à la cavalerie. Il se rejeta sur la plaine qu'il ravagea, et nous revint victorieux, juste dix jours après son départ. Dans le haut de ce village de Malinalco il y a de nombreuses sources d'une eau fraîche et excellente. Pendant l'expédition de nos capitaines, les Espagnols piétons et cavaliers, suivis de nos alliés, pénétraient dans la ville jusqu'aux grandes maisons qui bordaient la place; mais ils ne pouvaient aller plus loin, car les Mexicains avaient ouvert le canal qui débouche à l'entrée de la place; canal très large et très profond appuyé d'une forte barricade, où nos gens se battaient avec les Indiens jusqu'à ce que la nuit vînt les séparer.

Un des capitaines tlascaltecs, nommé Chichimecatl, dont j'ai déjà parlé, qui présida au transport des brigantins de Tlascala à Tezcoco et qui depuis le commencement de la guerre résidait avec sa troupe dans le camp d'Alvarado, jugeant, d'après leur déroute, que les Espagnols ne combattaient pas comme d'habitude, résolut de pénétrer sans eux dans la ville. Il s'avança donc avec ses Indiens, laissa quatre cents archers près d'une tranchée profonde et dangereuse dont il s'empara, ce qui n'était jamais arrivé sans notre aide; puis il poussa en avant suivi des siens, hurlant, insultant l'ennemi et proclamant bien haut le nom de Tlascala et celui de Chichimecatl. Les deux partis combattirent avec acharnement, il y eut de part et d'autre beaucoup de morts et de blessés. Les Mexicains croyaient bien les tenir en leur pouvoir, car ce sont des gens qui dans les retraites, encore qu'ayant été battus, continuaient le combat avec une implacable résolution; ils pensaient donc qu'au dangereux passage de la chaussée ils pourraient se venger des Tlascaltecs. Mais c'était pour parer à l'incident, que Chichimecatl avait laissé ses quatre cents archers sur l'autre bord du canal; en effet, quand les Tlascaltecs revinrent suivis par les Mexicains, ils se rejetèrent à l'eau et passèrent sous la protection des archers qui arrêtèrent l'élan de l'ennemi stupéfait de l'audace de Chichimecatl.

Quelques jours après le retour des Espagnols de Malinalco, dont j'ai parlé à Votre Majesté dans le chapitre précédent, dix Indiens otomies arrivèrent au camp. C'étaient, je l'ai dit, d'anciens esclaves des Mexicains qui s'étaient déclarés sujets de Votre Altesse, et qui nous suivaient dans nos attaques contre la ville. Ceux-ci nous dirent que les seigneurs de la province de Temascalcingo, leurs voisins, leur faisaient la guerre et ravageaient leurs terres; qu'ils leur avaient incendié un village et enlevé du monde; enfin, qu'ils leur faisaient tout le mal qu'ils pouvaient; que, de plus, ils devaient venir nous attaquer afin que ceux de la ville pussent sortir et en finir avec nous. Je donnai d'autant plus de créance à cette histoire, que depuis peu de jours, chaque fois que nous nous battions avec les Mexicains, ils nous menaçaient des gens de Temascalcingo, Indiens inconnus de nous, habitant une grande province située à vingt-deux lieues de nos campements. Les Otomies nous demandaient des secours contre leurs voisins et le demandaient tout de suite, confiants dans l'aide de Dieu.

Pour couper court aux espérances des Mexicains qui chaque jour nous menaçaient de l'arrivée de secours qu'ils ne pouvaient recevoir que de ce côté, je résolus d'y envoyer Gonzalo de Sandoval avec dix-huit chevaux, cent fantassins et un seul arbalétrier qui le suivit avec un grand nombre de nos alliés otomies. Dieu sait à quels dangers ils allaient être exposés, et dans quel danger ils nous laissaient; mais comme il convenait de montrer plus d'énergie et de courage que jamais et prouver que nous voulions mourir en combattant, nous dissimulions notre faiblesse aux yeux de nos amis comme à ceux de nos ennemis, car mes Espagnols répétaient souvent, qu'il plût à Dieu de leur conserver la vie et de leur accorder la victoire, qu'ils n'avaient plus sur terre, ni intérêt, ni espérance, ce qui prouve en quelle affreuse extrémité nous nous trouvions.

Sandoval s'en fut camper à un village otomie frontière de Temascalcingo et le jour suivant, de bonne heure, il partit et arriva dans quelques fermes otomies qu'il trouva désertes et en partie incendiées. Atteignant la plaine près d'une rivière, il rencontra une forte troupe de guerriers ennemis qui venaient de brûler un autre village. Dès qu'ils l'aperçurent ils se retirèrent et Sandoval trouva sur le chemin qu'ils suivaient plusieurs charges de maïs et des petits enfants rôtis dont ils avaient fait provision et qu'ils avaient abandonnés en voyant les Espagnols. Ayant traversé une autre rivière, les ennemis s'arrêtèrent et nous firent tête. Sandoval et ses cavaliers se jetèrent sur eux et les dispersèrent; ils prirent la fuite dans la direction de leur village de Temascalcingo qui se trouvait à trois lieues plus loin. La cavalerie les poursuivit jusqu'au village et là, ils attendirent les Espagnols et nos alliés indiens qui venaient massacrant tous ceux que les chevaux avaient dispersés et qui étaient restés en arrière. Dans cette affaire les ennemis perdirent plus de deux mille hommes. Les fantassins ayant rejoint les cavaliers et nos Indiens qui étaient plus de soixante mille, on s'approcha du village où les ennemis nous résistèrent, pour donner aux femmes et aux enfants le temps de se réfugier avec leurs bijoux dans une forteresse située près de là, sur une hauteur. Mais l'attaque fut si vigoureuse, que les hommes lâchèrent pied et se réfugièrent aussi dans la forteresse; nos Indiens pendant ce temps pillaient et brûlaient le village et comme il était tard, que nos gens étaient fatigués de s'être battus tout le jour, Sandoval ne voulut pas attaquer la forteresse. Quant aux ennemis, ils passèrent une partie de la nuit à pousser des hurlements et à nous étourdir du bruit de leurs trompettes et de leurs tambours.

Le jour suivant de bonne heure, le grand alguazil, à la tête de sa troupe, se mit en route pour attaquer la forteresse avec crainte d'une vive résistance; mais arrivé sur la hauteur, il ne vit personne que des Indiens alliés, qui lui dirent que les ennemis étaient partis avant le jour de la hauteur où ils étaient; ils voyaient toute la plaine aux environs couverte de gens qui étaient des Otomies. Nos cavaliers les prenant pour des ennemis, leur coururent sus et en percèrent trois ou quatre à coups de lance, et comme le langage des Otomies diffère de celui des Mexicains, on ne comprenait qu'une chose, c'est qu'ils jetaient leurs armes et se réfugiaient près des Espagnols; nos cavaliers cependant en tuèrent encore trois ou quatre, et ces malheureux comprirent un peu tard, qu'on ne les avait pas reconnus. Comme les ennemis ne nous avaient pas attendue, les Espagnols résolurent de s'en retourner passant par un de leurs villages qui s'était également révolté; mais en présence d'une telle armée ils vinrent demander la paix. Sandoval fit venir le cacique, lui dit que je pardonnais volontiers à tous ceux qui se déclaraient sujets de Sa Majesté quelles que fussent leurs fautes, qu'il le priait donc de s'entendre avec les gens de Temascalcingo afin qu'ils fissent leur soumission; il promit de le faire et de m'amener aussi ceux de Malinalco. Après quoi le grand alguazil revint à nos quartiers victorieux.

Ce jour-là, quelques Espagnols guerroyaient avec les Mexicains, lorsqu'ils nous demandèrent de leur envoyer notre interprète pour traiter de la paix; mais ils ne la voulaient qu'à une condition : c'était que nous quitterions le pays. Ces pourparlers n'avaient qu'un but, c'était d'obtenir quelques jours de repos qui leur eussent permis de se refaire et de s'approvisionner des choses qui leur manquaient. Jusqu'à ce jour, nous n'avions jamais pu obtenir la moindre trêve. Tandis que nous nous entretenions avec eux, fort près les uns des autres, car nous n'étions séparés que par une tranchée fort étroite, un vieux Mexicain sortit tranquillement de son sac quelques vivres, qu'il se mit à manger, pour nous prouver qu'ils avaient tout en abondance, parce que nous leur disions qu'ils mouraient de faim. Nos alliés indiens nous assuraient que ces ouvertures de paix étaient fausses et qu'il ne fallait leur accorder ni trêve, ni repos; ce jour-là cependant on ne se battit pas, parce que les chefs mexicains juraient à mon interprète qu'ils étaient de bonne foi.

Quatre jours après le retour de Sandoval de Temascalcingo, les caciques de cette ville, ceux de Malinalco et de la province de Cuiscon qui est riche et puissante, et qui s'était révoltée, arrivèrent à mes quartiers pour faire leur soumission, promettant de me servir fidèlement; ils le firent et l'ont fait jusqu'à ce jour.

Pendant que le grand alguazil était à Temascalcingo, les

Mexicains en profitèrent pour tomber la nuit sur le camp d'Alvarado; ils arrivèrent à quatre heures du matin; les sentinelles, piétons et cavaliers qui les aperçurent donnèrent l'alarme et les gardes avancées engagèrent le combat. En voyant les chevaux, les Mexicains se jetèrent dans la lagune; pendant ce temps nos hommes étaient arrivés qui se battirent avec eux pendant plus de trois heures; de notre côté, ayant entendu le bruit du canon et craignant que nos amis fussent défaits, je fis armer mes gens pour entrer dans la ville, afin d'opérer une diversion en faveur d'Alvarado, mais les Mexicains ayant trouvé les Espagnols sur leurs gardes revinrent dans la ville où nous arrivions pour les attaquer.

En ce moment, ceux qui avaient été blessés lors de notre grande défaite étaient guéris et il était arrivé à la Villa Rica de la Veracruz un navire de Juan Poncé de Léon qui revenait battu des côtes de la Floride; mes gens de la Villa m'envoyèrent de la poudre et des arbalètes dont nous avions le plus grand besoin; et puis, grâces à Dieu, nous n'avions plus un seul Indien, par toute la terre à la ronde, qui ne fût un allié; et voyant comment les Mexicains se montraient rebelles à toute négociation et persévéraient dans cette indomptable résolution de mourir, je ne savais plus quelles mesures prendre avec eux pour nous éviter, les dangers du siège et pour sauver d'une destruction complète cette ville de Mexico qui était une des plus belles du monde. Et cela ne nous servait de rien de leur dire que nous, par terre et les brigantins par terre et par eau, nous ne cesserions de les attaquer; que nous avions défait et soumis les Indiens de Temascalcingo et ceux de Malinalco; que, par conséquent, ils n'avaient plus à attendre de secours de personne; qu'ils n'avaient plus ni maïs, ni viande, ni fruits; qu'ils manquaient de toute espèce d'aliments; plus nous leur répétions ces choses et moins ils montraient de faiblesse, et dans nos rencontres et dans nos combats nous les trouvions plus courageux que jamais.

Devant l'impossibilité de toute transaction, et songeant que le siège durait depuis quarante-cinq jours, je résolus de prendre pour notre sûreté une mesure radicale et ce fut de détruire, quelque temps que cela pût nous coûter, les maisons de la ville, chaque fois que nous y pénétrerions ; de manière que nous ne ferions plus un pas en avant, sans tout raser devant nous, tout aplanir, et transformer les canaux et les tranchées en terre ferme. Je convoquai donc à ce sujet tous les caciques des nations amies, je leur fis part de ce que j'avais résolu et les priai de réunir le plus de manœuvres qu'ils pourraient et de me les envoyer munis de leur coas, instrument qui répond à la houe de nos agriculteurs ; ils me répondirent qu'ils le feraient avec le plus grand plaisir ; que c'était une mesure excellente, la meilleure pour ruiner la ville, ce que tous désiraient plus que toute chose au monde.

Trois ou quatre jours passèrent en préparatifs ; les Mexicains soupçonnaient bien que nous tramions quelque chose contre eux, et de leur côté, comme il nous parut plus tard, ils organisaient leur défense. Étant bien convenu avec nos amis que nous attaquerions la ville par terre et par eau, le lendemain, après avoir entendu la messe, nous prenons le chemin de Mexico ; en arrivant à la barricade et à la tranchée qui précèdent les grandes maisons de la place, et au moment où nous allions attaquer, les Mexicains nous firent signe d'arrêter, qu'ils demandaient la paix. Sur mon ordre, les soldats mirent bas les armes, et je demandai que le commandant en chef de la ville vînt me parler et que nous suspendrions les hostilités. Sous le fallacieux prétexte qu'on était allé le chercher, ces gens me firent perdre plus d'une heure. C'est qu'en vérité, ils n'avaient nulle envie de faire la paix, ce qu'ils nous prouvèrent à l'instant en nous couvrant de flèches, de dards et de pierres. A cette vue, nous attaquâmes la barricade qui fut emportée, et en entrant sur la place, nous la trouvâmes hérissée de grosses pierres pour empêcher que les cavaliers ne pussent s'y mouvoir ; car c'étaient d'eux seuls qu'ils avaient quelque crainte ; nous trouvâmes deux autres rues également semées de pierres dans ce même but de paralyser les chevaux.

A partir de ce jour, nous aveuglâmes si complètement et si solidement les tranchées et les canaux que les ennemis ne purent les rouvrir ; nous commençâmes aussi à démolir les maisons et à combler les canaux au fur et à mesure que nous nous en emparions, et comme ce jour-là, nous avions plus de cent cinquante mille Indiens alliés, nous fîmes une grosse besogne. Les brigantins de leur côté, avec les canoas de nos amis, causèrent de grands dommages à la ville, et le soir nous rentrâmes tous nous reposer.

Le jour suivant nous entrâmes à Mexico dans le même ordre; et arrivés à la place, près de la grande pyramide avec son temple, j'ordonnai à mes lieutenants de combler tous les canaux et aplanir les mauvais passages, et à nos alliés indiens, de brûler et démolir les maisons pendant que d'autres se battaient avec les Mexicains et que la cavalerie veillait à l'arrière-garde. Alors, je me transportai sur le plus haut des temples, car rien ne les irritait plus que de m'y voir; de là, j'encourageais mes hommes et leur indiquais où ils devaient se porter au secours de leurs camarades, car à tour de rôle, Espagnols et Mexicains avançaient et reculaient, auquel cas, les premiers étaient immédiatement secourus par nos cavaliers, ce qui leur donnait une nouvelle ardeur pour se jeter sur les ennemis. Nous pénétrâmes dans la ville, cinq ou six jours de suite, de la même manière, et chaque jour en nous retirant, nous laissions nos alliés à l'avant, soutenus par des Espagnols dissimulés derrière les maisons avec quelques chevaux en arrière-garde, de façon que chaque soir nous percions quelques ennemis de nos lances. L'un de ces jours, il y avait sur la place sept ou huit de nos cavaliers, attendant la sortie des Mexicains; ne voyant personne, ils se retiraient; les ennemis craignant les coups de lance dont ils avaient été si souvent victimes, s'étaient réfugiés sur les murs et les plates-formes des maisons; et lorsque mes hommes, huit ou neuf en tout, revenaient de leur côté, ne pouvant les atteindre, ils furent obligés de se retirer; ce que voyant, les Mexicains exaltés par ce semblant de victoire, les accablèrent de projectiles et nous blessèrent deux chevaux. Cette affaire me donna l'idée de leur dresser une embuscade, dont je parlerai à Votre Majesté. Ce jour-là, nous regagnâmes nos quartiers vers le tard, laissant bien comblée et aplanie toute la partie de la qville ue nous avions conquise et les Mexicains très glorieux de croire que nous avions pris la fuite. Ce même soir, j'envoyai un courrier à Sandoval pour lui dire de m'amener avant le jour quinze cavaliers pris parmi les siens et ceux d'Alvarado.

Sandoval arriva le matin avec les quinze chevaux, j'en avais déjà vingt-cinq de Culuacan, ce qui m'en faisait quarante ; je commandai à dix d'entre eux de sortir de bon matin avec nos gens, et qu'avec les brigantins ils s'en allassent attaquer les Mexicains et démolir autant de maisons qu'ils pourraient, parce qu'alors, quand ils opéreraient leur retraite, je partirais avec mes treize chevaux ; il fallait donc qu'ils profitassent de la mêlée pour enfermer les ennemis dans les maisons au milieu de l'eau, qu'ils les y maintinssent jusqu'à l'heure de la retraite, où je me mettrai en embuscade derrière les palais. Ils firent comme je leur avais demandé ; à une heure de l'après-midi, je filai avec trente chevaux et je les dissimulai derrière les palais ; alors je montai sur la pyramide et pendant que j'étais là, certains de mes gens découvraient une tombe où ils trouvèrent pour plus de quinze cents *castellanos* d'or. L'heure de la retraite étant sonnée, j'ordonnai qu'on se retirât avec les plus grandes précautions, et que les cavaliers apparussent, mais comme s'ils n'eussent osé attaquer, et qu'ils fissent cette manœuvre quand les Mexicains se seraient réunis aux alentours de la place et dans la place, tous étaient impatients de marcher. Mes troupes, cavaliers et fantassins se retiraient donc de la grande place suivis par nos alliés qui étaient au courant du stratagème ; et les Mexicains se précipitaient sur eux avec de tels cris de joie, qu'ils semblaient avoir remporté la plus grande victoire ; les neuf cavaliers se jetèrent sur eux et se retirèrent comme effrayés, ils firent par deux fois cette manœuvre, qui enflamma les ennemis à tel point, qu'ils se précipitèrent sur les talons des chevaux et qu'ils arrivèrent jusqu'au débouché de la rue où se trouvait l'embuscade ; quand nous vîmes les Espagnols passer devant nous, et que nous entendîmes le coup d'escopette qui devait servir de signal, nous connûmes qu'il était temps d'agir, et au cri de Santiago, nous tombâmes au milieu d'eux, les perçant de nos lances, les bousculant, et en jetant une foule par terre que nos alliés achevaient, de sorte qu'il en périt en cette affaire plus de cinq cents, tous personnes principales et de leurs meilleurs guerriers. Cette nuit-là, nos amis firent bombance, car ils enlevèrent par morceaux tous ceux que nous avions tués pour s'en régaler à loisir. Les Mexicains furent tellement épouvantés de se voir si subitement défaits qu'ils ne poussèrent pas un cri cette nuit-là, et qu'ils n'osèrent se montrer dans aucune rue, ni sur aucune maison, que là où ils étaient absolument à l'abri de nos coups.

Il était presque nuit quand nous nous retirâmes; les Mexicains envoyèrent une douzaine d'esclaves pour observer nos mouvements, mais ils furent enveloppés par nos cavaliers qui n'en laissèrent pas échapper un seul. Notre victoire inspira une telle crainte à nos ennemis, que jamais plus, par la suite, ils n'osèrent rentrer sur la place quand nous en partions, n'y eût-il même qu'un seul cavalier, pas plus qu'ils n'osèrent suivre nos fantassins de peur qu'à leurs pieds ne surgît une autre embuscade. Cette victoire que Dieu nous donna fut bien une des principales causes de la reddition de la ville, car elle jeta le découragement parmi ses défenseurs, tandis qu'elle inspirait une nouvelle ardeur à nos alliés.

Aussi, nous rentrâmes dans nos quartiers décidés à pousser la guerre à outrance et à ne pas manquer un seul jour d'envahir la ville jusqu'à sa complète destruction. Ce jour-là, il n'y eut de nouveau chez nous qu'un accident arrivé à notre cavalerie dont deux chevaux se rencontrèrent; l'un tomba, c'était une jument, elle s'en fut droit chez les Mexicains qui la couvrirent de flèches; devant ce mauvais traitement elle revint à nous, mais mourut dans la nuit. Nous éprouvâmes une vraie douleur, car chevaux et juments représentaient pour nous la victoire et la vie; néanmoins, notre peine fut moins grande que si la bête était morte entre les mains de l'ennemi. Les brigantins et les canoas de nos alliés causèrent à la ville de grands dommages ce jour-là, sans en recevoir eux-mêmes aucun mal.

Nous savions déjà que les habitants de la ville en étaient réduits aux dernières extrémités; nous apprîmes de l'un d'eux que pendant la nuit, ils sortaient et venaient rôder aux alentours de nos quartiers; qu'ils se mouraient de faim, qu'ils péchaient la nuit et venaient dans la partie de la ville en notre pouvoir, chercher du bois, des herbes et des racines pour les manger. Comme nous avions comblé une partie des canaux et aplani les mauvais pas, je résolus ce jour-là d'entrer à Mexico de très bonne heure, pour y faire tout le mal que nous pourrions. Les brigantins partirent avant le jour, et moi, avec quinze chevaux, cent fantassins et nos alliés, nous entrâmes précédés de quelques espions, qui, le jour venu, me firent signe d'avancer. Nous tombâmes sur une grande foule, composée de malheureux affamés qui s'en allaient en quête de vivres; la plupart étaient sans armes, en grande partie des femmes et des enfants; ce fut un massacre, nous en tuâmes plus de huit cents; de leur côté, les brigantins s'emparèrent d'une foule de gens en canoas qui pêchaient dans la lagune, auxquels ils firent beaucoup de mal. Comme les principaux habitants et les capitaines nous virent occuper leur ville à une heure inaccoutumée ils en demeurèrent aussi épouvantés que de notre fameuse embuscade; aucun d'eux n'osa venir à notre rencontre et nous rentrâmes dans nos camps avec des vivres à foison pour nos amis.

Le jour suivant, de bonne heure, nous étions à Mexico et nos amis admirant la méthode et l'ordre que nous observions dans la destruction de la ville accouraient en nombre immense pour nous aider. Ce jour-ci nous conquîmes la chaussée de Tacuba dont nous comblâmes tous les mauvais pas, de sorte que Pedro de Alvarado pouvait communiquer avec nous à travers la ville et par la rue principale qui conduisait au Marché. Nous nous emparâmes encore de deux ponts dont les tranchées furent comblées et nous détruisîmes le palais du seigneur de la ville, un jeune homme de dix-huit ans appelé Guatimozin, qui était le second empereur de Mexico, depuis la mort de Muteczuma. Les Indiens avaient une forte garnison dans ce palais, qui était grand, fortifié et entouré d'eau. Nous prîmes encore deux autres ponts, dans des rues qui avoisinent le Marché, et nous comblâmes diverses tranchées de manière que nous occupions les trois quarts de la ville et que les Mexicains ne possédaient plus que le côté le plus fort composé de palais entourés d'eau.

Le jour suivant, jour de l'apôtre Santiago, nous entrâmes à

Mexico dans le même ordre que la veille; nous suivîmes la grande rue qui conduit au Marché et nous nous emparâmes du grand canal que les Mexicains considéraient comme leur principale défense : on y mit un assez long temps, l'affaire fut dangereuse et comme le canal était fort large, nous ne pûmes de tout le jour achever de le combler, de manière que les chevaux pussent en profiter. Nous étions tous gens de pied; les Mexicains voyant que les cavaliers n'avaient pu passer, s'élancèrent sur nous avec la plus grande bravoure; mais nous les arrêtâmes, et comme nous avions une forte escouade d'arbalétriers, ils reculèrent jusqu'à leurs barricades en perdant beaucoup de monde. Outre leurs armes ordinaires, mes Espagnols avaient de longues piques que j'avais fait fabriquer après notre défaite et qui nous furent des plus utiles. Ce jour-là, des deux côtés de la grande rue, on n'entendait que le bruit de l'incendie et de l'écroulement des maisons, ce qui me faisait peine à voir; mais nous y étions forcés par les circonstances. Les Mexicains témoins de ces dévastations encourageaient nos alliés indiens, leur disant qu'ils leur feraient bientôt reconstruire les palais qu'ils prenaient tant de peine à détruire, alors qu'ils seraient vainqueurs, ce qui ne pouvait tarder; que, dans le cas contraire, ils auraient à les reconstruire pour nous; et les malheureux avaient raison, seulement ce furent eux-mêmes qui durent plus tard les réédifier.

Le jour suivant, de bonne heure, nous pénétrâmes dans la ville comme d'habitude et en arrivant au grand canal que nous avions comblé la veille, nous le trouvâmes tel que nous l'avions laissé. Avançant à deux portées d'arbalète, nous nous emparons de douze tranchées que l'ennemi avait creusées dans le milieu de la même rue, et nous arrivons à une petite pyramide et son temple où nous trouvons les têtes de nos amis qu'on y avait sacrifiés, ce qui nous causa une grande douleur. De cette pyramide, la rue allait tout droit à la chaussée où se trouvait le quartier de Sandoval, et à gauche, une autre rue qui conduisait au Marché, où il n'y avait qu'une seule tranchée garnie de Mexicains. Nous n'allâmes pas plus loin, quoique nous eussions fort escarmouché avec les Indiens. Dieu, Notre Seigneur, nous accorda comme toujours la victoire et nous regâgnâmes nos quartiers assez tard.

Le jour suivant, nous nous préparions à partir pour Mexico, lorsque vers les neuf heures nous vîmes des colonnes de fumée s'élever des pyramides de Tlaltelolco, le grand marché de la ville; nous ne savions ce que cela voulait dire, car cette fumée était beaucoup plus considérable que celle produite par l'encens que les Indiens avaient coutume de brûler en l'honneur de leurs idoles et nous supposâmes, sans oser le croire, que c'était Alvarado qui était arrivé jusque sur la place; ce qui était vrai. Il est certain que, ce jour-là, Pedro de Alvarado et ses hommes se comportèrent le plus vaillamment du monde, car nous avions encore de ce côté, une foule de tranchées et de barricades à conquérir, et que l'élite des guerriers de la ville s'efforçaient de défendre. Comme il voyait que de notre côté, nous resserrions l'ennemi chaque jour davantage, il fit son possible pour arriver sur la place où les Mexicains avaient concentré leurs forces; mais il ne put que s'en approcher et s'emparer de ces pyramides qui se trouvent aux environs du Marché. Les cavaliers se trouvèrent en grand danger et furent obligés de se retirer; retraite pendant laquelle on leur blessa trois chevaux. Ce fut ainsi que Pedro de Alvarado et ses gens gagnèrent leur quartier. Pour nous, nous ne voulûmes pas même prendre l'unique tranchée et le seul canal qui nous séparassent du Marché et nous ne nous occupâmes que de combler et d'aplanir tous les mauvais pas. Les Mexicains nous poursuivirent dans notre retraite, ce qui leur coûta cher.

Le lendemain, de bonne heure, nous entrâmes dans la ville, et nous n'avions à nous emparer que d'une seule tranchée et de sa barricade pour arriver au Marché; nous attaquâmes aussitôt; un lieutenant et deux ou trois Espagnols se jetèrent à l'eau, ce que voyant les Mexicains abandonnèrent la barricade. On commença donc immédiatement à combler la tranchée et égaliser le terrain pour que les chevaux pussent passer; lorsque tout fut prêt, Alvarado parut au bout de la rue avec quatre de ses cavaliers, ce qui nous causa la joie la plus grande que nous eussions éprouvée, car cet incident nous annonçait la fin prochaîne de la guerre. Alvarado avait laissé une escouade de gens en arrière-garde pour se défendre et conserver ce qu'il avait pris. Comme le passage était aplani je fus, accompagné de quelques chevaux, voir le Marché, défendant à mes hommes d'aller plus avant. Nous nous promenâmes un moment sur la place, admirant les portiques dont les plates-formes étaient couvertes de Mexicains; comme cette place est fort grande, ils nous voyaient nous promener avec stupeur, sans oser nous approcher. Je montai sur la pyramide qui touche au Marché, et je trouvai là les têtes de nos camarades sacrifiées aux idoles ainsi que celles de nombreux Tlascaltecs, les ennemis héréditaires des Mexicains.

Je regardais du haut de cette pyramide tout ce que nous avions conquis de cette ville, dont nous occupions maintenant la plus grande partie, et songeant à tout ce que nos ennemis devaient souffrir, n'ayant plus pour demeures que de petites maisons bâties sur l'eau, ne se nourrissant plus que de racines et d'écorces d'arbres, je résolus de leur accorder une trêve d'un jour, me demandant comment je pourrais sauver la vie de cette multitude. J'éprouvais certainement la plus grande douleur de leur imposer de telles souffrances; je leur offrais la paix chaque jour; ils repoussaient toutes mes ouvertures, disant qu'ils ne se rendraient jamais, et qu'ils avaient juré de mourir en combattant; que nous n'aurions rien de leurs trésors qu'ils enfouiraient là où nous ne saurions les trouver, et moi, pour ne pas leur rendre mal pour mal, je pensais à les laisser en paix.

Comme nous avions peu de poudre, nous avions eu l'idée, il y avait déjà quelques jours, de faire un trabuco; je n'avais pas d'ouvriers pour le fabriquer, à leur défaut mes charpentiers s'offrirent à m'en fabriquer un petit. Quoique doutant fort de la réussite, je leur permis d'essayer; il fut achevé pendant que nous tenions les Indiens bloqués; je le fis porter à la place du Marché, où on l'installa sur une sorte de théâtre construit en pierre et mortier, de forme carrée, d'une hauteur de cinq mètres sur trente de largeur et qui se trouve au milieu de la place; c'est là que les Mexicains donnaient certaines représentations, dont les acteurs pouvaient être vus de tous les gens du Marché, aussi bien de ceux qui étaient en bas que de ceux qui étaient en haut des portiques ; on fut quatre jours à le mettre en place, et nos alliés indiens menaçaient les gens de la ville, leur disant qu'avec cette machine nous allions les tuer tous. Quand elle n'aurait eu d'autre effet que de faire peur aux Mexicains, ce qu'elle fit, elle ne nous fut pas inutile ; nous pensions aussi qu'elle précipiterait la reddition de la place. Ce fut une double déception, car la machine ne put servir et les Mexicains ne se rendirent pas. Nous dissimulâmes notre déplaisir en disant que pris de compassion pour ces malheureux, nous nous refusions à les massacrer.

Un autre jour, le trabuco en place, nous retournâmes à la ville et comme il y avait trois ou quatre jours que nous ne nous battions plus, nous trouvâmes les rues où nous passions, pleines de femmes, d'enfants et de malheureux qui se mouraient de faim ; ils étaient si maigres, si décharnés, si lamentables que c'était le spectacle le plus triste du monde, je recommandai qu'on ne leur fît aucun mal. Pour les gens de guerre, ils ne s'exposaient nulle part où ils eussent pu recevoir quelque dommage, et nous les apercevions immobiles là-bas, sur les plates-formes des maisons, drapés dans leurs manteaux et sans armes ; ce jour-là, je leur fis encore offrir la paix. Ils voulurent encore temporiser et comme je les attendais déjà depuis la moitié du jour, je leur fis dire que j'allais les attaquer ; qu'ils fissent retirer leurs gens, sinon, que je donnerais toute licence à mes alliés de les massacrer. Ils répondirent qu'ils désiraient la paix et je répliquai que je ne voyais pas le personnage chargé de traiter, qu'il pouvait venir, qu'on lui donnerait toute sécurité et que nous pourrions entamer les négociations ; mais je vis qu'ils se moquaient de nous, qu'ils étaient tous armés et prêts à nous recevoir ; je les avertis cependant plusieurs fois, afin de mieux les mettre dans leur tort, et je donnai l'ordre à Alvarado d'entrer avec tout son monde dans un grand faubourg occupé par l'ennemi et composé de plus de mille maisons ; j'y pénétrai de mon côté avec mes fantassins seulement, le terrain étant impropre à la cavalerie.

Le combat s'engagea avec une telle vigueur de notre part que nous emportâmes tout le faubourg, et la mêlée fut tellement meurtrière pour les Mexicains, qu'ils y laissèrent plus de deux mille des leurs, morts ou prisonniers, que nos alliés traitaient avec une cruauté barbare, quelque défense ou quelque châtiment que nous leur infligions.

Le lendemain, à notre retour à la ville, je défendis que l'on combattît, et qu'on fît le moindre mal aux ennemis; ceux-ci, en présence de cette multitude soulevée contre eux, multitude composée de leurs anciens sujets lâchement alliés à des étrangers pour les massacrer, sujets témoins de leur affreuse misère et se réjouissant de les voir entourés des cadavres de leurs concitoyens, nous suppliaient de les achever et de les tuer pour échapper plutôt à un tel supplice; ils m'appelaient à grands cris, disant qu'ils voulaient me parler. Comme tous les Espagnols désiraient la paix et la fin de cette guerre cruelle, ils se réjouirent infiniment, espérant que c'était bien la paix que demandaient les ennemis. Ce fut donc avec plaisir qu'ils me vinrent chercher pour me conduire à une barricade où se trouvaient quelques seigneurs voulant me parler. Quoique je comptasse peu sur cette entrevue, j'y allai; je savais parfaitement que la résistance venait seulement de trois ou quatre grands personnages de la ville; mais que tout le peuple désirait qu'on en terminât. Arrivé à la barricade, ils me dirent que me tenant pour le fils du soleil, pourquoi, à l'exemple du soleil qui en un jour et une nuit faisait le tour du monde, je n'achevais pas rapidement de les tuer tous et de les enlever à de telles souffrances! tous demandaient à mourir, pour s'en aller au ciel auprès de leur Dieu Huitzilopochtli, qui les attendait dans le séjour des bienheureux. Je leur répondis tout ce que je pus pour les engager à se rendre; rien n'y faisait : et jamais, cependant, vainqueurs ne firent telles avances de paix à leurs ennemis vaincus.

Réduits à cette affreuse extrémité comme il est facile de le comprendre, je plaignais ces malheureux et je cherchais un moyen de les détourner de leur résolution de mourir. J'en causais avec un de leurs chefs notre prisonnier, dont s'était emparé un oncle de Don Fernando, roi de Tezcoco; ce seigneur mexicain était blessé; je lui demandai s'il voulait retourner à la ville; il me dit que oui. Je le confiai donc à quelques-uns de mes hommes qui les remirent aux mains de ses compatriotes. Nous avions causé longuement, ce seigneur et moi, des choses qu'il fallait dire, et il m'avait promis de les répéter. Les gens de la ville l'accueillirent avec le plus grand respect, comme l'un de leurs seigneurs. Ils le conduisirent devant Guatimozin le jeune empereur à qui il voulait exposer mes propositions de paix, mais à peine eut-il ouvert la bouche que son maître le fit tuer et sacrifier. Pour toute réponse, je vis venir à moi les Mexicains poussant de grands cris, jurant qu'ils voulaient mourir et nous couvrant de dards, de flèches et de pierres, si bien qu'ils tuèrent un cheval d'un coup de lance fabriquée avec l'une de nos épées emmanchée sur un long morceau de bois. Ils perdirent encore en cette affaire une foule de monde et nous regagnâmes nos quartiers.

Le jour suivant, nous rentrons dans la ville où les Mexicains étaient dans un tel état d'accablement, que nos alliés osèrent passer la nuit dans Mexico. Arrivés en vue de l'ennemi, nous refusâmes de nous battre et nous nous promenâmes par la ville, nous attendant à chaque minute à les voir venir à nous; pour les y encourager, je courus au petit galop jusqu'à l'une de leurs barricades bien fortifiée, j'appelai les chefs qui la commandaient, que je connaissais, et leur demandai pourquoi, se sachant perdus, puisque si je le voulais, en une heure, pas un d'eux ne resterait vivant; pourquoi leur maître Guatimozin ne voulait pas venir me parler? il savait bien que je ne lui ferais aucun mal, et que tous seraient les bienvenus à me parler de paix.

Je leur tins d'autres discours qui firent couler leurs larmes, et tout en pleurant, ils me répondirent qu'ils connaissaient leur sort, qu'ils allaient parler à leur maître et qu'ils me rapporteraient sa réponse. Je les attendis. Ils s'en allèrent et revinrent au bout d'un instant; ils me dirent que l'empereur n'était pas venu parce qu'il était tard, mais que le lendemain à midi, il viendrait sûrement me parler sur la place du Marché. J'ordonnai que, pour ce jour-là, on préparât une estrade sur l'espèce de théâtre qui se trouve au milieu de la place, pour recevoir le grand seigneur, et que l'on préparât également des vivres.

Le lendemain, de bonne heure, nous étions à la ville et j'avisai mes hommes de se bien tenir sur leur garde pour que les gens de Mexico ne nous prissent pas à l'improviste s'ils avaient machiné quelque trahison. Je fis passer le même avis à Pedro de Alvarado. En arrivant à la place, je fis dire à Guatimozin que je l'attendais. Il avait, paraît-il, résolu de ne pas venir, et m'envoya cinq des principaux seigneurs de la ville dont il est inutile de dire les noms. Une fois en ma présence, ils me dirent que leur maître les avait chargés de l'excuser de n'être point venu, qu'il avait une grande crainte de paraître devant moi, qu'il était malade et que ces seigneurs le remplaceraient; que je n'avais qu'à commander, et qu'on ferait ce que je désirerais.

Quoique l'empereur ne fût point venu, nous ne nous réjouîmes pas moins de la mission de ses envoyés, car nous pouvions nous croire en bon chemin pour la conclusion de la paix. Je les reçus le plus gracieusement et leur fis servir à boire et à manger, dont les malheureux avaient le plus extrême besoin. Quand ils eurent mangé, je les priai de voir leur maître, pour l'engager à me venir trouver, les assurant qu'il ne dût avoir aucune crainte, que je le traiterais avec tous les égards voulus, mais que sans lui nous ne pourrions rien terminer.

Je leur fis remettre des vivres et ils me promirent de faire tout ce qu'ils pourraient. Ils partirent. Ils revenaient deux heures plus tard, m'apportant de belles pièces d'étoffe de coton, me disant que Guatimozin leur maître ne pouvait ni ne voulait venir, et qu'il me priait de l'excuser. Je leur répondis que je ne pouvais comprendre pourquoi Guatimozin se refusait à un entretien, puisqu'ils voyaient avec quels égards je les avais accueillis, eux, les promoteurs de cette guerre, et qu'ils avaient pu aller et venir au milieu de nous sans recevoir aucune insulte; je les priai donc de nouveau de revoir l'empereur pour qu'il vînt me trouver dans notre mutuel intérêt. Ils promirent de le faire, et de revenir le lendemain m'apporter la réponse. Ils partirent et nous regagnâmes nos quartiers.

Le jour suivant, les négociateurs arrivèrent au camp de bonne heure et me prièrent de me rendre à la place du Marché où leur maître se rendrait également pour m'entretenir ; je m'y rendis, croyant de bonne foi qu'il viendrait ; mais je l'attendis inutilement plus de quatre heures ; jamais il ne voulut venir. Voyant qu'on se moquait de moi, qu'il était déjà tard et que ni les seigneurs, ni leur maître ne venaient, je fis appeler nos alliés indiens que j'avais laissés à l'entrée de la ville, à près d'une lieue de là, et à qui j'avais recommandé de ne point avancer, car les Mexicains m'avaient prié de les éloigner pendant les négociations. Ils arrivèrent ainsi que les hommes d'Alvarado. Aussitôt là, nous attaquâmes quelques tranchées et barricades, les dernières qui leur restaient, où nous pénétrâmes sans difficulté avec nos alliés. En sortant de nos quartiers, j'avais donné l'ordre à Sandoval de s'approcher avec les brigantins des maisons que les Mexicains occupaient encore, de manière qu'étant cernés, ils ne pourraient faire un pas sans fouler des morts ou que grimper sur les quelques plates-formes qui leur restaient. Ils n'avaient, du reste, plus ni dards, ni flèches, ni pierres pour prendre l'offensive. Nos alliés, armés d'épées et de boucliers, nous accompagnaient et le massacre que l'on fit de ces malheureux Mexicains tant à terre que dans la lagune fut épouvantable ; on en tua et l'on en prit plus de quarante mille. Les cris, les pleurs et les sanglots des femmes et des enfants, nous déchiraient le cœur et nous avions toutes les peines du monde à modérer la fureur de nos Indiens, car jamais on ne vit créatures humaines se délecter au milieu de telles cruautés.

Nos amis s'emparèrent ce jour-là de riches dépouilles ; nous étions tout à fait impuissants à les retenir, car nous n'étions que neuf cents Espagnols perdus au milieu de cent cinquante mille Indiens, et ni prières, ni menaces, ne les empêchaient de voler ou de massacrer, quoique nous y missions toute notre âme. Et l'une des raisons qui, les jours précédents, m'empêchaient d'en arriver avec les ennemis à une rupture plus violente, c'est que je craignais qu'ils ne jetassent tous leurs trésors dans la lagune, ou qu'autrement nos amis ne s'emparassent de tout ce qui se trouverait dans la ville ; c'est pour cela que Votre

Majesté ne recevra qu'une faible partie des trésors de cette ville, et de ceux qu'auparavant j'avais déjà réunis pour Votre Altesse. Il était tard, et nous ne pouvions supporter les émanations pestilentielles de tant de cadavres abandonnés dans les rues; nous regagnâmes nos quartiers au plus vite.

Ce même soir, il fut convenu que, le lendemain, en entrant dans la ville nous emmenerions avec nous, trois grosses pièces d'artillerie, parce que je craignais que les Mexicains si nombreux et tellement resserrés sur une seule place, qu'ils ne pouvaient se mouvoir, ne se jetassent sur nous sans combattre pour nous étouffer de leurs masses, et je comptais les effrayer et les forcer à venir à nous. J'ordonnai à Sandoval, que ce même jour, il pénétrât avec ses brigantins dans un des grands canaux, où s'étaient abritées toutes les canoas de la ville; il y avait alors si peu de maisons où l'on pouvait se retirer que l'empereur de Mexico, accompagné de quelques seigneurs, errait au hasard dans une canoa sans savoir où se réfugier. Ce furent là mes ordres pour le lendemain.

Lorsque le jour parut, je fis préparer tous mes gens et emmener les grosses pièces; la veille, j'avais mandé à Pedro de Alvarado qu'il m'attendît sur la place du marché et qu'il n'attaquât point avant mon arrivée. Lorsque nous fûmes réunis et que je vis les brigantins prêts à pénétrer derrière les maisons, où se trouvaient les ennemis, j'ordonnai, qu'au coup d'escopette qui servirait de signal, mes hommes pénétrassent dans les maisons pour en chasser les Mexicains qui tomberaient sur les brigantins postés là pour les recevoir; je les engageai vivement à surveiller Guatimozin et à s'efforcer de le prendre vivant, car ce serait la fin de la guerre. Pour moi, avant que le combat fût engagé, je montai sur une maison d'où je pus m'entretenir avec les quelques seigneurs que je connaissais et leur demandai pourquoi l'empereur ne voulait pas venir! Il se trouvait en telle extrémité, que c'était un crime à lui de laisser périr sans utilité une telle foule de gens; qu'ils allassent donc l'appeler, qu'ils le pouvaient faire sans crainte. Deux de ces Mexicains disparurent à sa recherche et revinrent peu après, accompagnés du général en chef de toutes les forces de la ville, c'était le partisan le plus acharné de la guerre, il s'appelait Ciguacoazin. Je lui fis de nouveau toutes les avances possibles, il me répondit qu῎ ᾽n maître ne viendrait jamais à moi, qu'il préférait mourir; qu'il en était fort affligé, mais que je fisse ce que je voudrais.

A cette réponse, je l'engageai à rejoindre les siens et qu'ils se préparassent à combattre, car j'allais les attaquer et les massacrer; ce qui arriva. Nous perdîmes cinq heures dans ces vaines négociations; pendant ce temps, les gens de la ville piétinaient les cadavres des morts, d'aucuns se tenaient dans l'eau, d'autres se sauvaient à la nage, pendant que d'autres se noyaient dans le grand bassin où se trouvaient les canoas; la douleur de ces malheureux était infinie. De longues files d'hommes, de femmes et d'enfants, se dirigeaient de notre côté; quelques-uns se jetaient à l'eau, pensant s'échapper plus vite, et mouraient asphyxiés au milieu de la multitude des cadavres; l'eau salée qu'ils buvaient, la faim et la peste avaient enlevé plus de cinquante mille âmes à la ville. Les survivants n'avaient même plus ni la force, ni le temps de jeter les cadavres à l'eau, mais ils étaient amoncelés dans les rues où l'on ne pouvait passer sans les fouler. Comme une multitude d'habitants venaient à nous, je postai des Espagnols dans les rues où ils passaient afin que nos alliés ne s'acharnassent point sur les tristes débris de cette grande population. Je recommandai bien aux capitaines de nos Indiens qu'ils veillassent à ce que leurs gens ne tuassent plus personne; vaine recommandation; ce jour-là, ils en tuèrent encore et sacrifièrent plus de quinze mille.

Les principaux gens de guerre de la ville cherchaient encore à faire bonne contenance, ils se dissimulaient dans les coins sur les plates-formes des maisons, et jusque dans l'eau pour nous cacher leur maigreur et leur misère. Voyant qu'il se faisait tard et qu'ils ne se rendaient pas, je fis avancer les deux grosses pièces; mais ils avaient plus à craindre de la cruauté des Indiens que de nos deux machines et personne ne bougea. Je fis alors tirer le coup d'escopette; à ce bruit, la petite place où les ennemis s'étaient groupés fut prise en quelques instants; on jeta ceux qui l'occupaient dans l'eau, d'autres se rendirent sans combattre et les brigantins pénétrèrent dans le petit golfe, au milieu de la flotte des canoas montées par des gens de guerre qui n'osaient même plus combattre.

Sur ces entrefaites, il plut à Dieu qu'un capitaine de brigantin nommé Garci-Holguin arrivât sur une canoa où il lui parut qu'il y avait des gens de marque ; comme il avait à l'avant du navire deux ou trois arbalétriers qui mettaient en joue les gens de la canoa, ceux-ci firent signe de ne pas tirer, que l'empereur était là. Mes hommes sautèrent dans la canoa où ils s'emparèrent de Guatimozin, du roi de Tacuba et d'autres grands seigneurs qui les accompagnaient. Le capitaine Holguin m'amena aussitôt sur la plate-forme de la maison où je m'étais retiré et qui était près du bassin, le jeune empereur et ses autres prisonniers. Comme je le fis asseoir et lui montrai la plus grande bienveillance, il vint à moi et me dit qu'il avait fait tout ce qu'il était en son pouvoir pour se défendre lui et les siens, et, mettant la main sur mon poignard : « Tue-moi », dit-il ; je le consolai, lui disant qu'il n'avait rien à craindre.

Grâce à Dieu, l'empereur étant prisonnier, la guerre fut terminée ce jour, 13 août 1521, fête de Saint-Hippolyte, de façon que nous employâmes soixante et quinze jours au siège de cette ville, pendant lesquels Votre Majesté a pu juger des travaux, fatigues et dangers encourus par ses sujets, et pendant lesquels ils se distinguèrent en hommes que les œuvres recommandent à la postérité.

Pendant ces soixante et quinze jours, pas un seul, sans une escarmouche ou un combat. Le jour de la prise de Guatimozin et de la reddition de la ville, nous recueillîmes les dépouilles et nous retournâmes à nos quartiers, rendant grâces à Dieu pour tant de faveurs et pour la victoire signalée qu'il nous accordait.

Je restai trois jours dans mon camp, m'occupant des choses courantes ; après quoi je me rendis à Culuacan où je suis resté, pour procéder à l'organisation et à la pacification de la contrée.

Ayant fait inventaire de l'or et autres choses précieuses en présence des officiers de Votre Majesté, je fis fondre le tout, dont l'ensemble équivalut à plus de cent trente mille castellanos, dont le cinquième fut livré au trésorier de Votre Majesté, sans compter le cinquième d'autres valeurs appartenant à Votre Majesté, tant en esclaves qu'en autres objets, ainsi qu'il sera relaté dans un rapport contresigné par les officiers de la couronne. Le reste de l'or fut réparti entre moi et les Espagnols, suivant le grade et la qualité de chacun d'eux. Outre l'or, il y eut diverses pièces et bijoux, dont le cinquième, des plus précieux, fut attribué à Votre Majesté.

Parmi ces dépouilles, nous eûmes de grands disques d'or, des panaches et des ouvrages en plumes, choses à tel point merveilleuses, que je ne saurais les dépeindre et qu'on ne pourrait les apprécier sans les voir. Ce sont choses si précieuses qu'elles ne sauraient être soumises au partage, toutes étant dignes d'être offertes à Votre Majesté. Je réunis donc mes camarades et je les priai de trouver bien que faisant abandon de nos parts, toutes appartinssent à Votre Altesse. Ils y consentirent sur l'heure et nous les adressons à Votre Majesté par les envoyés que les conseillers de cette Nouvelle-Espagne ont chargés de ces présents.

Comme la ville de Mexico était la plus grande et la plus puissante de toutes ces contrées, la nouvelle de la conquête de cette ville fut aussitôt connue du roi d'une grande province située à soixante-dix lieues de Mexico, appelée Michoacan. Mis au courant de la destruction de ce puissant empire, le seigneur de Michoacan pensa que nous poursuivrions le cours de nos succès et, de crainte de subir le même sort que les Mexicains, il m'envoya des ambassadeurs pour me dire, qu'ayant appris que nous étions les sujets d'un grand monarque, il était tout disposé lui et les siens à se tenir pour nos amis et vassaux de Votre Altesse. Je lui répondis qu'en vérité, nous étions tous les sujets d'un grand prince, Votre Majesté, que nous faisions la guerre à qui ne le reconnaissait pas pour maître et que lui et les siens avaient eu raison de se déclarer ses vassaux. Comme depuis quelque temps, j'avais eu certains renseignements sur la mer du sud, je demandai à ces ambassadeurs si de chez eux on pouvait s'y rendre? Ils me dirent que oui; je les priai donc d'emmener avec eux deux de mes Espagnols afin que je pusse envoyer à Votre Majesté des informations sur leur pays et sur cette mer. Ils me répondirent qu'ils le feraient avec plaisir, mais que, pour arriver jusqu'à la mer, il fallait traverser la province d'un grand seigneur avec lequel ils étaient en guerre; que par conséquent, il était impossible d'y arriver pour le moment. Ces ambassadeurs du roi de Michoacan restèrent auprès de moi trois ou quatre jours : je fis manœuvrer devant eux ma cavalerie, afin qu'ils en parlassent à leur maître, et leur ayant offert divers présents, je les renvoyai, accompagnés de mes deux Espagnols, à leur province de Michoacan.

Comme je l'ai dit dans le précédent chapitre, Très Puissant Seigneur, j'avais reçu quelques notices, assez vagues, touchant cette mer du sud, et l'on m'avait dit, de part et d'autre, qu'elle se trouvait à douze, treize ou quatorze journées d'ici. J'avais fort à cœur de la découvrir, pensant rendre à Votre Majesté le plus grand et le plus signalé service; car tous ceux qui ont quelque savoir et quelque expérience de la navigation dans les Indes, tiennent pour certain que cette découverte entraînerait celle de beaucoup d'îles riches en or, perles, pierres précieuses et épicerie, sans parler de la découverte de beaucoup d'autres choses inconnues et admirables. Les personnes lettrées et les cosmographes les plus érudits affirment la même chose. Poussé par ce désir et par la grande ambition de rendre à Votre Majesté un service mémorable, j'envoyai quatre Espagnols, dont deux par une province et deux par une autre, en leur traçant la route qu'ils avaient à suivre et leur donnant pour guides des personnes choisies parmi nos alliés indiens. Ils partirent.

Je leur recommandai de ne point s'arrêter qu'ils n'arrivassent à la mer, et, qu'aussitôt découverte, ils en prissent officiellement possession au nom de Votre Majesté. Deux d'entre eux parcourrurent plus de cent trente lieues, au travers de belles et riches provinces sans rencontrer d'obstacles, atteignirent les rivages de cette mer et en prirent possession en érigeant des croix sur ses bords. Ils revinrent avec un rapport sur leur découverte, me donnèrent sur toutes choses les plus grands détails et m'amenèrent divers individus des naturels du pays. Ils m'apportaient aussi de fort beaux échantillons d'or, pris dans les mines de ces provinces, qu'avec d'autres échantillons de même nature j'ai l'honneur d'envoyer à Votre Majesté. Les deux autres Espagnols tardèrent davantage, car ils eurent à parcourir plus de cent cinquante lieues avant d'arriver à la mer dont ils prirent également possession ; ils m'apportèrent aussi une longue relation de leur voyage et m'amenaient des naturels de la côte. Je les reçus fort gracieusement, et après leur avoir parlé de la grande puissance de Votre Majesté et leur avoir donné quelques présents, ils s'en retournèrent fort satisfaits dans leur pays.

Dans ma précédente relation, Seigneur Très Catholique, je racontais à Votre Majesté, comment, à l'époque où les Mexicains nous chassèrent de leur ville, toutes les provinces sujettes de Muteczuma s'étaient révoltées et nous avaient déclaré la guerre. Cette nouvelle relation apprendra à Votre Majesté comment nous avons remis sous son joug toutes ces provinces. Pour certaines autres qui s'étendent du côté de la mer du nord, à dix, quinze et trente lieues d'ici, elles s'étaient soulevées aussitôt après la révolte de Mexico, et les habitants avaient tué par surprise et trahison plus de cent Espagnols ; la guerre de Mexico m'absorbant tout entier, il m'avait été impossible jusqu'alors de rien entreprendre contre eux. Mais, sitôt après avoir expédié les Espagnols pour la mer du sud, je résolus d'envoyer Sandoval, le grand alguazil, avec trente-cinq chevaux, deux cents fantassins, quelques milliers de nos amis et des chefs mexicains contre ces provinces, qui s'appellent Tatactetelco, Tuxtepec, Huatuxco et Aulicaba, et lui traçant la conduite qu'il avait à suivre dans cette expédition, nous commençâmes à la préparer.

A cette époque, le lieutenant que j'avais laissé en la ville Segura de la Frontera, dans la province de Tepeaca, vint à Culuacan pour me dire que les gens d'une province appelée Oaxaca faisaient la guerre et causaient de grands dommages aux habitants de Tepeaca, parce qu'ils étaient nos amis et sujets de Votre Majesté ; qu'il fallait non seulement remédier à cet état de choses, mais s'emparer de cette province d'Oaxaca qui se trouvait sur le chemin de la mer du sud ; conquête utile de ce côté, mais plus avantageuse encore pour d'autres raisons que j'expliquerai plus tard à Votre Majesté. Ce même lieutenant me dit qu'il connaissait bien le pays et qu'avec fort peu de gens, il se chargeait de le soumettre. Pendant que j'étais occupé au siège de Mexico, il avait déjà parcouru cette province, poussé par les gens de Tepeaca qui le pressaient de faire la guerre à ses habitants; mais comme il n'avait que vingt ou trente Espagnols, il avait été forcé de revenir.

A la suite de ce rapport, je donnai à mon lieutenant douze chevaux et quatre-vingts Espagnols; Gonzalo de Sandoval et le lieutenant partirent avec leurs hommes, de cette ville de Culuacan, le 30 octobre de l'année 1521. Arrivés tous deux à la province de Tepeaca, ils firent chacun la revue de leurs troupes, et chacun tira de son côté. Au bout de vingt jours, Sandoval m'écrivit comment il était arrivé dans la province de Guatuxco et que, quoiqu'il eût grande envie de se mesurer avec les ennemis, parce qu'ils étaient de vaillants guerriers et qu'ils avaient une armée nombreuse, il avait plu à Notre Seigneur que tous le reçussent en paix; et que, tout en n'ayant point encore visité les autres provinces, il pouvait m'assurer que tous les habitants viendraient jurer obéissance à Votre Majesté. Au bout de quinze jours, j'eus d'autres lettres dans lesquelles il me disait qu'il avait poussé plus avant, que toute la contrée était en paix, mais que pour s'en assurer la possession il serait bon d'y établir une colonie comme nous en avions déjà parlé, et que je prisse une résolution à ce sujet. Je lui répondis, le remerciant de tout ce qu'il avait fait dans cette expédition pour le service de Votre Majesté, et j'approuvai complètement son projet de colonie. Je lui disais d'en établir une en la province de Tuxtepec et qu'il l'appelât Médellin. Sur ce, je lui envoyai les nominations d'alcades, régidors et autres officiers, en leur rappelant ce qu'ils devaient au service de Votre Majesté et avec quelle mansuétude ils devaient traiter les Indiens.

Le lieutenant de la ville Segura de la Frontera, partit avec ses hommes et une foule d'Indiens des environs, pour la province d'Oaxaca. Les naturels résistèrent; on se battit deux ou trois fois et l'on fit la paix. Il me rendit compte en détail de toutes ces affaires et me fit savoir que la terre y était fertile, le sol riche en mines, et il me fit parvenir un singulier échantillon d'or, que j'envoie à Votre Majesté. Puis, il resta dans la province pour y faire ce que je lui ordonnerai.

Ayant donné les ordres touchant ces deux conquêtes où tout se passait le mieux du monde; ayant déjà peuplé trois villes d'Espagnols et en ayant à Culuacan une foule à ma disposition, nous cherchâmes en quelle partie des bords de la lagune nous pourrions jeter les fondements d'une ville qui assurât la paix et la tranquillité du pays. Et en voyant détruite cette ville de Mexico, si belle, si grande et si célèbre dans ce nouveau monde, il nous parut bien de la repeupler.

Je répartis donc les emplacements à ceux qui désirèrent l'habiter; je nommai les alcades et les corrégidors selon la coutume de vos royaumes, et en attendant que les maisons se bâtissent, nous continuâmes de résider dans la ville de Culuacan. Depuis quatre ou cinq mois qu'on s'occupe des constructions de la ville de Mexico, elle prend fort belle tournure : je puis assurer Votre Majesté, que chaque jour elle devient plus magnifique, et que, si dans le passé elle fut la reine de ces provinces, elle le sera de même dans l'avenir. Les constructions se font de telle sorte, que les Espagnols s'y trouvèrent en toute sûreté et parfaitement à l'abri des attaques des Indiens.

Sur ces entrefaites, le cacique de Téhuantepec qui se trouve sur la mer du sud, où la découvrirent mes Espagnols, m'envoya plusieurs de ses principaux officiers pour me dire qu'il se déclarait sujet de Votre Majesté ; il m'envoyait en même temps un présent de bijoux, de pièces d'or et d'étoffes de plume, que je remis au trésorier de Votre Majesté ; je remerciai fort ces personnages, leur fis à mon tour présent de certaines choses d'Espagne et les renvoyai très satisfaits.

Les deux Espagnols que j'avais envoyés dans le Michoacan revinrent à cette époque; les messagers du roi m'avaient dit que par là, on pouvait aussi arriver à la mer du sud, mais en traversant les terres de l'un de ses ennemis; les Espagnols me ramenaient un frère du roi de Michoacan accompagné de grands seigneurs et d'un cortège de plus de mille personnes; je les reçus avec la plus grande affabilité. Ils m'apportaient pour Votre Majesté, de la part de leur maître appelé Calcuçin, de grands boucliers d'argent et autres objets précieux, que je remis au trésorier de Votre Altesse. Pour leur donner une idée de notre manière de combattre, je fis manœuvrer ma cavalerie sur la place; mon infanterie se mit en ordre de bataille avec les arquebusiers qui déchargèrent leurs armes, pendant que je faisais tirer à boulet sur l'une des pyramides; ils furent émerveillés de voir courir les chevaux, comme des effets produits par l'artillerie. Je leur fis ensuite visiter les ruines de Mexico, et ils restèrent absolument stupéfaits à la vue de cette ville si naturellement fortifiée au milieu de la lagune. Au bout de quatre ou cinq jours, je les renvoyai chargés de présents choisis parmi les choses qu'ils estimaient le plus, pour leur maître et pour eux.

J'ai déjà parlé à Votre Majesté de la rivière Panuco, qui se trouve à environ cinquante ou soixante lieues sur la côte, au nord de la ville de la Veracruz, où les navires de Francisco de Garay s'étaient rendus deux ou trois fois, et où ils avaient été fort mal accueillis des naturels par la faute des capitaines chargés de traiter avec les Indiens. Depuis, ayant su que toute cette côte manque de ports et que celui de cette rivière est le meilleur; ayant appris que les habitants de cette province, après s'être déclarés sujets de Votre Majesté, faisaient maintenant la guerre à nos amis : j'avais résolu d'envoyer là-bas l'un de mes lieutenants avec quelques troupes pour pacifier le pays. Je voulais également, si le milieu s'y prêtait, y établir une colonie et fonder une ville sur le bord de cette rivière, ce qui assurerait notre domination sur toute la contrée. Je pensais bien que nous étions peu nombreux, que nos forces étaient divisées en plusieurs corps, et cela me faisait hésiter à m'affaiblir encore par l'envoi de nouvelles troupes; mais comme depuis la prise de Mexico, j'avais reçu de nouveaux renforts, et qu'il s'agissait de secourir des alliés, je fis préparer vingt-cinq chevaux et cent cinquante fantassins que je confiai à l'un de mes lieutenants pour se rendre au Panuco.

Pendant que je m'occupais de cette affaire, je reçus une lettre de la Veracruz qui m'apprenait l'arrivée en cette ville d'un navire dans lequel venait Cristobal de Tapia, commissaire général des colonies de la Nouvelle-Espagne, de qui je reçus une lettre le jour suivant, dans laquelle il me faisait savoir qu'il était chargé par mandat de Votre Majesté de prendre en main le gouvernement de la colonie, qu'il avait ses pouvoirs et qu'il ne les exhiberait qu'en ma présence. Il désirait que ce fût le plus tôt possible; mais ses chevaux étant fatigués par la traversée, il ne s'était pas encore mis en route. Il me priait donc de décider s'il devait venir à Mexico, ou si je voulais le rejoindre à la côte.

Au reçu de cette lettre, je lui répondis que je me réjouissais de sa venue; qu'il ne pouvait m'être envoyé une personne chargée par Sa Majesté de gouverner ces contrées dont j'éprouvasse une plus grande satisfaction, tant pour l'estime que nous avions l'un pour l'autre que pour l'amitié qui nous avait unis, comme habitants et voisins dans l'île Espagnola. J'ajoutais que la pacification de ces provinces n'était pas assez complète pour qu'on ne pût craindre, à la première occasion, quelques mouvements chez les Indiens; que je priais le père Pedro Melgarejo de Urrea, aumônier de l'expédition, qui avait partagé tous nos travaux, et connaissait à fond l'état des choses, qui avait bien mérité de Sa Majesté par son dévouement et de chacun de nous par ses conseils et sa prédication, de se rendre auprès de Tapia, de lui demander les pouvoirs de Votre Majesté, et qu'étant de ceux qui connaissaient le mieux ce qui convenait à votre royal service et au bien de ces contrées, il se conduisît avec Tapia, comme il le jugerait convenable, sachant que je ne pourrais qu'approuver ce qu'il aurait fait. Je lui fis ces recommandations sur lesquelles j'appuyai fort, en présence du trésorier de Votre Majesté.

Il partit pour la Veracruz où se trouvait Tapia; et pour que, soit à la ville, soit toute autre part, où l'on rencontrerait le commissaire général, on lui fît l'accueil le plus gracieux, j'adjoignis au révérend père deux ou trois personnages distingués de mon entourage. Ils se mirent en route et j'attendis leur réponse.

Entre temps, je m'occupai de mon expédition à la côte et d'affaires diverses touchant au service de Votre Majesté et à la pacification de ces provinces; quand, dix à douze jours plus tard, la cour de justice et le conseil municipal de la Veracruz m'écrivirent que Tapia avait exhibé les pouvoirs de Votre Majesté et la nomination de ses gouverneurs; qu'ils s'étaient inclinés avec tout le respect qu'ils devaient; quant à leur accomplissement, ils avaient répondu que la majorité du conseil municipal étant de mes amis, et s'étant trouvés pour la plupart au siège de Mexico, en ma compagnie, ils feraient ce qui serait le plus avantageux pour le service de Votre Majesté, et le bien de ce pays; que cette réponse avait indisposé Tapia et qu'il avait tenté des choses ridicules. Cette affaire me tenant fort à cœur, je répondis à mes gens de n'avoir égard qu'au service de Votre Majesté, de faire ce qu'ils pourraient pour contenter le sieur Tapia et d'éviter toute difficulté; que du reste j'étais en route pour m'entendre avec le commissaire général et me conformer aux ordres de Votre Majesté.

J'étais donc en partance pour la Veracruz après avoir arrêté le départ de mes troupes pour le Panuco, parce que, m'absentant de Mexico, il me fallait y laisser une forte garnison, quand les membres du conseil de cette Nouvelle-Espagne vinrent s'opposer à mon départ, disant que cette province de Mexico n'étant conquise et pacifiée que depuis peu, ne manquerait point de se révolter pendant mon absence, d'où il s'en pourrait suivre de grands dommages pour Votre Majesté et de grands troubles dans le pays. Dans leur protestation, ils apportaient une foule de causes et de raisons pour me convaincre : disant qu'il était intempestif pour moi d'abandonner la ville en ce moment; ils ajoutaient qu'ils iraient eux-mêmes, munis de pouvoirs, trouver Tapia à la Veracruz; qu'ils examineraient les mandats de Votre Majesté et se conformeraient pour le mieux aux ordres de Votre Altesse. Cette combinaison me paraissant la plus pratique, je remis à nos procureurs une lettre pour Tapia, lui racontant ce qui s'était passé et lui disant que j'envoyais mes pouvoirs à Gonzalo de Sandoval, grand alguazil, à Diego de Soto et à Diego de Valdenebro qui se trouvaient à la Veracruz, pour qu'en mon nom et conjointement avec les membres du conseil municipal de la ville et ceux des villages environnants, tous gens de bien, ils les examinassent et fissent au mieux pour le service de Votre Majesté et l'intérêt de la colonie.

Ayant rencontré le sieur Tapia en route pour Mexico en compagnie du moine Pedro, ils l'engagèrent à se retourner; tous alors revinrent à Cempoal où Cristobal de Tapia présenta les pouvoirs de Votre Majesté devant lesquels ils s'inclinèrent tous avec le respect qui se doit aux ordres de Votre Majesté; quant à l'exécution de ces ordres, ils firent devant Votre Altesse les mêmes protestations touchant les intérêts que cela pourrait compromettre, comme je l'ai déjà expliqué ci-dessus, et ils en firent dresser procès-verbal par le notaire public. Après plusieurs autres réclamations et actes divers passés entre mes chargés de pouvoir et le commissaire général, celui-ci s'embarqua sur le navire qui l'avait amené ainsi que tous le lui avaient conseillé; parce que sa présence seule et le bruit répandu qu'il venait comme gouverneur et capitaine général de ces contrées avait déjà jeté le trouble parmi les Indiens.

Les gens de Mexico s'étaient entendus avec les naturels de différentes provinces pour se soulever et nous écraser tous à la fois, et si la conjuration eût réussi, nous tombions dans un état pis que jamais. Il avait donc été convenu, entre les Indiens de Mexico et ceux de la province que Sandoval était allé pacifier, qu'on viendrait me trouver en toute hâte pour m'annoncer qu'une vingtaine de navires croisaient sur la côte, chargés de troupes mais n'osant aborder; que ce ne pouvaient être que des ennemis, et que si je voulais m'assurer du fait ils seraient prêts à me suivre comme alliés. Pour me convaincre, ils m'apportaient une carte où les navires se trouvaient dessinés. Comme toutes ces communications me furent faites en secret, je compris qu'elles étaient fausses, et qu'on cherchait à m'attirer en dehors de la province. Les principaux conjurés avaient su que je devais quitter Mexico et, me voyant y rester, avaient imaginé ce moyen pour m'en éloigner. Je dissimulai pour le moment, mais plus tard je fis arrêter les plus compromis, de manière que l'arrivée de Tapia, son ignorance des gens et des choses causa de grands troubles et sa présence y eût causé le plus grand mal si Dieu n'y eût remédié. Il eût rendu de bien plus grands services à

Votre Majesté dans l'île Espagnola, en retardant sa venue, en consultant Votre Majesté après lui avoir exposé l'état des choses, qu'il devait connaître par les navires que j'avais envoyés dans l'île pour demander du secours. Il savait pertinemment que nous avions déjà paré au scandale produit par l'arrivée de la flotte de Narvaez qui m'avait été dûment expédiée par les gouverneurs et le conseil royal de Votre Majesté.

L'amiral, les juges et officiers de Votre Majesté qui résident en cette île Espagnola, avaient notamment insisté pour que le sieur Tapia retardât son départ pour la Nouvelle-Espagne jusqu'à ce que Votre Majesté fût informée de tout ce qui s'y était passé; et en effet, ils l'avaient empêché de partir. Mais lui, reprenant l'affaire en sous-œuvre, poussé par son intérêt propre, plus que par celui de Votre Majesté, réussit à faire lever l'interdiction et autoriser son départ. J'expose tous ces détails à Votre Majesté parce que, quand le sieur Tapia s'embarqua, nous ne fîmes aucune relation, car en vérité, nous n'aurions pu le charger de nos lettres; il faut aussi que Votre Majesté sache bien que nous avons agi pour le mieux de ses intérêts en refusant de recevoir le sieur Tapia, comme je le prouverai plus clairement, toutes et quantes fois il sera nécessaire.

Dans un précédent chapitre, j'ai dit à Votre Majesté comment le lieutenant que j'avais envoyé dans la province d'Oaxaca pour en faire la conquête, avait réussi et pacifié cette contrée, et qu'il était là-bas attendant mes ordres. Ayant besoin de lui comme alcade et lieutenant de la ville Segura de la Frontera, je lui dis de revenir et de remettre à Pedro de Alvarado les quatre-vingts hommes de pied et les dix chevaux que je lui avais donnés, pour qu'il allât conquérir la province de Tuxtepec qui se trouve à quarante lieues d'Oaxaca sur la mer du sud, dont les habitants nous avaient déclaré la guerre et faisaient beaucoup de mal à ceux qui s'étaient donnés pour sujets de Votre Majesté, ainsi qu'à leurs voisins de Tehuantepec, qui nous avaient laissé passer sur leurs terres, pour découvrir la mer du sud.

Pedro de Alvarado partit de Mexico le 31 janvier de cette année; les troupes que je lui confiai, jointes à celles d'Oaxaca, se montaient à quarante chevaux, deux cents fantassins, dont quarante arquebusiers et arbalétriers, et deux petites pièces de campagne. Vingt jours plus tard, je recevais des lettres d'Alvarado, me disant qu'il était en route pour Tuxtepec et s'était emparé de plusieurs espions de cette province. Il avait su par eux que le roi de Tuxtepec et ses gens l'attendaient dans la plaine, et leur avait dit que, pour lui, il ne s'était mis en route que pour conclure un traité de paix et que pour l'imposer; il avait, outre ses Espagnols, une multitude de guerriers indiens. J'attendais avec impatience la conclusion de cette affaire, quand le 4 de mars je recevais des lettres d'Alvarado, me disant qu'il avait pénétré dans la province, que trois ou quatre villages avaient fait un semblant de résistance, et qu'il était entré dans la ville de Tuxtepec où il avait été fort bien accueilli. Le cacique lui avait offert de vastes maisons couvertes en chaume pour loger ses troupes, mais comme elles lui parurent fort incommodes pour la cavalerie, il avait préféré s'installer dans un autre endroit de la ville moins accidenté. Il avait surtout opéré ce changement, parce qu'il avait appris qu'il devait être massacré lui et les siens, de la manière suivante : tous les Espagnols se trouvant logés dans ces grandes maisons, on devait y mettre le feu au milieu de la nuit et les brûler vifs. Il avait grâce à Dieu découvert le complot, n'en avait rien laissé voir, mais avait emmené avec lui, le cacique et son fils, qu'il gardait comme otages, et dont il s'était fait remettre vingt-cinq mille castellanos; d'après renseignements, ce cacique devait avoir un grand trésor. La province, du reste était aussi tranquille que possible; les affaires et le marché se tenaient comme d'habitude, le sol était riche en mines d'or et l'on en avait extrait en sa présence un échantillon qu'il m'envoya. Trois jours après il s'était rendu aux bords de la mer dont il avait pris possession au nom de Votre Majesté; là aussi on avait pêché des perles qu'il me fit parvenir et que j'envoie à Votre Altesse avec l'échantillon d'or.

Cette négociation, grâce à Dieu, était en bonne voie, favorisant le désir que j'ai de servir les intérêts de Votre Majesté dans cette mer du sud; et je prête à cette affaire une telle importance que j'ai mis toute diligence à faire construire dans l'un des ports nouvellement découverts, deux petites caravelles et deux brigantins; les caravelles, pour aller à la découverte, les brigantins pour reconnaître la côte. Dans ce but, j'ai envoyé une personne de marque, avec quarante Espagnols, manœuvres, charpentiers, scieurs de long, marins et forgerons; j'ai fait envoyer de la Veracruz, des clous, des ferrures, des voiles et tous autres objets nécessaires à la construction de ces navires, et l'on fera toute diligence pour les achever et en opérer le lancement; ce qui sera, j'ose l'assurer à Votre Majesté, un des événements les plus importants depuis la découverte des Indes.

Lorsque je me trouvais à Tezcoco, avant d'entreprendre le siège de Mexico, tout occupé d'en préparer les moyens, et loin de soupçonner qu'on pût tramer quelques complots contre ma personne, je fus averti que les amis de Diego Velazquez, qui se trouvaient en ma compagnie, avaient juré de me tuer et avaient déjà choisi leur capitaine, l'alcade, le grand alguazil et leurs autres officiers. Il fallait étouffer cette affaire aussitôt que possible, car outre le scandale qui en rejaillirait sur ma personne, il était clair que pas un Espagnol n'eût échappé vivant à la suite d'un tel complot. Partout les Indiens se seraient révoltés, et nous n'eussions pas seulement eu affaire à nos ennemis, nos alliés eux-mêmes eussent été les premiers à nous attaquer. A la découverte d'une aussi grande trahison, je remerciai Dieu qui est notre recours en toutes choses. Je fis saisir le principal conjuré qui avoua immédiatement avoir, en participation de telles personnes qu'il me nomma, conspiré contre ma vie, pour s'emparer du gouvernement en faveur du Diego Velazquez; qu'il avait en effet nommé un capitaine, un alcade et qu'il était lui-même le grand alguazil chargé de s'emparer de ma personne et de me tuer. Il comptait un grand nombre de complices, dont il avait la liste, liste que l'on trouva déchirée dans la chambre. La conjuration n'avait point été organisée à Tezcoco, mais remontait à notre séjour à Tepeaca où il en avait jeté les bases.

Après la confession de ce malheureux, qui se nommait Antonio de Villafaña, natif de Zamora, confession qu'il renouvela, l'alcade et moi le condamnâmes à mort et il fut exécuté.

Il y avait d'autres conjurés bien coupables, dont je feignis d'ignorer les noms et je ne requis point contre eux. Ils ne me tinrent cependant que peu de compte de ma clémence; car depuis lors, ces partisans de Velazquez m'ont tendu diverses embuches, et ont cherché à me déconsidérer en secret, de sorte que j'avais plus à me garder d'eux que de mes ennemis indiens. Mais Dieu a ménagé les choses de telle façon, que sans avoir recours à aucune mesure violente, j'ai pu conserver la paix et la tranquillité. Mais si à l'avenir pareil fait se renouvelait, je punirais selon toute justice.

Depuis la prise de Mexico, Don Fernando, roi de Tezcoco, mourut à Culuacan, ce dont nous éprouvâmes tous la plus grande douleur, car il était un fidèle serviteur de Votre Majesté et notre meilleur ami. D'après l'avis et l'assentiment des principaux habitants de la ville, nous lui donnâmes pour successeur l'un de ses plus jeunes frères, que nous baptisâmes sous le nom de Don Carlos. Il suivra, autant que nous en pouvons juger, les traces de son frère, car il se plait beaucoup en notre société.

Dans une relation précédente, je disais à Votre Majesté, que près des provinces de Tlascala et de Guajocingo, s'élevait une montagne ronde, très haute d'où sortait continuellement une colonne de fumée qui s'élançait comme une flèche droit au ciel. Les Indiens nous disant que les abords en étaient très dangereux et que ceux qui voulaient y monter en mouraient, j'engageai certains de mes Espagnols à visiter cette montagne. Au moment où ils tentaient l'ascension, la fumée s'échappait avec un tel bruit, qu'ils n'osèrent ni ne purent arriver au sommet. Je fis partir d'autres hommes, et deux fois ils parvinrent à la bouche de la montagne d'où sortait la fumée. Cette bouche a en largeur deux portées d'arbalète, car elle a de tour près de trois quarts de lieue; elle a une telle profondeur qu'on ne voit pas le fond, et tout autour on trouve du soufre que dépose la fumée. Une fois arrivés, mes hommes entendirent un bruit formidable; ils se hâtèrent de descendre, mais ils n'étaient pas arrivés à la moitié de la descente qu'ils furent assaillis par une pluie de pierres et coururent les plus grands dangers. Les Indiens considérèrent cette expédition des Espagnols comme un véritable exploit.

Dans une de mes lettres, je disais à Votre Majesté que les habitants de ce pays me paraissaient beaucoup plus intelligents que ceux des îles, et que pour cette raison, il me paraissait injuste de les astreindre aux mêmes travaux que ceux des îles; et cependant, sans ce travail, les conquérants et les colons de cette Nouvelle-Espagne ne pourraient vivre. Et pour ne pas assujétir ainsi les Indiens sans que les Espagnols eussent à en souffrir, j'ai pensé que Votre Majesté pourrait appliquer au secours de ces Indiens une partie des rentes qui appartiennent à Votre Altesse, et que ces ressources leur fussent distribuées de la manière la plus équitable, comme j'en ai parlé plusieurs fois à Votre Majesté; mais, vu les grandes et continuelles dépenses qu'entraîne le service de Votre Majesté, dépenses que nous devrions restreindre au lieu de les augmenter; vu le temps qui s'est écoulé dans cette longue campagne, les dettes que nous avons contractées à ce sujet et le retard apporté dans les affaires par les ordres attendus de Votre Majesté; et vu surtout les exigences des officiers de Votre Majesté et de tous les Espagnols, exigences auxquelles je ne pouvais me refuser; je me suis trouvé forcé de livrer aux mains de mes compagnons les naturels et les seigneurs de ces contrées, pour que, jusqu'à nouvel ordre de votre part, ces naturels et leurs seigneurs livrassent aux Espagnols dont ils devenaient les serviteurs, tout ce qui était nécessaire à leur subsistance. Je pris ces décisions sur l'avis de personnes intelligentes et qui avaient l'expérience des choses du pays; et l'on ne pouvait prendre une mesure qui fût plus à propos, tant pour l'entretien des Espagnols, que pour le maintien et le bon traitement des Indiens, suivant ce qu'auront à l'expliquer plus au long à Votre Majesté, les procureurs qui vont partir de la Nouvelle-Espagne. Pour les habitations et fermes destinées à Votre Majesté, nous avons choisi dans les provinces les plus riches et parmi les villes les plus belles. Je supplie Votre Majesté de vouloir bien approuver ce que j'ai cru devoir faire et me mander ce qui lui plaira le mieux.

Seigneur très Catholique : que Dieu, Notre Seigneur, conserve la vie et les États de votre personne royale, étende et accroisse le nombre de ses royaumes et seigneuries, autant que votre royal cœur peut le désirer. De la ville de Culuacan, de cette Nouvelle-Espagne de la mer Océane, le 15 mai de l'année 1522. Très Puissant Seigneur, je suis, de Votre Majesté Impériale, le très humble serviteur et sujet qui baise les pieds et les mains de Votre Majesté.

Très Puissant Seigneur, Fernand Cortes, capitaine et chef de justice de cette Nouvelle-Espagne de la mer océane, envoie à Votre Majesté Impériale une relation sur les événements qui se sont passés dans ces contrées, que nous, officiers de Votre Majesté Catholique, venons certifier vraie et telle que nous aurions pu la rédiger nous-mêmes, n'ayant rien à y ajouter, et nous en remettant à ce que vous écrit le capitaine.

Très Catholique et Victorieux Seigneur, que Dieu conserve la vie de Votre Royale Personne, conserve et accroisse le nombre de ses royaumes et seigneuries autant que son cœur royal peut le souhaiter.

De la ville de Culuacan, le 15 de mai 1522. Très Puissant Seigneur, nous sommes, de Votre Majesté, les très humbles serviteurs et sujets, qui baisons les pieds et les mains de Votre Majesté.

Julian Alderete, Alonzo de Grado,
Bernardino Vasquez de Tapia.

LETTRE QUATRIÈME

Que Don Fernand Cortes, gouverneur et capitaine général pour Sa Majesté, en la Nouvelle-Espagne de la mer Océane, envoya au Très Haut et Très Puissant et Glorieux Seigneur Don Carlos, Empereur toujours Auguste et Roi d'Espagne notre Seigneur.

Très Haut, Très Puissant, Très Excellent Prince, Empereur Invincible, Seigneur et Roi Très Catholique : dans la relation que j'envoyai à Votre Majesté par Juan de Ribera, au sujet des choses qui m'étaient arrivées depuis ma seconde lettre, je disais comment, pour amener au service de Votre Majesté les provinces de Guatusco, Tuxtepec et Guatasca et autres, voisines de la mer du nord, j'avais envoyé le grand alguazil avec un corps de troupe; ce qui lui était arrivé en chemin, comment je lui avais ordonné d'établir des colonies dans ces provinces et d'y fonder une ville qu'il appellerait Médellin. Il me reste à dire à Votre Altesse comment cette ville fut peuplée et comment fut pacifiée la contrée tout entière.

Je lui envoyai un renfort et lui ordonnai de suivre la côte jusqu'au Goatzacoalco, qui se trouve à cinquante lieues de la ville nouvellement fondée et à cent vingt lieues de Mexico, parce que, lorsque j'étais dans cette ville, du vivant de Muteczuma, cherchant à pénétrer tous les secrets de ce pays, pour en informer Votre Majesté, j'y avais envoyé Diego de Ordas qui était alors à Mexico. Les caciques et les naturels du pays l'avaient accueilli le mieux du monde et s'étaient déclarés vassaux et sujets de Votre Altesse. De plus, j'avais appris qu'à l'embouchure d'une grande rivière qui se jette à la mer, il y avait un fort bon port pour les navires. Ordas s'en était assuré en en faisant le tour; le pays lui avait paru tout à fait propre à l'établissement d'une colonie; et par suite de manque de havres sur cette côte, je désirais vivement en trouver un et y fonder une ville.

J'ordonnai donc à Gonzalo de Sandoval d'entrer dans la province, en se faisant précéder d'agents que je lui envoyai, chargés de dire aux habitants que le grand alguazil se rendait chez eux d'après mes ordres, et de leur demander s'ils se donnaient encore pour nos amis et les serviteurs de Votre Majesté. Ils devaient leur dire que la guerre que j'avais eue avec Mexico et ses alliés m'avait tellement occupé, que je n'avais pas eu le temps d'envoyer personne les visiter de ma part; mais que je les considérais toujours comme des amis et fidèles sujets de Votre Majesté, et que, comme tels, ils me trouveraient toujours prêts à les aider en quelques difficultés qu'ils se trouvassent, et que je leur envoyais de mes gens pour s'établir dans le pays. Sandoval et sa troupe se mirent en route et firent ce que je leur avais mandé; mais loin de trouver ces gens dans les mêmes dispositions, ils se heurtèrent à des hommes de guerre qui leur défendirent l'entrée du pays. Grâce à l'habileté de Sandoval l'affaire fut presque immédiatement terminée; car, dans un assaut de nuit, s'étant emparé d'un village, il y fit prisonnière une princesse à qui tout le monde obéissait. Celle-ci fit appeler les caciques et leur ordonna de faire tout ce que je commanderai de la part de Votre Majesté.

Mes hommes arrivèrent donc au Goatzacoalco et ils fondèrent à quatre lieues de l'embouchure de cette rivière, faute d'emplacement meilleur, une ville qu'ils appelèrent Espiritu Santo, où le grand alguazil séjourna jusqu'à ce qu'on eût pacifié et amené à l'obéissance de Votre Majesté Catholique, d'autres provinces environnantes, à savoir, la province de Tabasco sur le Grijalva, celle de Chimatlan, de Quechula, de Quezaltepec et autres de moindre importance dont je ne parlerai pas. Les Indiens de ces localités se mirent à la disposition des Espagnols, les ont servis et les servent encore à l'exception de ceux de Tabasco, de Cimatlan et de Quezaltepec qui se révoltèrent. Il y a un mois que j'ai envoyé un de mes lieutenants pour châtier cette rébellion et ramener ces Indiens à l'obéissance. Jusqu'à présent je n'en ai pas de nouvelles; je crois, grâce à Dieu, qu'ils feront une bonne besogne, car ils ont emmené de l'artillerie, de la cavalerie et des arbalétriers.

Dans la relation que vous a portée Juan de Ribera, Seigneur Très Catholique, je disais à Votre Majesté Impériale, qu'une grande province appelée Michoacan et dont le roi se nomme Catzolcin, m'avait envoyé des ambassadeurs pour s'offrir lui et ses sujets comme vassaux de Votre Césaréenne Majesté, et qu'ils m'avaient apporté divers présents que j'envoyai à Votre Majesté par les procureurs que j'avais expédiés de cette Nouvelle-Espagne. Je disais, d'après les renseignements reçus des Espagnols que j'avais envoyés là-bas, que la province du roi Catzolcin était grande et riche, et qu'ayant reçu des renforts en hommes et en chevaux, cette province étant voisine de Mexico, j'y avais envoyé soixante-dix cavaliers et deux cents fantassins, bien fournis d'armes et de munitions pour qu'ils parcourussent le pays et en étudiassent les ressources. Je voulais en même temps, que, s'ils trouvaient la contrée propice à une colonisation, ils s'établissent dans la ville principale, appelée Huicicila. Mes troupes furent bien accueillies par le roi et les habitants qui les installèrent dans les palais de la ville. Outre les vivres qu'on leur fournit en abondance, on leur donna pour plus de trois mille marcs d'argent mélangé de cuivre, et près de cinq mille piastres de lingots d'or mélangé d'argent, des étoffes de coton et autres objets de leur industrie. On en retira le cinquième pour Votre Majesté; le reste fut réparti entre les soldats de l'expédition. Le pays ne leur plaisant pas, plusieurs de mes hommes se refusèrent à y coloniser et se livrèrent à quelques mutineries; on en châtia un certain nombre et je fis revenir ceux qui se refusaient à rester; quant aux autres, je les envoyai sous les ordres d'un capitaine, à la mer du sud, où j'avais fondé une ville appelée Zacatula, située à cent lieues de Huicicila, où j'avais sur chantiers quatre navires destinés aux découvertes dans cette mer du sud, pour la plus grande gloire de Dieu, Notre Seigneur, et de Votre Majesté. En se rendant à la côte, mon capitaine et ses hommes entendirent parler d'une province appelée Coliman, assez éloignée du chemin qu'ils suivaient, à leur droite, c'est-à-dire au couchant et à cinquante lieues de là. Mon lieutenant s'y rendit sans me consulter, accompagné d'une nombreuse troupe des Indiens de Michoacan; il en parcourut diverses parties, où il eut quelques rencontres avec les habitants; et quoiqu'il eût avec lui quarante chevaux, plus de cent fantassins, arquebusiers et arbalétriers, il fut battu et dut se retirer après avoir perdu trois Espagnols et beaucoup d'Indiens; il se rendit alors à Zacatula. Lorsque je connus cette affaire, je me fis amener le lieutenant et le punis de son insubordination.

Dans ma précédente relation, je racontai à Votre Impériale Majesté que j'avais envoyé Pedro de Alvarado dans la province de Tututepec sur les bords de la mer du sud, comment il y était arrivé et s'était emparé du cacique et de son fils; je parlais aussi d'échantillons d'or et de perles qu'on lui avait remis. A cette époque, il n'avait pas d'autres nouvelles à me donner. Je dois dire aujourd'hui à Votre Grandeur, que, en réponse aux lettres qu'il m'avait écrites, je lui ordonnai de choisir un site convenable dans cette province, pour y former un établissement. En même temps, je fis passer à Tututepec les colons de la ville Segura de la Frontera parce que cette ville ne m'était plus d'aucune utilité. Ils s'en allèrent là-bas et appelèrent la nouvelle ville, Segura de la Frontera comme la précédente. Des Indiens d'Oaxaca, de Coatlan, de Coasclahuaca et de Tachquiaco, furent répartis entre les nouveaux habitants de cette ville, et s'empressèrent de les servir avec la meilleure volonté. Pedro de Alvarado en fut en mon lieu et place le chef-justice et le capitaine.

Pendant que je m'occupai de la conquête du Panuco comme je le dirai plus tard à Votre Majesté, les alcades et officiers municipaux de la nouvelle ville prièrent Alvarado de leur confier ses pouvoirs pour venir traiter avec moi au sujet de leurs intérêts; ce qu'il accepta. Les alcades et conseillers se liguèrent entre eux et au moyen de certaines manœuvres et malgré l'opposition du gouverneur qu'Alvarado avait nommé, ils abandonnèrent la ville et se transportèrent dans la province d'Oaxaca, ce qui fut cause des plus grands troubles dans cette province.

Le capitaine qui commandait la place me mit au courant de ce qui s'était passé; j'envoyai Diego Docampo, grand alcade, pour qu'il instruisît l'affaire, et châtiât les coupables. Ceux-ci, étant avertis, disparurent pendant plusieurs jours, mais pour tomber entre mes mains, de sorte que Diego Docampo ne put saisir que l'un des rebelles qu'il condamna à mort; celui-ci en appela près de moi; quand je pris les autres je les remis à l'alcade, qui les condamna également et qui en appelèrent aussi. La cause entendue, ils furent condamnés une seconde fois par devant moi, et, bien que leur faute fût très grave, considérant qu'ils avaient fait une longue prison préventive, je commuai la peine de mort en mort civile, qui comportait l'exil de ce pays, avec nouvelle condamnation s'ils y rentraient sans la permission de Votre Majesté.

Sur ces entrefaites, le cacique de Tututepec mourut; les Indiens de cette province et des lieux voisins se révoltèrent; j'envoyai contre eux Pedro de Alvarado et l'un des fils de leur cacique que j'avais en mon pouvoir. Il y eut diverses rencontres dans lesquelles nous perdîmes quelques Espagnols, mais Alvarado ramena ces Indiens au service de Sa Majesté; ils sont aujourd'hui pacifiques et tranquilles et se tiennent aux ordres des Espagnols. La ville cependant est restée déserte faute d'habitants et parce que je n'en avais nul besoin; mais domptés par le châtiment qu'ils ont reçu, ils viennent à cette ville sur simple avis.

Aussitôt après la prise de Mexico et de ses dépendances, deux provinces qui se trouvent à quarante lieues dans le nord et qui confinent à Panuco furent réunies à la couronne de Votre Majesté Impériale; ce sont les provinces de Tututepec et Metztithlan; la terre y est bonne et les gens du pays sont fort entraînés dans l'exercice des armes, par suite des ennemis qui les entourent. Comme rien ne les éloignait de Votre Majesté, ils m'envoyèrent des messagers pour se déclarer vos sujets et vassaux;

je les reçus en cette qualité au nom de **Votre Majesté**, et ils restèrent soumis jusqu'à l'arrivée de Tapia qui causa les troubles dont j'ai parlé. Alors, ceux-ci renoncèrent non seulement à leur obéissance, mais causèrent les plus grands dommages aux populations voisines restées fidèles à Votre **Majesté**; ils brûlèrent plusieurs villages et tuèrent un grand nombre de gens. Quoique, à cette époque, j'eusse peu de monde sous la main par suite de la division de mes forces, considérant combien il serait mauvais de les laisser persévérer dans cette voie, craignant que leurs voisins ne se joignissent à eux par terreur des dommages qu'ils en pourraient recevoir, et moi-même, fort peiné de leur conduite, j'envoyai un capitaine avec trente chevaux, cent fantassins, arquebusiers et arbalétriers accompagnés de milliers de nos amis indiens. Il y eut rencontres et batailles, dans lesquelles nous perdîmes deux Espagnols et quelques-uns de nos alliés. Grâce à Dieu ces gens demandèrent la paix et m'amenèrent leurs chefs auxquels je pardonnai, puisque c'étaient leurs sujets eux-mêmes qui me les avaient livrés. Plus tard, me trouvant dans la province de Panuco, les Indiens répandirent le bruit que je m'en retournais en Castille, ce qui causa une grande agitation. L'une de ces provinces, celle de Tututepec, se souleva de nouveau ; le cacique descendit de ses montagnes avec de nombreuses troupes, incendia plus de vingt villages de nos alliés, tua et s'empara d'une foule de gens. Je fus donc obligé de me retourner contre eux pour les soumettre; et, quoique dans le principe ils nous tuassent quelques Indiens de l'arrière-garde et que nous eussions perdu une douzaine de chevaux dans les âpres défilés des montagnes, je soumis la province, m'emparai du cacique, de son jeune frère et d'un capitaine préposé à la défense de la frontière. Je fis pendre le cacique et son capitaine, et tous nos prisonniers au nombre de deux cents furent marqués comme esclaves. Ils furent vendus à l'encan et le cinquième de la vente attribué à Votre Majesté; le reste fut réparti entre les soldats qui avaient fait la campagne, encore n'y eut-il pas de quoi payer le tiers de la valeur des chevaux perdus dans l'action, car, le pays étant fort pauvre, il n'y eut pas d'autre butin. Les autres habitants se soumirent et je leur donnai pour cacique le jeune frère de celui que j'avais pendu. Le pays étant fort pauvre, comme je l'ai dit, nous n'eûmes d'autre profit, dans cette affaire, que d'assurer notre sécurité en empêchant les naturels d'inquiéter leurs voisins; je crus même prudent d'y installer des Indiens amis d'autres provinces.

A cette époque, César Invincible, arriva au port et à la ville del Espiritu Santo dont j'ai fait mention plus haut, un tout petit navire qui venait de Cuba, ayant à bord un certain Juan Bono de Quéjo qui se trouvait comme commandant de navire dans la flotte de Panfilo de Narvaez. Selon ses dépêches, il était envoyé par don Juan de Fonséca, évêque de Burgos, qui croyait que Cristobal de Tapia, qu'il avait recommandé, était gouverneur de la Nouvelle-Espagne, et qu'il y résidait. Pour que la réception de son envoyé ne souffrît pas d'empêchement, comme il avait tout lieu de le craindre, il le fit passer par l'île de Cuba afin de s'entendre avec Diego Velazquez, qui lui donna le brigantin pour le transporter. Ce Juan Bono apportait une centaine de lettres de la même teneur signées de l'évêque Fonséca. Il y en avait aussi en blanc, pour distribuer aux personnes de la Nouvelle-Espagne à qui Juan Bono jugerait bon de les remettre, en leur disant qu'elles serviraient les intérêts de Votre Majesté en acceptant l'autorité de Tapia, leur promettant en outre mille faveurs. Il devait leur dire, qu'en continuant à m'obéir, elles allaient contre les intérêts de Votre Excellence, et autres propos destinés à provoquer le désordre. Il m'écrivait une lettre personnelle dans le même sens, me disant, qu'en reconnaissant Tapia je m'attirerais les bonnes grâces de Votre Majesté, que sinon, je pouvais le compter comme mon plus mortel ennemi.

L'arrivée de Juan Bono et les lettres qu'il apportait, causèrent une telle effervescence parmi mes gens, que si je ne les avais rassurés en leur en expliquant le but, leur disant qu'ils n'avaient rien à craindre de ces menaces, et que le plus grand service qu'ils pussent rendre à Votre Majesté, était de ne pas souffrir que l'évêque se mêlât de nos affaires, parce que son intention était de dissimuler la vérité à Votre Majesté et de lui arracher des faveurs sans qu'elle en sût le motif. J'eus donc toutes les peines du monde à les apaiser; d'autant plus que j'avais été informé, encore que je n'en fisse rien voir, que quelques-uns d'entre eux avaient émis l'idée que, puisqu'on ne payait leurs services que par des menaces, ils n'avaient, en ce cas, qu'à imiter les communes de Castille en se constituant en communes, jusqu'à ce que Votre Majesté fût informée de l'état des choses.

L'évêque avait un tel intérêt dans cette affaire, qu'il empêchait nos réclamations de parvenir jusqu'à Votre Majesté; il avait dans sa main les offices de commerce de Séville, où on maltraitait nos envoyés; on les dépouillait de leurs rapports, de leurs lettres et de leur argent, et l'évêque s'opposait à ce qu'on nous envoyât aucun secours d'hommes, d'armes ou de munitions.

Je fis donc savoir à mes hommes ce que je dis plus haut, ajoutant que Votre Majesté l'ignorait certainement; mais qu'ils devaient être persuadés qu'aussitôt que Votre Majesté saurait la vérité, ils seraient payés de leurs services et recevraient les récompenses que tout bon et loyal serviteur du roi mérite de recevoir.

Ils se rassurèrent, et furent très heureux des pouvoirs que Votre Grandeur a daigné me conférer, et servent avec un zèle que confirme le résultat de leurs travaux. Ils méritent donc que Votre Majesté les comble de grâces tant pour leurs services passés que ceux qu'ils désirent vous rendre encore; et j'en supplie très humblement Votre Majesté, l'assurant que, pour toute faveur accordée à mes camarades, j'éprouverais la même gratitude que si elle m'eût été accordée à moi-même; car, sans eux, quels services aurais-je pu rendre à Votre Majesté? Je supplie donc de nouveau Votre Altesse, de vouloir bien leur faire écrire pour les assurer que leurs services ont été appréciés et que les récompenses allaient suivre; car, outre le paiement d'une dette que leur doit Votre Majesté, ce sera les encourager à déployer pour l'avenir encore plus de zèle et de meilleure volonté.

Par suite d'une cédule que Votre Majesté voulut bien émettre sur la demande de Juan de Ribera touchant Francisco de Garay, j'ai compris que Votre Altesse avait été informée que j'étais sur le point de partir, ou d'envoyer des gens à la rivière Panuco, pour m'emparer de la province, parce qu'il y avait là un bon port et qu'on y avait massacré des Espagnols, tant de ceux qu'avait envoyés Francisco de Garay que d'autres appartenant à un navire qui vint échouer sur la côte et dont pas un n'avait échappé. Les Indiens vinrent plus tard me trouver pour se disculper, me disant qu'ils ignoraient que ces gens étaient de ma compagnie et que, d'ailleurs, ils en avaient été fort maltraités; mais que si je voulais leur envoyer des hommes de ma troupe, ils les recevraient avec plaisir, se mettraient à leur disposition, et qu'ils me seraient reconnaissants de les leur envoyer; ils craignaient, disaient-ils, que ceux qu'ils avaient battus, ne revinssent pour en tirer vengeance et comptaient sur mes Espagnols pour les défendre contre des voisins avec lesquels ils étaient en guerre. Quand les Indiens vinrent me trouver, je manquais d'hommes et je ne pus leur accorder ce qu'ils me demandaient, le leur promettant pour le plus tôt possible. Ils s'en retournèrent satisfaits, m'ayant amené comme sujets et vassaux de Votre Majesté, une douzaine de villages situés près de la frontière de Mexico.

Peu de jours après ils revinrent, me pressant de leur envoyer du monde pour coloniser chez eux, puisque j'en envoyais en d'autres provinces; ils avaient, disaient-ils, beaucoup à souffrir de leurs ennemis, ainsi que des Indiens de la côte qui leur en voulaient d'autant plus, qu'ils s'étaient déclarés mes alliés. Me trouvant quelques troupes sous la main, je résolus de remplir ma promesse et de fonder une colonie dans cette province. Je choisis donc l'un de mes lieutenants à qui je donnai l'ordre de se rendre au Panuco; lorsqu'au moment où il partait, j'appris par un navire qui arrivait de l'île de Cuba, que l'amiral Don Diego Colon et les gouverneurs Diego Velazquez et Francisco de Garay, réunis dans l'île de Cuba, s'étaient alliés avec mes ennemis, pour me faire tout le mal qu'ils pourraient. Voulant annuler leurs mauvais desseins et empêcher que leur arrivée ne causât des troubles comme il s'en était produit autrefois à l'arrivée de Narvaez, je résolus de laisser à Mexico une forte garnison, de me transporter moi-même à la côte, de manière qu'eux ou leurs envoyés me rencontrassent plutôt que tout autre, me croyant plus apte que personne à surveiller nos intérêts.

Je partis donc avec cent vingt chevaux, trois cents fantassins, de l'artillerie et quarante mille Indiens de nos alliés. Arrivé à la frontière des provinces mexicaines, à vingt-cinq lieues au moins du Panuco, près d'un grand village appelé Coscatlan, je fus attaqué par une forte armée indienne; comme j'avais moi-même une troupe nombreuse, que le terrain était propice à la cavalerie, le combat ne dura qu'un instant; et si j'eus quelques hommes et chevaux blessés et si l'on nous tua quelques-uns de nos amis, la rencontre coûta cher à nos adversaires qui perdirent des milliers des leurs. Je restai dans le village deux ou trois jours, tant pour soigner mes blessés que pour recevoir des envoyés d'Indiens qui venaient se déclarer sujets et vassaux de Votre Majesté. Ils me suivirent jusqu'au port, se mettant à ma disposition pour tout ce dont j'avais besoin, et pendant notre marche jusqu'au port, nous ne rencontrâmes pas un ennemi. Loin de là, nous ne trouvions que des gens venant implorer leur pardon et se mettre au service de Votre Altesse.

Arrivé à la rivière et au port, je m'arrêtai dans un village appelé Chila, à cinq lieues de la mer. Il était incendié et désert; c'était là que les Indiens avaient massacré le capitaine et les gens de Francisco de Garay. De là, j'envoyai des messagers de l'autre côté de la rivière chargés de dire aux habitants de grands villages qui se trouvent au milieu des lagunes, qu'ils n'avaient rien à craindre du passé, que je ne leur ferais aucun mal; que je savais bien que le village n'avait été détruit qu'à la suite d'une révolte, et que ce n'était point leur faute. Ils ne voulurent rien entendre, maltraitèrent mes envoyés et en tuèrent quelques-uns; et comme l'eau douce, dont nous nous approvisionnions, se trouvait de l'autre côté de la rivière, ils s'y mettaient en embuscade et attaquaient mes hommes. J'attendis près de quinze jours, pensant les amener à moi et qu'ils traiteraient mes gens comme je traitais les leurs. Mais ils avaient une telle confiance dans la force de leur position au milieu des lagunes, qu'ils refusèrent de se rendre. Voyant toutes mes avances inutiles, je cherchai le moyen d'en finir. J'avais quelques canoas, je réussis à m'en procurer d'autres, de sorte qu'une nuit, je pus faire passer à l'autre bord des hommes et des chevaux, de manière qu'au matin, sans que l'ennemi s'en doutât, j'y avais réuni une forte troupe d'infanterie et de cavalerie, tout en laissant une bonne garnison dans mes quartiers. Quand ils nous aperçurent, ils se jetèrent sur nous par masses énormes et nous attaquèrent avec une telle vigueur, que je ne me souviens pas d'avoir été abordé de telle façon; ils me tuèrent deux chevaux et en blessèrent dix autres si gravement qu'ils furent inutilisés. Dans cette journée, grâce à Dieu, les ennemis furent battus; nous les poursuivîmes pendant plus d'une lieue et nous en tuâmes un grand nombre. Avec les trente chevaux qui me restaient et une centaine de fantassins, je continuai ma route et j'allai camper dans un village à trois lieues de là, où dans les temples nous trouvâmes une foule de choses provenant des Espagnols qu'on avait tués à Francisco de Garay. Le jour suivant, je longeai la côte d'une lagune pour chercher un passage qui me permît d'atteindre certains villages que nous apercevions de l'autre côté. Je continuai tout le jour sans trouver ce passage, quand, vers le soir, nous vîmes un très beau village vers lequel nous nous dirigeâmes en suivant le bord de la lagune; il était tard quand nous l'abordâmes; il paraissait désert. Pour m'en assurer, je fis avancer dix cavaliers par la route qui nous y conduisait tout droit, pendant qu'avec dix autres, je faisais un détour, ceux de l'arrière-garde n'étant pas encore arrivés.

En entrant dans le village, nous y trouvâmes une foule de gens qui s'étaient cachés dans les maisons pensant nous surprendre; ils nous attaquèrent si vivement, qu'ils nous tuèrent un cheval, blessèrent tous les autres et un grand nombre d'Espagnols; ils se battaient avec une rage sans pareille, et, quoique trois ou quatre fois rompus, ils revenaient toujours à la charge; puis se groupant par masses, ils s'agenouillaient et sans une parole, sans un cri comme les Indiens en poussent d'habitude, ils nous attendaient et nous ne pouvions les aborder sans être couverts de flèches; de sorte que, si nous n'avions été défendus par nos armures, je crois qu'aucun de nous n'eût échappé.

Enfin, grâce à Dieu, quelques-uns se jetèrent dans une petite rivière qui débouche dans la lagune que j'avais suivie tout le jour, d'autres les imitèrent et ce fut une débandade ; cependant ils s'arrêtèrent au delà de la rivière, et nous d'un côté, eux de l'autre nous restâmes en présence jusqu'à la nuit, car le ruisseau étant très profond, nous ne pouvions le passer. Nous étions du reste fort contents de les voir de l'autre côté ; nous retournâmes au village qui est à une portée de fronde du ruisseau, et nous y passâmes la nuit sous bonne garde et nous mangeâmes à notre souper le cheval qu'on nous avait tué, n'ayant pas autre chose.

Le jour suivant, nous prîmes un chemin où l'on ne voyait personne, et qui nous conduisit à trois ou quatre villages abandonnés par leurs habitants, mais où nous trouvâmes des magasins contenant de grands vases pleins d'un vin que fabriquent les Indiens. Ce jour-là, nous ne rencontrâmes personne, et nous dormîmes en plein champ où se trouvaient d'amples moissons de maïs, au milieu desquelles chevaux et gens purent se refaire ; je continuai deux ou trois jours de la même façon, ne rencontrant personne quoique traversant beaucoup de villages ; mais comme nous manquions de vivres, car nous n'avions pas entre tous cinquante livres de pain, nous retournâmes au village où je trouvai mes hommes en bon état et n'ayant eu à repousser aucune attaque des Indiens ; puis, voyant que toute la population se trouvait de l'autre côté de la lagune que je n'avais pu atteindre, je fis embarquer la nuit, hommes et chevaux, arquebusiers et arbalétriers avec ordre de traverser la lagune pendant que d'autres de mes gens les rejoindraient par terre. Ils arrivèrent ainsi à un grand village dont ils surprirent les habitants et dont ils tuèrent un grand nombre ; les autres furent tellement effrayés de se voir enlevés par surprise au milieu de leurs lagunes, qu'ils vinrent demander la paix, et en moins de vingt jours toute cette population se reconnut sujette de Votre Majesté.

Cette province étant pacifiée, j'envoyai de toutes parts des émissaires pour en étudier les ressources et me faire des rapports sur les villages et les gens. Lorsqu'ils me furent livrés, je choisis l'endroit le plus propice, et j'y fondai une ville que j'appelai Santisteban del Puerto; quant à ceux qui voulurent l'habiter, je leur distribuai au nom de Votre Majesté tous les villages des environs à titre de serfs. Je nommai les alcades et les conseillers municipaux, avec un de mes lieutenants comme capitaine; les premiers habitants se composèrent de trente cavaliers et une centaine de fantassins à qui je laissai une barque et des filets de pêche que l'on m'avait envoyés de la Veracruz. L'un de mes serviteurs m'envoya également un navire chargé d'approvisionnements, viande, pain, huile, vinaigre et autres choses, qui fut perdu corps et biens, à l'exception de trois hommes qui se réfugièrent sur une île déserte à cinq lieues de la côte; je les envoyai chercher. On les trouva en bonne santé; ils avaient vécu de loups marins qui abondaient dans l'île et d'un fruit qui ressemble à une figue. Je puis assurer Votre Majesté, que cette expédition me coûta personnellement plus de trente mille piastres d'or, comme Votre Majesté pourra le faire vérifier par l'examen des comptes. Ceux qui me suivirent dépensèrent tout autant en chevaux, munitions, ferrures, etc., parce qu'à cette époque tout se payait au poids de l'or; mais nous eussions tous accepté de plus grands sacrifices encore pour le service de Votre Majesté.

Ces sacrifices, du reste, furent des plus féconds en résultats; car au moment où le joug impérial était imposé aux Indiens, un grand navire chargé d'hommes et de provisions fut jeté à la côte; pas un de ces hommes n'eût échappé, si le pays n'avait été pacifié, et ils auraient subi le sort de ceux qui avaient été précédemment massacrés par les Indiens, et dont nous trouvions les dépouilles dans leurs temples; je veux parler de leurs peaux et de leurs figures, tannées et préparées de telle manière, qu'on pouvait encore les reconnaître. A l'époque où Francisco de Garay vint en cette province, comme je le dirai plus tard à Votre Majesté, il ne fût pas resté un seul de ses compagnons vivant, lorsque le vent les poussa à plus de trente lieues du Panuco, où ils perdirent quelques navires, et tous auraient été massacrés au débarquement, si les Indiens n'eussent été pacifiés; loin de là, ils les amenèrent eux-mêmes, les portant et s'empressant à les servir, jusqu'à ce qu'ils les eussent remis au village des Espagnols. Sans cette guerre, ils eussent tous été perdus. C'était donc rendre un grand service que de pacifier la contrée.

Dans les chapitres précédents, Très Excellent Prince, je disais comment, en revenant de pacifier le Panuco, je conquis la province de Tututepec qui s'était révoltée et je racontais tout ce qui s'y était passé. Je reçus alors la nouvelle que dans une autre province près de la mer du sud, appelée Impilcingo, et située comme celle de Tututepec au milieu de montagnes âpres et difficiles, les habitants faisaient la guerre aux sujets de Votre Majesté Impériale, leurs voisins, qui étaient venus réclamer mon secours. Quoique mes gens fussent bien fatigués et qu'il y eût d'une mer à l'autre deux cents lieues de distance, néanmoins, je réunis immédiatement vingt-cinq chevaux et quatre-vingts piétons que je confiai à l'un de mes lieutenants pour se rendre en cette province. Je lui donnai pour instruction de s'efforcer d'amener les habitants à nous par la douceur, sinon de leur faire la guerre. Il partit, eut avec eux quelques rencontres, mais vu la difficulté des lieux, ne put en achever la conquête. Je le chargeai en même temps, l'affaire terminée, de se rendre à la ville de Zacatula et de poursuivre avec tous les hommes qu'il pourrait s'adjoindre, jusqu'à la province de Coliman, où les Indiens avaient battu les capitaines qui du Michoacan s'étaient avancés chez eux sans ma permission, ainsi que j'en ai fait mention dans un chapitre précédent. Je lui donnai l'ordre de traiter avec eux s'il se pouvait, ou de les réduire par la force.

Il partit, après avoir réuni une troupe de cinquante chevaux, et de cent cinquante fantassins avec lesquels il se dirigea vers cette province située à soixante lieues de la ville de Zacatula. En chemin, il pacifia quelques villages et arriva dans le Coliman à l'endroit même où mon premier capitaine avait été défait; il y trouva une forte armée indienne qui l'attendait. Les Indiens, espérant qu'il en serait de celui-là comme de l'autre, l'attaquèrent; mais il plut à Dieu qu'ils fussent battus, sans perte d'aucuns de nous, quoique nous eussions plusieurs hommes et chevaux blessés. Les ennemis payèrent cher le mal qu'ils nous avaient fait et le châtiment leur fut si sensible, qu'ils demandèrent immédiatement la paix et que d'autres provinces, effrayées par l'exemple, se hâtèrent de se déclarer sujettes de Votre Majesté Impériale; c'étaient les provinces de Aliman, Colimonte et Ceguatan.

De là, mon capitaine m'écrivit tout ce qui lui était arrivé; de mon côté, je lui mandai de choisir un bel emplacement pour y fonder une ville, qu'il appellerait Coliman du nom de la province. Je lui envoyai la nomination des alcades et des conseillers municipaux et lui ordonnai de visiter les villages et les gens de cette province, d'en étudier les ressources et de venir m'en rendre compte. Il vint et m'apporta des échantillons de perles, et je répartis au nom de Votre Majesté tous les villages de cette province aux habitants de cette nouvelle ville qui comptait vingt-cinq cavaliers et cent vingt piétons.

Dans sa relation, mon capitaine me donnait une bonne nouvelle : c'est qu'il avait trouvé un port sur la côte; ce dont je me réjouis fort, car ils sont très rares. Il m'envoyait aussi un rapport des caciques de la province de Ceguatan, qui affirmait posséder une île uniquement peuplée de femmes; de temps à autre, des hommes de la terre ferme s'embarquent pour les visiter; quand elles deviennent enceintes et accouchent de filles, elles les gardent; si ce sont des garçons, elles les chassent de leur compagnie. Cette île, me disait-on, est à dix journées de la province, et plusieurs de mes hommes étaient allés la visiter. On disait encore que cette île était riche en or et en perles. Je m'efforcerai de m'éclairer sur cette affaire afin d'en adresser une relation complète à Votre Majesté.

A mon retour de Panuco, me trouvant à Tuspan, je reçus la visite de deux Espagnols, que j'avais envoyés avec un certain nombre de Mexicains et autres Indiens de la province de Soconusco qui se trouve sur la côte de la mer du sud, auprès de Pedrarias Davila, gouverneur de Votre Altesse, à plus de deux cents lieues de la grande ville de Mexico, pour qu'ils s'informassent de villes situées soixante lieues plus loin et dont j'avais entendu parler sous le nom de Utatlan et Guatemala. Ces Espagnols m'amenaient plus d'une centaine d'habitants de ces deux villes, chargés par leurs caciques de se déclarer sujets et vassaux de Votre Impériale Majesté. Je les reçus en votre nom royal et je les assurai que s'ils restaient fidèles à leur promesse, moi et les miens nous efforcerions de les protéger et de les servir : puis je leur fis présent pour eux et leurs maîtres de divers de nos produits d'Espagne qu'ils tiennent pour précieux. Quand ils partirent, je les fis accompagner par deux Espagnols pour que pendant leur voyage on leur donnât tout ce dont ils pourraient avoir besoin.

Je reçus à cette époque des nouvelles de mes Espagnols de la province de Soconusco ; ils me disaient que les villes et provinces, ainsi que celle de Chiapas qui leur est voisine, ne semblaient plus dans les mêmes dispositions bienveillantes à notre égard ; qu'au contraire, elles s'étaient liguées contre le Soconusco, parce que les habitants étaient de nos amis. D'autre part, on me disait que les révoltés envoyaient des courriers pour se disculper à mes yeux, rejetant leurs fautes sur d'autres Indiens. Pour m'assurer de la vérité, j'envoyai sur les lieux Pedro de Alvarado avec quatre-vingts chevaux et deux cents fantassins, des arquebusiers, des arbalétriers et quatre pièces de campagne avec beaucoup de poudre et de munitions. J'organisai en même temps une flottille sous le commandement de Cristobal de Oli, que j'envoyai sur la côte nord pour fonder une colonie à la pointe de Hibueras, qui se trouve à soixante lieues de la baie de l'Ascension, au delà du Yucatan, du côté de la terre ferme et du Darien, où l'on dit la contrée riche et où les pilotes affirment que l'on doit trouver un passage à la mer du sud, ce que je désirerais le plus au monde, à cause des avantages inappréciables qui en résulteraient pour le service de Votre Majesté.

Au moment où ces deux capitaines étaient prêts à partir, je reçus de chacun d'eux un message de Santisteban del Puerto que j'avais fondé sur la rivière Panuco, message par lequel les alcades me faisaient savoir que le gouverneur Francisco de Garay était arrivé au Panuco avec cent vingt chevaux, quatre cents fantassins et une nombreuse artillerie ; qu'il se donnait comme gouverneur du pays et qu'il le faisait proclamer par un interprète qu'il avait amené avec lui.

Il faisait dire aux Indiens qu'il les vengerait du mal que je leur avais fait dans la dernière guerre et qu'ils s'unissent à lui pour chasser du pays les Espagnols que j'y avais laissés, ainsi que ceux que je pourrais y envoyer, et autres incitations scandaleuses. Les naturels commençaient à s'agiter; pour mieux confirmer mes soupçons sur l'alliance de Garay avec l'amiral et Diego Velazquez, une caravelle venant de Cuba arriva quelques jours après à la rivière Panuco; elle avait à bord des amis et des serviteurs de Diego Velazquez et une créature de l'évêque de Burgos, qui se disait gouverneur du Yucatan; enfin tout l'équipage n'était composé que d'amis, de parents et de serviteurs de Diego Velazquez et de l'amiral.

A cette nouvelle, quoique le bras en écharpe d'une chute de cheval et au lit, je résolus d'aller trouver Garay et tâcher d'arranger l'affaire. J'y envoyai de suite Pedro de Alvarado avec tout son monde; pour moi, je devais partir deux jours après. Mon lit et mes bagages étaient en chemin et se trouvaient à dix lieues de Mexico où je devais les rejoindre, quand vers les minuit m'arriva un courrier de la Veracruz. Il m'apportait une lettre arrivée d'Espagne par un navire, en même temps qu'une cédule portant le sceau de Votre Majesté qui ordonnait à Francisco de Garay de n'avoir point à se mêler des affaires du Panuco ni de quelque autre province où j'aurais colonisé, et dont Votre Majesté me donnait le commandement; faveur pour laquelle je baise cent mille fois les pieds royaux de Votre Impériale Majesté.

A l'arrivée de cette cédule, je renonçai à mon voyage, ce qu'exigeait du reste le soin de ma santé, car il y avait soixante jours que je ne dormais pas; j'étais surchargé de travail, et me mettre en route dans ces conditions, c'était exposer ma vie. Mais j'aurais passé sur toutes ces considérations, préférant mourir en ce voyage, plutôt que de ne pas faire mon possible pour empêcher le scandale, les troubles et les morts qui en eussent été la conséquence. Je dépêchai immédiatement Diego Docampo, grand alcade, chargé de la cédule, avec ordre de rejoindre Alvarado ; je lui donnai une lettre pour ce capitaine, lui enjoignant de ne pas s'approcher des troupes de Garay sous quelque motif que ce fût, et cela pour prévenir toute rencontre entre les deux armées.

Le grand alcade devait notifier la cédule à Francisco de Garay avec ordre de me faire connaître sa réponse. Il partit en toute hâte et arriva dans la Huasteca, qu'Alvarado venait de quitter. Celui-ci apprit que j'étais resté à Mexico et que Diego Docampo était parti en mon lieu et place ; il lui fit savoir que l'un des capitaines de Garay nommé Gonzalo Dovallé parcourait le pays avec vingt-deux chevaux, pillant les villages, nous aliénant les Indiens et semant de guets les chemins où il devait passer ; Alvarado s'en offensa, pensant que Gonzalo Dovallé voulait l'attaquer, il poussa donc en avant avec tout son monde et arriva à un village appelé Las Layas où il trouva Dovallé et sa troupe. Alvarado lui dit qu'il était au courant de ses faits et gestes, qu'il en était fort étonné, attendu que Cortes et ses capitaines n'avaient aucunement l'intention d'offenser les gens de Garay, mais au contraire, de les aider et leur prodiguer ce dont ils auraient besoin ; mais que, puisque les choses avaient pris une telle tournure, et pour prévenir tout scandale ou échauffourée entre les deux troupes, il voulait bien consentir à ce que les chevaux de ses hommes et leurs armes fussent mis sous séquestre jusqu'à règlement des difficultés pendantes.

Gonzalo Dovallé s'excusa, jurant qu'Alvarado avait été mal informé, mais acceptant les conditions qu'il lui imposait. Les deux troupes se réunirent donc, les hommes vivant et mangeant ensemble, sans qu'aucune contestation s'élevât entre eux. Dès que le grand alcade connut l'affaire, il se mit en route avec un de mes secrétaires nommé Francisco de Orduña pour rejoindre les capitaines Alvarado et Dovallé ; en arrivant, il fit lever le séquestre, fit rendre à chaque individu les armes et les chevaux, et assura Dovallé que je ferais mon possible pour lui être agréable, à la condition qu'il ne jetterait pas le trouble dans le pays ; en outre, il recommanda à Alvarado de vivre avec Dovallé en bonne intelligence et de ne se mêler en rien de ses affaires ; ce qu'il fit.

Vers ce temps, Très Puissant Seigneur, les navires de Francisco de Garay restaient ancrés à l'embouchure de la rivière Panuco, comme une menace aux habitants de la ville de Santisteban que j'avais fondée à trois lieues en amont, où se rendent tous les navires qui arrivent à ce port; ce que voyant, Pedro de Valléjo, mon représentant dans cette ville, voulant parer aux inconvénients que pouvait susciter la singulière conduite de ces navires, engagea les capitaines et pilotes à se rendre au port afin que les Indiens ne pussent croire à un malentendu, et que, s'ils avaient des pouvoirs de Votre Majesté pour s'établir en cet endroit, ils voulussent bien les lui montrer, les assurant qu'il s'y conformerait en toutes choses. Les capitaines et pilotes répondirent évasivement, se refusant à faire ce que leur demandait mon lieutenant. Sur quoi, il leur adressa une sommation, d'avoir sous peine de représailles à se conformer à sa première demande. Ceux-ci se bornèrent à faire à cette sommation la même réponse.

Alors, deux pilotes de la flotte, nommés l'un Castromocho et l'autre Martin de San Juan, Guipuzcoin, voyant que le séjour des capitaines et de leurs navires dans les parages de la ville, soulevait des troubles parmi les Espagnols, comme parmi les Indiens des environs, envoyèrent secrètement un message à mon lieutenant pour lui dire qu'ils désiraient la paix et se tenaient prêts à obéir à des ordres qu'ils croyaient justes; qu'ils le priaient de passer à bord de leurs navires, qu'ils s'y mettraient à sa disposition, ajoutant qu'ils s'engageaient à entraîner les autres navires dans la même voie de soumission. A cette nouvelle, mon lieutenant résolut de se rendre à bord des vaisseaux, accompagné de cinq hommes seulement; il y fut reçu par les pilotes avec toutes déférences et de là, il envoya à Juan de Grijalva, général de la flotte qui résidait dans la galère capitane, sommation d'avoir à se soumettre à tous les ordres qu'il lui avait déjà communiqués.

Le général, loin d'obéir, ordonna aux autres navires de se joindre à lui, de préparer leurs pièces d'artillerie et de couler les deux vaisseaux qui s'étaient rendus aux ordres de mon lieutenant; le commandement de Grijalva fut fait à haute voix, tout le monde l'entendit et mon lieutenant y répondit en faisant pointer les canons des deux vaisseaux qui lui étaient fidèles. Mais les officiers et pilotes des navires qui entouraient la galère capitane refusèrent d'obéir à l'ordre de Grijalva; ce que voyant, celui-ci envoya un notaire appelé Vicente Lopez auprès de mon lieutenant pour tâcher d'arranger l'affaire. Mon lieutenant lui répondit qu'il n'était venu que pour négocier la paix, éviter les scandales et les troubles que soulevait la présence de ces navires en dehors du port de la ville où ils avaient l'habitude de se rendre; qu'on pouvait les prendre pour des corsaires prêts à tenter un mauvais coup dans les possessions de Sa Majesté et que cela était d'un exemple déplorable.

Ces raisons eurent un tel effet, que le notaire Vicente Lopez alla retrouver Grijalva, lui répéta ce que lui avait dit mon lieutenant et l'engagea à se rendre. Il est évident, lui dit-il, que cet officier représentait Votre Majesté comme chef-justice de la province, et que le capitaine Grijalva savait bien que ni lui, ni Francisco de Garay ne pouvait exhiber aucun pouvoir de Votre Majesté, auxquels le lieutenant et les habitants de la ville de Santiesteban seraient tenus d'obéir, et que c'était chose scandaleuse que la conduite de ces navires, se comportant comme des corsaires dans les possessions de Votre Majesté Impériale. Convaincu par ces raisonnements, le capitaine Grijalva ainsi que les maîtres et capitaines des autres navires se conformèrent aux ordres de Valléjo, mon lieutenant, et remontèrent jusqu'à la ville. Une fois les navires ancrés dans le port, il fit arrêter Grijalva pour désobéissance à ses ordres; aussitôt que le grand alcade eut appris cette nouvelle, il fit lever la condamnation et remettre Grijalva en liberté avec recommandation qu'on prît soin de lui et des siens, et qu'on ne touchât à rien de ce qui leur appartenait; ce qui fut fait.

Le grand alcade, Diego Docampo, écrivit à Francisco de Garay qui se trouvait dans un autre port, à dix ou douze lieues de là, pour lui dire que je n'avais pu me rendre près de lui et qu'il me remplacerait, ayant tous mes pouvoirs pour régler les affaires pendantes; Docampo et Garay devaient mutuellement se montrer leurs actes officiels et en terminer au mieux des intérêts de Votre Majesté.

Lorsque Francisco de Garay reçut la lettre de l'alcade, il vint le trouver et celui-ci le reçut avec empressement, ainsi que les gens de sa suite qui furent défrayés de toutes choses. Après une conférence entre les deux, Francisco de Garay ayant vu la cédule que Votre Majesté m'a fait l'honneur de m'accorder, dit à l'alcade qu'il s'empresserait d'obéir et qu'il allait réunir ses vaisseaux et ses gens pour aller coloniser une autre contrée en dehors de celles dont Votre Majesté m'avait nommé gouverneur; il ajoutait que, puisque j'étais tout disposé à lui rendre service, Docampo voulût bien faire assembler ses hommes, dont une partie voulait rester dans le pays, et dont plusieurs avaient disparu; il demandait en même temps des munitions et des vivres pour ses navires et pour ses gens.

L'alcade s'empressa de lui fournir ce qu'il demandait et fit publier par la ville et les environs, que tous les gens qui étaient venus avec la flotte de Francisco de Garay eussent à rejoindre leur capitaine, sous peine, pour les cavaliers, de perdre leurs armes et leurs chevaux, pour les fantassins de recevoir cent coups de bâton et tous d'être arrêtés et livrés à leur capitaine.

Garay demanda également que le grand alcade lui fît rendre les chevaux et les armes que ses hommes avaient vendus à Santisteban et dans les environs, sans lesquels ses gens lui devenaient inutiles. Docampo s'efforça de découvrir ces armes et ces chevaux; il les fit rendre par ceux qui les avaient achetés et remettre au gouverneur Francisco de Garay. Docampo fit de plus surveiller les routes par des alguazils, qui arrêtaient les gens en fuite et les ramenaient à leurs navires.

Puis, il envoya le grand alguazil à la ville de Santisteban avec l'un de mes secrétaires, pour y faire les mêmes diligences, arrêter les fuyards, recueillir le matériel, faire rentrer armes et chevaux, approvisionner les navires, etc., etc... tout se fit avec la plus grande célérité, et le gouverneur Francisco de Garay partit pour s'embarquer. Quant au grand alcade, il fit son possible pour que les ressources de la ville ne fussent point épuisées et déploya la plus grande vigilance pour l'approvisionnement des navires. Docampo écrivit au gouverneur à ce sujet, le priant de spécifier ce dont il pourrait avoir besoin avant qu'il partît pour Mexico, où il venait me rejoindre.

Garay lui envoya de suite un courrier pour lui annoncer qu'il n'avait rien de ce qu'il fallait pour appareiller; qu'il lui manquait six navires et que ceux qui lui restaient, n'étaient pas en état de naviguer; qu'il faisait faire une enquête pour certifier le cas et prouver comment il ne pouvait quitter le pays. Il me disait en même temps que ses gens soulevaient mille difficultés, prétendant qu'ils n'étaient pas obligés de le suivre; qu'ils en avaient appelé de la sommation que leur avait faite Docampo, disant qu'ils avaient une infinité de raisons pour ne point y obtempérer. L'une de ces raisons était que plusieurs de leurs camarades étaient morts de faim au service du gouverneur, ainsi que d'autres attachés à sa personne. Il ajoutait que toutes les précautions pour retenir ses hommes étaient inutiles; qu'ils disparaissaient le soir sans reparaître le matin et que ceux qu'on ramenait prisonniers désertaient de nouveau, de sorte qu'en une seule nuit il lui manqua deux cents hommes : qu'en conséquence, il me priait très affectueusement de ne point partir, parce qu'il voulait venir me voir en cette ville, et que, si je l'abandonnais, il se noierait de douleur.

Docampo, au reçu de cette lettre, résolut de l'attendre; il vint deux jours après; de là, ils me dépêchèrent un courrier pour me dire que Garay désirait me voir à Mexico et que, venant à petites journées, l'alcade et lui attendraient ma réponse à Cicoaque, village situé sur la frontière mexicaine. De là, le gouverneur m'écrivit pour me signaler le mauvais état de ses navires et la mauvaise volonté de ses gens, comptant sur moi comme sur la seule personne pouvant le sauver d'un désastre. Ayant donc résolu de venir me trouver, il m'offrait son fils aîné, avec tout ce qu'il possédait, me l'offrant comme époux de l'une de mes filles. Au moment où il se dirigeait sur Mexico, le grand alcade me signalait la présence dans l'entourage de Garay de divers individus serviteurs et obligés de Diego Velazquez, mes ennemis, qu'on voyait de mauvais œil dans la province, et dont les propos pouvaient soulever des troubles. En vertu des pouvoirs que Votre Majesté daigna me conférer, m'autorisant à chasser du pays toute personne nuisible à ses intérêts, j'ordonnai l'expulsion de la Nouvelle-Espagne de Gonzalo Figuéroa, Alonzo de Mendoza, Antonio de la Cerda, Juan de Avila, Lorenzo de Ulloa, Taborda, Juan de Grijalva, Juan de Médina et... qui trouvèrent ma lettre d'expulsion au village de Cicoaque. Dans cette lettre, je disais à Francisco de Garay, combien je me réjouissais de sa venue à Mexico, où nous pourrions nous entendre sur toutes choses, et où, conformément à ses désirs, je ferais mon possible pour l'expédier dans les meilleures conditions.

J'eus soin que, pendant son voyage, on eût pour lui tous les égards, ordonnant aux caciques des villages de pourvoir à tous ses besoins. A son arrivée à Mexico, je l'accueillis de la meilleure grâce, m'empressant à lui être agréable de toutes façons, le traitant comme un frère. J'éprouvais, en effet, la plus grande contrariété de la perte de ses navires et de la désertion de ses hommes, et je lui offrais en toute conscience, de faire mon possible pour remédier à cet état de choses. Comme Francisco de Garay avait à cœur le mariage de son fils avec ma fille, il insistait chaque jour pour que nous en terminions. Voyant combien ce projet lui souriait, et pour lui faire plaisir, je l'assurais que j'étais tout à sa disposition, sur quoi, avec le consentement des deux parties et avec force serments (mais avec réserve de l'adhésion de Votre Majesté), la chose fut conclue. De sorte que, en dehors de notre ancienne amitié, nous nous trouvâmes liés par nos contrats mutuels et les engagements que nous avions pris pour nos enfants, satisfaits tous deux des avantages que nous y trouvions, mais le gouverneur, plus que je ne saurais le dire.

Dans un précédent chapitre, Seigneur Très Puissant, je disais à Votre Majesté Catholique, tout ce que le grand alcade avait fait, pour que les hommes de Garay qui s'étaient disséminés un peu partout fussent rappelés auprès du gouverneur et la diligence qu'on apporta dans cette affaire; soins inutiles, qui ne purent apaiser le mécontentement qu'avait conçu la plus grande partie de ces gens contre Francisco de Garay. Sachant d'après les proclamations faites à ce sujet, qu'ils seraient forcés de rejoindre leur commandant, ces hommes se dispersèrent aussitôt dans l'intérieur et dans des lieux divers, par troupes de trois et de six, se cachant si bien, qu'on ne pouvait les découvrir. Les Indiens de la province furent indignés de voir ces Espagnols répandus dans leurs villages où ils commettaient mille exactions, enlevant les vivres, violant les femmes et autres turpitudes qui soulevèrent la contrée tout entière. La rébellion parut d'autant plus facile aux Indiens, qu'ils nous croyaient divisés, se rappelant les proclamations de Garay dont j'ai parlé plus haut.

Ils s'informèrent donc avec soin des endroits divers où se retiraient les Espagnols, après quoi, de jour et de nuit, ils se mirent à leur poursuite, et comme les malheureux étaient dispersés et sans armes, ils en massacrèrent un grand nombre. Leur audace s'en accrut à tel point qu'ils vinrent assiéger la ville de Santisteban que j'avais fondée au nom de Votre Majesté, et à laquelle ils livrèrent des assauts si furieux que les habitants se crurent à deux doigts de leur perte ; ils ne durent le salut qu'à leur union qui leur permit de prendre l'offensive, où dans de vigoureuses sorties ils finirent par disperser leurs adversaires.

Les choses en étaient là, quand je reçus la nouvelle de ce qui s'était passé par un de nos piétons qui avait échappé en une défaite et qui me conta comment tous les naturels de la province de Panuco avaient levé l'étendard de la révolte ; qu'ils avaient tué une foule des Espagnols de Garay qui étaient restés là-bas, ainsi que des habitants de la ville, et je crus à l'entendre que pas un n'avait survécu. Dieu sait quel fut mon désespoir, prévoyant quels désastres un tel événement verserait sur une province qui pouvait dès lors nous échapper. Mais cette nouvelle affecta plus profondément encore le gouverneur Francisco de Garay, lui qui sentait combien tout cela était de sa faute, et qui avait laissé un fils dans cette province avec tout ce qu'il avait apporté ; il en tomba malade et mourut au bout de trois jours.

Mais je voudrais éclairer plus encore Votre Grandeur au sujet de ces événements : l'Espagnol qui m'apporta la nouvelle du soulèvement des gens du Panuco, me racontait que, se trouvant lui, un fantassin et trois cavaliers, dans un village appelé Tacetuco, ils avaient été surpris par les Indiens, qui avaient tué deux cavaliers, le cheval du troisième et le fantassin, et que lui et le cavalier survivant s'étaient dérobés à la faveur de la nuit; qu'ils avaient remarqué une maison du village où devaient les attendre un lieutenant avec quinze chevaux et quarante fantassins, que la maison étant incendiée, il avait cru, d'après certaines apparences, que ces hommes avaient été massacrés. J'attendis cinq ou six jours d'autres nouvelles; je reçus un courrier de ce lieutenant qui se trouvait en un village appelé Teneztequipa, dépendant de Mexico et situé sur la frontière; il me disait dans sa lettre que, se trouvant dans le village de Tacetuco avec quinze chevaux et quarante piétons attendant de nos hommes qui venaient le rejoindre pour aller de l'autre côté de la rivière, soumettre certains villages qui n'étaient pas encore pacifiés, ils avaient été cernés vers le matin par une foule d'Indiens qui avaient incendié leur quartier; croyant la contrée sûre, ils avaient été surpris et si vivement attaqués, que tous avaient été massacrés, sauf lui et deux cavaliers qui se sauvèrent. On lui avait tué son cheval et son camarade le prit en croupe : et s'ils avaient pu se sauver, c'est qu'à deux lieues de là, se trouvait un alcade de Santisteban avec quelques gens qui les secourut; ils s'arrêtèrent peu, et l'alcade s'enfuit avec eux de la province. Que du reste, il ne savait rien des gens qui étaient restés dans la ville, pas plus que des hommes de Garay qui avaient été disséminés dans les environs; il craignait qu'ils ne fussent tous morts.

J'ai eu l'honneur de l'écrire à Votre Majesté : dès que Francisco de Garay à son arrivée eût fait dire aux naturels que je n'avais point à me mêler de leurs affaires; qu'il était lui, le gouverneur à qui l'on devait obéir et qu'en se réunissant à lui, on jetterait hors de la province tous les Espagnols que j'y avais envoyés et que je pourrais y envoyer, tous les Indiens s'étaient révoltés; et depuis ce temps, ils n'obéirent jamais de bon gré à aucun Espagnol. Ils en avaient déjà massacré quelques-uns de ceux qui rôdaient seuls par les chemins. Ce lieutenant croyait que les Indiens s'étaient entendus et avaient comploté ce qu'ils avaient fait, et comme ils l'avaient attaqué lui et les siens, ils devaient avoir agi de même avec les habitants de la ville, comme avec ceux qui étaient répandus dans les villages voisins, qui n'avaient pas la moindre idée d'un pareil soulèvement, ayant toujours trouvé ces Indiens dociles et soumis.

Persuadé de la gravité de cette rébellion et désireux de venger la mort des Espagnols, j'envoyai en toute hâte cinquante chevaux, cent arbalétriers et arquebusiers et quatre pièces d'artillerie sous les ordres d'un capitaine espagnol qu'accompagnaient deux corps de nos alliés, de quinze mille hommes chacun. Je donnai au capitaine l'ordre de gagner la province à marches forcées, sans s'arrêter nulle part qu'il n'eût atteint la ville de Santisteban pour avoir des nouvelles des habitants et des gens que nous y avions laissés ; car il pouvait arriver qu'étant assiégés, ils se défendissent encore et qu'on arrivât pour les secourir.

En effet, le capitaine fit diligence, pénétra dans la province, se battit deux fois avec les naturels qu'il dispersa, et entra dans Santisteban où il trouva vingt-deux chevaux et cent fantassins qui, assiégés par les Indiens, avaient déjà fait plusieurs sorties, et les tenaient en échec avec quelques pièces d'artillerie. Mais ils avaient toutes les peines du monde à se défendre, et si le capitaine avait tardé trois jours, pas un d'eux n'aurait survécu. C'est qu'ils mouraient de faim ; ils avaient envoyé un brigantin des navires de Garay à la Veracruz, pour me donner de leurs nouvelles, car c'était la seule voie qui leur fût ouverte ; ils demandaient aussi des vivres qui leur arrivèrent après que mon lieutenant les eût déjà secourus.

Ce fut là que mes gens apprirent comment les hommes que Francisco de Garay avait laissés dans un village appelé Tamiquil au nombre d'une centaine, tant piétons que cavaliers, avaient tous été massacrés à l'exception d'un Indien de la Jamaïque qui s'enfuit dans les bois et qui put raconter comment ils avaient été surpris pendant la nuit. Il se trouva, après enquête, que Garay avait perdu en cette affaire deux cent dix hommes, et nous quarante-trois qui se trouvaient dans les villages qui leur avaient été attribués. On croyait même que le gouverneur avait perdu plus de monde, parce qu'on ne put se les rappeler tous.

Les cavaliers de mon lieutenant, ceux du grand alcade et ceux qui restaient à Santisteban montaient à quatre-vingts, ils les répartirent en trois escouades qui firent aux Indiens de la province une guerre acharnée; ils s'emparèrent de plus de quatre cents caciques et personnages principaux sans compter les petites gens. Les premiers furent tous brûlés vifs après avoir confessé être les auteurs du soulèvement et avoir pris part au massacre des Espagnols, après quoi ils rendirent la liberté à ceux qu'ils tenaient prisonniers et ramenèrent tous les habitants dans leurs villages. Alors le capitaine, au nom de Votre Majesté, nomma de nouveaux caciques pris parmi les héritiers de ceux qui avaient été exécutés. A cette époque, je reçus des lettres de ce capitaine et d'autres personnes de sa compagnie qui m'assuraient que la province était soumise et pacifiée, que les Indiens se montraient empressés près de leurs maîtres et que, toute rancune étant apaisée, nous pouvions compter sur une année de tranquillité.

Votre Majesté Impériale saura que ces gens sont si remuants qu'un rien les émeut et les révolutionne, suite de l'habitude qu'ils avaient de se révolter contre leurs seigneurs; mais j'espère que le passé leur servira de leçon.

Dans les chapitres précédents, Seigneur Très Catholique, je disais que, lorsque je reçus la nouvelle de l'arrivée de Francisco de Garay au Panuco, j'étais sur le point d'envoyer une flotte et des hommes à la pointe des Hibueras, et dans quel but je les envoyais. La venue de Garay arrêta l'expédition; croyant qu'il voulait s'emparer du pays, je pensais avoir besoin de toutes mes troupes pour lui résister.

L'affaire du gouverneur étant terminée, je voulus donner suite à mes projets, et malgré la dépense causée par la consommation des approvisionnements, la solde des marins et des soldats, j'achetai d'autres navires; j'en réunis cinq d'un fort tonnage, plus un brigantin, je les chargeai de quatre cents hommes avec de l'artillerie, des munitions et des armes, des vivres et des victuailles; j'envoyai deux de mes serviteurs à l'île de Cuba, avec huit mille piastres d'or, pour acheter des chevaux et des vivres et me les amener en un premier voyage, de sorte que mes navires en feraient aussitôt le chargement, de manière que tout abondât et qu'on n'eût pas d'excuse à me donner pour n'avoir pas rempli mes ordres.

Je voulais ainsi que, faute de vivres, mes hommes ne dépouillassent point les gens du pays et qu'au contraire, ils pussent leur en céder. Tout étant prêt, les vaisseaux mirent à la voile et quittèrent le port de San-Juan, de Chalchiqueca[1], le 11 du mois de janvier 1524; mes capitaines devaient d'abord se rendre à la Havane qui est à la pointe de l'île de Cuba, où ils prendraient ce qui leur manquait, des chevaux surtout; ils devaient y rallier quelques navires et de là avec la bénédiction de Dieu, suivre leur route vers le Honduras.

En arrivant dans le premier port de ce pays, ils devaient débarquer et mettre à terre toutes leurs cargaisons, hommes, chevaux et provisions; choisir le meilleur emplacement, s'y fortifier avec leur artillerie qu'ils avaient bonne et nombreuse, et fonder une ville.

Aussitôt, les trois plus grands navires devaient se rendre à Cuba, dans le port de la *Trinité*, parce qu'il est le mieux placé, et parce que là, ils trouveraient un de mes serviteurs pour leur préparer le chargement de tout ce que le chef de l'expédition pourrait demander. Les autres navires plus petits, ainsi que les brigantins, sous la direction du chef pilote et d'un de mes cousins nommé Diego de Hurtado, devaient longer toute la côte, à partir de la baie de l'Ascension, à la recherche de ce fameux détroit qu'on dit exister. Ils devaient continuer leur croisière, jusqu'à ce qu'on eût tout vu et tout examiné; ils devaient alors rejoindre le capitaine Cristobal de Oli, puis Hurtado, avec l'un des navires, devait venir me trouver avec un rapport complet sur ce que Oli avait appris de la contrée et ce qui lui était arrivé; de manière que je pusse envoyer une longue relation à Votre Majesté.

Je disais aussi comment j'avais confié des troupes à Pedro

---

1. Veracruz.

de Alvarado, pour aller soumettre les villes de Guatemala et Utatlan dont j'ai déjà fait mention et autres provinces qui sont au delà. J'avais arrêté l'expédition par suite de l'arrivée de Francisco de Garay, et j'avais fait d'énormes dépenses en artillerie, armes, munitions et argent pour secourir la province menacée; mais croyant devoir employer toutes mes ressources au service de Dieu, Notre Seigneur, et de Votre Majesté, espérant découvrir de ce côté, de nouvelles contrées et de nouvelles traces, je poursuivis mes desseins. J'organisai de nouveau l'armée d'Alvarado et je le fis partir de Mexico le 6 du mois de décembre de l'année 1529. Il emmenait cent vingt cavaliers que je portai à cent soixante et trois cents fantassins, dont cent trente arbalétriers et arquebusiers; il avait quatre pièces de canon, une grande quantité de poudre et de munitions et je l'avais fait accompagner de seigneurs, tant de Mexico que des environs et de quelques Indiens seulement, car la route est longue.

J'ai su qu'ils étaient arrivés le 12 janvier dans la province de Tehuantepec et que tout allait bien. J'espère que Notre Seigneur les guidera, parce que, enrôlés au service de Votre Majesté, ils ne peuvent compter que sur des succès.

Je recommandai à Alvarado de m'envoyer un rapport succinct de tout ce qui lui arriverait, pour que je pusse moi-même en faire une relation détaillée à Votre Majesté.

Je tiens pour certain, selon les renseignements que j'ai du pays, que Pedro de Alvarado et Cristobal de Oli doivent se rencontrer, s'ils ne se trouvent séparés par le détroit en question.

J'aurais déjà fait bien des expéditions de ce genre en cette contrée, dont nous aurions approfondi les mystères, si l'affaire de Garay ne nous avait retardé.

Ce fut en vérité un grand dommage aux intérêts de Votre Majesté que ce retard dans nos découvertes, qui nous eussent procuré pour le trésor royal, quantité d'or et de perles; mais à l'avenir, si d'autres difficultés ne surviennent, je m'efforcerai de réparer le temps perdu; car en ce qui me concerne, je puis assurer Votre Majesté Impériale et Sacrée, qu'après avoir dépensé tout ce que je possédais, je dois, pour avoir pris sur les fonds de Votre Majesté, pour mes dépenses, comme Votre Altesse pourra s'en assurer par la tenue de mes comptes, la somme de soixante et tant de mille piastres d'or, sans parler de douze mille piastres que j'ai empruntées de diverses personnes.

En parlant des provinces voisines de la ville del Espiritu Santo, et de celles qui avaient été attribuées aux habitants, je disais que quelques-unes s'étaient révoltées, et que pour les réduire au service de Votre Majesté, comme pour y amener les voisines, les gens de la ville n'étant pas suffisants pour garder celles dejà conquises et soumettre les autres, j'envoyai un capitaine avec trente chevaux, cent piétons, quelques arquebusiers et arbalétriers, deux pièces d'artillerie et force poudre et munitions. Ceux-là partirent le 8 décembre de l'année 1523. Jusqu'à présent, je n'ai point de leurs nouvelles; j'espère qu'ils feront une bonne besogne et que de ce côté, Dieu Notre Seigneur et Votre Majesté seront bien servis et qu'on y fera de belles découvertes, car c'est une partie placée entre la conquête d'Alvarado et celle de Cristobal de Oli. Ce qui est pacifié du côté de la mer du nord constitue un territoire de quatre cents lieues soumis à Votre Majesté; du côté du sud, la partie conquise allant d'une mer à l'autre, s'étend sans interruption sur près de cinq cents lieues, à l'exception de deux provinces qui se trouvent enclavées entre Tehuantepec, Chinantla, Oaxaca et Goazacoalco; les habitants de l'une se nomment Zapotecs et les habitants de l'autre Mixes. Ils vivent au milieu de montagnes si âpres et si difficiles qu'on peut à peine les aborder à pied; j'y ai deux fois envoyé des gens pour les conquérir, mais ils n'ont rien pu contre ces Indiens munis de bonnes armes et retranchés dans leurs montagnes. Ils se battent avec des lances longues de plus de quinze pieds, solides, bien faites et terminées par une pointe de silex.

C'est avec ces lances qu'ils se sont défendus et qu'ils m'ont tué des Espagnols; ils ont fait et font beaucoup de mal à leurs voisins qui sont sujets de Votre Majesté, les attaquant de nuit, incendiant les villages et massacrant les habitants; ils ont si bien fait, qu'un grand nombre de villages se sont révoltés et se sont alliés avec eux.

Je manquais d'hommes, en ayant envoyé un peu partout; cependant, je réunis cent cinquante fantassins, presque tous arquebusiers et arbalétriers ne pouvant utiliser les chevaux; j'emmenai quatre pièces d'artillerie avec quantité de munitions pour les pièces et pour mes hommes, que je mis sous le commandement de Rodrigo Rangel, alcade de la ville Espiritu-Santo, qui déjà l'année précédente avait marché contre ces mêmes Indiens qu'il ne put atteindre à cause de la saison des pluies et qu'il dut abandonner après deux mois de séjour dans leur province.

Ce capitaine quitta la ville, le 5 février de la présente année, et j'espère que, partant en la bonne saison, avec une troupe nombreuse de vétérans en parfaite tenue et bien approvisionnée, appuyée d'un corps d'Indiens alliés, il mènera l'expédition à bonne fin et rendra d'immenses services à la couronne impériale de Votre Altesse, parce que non seulement ces gens refusent de nous obéir, mais font le plus grand mal à ceux qui nous sont fidèles.

La contrée est riche en mines d'or; une fois pacifiée, les Espagnols s'en empareront pour punir les habitants de s'être révoltés, après s'être déclarés sujets de Votre Majesté, et nous avoir fait tant de mal; ils seront réduits en esclavage. J'ordonnai même, que ceux qui seraient pris seraient en partie marqués au fer de Votre Majesté et le reste distribué à chacun des membres de l'expédition. Très Excellent Seigneur, je puis assurer Votre Majesté que la moindre des expéditions dont je viens de parler, me coûte plus de cinq mille piastres d'or, et celles de Pedro de Alvarado et de Cristobal de Oli plus de cinquante mille, sans compter d'autres frais que je passe sous silence; mais comme tout fut employé au service de Votre Majesté, je ne peux que m'en réjouir et quand j'y userais ma personne même, je le tiendrais pour une insigne faveur, et jamais occasion ne se présentera pour me dévouer au service de Votre Altesse, que je ne la saisisse.

Dans la relation précédente et dans celle-ci, j'ai parlé à

Votre Altesse de quatre navires, dont j'ai commencé la construction dans l'un des ports de la mer du sud : en apprenant qu'ils ne sont pas encore achevés, Votre Majesté pourra penser qu'il y a négligence de ma part, en voici la raison : la mer du sud, là où l'on construit les navires, est à plus de deux cents lieues des ports de la mer du nord où viennent se décharger toutes les choses venant d'Espagne, et cette longue route est coupée d'âpres montagnes, de défilés, de torrents et de grandes rivières ; et comme tout le matériel nécessaire à la construction des navires doit être transporté d'une mer à l'autre, Votre Majesté peut juger de la difficulté. J'eus en outre à subir un affreux contretemps : car le magasin où j'avais abrité tout le matériel, voiles, câbles, agrès, poulies, ferrures, ancres, poix, suif, étoupes, huile, bitume, etc., fut détruit par un incendie sans que nous ayons rien pu sauver que les ancres qui ne pouvaient brûler.

Je m'occupe en ce moment de rassembler un autre matériel : il y a quatre mois, que m'arriva de Castille, un navire chargé de tout ce qu'il fallait pour la construction de ma flottille, car prévoyant l'accident qui m'arriva, j'avais depuis longtemps mandé qu'on l'envoyât. Je puis assurer Votre Majesté que ces navires qui sont encore en chantier me coûtent déjà plus de huit mille piastres d'or, sans parler de dépenses extraordinaires. Mais loué soit Dieu, ils sont en tel état, qu'à la Pâques de l'Esprit-Saint ou que pour la Saint-Jean de juin ils pourront naviguer si les barils ne me manquent pas, car jusqu'à ce jour je n'ai pu remplacer ceux qui avaient été brûlés.

J'espère néanmoins les recevoir d'Espagne où je les ai commandés. Je tiens à ces navires plus que je ne saurais dire ; car avec l'aide de Dieu, je suis certain de découvrir pour Votre Majesté plus de royaumes et de seigneuries que tous ceux découverts jusqu'à ce jour. Qu'il lui plaise donc de les bien guider et je crois que si mes projets réussissent au gré de mes désirs, Votre Grandeur sera souverain Monarque du monde.

Depuis qu'il plût à Dieu que nous ayons conquis cette grande ville de Mexico, je crus bien de ne pas l'habiter pour le moment, et j'établis ma résidence à Culuacan, située sur le bord du lac et dont j'ai déjà parlé. J'ai toujours désiré reconstruire cette ville sur le merveilleux emplacement qu'elle occupait; je m'empressai donc de rassembler les naturels disséminés depuis la guerre, quoique j'eusse toujours gardé près de moi le dernier empereur, et je chargeai un capitaine général que j'avais connu du temps de Muteczuma du soin de repeupler la ville.

Pour donner plus d'autorité à sa personne, je lui rendis le même office qu'il occupait, au temps de Muteczuma, qui était celui de Ciguacoatl, ou lieutenant de l'empereur; je nommai en même temps d'autres personnages que je connaissais, à des emplois principaux qu'ils avaient déjà remplis. Je donnai à ces nouveaux officiers des seigneuries d'hommes et de terres, assez pour vivre avec dignité, pas assez pour devenir dangereux. Je me suis toujours appliqué à les honorer et à les protéger; et de leur côté, ils ont si bien fait, que la ville, aujourd'hui, contient déjà trente-cinq mille habitants et que l'ordre y règne comme autrefois dans les marchés et les transactions. Je leur ai donné tant de privilèges et de liberté, que la ville prend chaque jour un accroissement considérable, parce que chacun vit selon ses goûts et que les ouvriers des arts mécaniques fort nombreux, charpentiers, maçons, potiers, joailliers et autres vivent de leur salaire au milieu des Espagnols.

Les autres vivent de la pêche, ce qui est une grande industrie dans la ville; d'autres vivent de l'agriculture, car un grand nombre d'entre eux ont des jardins, où ils cultivent tous les produits d'Espagne dont nous avons pu nous procurer les semences; et je puis assurer Votre Majesté Impériale que s'ils avaient les plantes et graines que j'ai déjà demandées dans ma précédente, les Indiens qui sont grands amis des jardins, les feraient en peu de temps fructifier en abondance, ce qui jetterait un nouveau lustre sur la couronne impériale de Votre Altesse, nous attacherait le pays et assurerait à Votre Majesté une plus belle seigneurie et de plus gros revenus que ceux que possède aujourd'hui Votre Altesse par la grâce de Notre Seigneur. Votre Majesté peut être assurée que pour arriver à un tel résultat, je ferai mon possible et que j'y emploierai toutes les forces qui me restent.

Aussitôt cette ville conquise, je fis commencer la construction d'une forteresse dans la lagune, d'un côté de Mexico où mes brigantins pussent être abrités; pour de là, courir sus à la ville s'il en était besoin et que je pusse à mon gré les envoyer au dehors ou les rappeler : ce qui fut fait. Cette construction est telle, que, quoiqu'ayant déjà vu bien des chantiers et des citadelles, je n'en ai pas vu qui l'égalent; d'autres qui en ont vu davantage, l'affirment comme moi. Cette citadelle a, du côté de la lagune, deux tours très fortes avec leurs meurtrières et embrasures; ces deux tours sont reliées par une construction formant trois nefs où se trouvent des brigantins avec entrées pour aller et venir dans la lagune. Tout ce bâtiment a également ses meurtrières, et tout auprès, du côté de la ville, se trouve une grande tour avec de nombreux logements dans le haut et le bas; elle est construite pour l'offensive et la défensive. Je n'en dirai pas davantage à Votre Majesté, puisque je lui en enverrai le plan; j'ajouterai néanmoins, que cette tour en notre pouvoir, nous disposons de la paix et de la guerre, ayant en mains les navires et l'artillerie.

La construction de cette citadelle me parut remplir toutes les conditions de sécurité que je pouvais désirer, et voulant encourager l'extension de la ville, j'allai m'y installer avec tous les gens de ma compagnie. Je répartis les terrains entre les habitants, et à chacun des conquérants, au nom de Votre Majesté, je distribuai un lot selon l'importance de ses mérites, outre les Indiens que je lui accordai pour le servir. On a mis à construire des maisons une telle diligence, qu'il y en a quantité de terminées et que les autres avancent rapidement. Comme ces constructions se composent de pierres, chaux, bois et briques, que fabriquent les naturels qui sont de merveilleux architectes, je puis assurer Votre Majesté, que dans cinq ans, Mexico sera la ville la plus peuplée de beaux édifices qu'il y ait au monde. Le quartier des Espagnols est distinct du quartier des Indiens; ils sont séparés par un canal; mais toutes les rues qui y aboutissent ont des ponts de bois qui facilitent la circulation. Il y a deux grands marchés, l'un dans le quartier indien, l'autre dans le quartier espagnol; on y trouve tous les produits que la contrée peut fournir, car les Indiens en apportent de toutes parts; tout y abonde comme au temps de la grandeur de la ville. Il est vrai que les bijoux d'or et d'argent, que les belles étoffes de plumes et les choses riches ont disparu; cependant on y trouve encore quelques petites pièces d'or et d'argent, mais loin de la splendeur d'autrefois.

Par suite de l'inimitié que m'a vouée Diego Velazquez et de la mauvaise volonté que, sur ses instances, m'a toujours montrée Don Juan de Fonséca, évêque de Burgos, les officiers du ministère des colonies de Séville et notamment le trésorier, Juan Lopez de Récaldé, de qui tout dépendait du temps de l'évêque, ont toujours refusé de m'envoyer l'artillerie et les armes dont j'avais besoin, quoique plusieurs fois j'eusse envoyé de l'argent pour cela. Mais rien n'affine le génie de l'homme comme la nécessité : celle-ci était extrême et sans espoir de remède, car on se gardait bien, à ce sujet, de rien faire connaître à Votre Majesté; je cherchai donc comment je pourrais veiller à la conservation et à la sûreté de ce que nous avions eu tant de peine à gagner; comment je pourrais éviter un tel désastre aux intérêts de Dieu Notre Seigneur et à ceux de Votre Majesté, et comment nous pourrions échapper au péril qui nous menaçait tous.

Je mis donc tous mes soins à faire chercher du cuivre dans les provinces, et je prodiguai les encouragements pour qu'on en trouvât le plus vite possible. On en découvrit et on m'en apporta une grande quantité. Je le confiai à un maître fondeur, qui par bonheur se trouvait là, pour m'en faire des pièces d'artillerie; il m'en fit deux demi-couleuvrines, si bien réussies, qu'on ne saurait en fabriquer de meilleures.

Mais il me manquait de l'étain, car on ne peut rien sans lui; pour ces deux pièces, je me l'étais procuré avec difficulté et je l'avais payé fort cher à ceux qui possédaient des vases et des plats, et puis, je n'en trouvai plus à aucun prix. Je m'informai donc de toutes parts si on en pourrait découvrir dans les provinces, et grâce à Dieu qui nous a toujours protégés d'une si éclatante façon, on en trouva de petites pièces minces qui servaient de monnaie dans la province de Tazco. Poursuivant mes recherches, j'appris que là et dans une province voisine, ce métal servait de monnaie ; et continuant mes investigations, j'appris que ce métal venait de la province de Tazco à vingt-six lieues de Mexico. On découvrit les mines, j'y envoyai des Espagnols avec des instruments et l'on m'en apporta des échantillons. Je donnai des ordres pour que dorénavant, au fur et à mesure de mes besoins, on en tirât la quantité nécessaire, mais ce n'était pas sans grandes difficultés.

En même temps qu'on cherchait l'étain, le bonheur voulut qu'on trouvât du fer en grande quantité selon l'appréciation de mes spécialistes. Je fabrique donc chaque jour quelques nouvelles pièces ; j'en ai cinq jusqu'à présent : les deux demi-couleuvrines, deux autres un peu moins grandes, un canon serpentin, deux fauconneaux que j'apportai en venant ici et une autre demi-couleuvrine que j'achetai à la vente du gouverneur Juan Ponce de Leon. Je me suis procuré des navires qui ont abordé à Veracruz, en pièces de bronze petites et grandes, du fauconneau et au-dessus, trente-cinq pièces ; quant à celles de fer, bombardes, couleuvrines, fauconneaux et autres, j'en ai soixante et dix. Ainsi, Dieu soit loué, nous pouvons nous défendre. Ce même Dieu favorable nous pourvoit des munitions qui nous manquaient. Nous trouvâmes quantité de salpêtre et de la meilleure qualité. Quant au soufre, j'ai parlé à Votre Majesté de cette montagne de la province de Mexico qui lance de la fumée ; un Espagnol qu'on attacha avec des cordes, descendit à soixante et dix ou quatre-vingts brasses dans l'intérieur du volcan d'où il nous en a rapporté en quantité suffisante pour nos besoins présents. Dorénavant, nous n'aurons plus à nous exposer à ce péril, car je fais venir du soufre d'Espagne où grâce à Dieu il n'y a plus d'évêque qui en arrête l'envoi.

Après avoir assuré la tranquillité de la ville de Santisteban que j'avais fondée dans le Panuco, achevé la conquête de la province de Tutepec et dès que j'eus expédié le capitaine qui s'en fut à Impilcingo et Coliman, dont j'ai longuement parlé dans un chapitre précédent, et avant de revenir à Mexico, je me rendis aux villes de Veracruz et de Médellin pour les visiter et pourvoir aux besoins de ces deux ports. Je remarquai que, faute d'une population espagnole près du havre de Chalchiqueca, autre que celle de la Veracruz, tous les navires venaient débarquer en cette dernière ville. Ce port est loin d'être sûr et il s'y perd beaucoup de navires par suite des vents du nord qui y soufflent fréquemment. Je cherchai donc près du port de San-Juan un endroit favorable pour y fonder une ville, et quoi que nous fissions, nous ne trouvions que collines de sable mouvant, lorsque, grâce à Dieu, nous découvrîmes à deux lieues de là, un endroit des plus favorables, où le bois, l'eau et les pâturages abondaient; mais il n'y avait ni bois de construction ni pierre pour bâtir, que très loin de là. Nous trouvâmes tout auprès, un estuaire où j'envoyai une canoa, pour nous assurer s'il communiquait avec la mer et si des barques pouvaient arriver jusqu'au village. Cet estuaire donnait dans une rivière qui se jetait à la mer; de sorte qu'en le débarrassant des arbres et de la végétation qui l'obstruaient, les barques pourraient venir décharger leurs cargaisons au pied même des maisons.

Voyant ce bel emplacement et les facilités qu'y trouveraient les navires, je déplaçai la ville de Médellin qui se trouvait à vingt lieues de là dans la province de Tatalpletelco; j'en fis venir les habitants qui bâtirent leurs maisons, et je fis nettoyer l'estuaire. Je fis ensuite construire un magasin de douane, parce que si les navires devaient attendre pour leur déchargement et qu'ils eussent à remonter deux lieues avec les barques pour arriver au port, ils pourraient se perdre. Je crois que ce port, après celui de la Veracruz, sera le meilleur que nous ayons dans cette Nouvelle-Espagne, parce que les barques et les brigantins eux-mêmes viennent décharger leurs marchandises au cœur de la ville. Je ferai du reste, tout ce que je pourrai pour rendre le port commode, le déchargement sûr et que les navires ne courent plus aucun danger. On se hâte également de faire des routes qui de la Veracruz conduiront à cette ville; la rapidité des transactions y gagnera, parce qu'avec cette nouvelle route nous épargnerons une journée de transport.

Dans les chapitres précédents, Très Puissant Seigneur, j'ai dit à Votre Excellence en quelles parties de cette contrée j'avais envoyé des gens tant par terre que par mer, ce dont

Votre Majesté, je l'espère, tirera les plus grands avantages; et comme en toutes choses je suis poursuivi par le même désir de servir les intérêts de Votre Majesté, voyant qu'il ne me restait plus qu'à faire explorer la côte, du Panuco à la Floride découverte par Juan Ponce de Leon, et de la Floride à la mer du nord en remontant jusqu'aux îles des Morues, parce qu'il paraît certain qu'il doit y avoir sur cette côte un détroit conduisant à la mer du sud, et qu'on le trouverait, selon certains documents que je possède, près de cet archipel que découvrit Magellan par ordre de Votre Altesse.

Certains le croient près d'ici, et si par la grâce de Dieu, le fait était exact, la traversée du pays des épices à ces royaumes de Votre Majesté serait facile et courte, réduite de plus des trois quarts, et sans risque, ni péril pour les navires qui iraient et viendraient, parce qu'ils se trouveraient toujours dans les royaumes et seigneuries de Votre Majesté, où ils pourraient se ravitailler, se réparer selon leurs besoins, en quelque port qu'ils abordassent, étant dans les possessions de Votre Majesté.

J'ai conçu une si haute idée des services qu'une telle découverte rendrait à Votre Majesté, que quoique me trouvant aujourd'hui fort endetté par suite des sommes que j'ai dépensées en expéditions de terre et de mer, en munitions de guerre et artillerie amassées dans cette ville et que j'envoie de tous côtés et autres dépenses qui se présentent chaque jour, je suis prêt à m'engager encore; car tout s'est fait et se fait à mes frais, et toutes les choses que nous avons à nous procurer sont d'un prix si excessif, que, quoique le pays soit riche, les revenus que j'en tire, ne peuvent suffir aux grandes dépenses qui m'incombent. Mais répétant ce que j'ai dit plus haut, et mettant tout intérêt personnel de côté, je jure à Votre Majesté que c'est grâce à de nouveaux emprunts, que j'ai pu consacrer à cette expédition trois caravelles et un brigantin dont la dépense va monter à plus de dix mille piast.es or.

J'ajoute ce nouveau service à ceux que j'ai déjà rendus, et je le tiens pour le plus important, si comme je l'espère on trouve le détroit; et sinon, on ne pourra manquer de découvrir de grandes et riches contrées qui étendront encore les royaumes et seigneuries de Votre Majesté. On saura toujours ceci, c'est que le détroit n'existe point; et dans ce cas, Votre Majesté pourrait aviser à ce qu'on s'emparât en son nom des terres des épices et de celles qui les confinent. Pour cela je me tiens au service de Votre Majesté, très heureux qu'elle veuille bien me le commander, et à défaut du détroit, j'espère lui conquérir ces terres, à moins de frais que personne. Mais je prie le Seigneur que ma flottille atteigne le but que je poursuis, qui est de découvrir le détroit, parce que ce serait le résultat le plus heureux; je l'espère encore, car rien ne saurait manquer à l'heureuse fortune de Votre Majesté, et je n'épargnerai ni diligence, ni zèle, ni volonté pour que cela réussisse.

Je m'occupe aussi d'expédier dans la mer du sud, les navires que je fais construire et qui, s'il plaît à Dieu, prendront la mer au mois de juillet de cette année 1524, pour se diriger au sud, à la recherche du détroit; car s'il existe, il ne pourra échapper à ma flotte de la mer du sud, ou à celle de la mer du nord. Celle du sud suivra la côte jusqu'au détroit, ou bien jusqu'à la terre que découvrit Magellan et celle du nord poussera jusqu'aux îles des Morues. D'un côté ou de l'autre, nous serons éclairés. Suivant les informations que j'ai reçues touchant la côte nord de la mer du sud, je puis assurer Votre Majesté qu'en dirigeant ma flotte de ce côté, nous y ferons de profitables découvertes. Mais connaissant l'intérêt que Votre Majesté porte au détroit et le grand lustre que cette découverte jetterait sur votre couronne royale, je laisse de côté toute autre entreprise malgré l'importance que j'y attache, pour explorer l'autre route; que Notre Seigneur nous guide et favorise les desseins de Votre Majesté, je n'ai pas d'autre volonté que la sienne.

Les officiers que Votre Majesté m'a envoyés, pour surveiller ses revenus et ses biens, sont arrivés; ils se sont fait rendre les comptes par ceux que j'en avais chargés au nom de Votre Altesse. Ces officiers devant établir une relation complète de tout ce qui s'est passé, je ne m'attarderai point à en parler à Votre Majesté et m'en repose entièrement sur eux; j'espère que leur rapport confirmera Votre Altesse sur la sollicitude et la vigilance que j'ai déployées pour les intérêts de Votre Majesté, et que, malgré les occupations de la guerre et la pacification de ces contrées, dont le succès a passé nos espérances, je n'ai jamais délaissé pour cela les intérêts de Votre Majesté.

Le compte rendu que ces officiers envoient à Votre Majesté Impériale, prouvera à Votre Altesse que j'ai dépensé de ses rentes royales pour la pacification de ces provinces et l'extension des seigneuries de Votre Majesté, soixante-deux mille et tant de piastres d'or. Il est bon que Votre Majesté sache bien, que je n'ai pu faire autrement, et que si je me servis des revenus de Votre Altesse, c'est qu'il ne me restait personnellement rien et que je devais déjà plus de trente mille piastres d'or, que j'avais empruntées à diverses personnes. J'ai donc été obligé de faire ce que j'ai fait, et je suis convaincu que les avantages et le profit qui en résulteront sera de plus de mille pour cent. Cependant, les officiers de Votre Majesté tout en constatant que ces dépenses ont servi les intérêts de Votre Altesse, n'ont pas voulu les prendre en compte, disant qu'ils n'avaient à cet égard, aucun pouvoir. Je supplie donc Votre Majesté qu'elle veuille bien approuver ces opérations et qu'elle me fasse rembourser en outre, cinquante et tant de mille piastres d'or que j'ai dépensées de ma fortune personnelle et que j'ai empruntées de mes amis; car si on ne me les payait point, je ne pourrais pas les leur rendre, ce qui les jetterait dans les plus grandes difficultés. J'espère que Votre Majesté ne le permettra pas, et j'espère aussi que outre ce remboursement, Votre Altesse si chrétienne et si catholique, voudra bien m'accorder les hautes récompenses que méritent mes services, et dont les résultats font foi.

J'ai appris de ces officiers et d'autres personnes qui les accompagnaient, ainsi que par des lettres venues d'Espagne, que les bijoux et autres objets que j'ai envoyés à Votre Majesté Impériale par Antonio de Quiñones et Alonzo de Avila sous le sceau des procureurs de cette Nouvelle-Espagne, n'arrivèrent point en votre auguste présence, ayant été enlevés par des Français, par suite de la maigre escorte que les administrateurs de la douane de Séville avaient envoyée aux Açores pour accompagner le navire. Je désirais vivement que toutes ces choses belles, riches et merveilleuses fussent remises à Votre Majesté, car en dehors du plaisir qu'elles lui auraient causé, Votre Altesse eût mieux apprécié mes services; j'ai donc profondément regretté cette perte.

D'un autre côté, je me suis réjoui de cet enlèvement, parce que cette perte sera peu sensible à Votre Majesté et que je me promets d'envoyer d'autres objets plus riches et plus étranges, d'après ce que j'espère recevoir de provinces que nous sommes en voie de conquérir, ainsi que d'autres, où j'enverrai bientôt des troupes que j'ai toutes prêtes.

Les Français et les autres princes à qui ces bijoux ont pu être livrés, comprendront en les voyant, qu'ils n'ont qu'à se soumettre à la couronne impériale de Votre Majesté, puisque en dehors des nombreux et grands royaumes que possède Votre Altesse dans le vieux monde, moi le plus humble de ses sujets j'ai pu lui en amener tant d'autres dans cette Nouvelle-Espagne.

En exécution de mes promesses, j'envoie par Diego de Soto, l'un de mes serviteurs, certaines petites choses qui furent autrefois considérées comme peu dignes de vous être envoyées, et d'autres que j'ai faites depuis, qui pourront vous intéresser. Je vous envoie en même temps une couleuvrine en argent dans laquelle il est entré deux mille quatre cent cinquante livres de métal, peut-être plus, car elle se fit en deux fois et la fabrication m'en coûta fort cher; car, outre l'argent qui me coûta vingt-quatre mille cinq cents piastres d'or, à raison de cinq piastres le marc, les frais des fondeurs, graveurs et transport à la côte se montèrent encore à plus de trois mille piastres d'or; mais pour réussir une pièce aussi riche, aussi admirable et digne d'être présentée à un si grand et si excellent prince, je me suis engagé avec joie dans ce travail et ces dépenses. Je supplie donc Votre Majesté de recevoir favorablement mon humble offrande, lui prêtant la valeur de mon dévouement pour la rendre plus digne à ses yeux; et quoique je sois fort endetté, comme je l'ai dit à Votre Altesse, j'ai voulu m'endetter davantage, pour montrer à Votre Majesté le désir que j'ai de la servir, car j'ai été si malheureux, j'ai éprouvé jusqu'à ce jour, tant de contrariétés auprès de Votre Majesté, que je n'avais pas encore trouvé l'occasion de manifester ce désir.

J'envoie de même à Votre Sacrée Majesté soixante mille piastres d'or prélevées sur les revenus royaux, comme Votre Altesse pourra s'en convaincre par le compte que ses officiers et moi lui envoyons. Si nous avons eu la hardiesse d'expédier, en une fois, une aussi grosse somme d'argent, c'est qu'on nous a dit que les guerres de Votre Majesté en exigeaient beaucoup et que je ne voulais pas que Votre Majesté regrettât la perte passée. De plus nous enverrons chaque fois ce que nous aurons pu amasser.

Je voudrais persuader Votre Majesté que, d'après l'enchaînement des choses et vu l'accroissement de ses royaumes et seigneuries, elle aura, dans cette contrée, des revenus plus considérables et plus sûrs qu'en aucun de ses royaumes et seigneuries d'Europe, à moins que nous n'éprouvions quelque désastre, dont jusqu'à ce jour nous n'avons pas encore souffert.

Je dis cela, parce que Gonzalo de Salazar, facteur de Votre Majesté, venant de Cuba, arriva il y a deux jours au port de San-Juan de cette Nouvelle-Espagne et me rapporta avoir entendu dire que Diego Velazquez, lieutenant amiral de l'île, s'était entendu avec Cristobal de Oli que j'ai envoyé aux Hibueras pour qu'il se révoltât en sa faveur; la chose me parut si basse et si contraire aux intérêts de Votre Majesté que je refusai d'y croire, quoique cela fût assez probable, vu l'inimitié de Velazquez et ce qu'il a déjà fait pour me nuire; car lorsqu'il ne pouvait faire autre chose, il empêchait les gens de venir me rejoindre, et comme il est gouverneur de Cuba, il arrête les Espagnols qui viennent à la Nouvelle-Espagne, leur fait subir mille vexations, et après les avoir compromis, leur fait dire tout ce qu'il veut. Je m'informerai de l'affaire, et si je trouve les choses telles qu'on me les a dites, j'ai l'intention de faire arrêter Velazquez et de l'envoyer à Votre Majesté; ce serait couper à la racine, le mal que représente cet homme, et je pourrais plus librement poursuivre les expéditions entreprises pour le service de Votre Majesté et celles que j'ai le dessein d'entreprendre.

Toutes les fois que j'écris à Votre Majesté, je lui rends compte de l'état des Indiens que nous cherchons à gagner à la foi catholique, et j'ai supplié Votre Majesté Impériale de nous envoyer à cet effet des religieux de bonnes mœurs et de bon exemple; il en est venu peu jusqu'à présent, ou presque pas; c'est pourquoi je renouvelle ma demande à Votre Altesse et je la supplie de m'en envoyer en toute hâte, tant il importe au service de Notre Seigneur Dieu et au désir que doit éprouver Votre Majesté Catholique. C'est pourquoi les procureurs Antonio de Quiñones et Alonso Davila, conseillers des villes de la Nouvelle-Espagne et moi, supplions Votre Majesté de nous envoyer des évêques et autres prélats pour administrer les offices et le culte divin. Après y avoir bien réfléchi je pense que Votre Majesté devrait nous les envoyer d'une autre manière, afin que les naturels se convertissent plus rapidement et pussent être mieux instruits dans les mystères de notre sainte foi. Cette manière serait la suivante : Votre Majesté nous enverrait un grand nombre de personnes religieuses et zélées pour la conversion des infidèles; on leur construirait des maisons et des monastères dans les provinces que nous indiquerions et l'on prélèverait une dîme d'un dixième pour leurs demeures et leur entretien; le surplus serait attribué aux églises et aux ornements des villages qu'habiteraient les Espagnols et aux desservants de ces églises.

Les officiers de Votre Majesté seraient chargés de la collection de ces dîmes dont ils rendraient compte et qu'ils verseraient aux églises et aux monastères, ce qui suffira bien au delà, de sorte que Votre Majesté pourra utiliser le surplus.

Que Votre Majesté supplie donc Sa Sainteté de lui accorder cette dîme, lui expliquant combien importe la conversion des Indiens qui ne se pourra commencer que de cette façon; parce que des évêques et autres prélats continueraient ici pour nos péchés, leur manière de vivre, en dissipant les biens de l'église en pompes vaines, en satisfaction de leurs vices et en laissant des majorats à leurs enfants et à leurs parents. Il y aurait un mal plus grand encore : les Indiens avaient, en leur temps, des personnes religieuses chargées de leurs rites et cérémonies, et ces religieux étaient si recueillis, si honnêtes, si chastes que la moindre faiblesse chez eux, était punie de mort. Si donc ces Indiens voyaient les choses de l'église et le service de Dieu au pouvoir des chanoines et autres dignitaires, et qu'ils vissent ces ministres de Dieu, se livrer à tous les vices et à toutes les profanations dans lesquelles ils se vautrent aujourd'hui dans vos royaumes, ce serait rabaisser notre foi, en faire un objet de moquerie, et le dommage serait si grand que toute prédication deviendrait inutile. La chose est des plus importantes, et Votre Majesté voulant que ces gens se convertissent comme nous devons le désirer nous-mêmes en vrais chrétiens, j'ai voulu en aviser Votre Majesté Impériale, et lui dire ce que je croyais être bien. Ce sont des observations que je supplie Votre Altesse de vouloir bien agréer, comme venant d'un sujet dévoué qui emploiera toutes ses forces à étendre les royaumes et seigneuries de Votre Majesté, à propager sa gloire dans ces pays, comme aussi je désire avec ardeur que Votre Altesse envoie jeter ici les semences de notre foi divine et qu'elle mérite ainsi la bienheureuse vie éternelle.

Mais pour ordonner des prêtres, consacrer les églises, bénir les ornements, les huiles, etc., n'ayant pas d'évêques, il serait difficile d'aller chercher le remède ailleurs. Je prie donc Votre Majesté de demander à Sa Sainteté, d'accorder ses pouvoirs et de nommer comme ses subdélégués en cette Nouvelle-Espagne, deux religieux remarquables qui sont venus en ces contrées, dont l'un appartient à l'ordre de Saint-François, et l'autre à l'ordre de Saint-Dominique, et qu'ils soient chargés tous deux des plus grands pouvoirs. Car ces provinces sont si loin de l'église romaine, et nous, les chrétiens qui les habitons, si loin des remèdes religieux, et comme êtres humains si sujets à pécher, qu'il y a toute nécessité que Sa Sainteté attribue à ces religieux les plus larges pouvoirs. Il faudrait aussi que ces pouvoirs se perpétuassent parmi les religieux qui résident en cette contrée, soit chez le général, soit dans le provincial de chacun de ces deux ordres.

Ces dîmes ont été affermées dans quelques villes; dans d'autres, elles sont demandées par le crieur public; depuis l'année 1523, elles sont affermées à Mexico. Il me parut inutile de le faire ailleurs, le pays étant peuplé d'Espagnols; mais si

Votre Majesté en décide autrement, nous nous empresserons d'obéir.

Les dîmes de Mexico pour l'année 1523 furent adjugées pour la somme de cinq mille cinq cent cinquante piastres d'or; celles de la ville de Médellin et de la Veracruz pour celle de mille piastres d'or. Pour la présente année, elles n'ont pas été adjugées et je crois qu'elles iront plus haut. J'ignore à combien montent celles des autres villes, elles sont loin et je n'ai pas encore eu de réponse. Sur cet argent, on a prélevé pour bâtir les églises, payer les curés, les sacristains, les ornements et autres frais nécessaires à leur entretien. Ces comptes divers seront remis au caissier et au trésorier de Votre Majesté et tout ce qui se dépensera, sera dépensé sur autorisation de moi et du caissier.

Seigneur Très Catholique, j'ai été informé par les navires qui viennent des îles, que les juges et officiers de Votre Majesté dans l'île Espagnola, ont arrêté et fait publier dans l'île et les îles voisines, défense d'emporter aucune jument dans la Nouvelle-Espagne et ce, sous peine de mort. Ils ont pris cet arrêté, afin que nous soyons toujours forcés de leur acheter chevaux et bestiaux qu'ils nous vendent à des prix excessifs. C'est une mesure des plus préjudiciables aux intérêts de Votre Majesté, en tant qu'elle entrave l'accroissement de la population dans la Nouvelle-Espagne et l'achèvement de la pacification; ils savent combien nous avons besoin de chevaux et n'en défendent l'exportation que dans leur amour exagéré du lucre. Comme il est évident qu'aucune nécessité de leur part n'a provoqué cet arrêté, je supplie Votre Majesté d'ordonner qu'il soit révoqué en envoyant une injonction de votre main royale, pour que toute personne puisse emporter des juments sans s'exposer à aucune pénalité et sans qu'aucune ordonnance puisse s'y opposer. Car, outre que les chevaux ne leur manquent pas, Votre Majesté a le plus grand intérêt à ce que nous en ayons selon nos besoins, puisque dans le cas contraire, nous ne pourrions procéder à de nouvelles conquêtes, pas plus que nous ne pourrions conserver celles que nous avons faites, et d'autant, que je paierais ces juments fort cher. De toutes façons, ils n'auraient qu'à se louer du rappel de leurs arrêtés; car je pourrais en prendre un semblable pour empêcher tout produit des îles d'être importé dans la Nouvelle-Espagne; tout commerce cesserait alors entre les deux colonies et ils n'auraient plus d'autres ressources que les produits du vol. Avant ce commerce d'échange, les habitants de ces îles n'auraient pu réunir un capital de mille piastres d'or, tandis qu'ils en ont aujourd'hui plus qu'ils n'en ont jamais eu. Pour ne pas donner lieu à de fâcheuses discussions, je me suis tu et n'ai voulu qu'en faire part à Votre Majesté, afin que Votre Altesse en décide pour le mieux de ses intérêts.

J'ai déjà fait connaître à Votre Majesté, le grand besoin que nous avions de toutes sortes de plantes et de végétaux pour l'ornement et l'agriculture; jusqu'à ce jour, on n'y a point pourvu, et je supplie de nouveau Votre Majesté de vouloir bien ordonner à l'administration des douanes de Séville, que chaque navire soit obligé de m'apporter une certaine provision de plantes et de semences, sous peine de ne point mettre à la voile; mesure dont la population de la Nouvelle-Espagne ne pourra que se réjouir.

J'ai toujours fait mon possible pour peupler cette terre de la Nouvelle-Espagne, cherchant à ce que Espagnols et Indiens s'y multiplient, que notre sainte foi s'y implante, puisque Votre Majesté m'en a confié le soin et que Dieu Notre Seigneur a bien voulu me choisir comme instrument en cette affaire. C'est avec l'impériale autorisation de Votre Altesse que je promulguai certaines ordonnances que je fis publier et dont j'envoyai copie à Votre Majesté; je n'aurais donc point à en parler, sinon que d'après tout ce que j'ai pu voir, leur mise en pratique a été des plus utiles.

Les Espagnols qui se sont fixés dans le pays, n'ont pas été satisfaits de quelques-unes d'entre elles, notamment de celles qui les obligeaient à se fixer dans la province; parce que tous, ou presque tous, avaient l'intention d'user de leurs propriétés, comme en usèrent les premiers colons des îles; c'est-à-dire, de les épuiser et de les abandonner. Ce serait, il me semble, une grande faute, de ne point profiter de l'expérience de ceux qui nous ont précédés, pour remédier au présent et préparer l'avenir, en ne tombant plus dans les mêmes erreurs qui nous ont fait perdre les Iles; la Nouvelle-Espagne étant, comme je l'ai plusieurs fois écrit à Votre Majesté une grande et noble contrée, où Dieu Notre Seigneur réunira des millions de fidèles et Votre Majesté d'importants revenus. Je supplie donc Votre Majesté, de m'indiquer la marche que je dois suivre, tant au sujet de ces ordonnances, qu'au sujet des desseins que pourrait former Votre Majesté. En effet, je m'efforcerai toujours de modifier les choses suivant les circonstances, car la contrée est si grande, les climats si divers et les découvertes si nouvelles, qu'il est nécessaire de modifier ses vues suivant les nouveaux milieux; et s'il paraît à Votre Majesté quelque contradiction dans mes rapports, c'est que j'aurai dû changer de desseins suivant les nouveaux pays que j'occuperais.

César Invincible, que Dieu Notre Seigneur garde Votre Impériale Majesté, qu'il accroisse vos possessions de nouveaux royaumes et seigneuries, qu'il les maintienne prospères et accorde à Votre Altesse tout ce qu'elle désire. De la grande ville de Mexico, de cette Nouvelle-Espagne, le 15 du mois d'octobre de l'année 1524. De Votre Majesté, le très humble serviteur et sujet, qui baise les pieds et les mains de Votre Majesté.

Fernand Cortes.

LETTRE CINQUIÈME

Adressée à la Majesté Impériale et Catholique de l'Invincible Empereur Don Carlos, de la ville de Mexico, le 3 de septembre de l'année 1526.

Majesté Catholique et Impériale, le 23 octobre de l'année passée 1525, j'envoyai de Trujillo, du port et cap de Honduras, un navire à l'île Espagnola; à bord se trouvait un de mes serviteurs, porteur d'une lettre pour Votre Majesté, dans laquelle je parlais des choses qui s'étaient passées dans un golfe appelé Higuetas, et ce qui s'était passé entre les capitaines que j'y avais envoyés et le capitaine Gil Gonzales. Je disais comment j'étais arrivé, et pourquoi, à l'époque où j'expédiais le navire et le serviteur, je n'avais pas eu le temps de rendre compte à Votre Majesté, de la route que j'avais suivie et des choses qui étaient survenues depuis mon départ de Mexico jusqu'à mon arrivée dans ces parties lointaines.

Ce sont choses que Votre Majesté doit savoir, car il n'est rien que je fasse, que je ne doive faire connaître à Votre Majesté. Je dirai ces choses le mieux que je pourrai, ne sachant assurément pas les dépeindre comme elles se sont passées et craignant qu'elles ne soient pas comprises; mais je raconterai ce qui m'est arrivé de plus important pendant la route, encore que plusieurs choses qui pourraient ne paraître qu'accessoires, fourniraient matière à une relation.

Ayant donné mes ordres au sujet de l'affaire de Cristobal de Oli que j'ai fait connaître à Votre Majesté, il me parut qu'il y avait bien longtemps que j'étais oisif, et que par suite de la blessure de mon bras, je n'avais rien accompli pour le service de Votre Majesté. Quoique je ne fusse pas encore guéri, je résolus cependant d'entreprendre quelque chose et je partis de la ville de Mexico le 12 du mois d'octobre de l'année 1524 avec quelques piétons et cavaliers, gens de ma maison, amis et serviteurs et parmi eux Gonzalo de Salazar, Peralmirez et Chirino, facteur et commissaire-inspecteur de Votre Majesté ; j'emmenais aussi tous les seigneurs mexicains [1]. J'établis en mon lieu et place, chargé de la justice et du gouvernement, le trésorier compteur de Votre Majesté, le licencié Alonzo de Suazo. Je laissai la ville bien pourvue d'artillerie, de munitions et d'hommes en nombre suffisant, les arsenaux également garnis de pièces et les brigantins tous parés dans leurs chantiers. Je laissai un gouverneur de la forteresse, avec tous les moyens d'attaque et de défense. Je quittai Mexico et j'arrivai à la ville del Espiritu Santo à cent dix lieues de là, et pendant que je m'occupais des affaires de cette ville, j'envoyai des émissaires dans les provinces de Tabasco et de Xicalanco pour annoncer mon arrivée aux caciques de ces provinces, les priant de venir me trouver, ou de m'envoyer des gens pour que je leur dise ce qu'ils auraient à faire et qu'ils leur rapportassent ce que j'avais décidé. Mes gens furent bien accueillis, et ils me ramenèrent sept ou huit personnes, connues pour avoir été déjà plusieurs fois accréditées comme ambassadeurs. Je leur parlai des choses sur lesquelles je voulais être imformé ; ils me répondirent que sur la côte de la mer, de l'autre côté du Yucatan, près de la baie de l'Ascension, il y avait des Espagnols qui leur faisaient beaucoup de mal ; car, non contents d'incendier les villages et de tuer des Indiens, ce qui avait amené l'abandon des lieux et la fuite des habitants dans les bois, ils avaient ruiné le commerce et les négociants. Les communications étaient rompues et il ne se faisait plus aucun trafic, très actif jusqu'alors et ruiné par leur faute. Ils m'énumérèrent, à ce sujet, toutes les villes et villages de la côte jusqu'à l'endroit où réside Pedrarias de Avila, gouverneur de Votre Majesté, et m'étalèrent la contrée

---

1. Cortes emmenait plus de trois mille hommes, des musiciens, des pages, des femmes, des bouffons, un train de satrape.

sur une carte d'étoffe qui me fit croire que la route serait facile, surtout pour me rendre là où se trouvaient les Espagnols. Heureux de recevoir de si bons renseignements qui m'engageaient à poursuivre mes desseins; aussi désireux d'amener les Indiens à la connaissance de notre sainte foi et au service de Votre Majesté, qu'entraîné dans cette longue route (où je devais trouver tant de pays et de gens nouveaux) pour m'assurer si ces Espagnols étaient ceux des capitaines que j'avais envoyés là-bas, Diego ou Cristobal de Oli, Pedro de Alvarado, ou Francisco de Las Casas; ayant à les voir pour leur tracer une ligne de conduite, il me parut nécessaire de poursuivre. J'espérais voir en outre des provinces et des terres inconnues et que je pourrais soumettre, comme il arriva; ayant bien calculé les résultats de l'expédition, laissant de côté les fatigues et les dépenses prévues et imprévues, je me déterminai à suivre ma route comme j'y étais déjà résolu en quittant la ville de Mexico.

Avant d'arriver à la ville del Espiritu Santo, j'avais, deux ou trois fois en chemin, reçu des lettres de Mexico; j'en reçus aussi de mon lieutenant et autres personnes, et les officiers de ma compagnie en reçurent également. Ces lettres nous apprenaient qu'il n'y avait rien de l'accord qui devait exister entre le trésorier et le maître des comptes, qu'au nom de Votre Majesté, j'avais chargés du gouvernement en mon absence. A ce sujet, je fis ce que je crus être convenable, en leur reprochant leur conduite et en les menaçant, s'ils continuaient les mêmes errements, de les révoquer et d'en faire un rapport à Votre Majesté.

Pendant mon séjour dans la ville de l'Espiritu Santo, d'autres lettres m'arrivèrent, tant de ces deux personnages, que de personnes diverses, m'avertissant que la discorde régnait plus violente que jamais entre mes représentants; que dans une réunion du conseil, ils avaient tiré l'épée l'un contre l'autre, ce qui provoqua un affreux scandale et amena de grands troubles, non seulement entre les Espagnols, qui prirent parti pour l'un ou pour l'autre, mais aussi parmi les Indiens qui furent sur le point de prendre les armes, disant qu'eux seuls seraient victimes de cette altercation.

Voyant que mes observations et mes menaces restaient

vaines; ne voulant point abondonner mon voyage, ne pouvant me rendre à Mexico pour régler cette affaire, je résolus d'y envoyer le commissaire inspecteur et le facteur qui m'accompagnaient, chargés de pouvoirs pour instruire l'affaire, me désigner le coupable et apaiser le différend. Je les chargeai en même temps de pouvoirs secrets, pour que, si les coupables ne voulaient point se rendre à la raison, ils les suspendissent de leurs fonctions de gouvernants, qu'ils rempliraient conjointement avec le licencié Alonzo de Zuazo, et qu'ils punissent sévèrement les coupables. Ces mesures prises, j'expédiai le facteur et le commissaire, certain que leur présence à Mexico apaiserait les passions et calmerait la discorde, ce dont je me trouvai fort débarrassé.

Cette affaire expédiée, je passai la revue des gens qui devaient m'accompagner dans mon voyage. Je trouvai quatre-vingt-treize cavaliers avec cent cinquante chevaux et trente piétons; je pris une petite caravelle qui venait de m'être envoyée chargée de provisions par la ville de Médellin, j'y ajoutai celles que j'avais apportées, quatre pièces d'artillerie, des arquebuses, des arbalètes et des munitions : je l'envoyai dans la rivière de Tabasco où elle devait attendre que je la fisse mander. J'écrivis à Médellin, priant l'un de mes serviteurs de m'envoyer encore deux autres petites caravelles et une grande barque qu'il devait charger de provisions. J'écrivis à Rodrigo de Paz à qui j'avais laissé la garde de ma maison à Mexico, de me trouver de suite, cinq ou six mille piastres d'or pour payer les provisions que je venais d'acheter, et je demandai en même temps au trésorier de me les prêter, n'ayant plus rien à ma disposition. Il me les prêta, et les petites caravelles chargées comme je l'avais mandé, se dirigèrent vers la rivière de Tabasco. Tout cela me servit de peu, car la route que je suivis pénétrait dans les terres, d'où il était très difficile d'aller à la mer chercher des provisions, le pays étant coupé de rivières et de marais.

L'affaire des caravelles réglée, je me mis en route par la côte me dirigeant sur une province appelée Apisco, située à trente-cinq lieues d'Espiritu Santo; pour arriver à cette province, en dehors des canaux et des petites rivières que nous traversâmes sur des ponts, nous en traversâmes trois grandes, dont la première à Tonala à neuf lieues d'Espiritu Santo et l'autre à Agualulco à neuf lieues plus loin, nous passâmes ces rivières en canoas et les chevaux à la nage; quant à l'estuaire qui était très large et qu'ils n'eussent point eu la force de traverser, il fallut aviser, et une lieue plus haut, je fis construire un pont de bois où passèrent les chevaux et les gens; il avait neuf cent trente-quatre pas de long; c'était un ouvrage merveilleux.

Cette province d'Apisco produit beaucoup de cacao, elle est très fertile en grain et riche en pêcheries. On y trouve dix ou douze grands villages sans compter les hameaux et les fermes : mais c'est une contrée très marécageuse, tellement, qu'à la saison des pluies on ne peut circuler qu'en canots; pour moi, qui voyageais pendant la saison sèche, de l'entrée à la sortie qui peut compter vingt lieues, je fus obligé de construire plus de cinquante ponts, sans quoi les gens n'auraient pu passer. Les Indiens sont pacifiques, mais un peu sauvages par suite des rares contacts qu'ils ont eus avec les Espagnols.

Ils se rassurèrent à ma venue, et se mirent à notre service avec la meilleure volonté, comme au service des Espagnols à qui je les confiai. De cette province de Apisco, d'après les renseignements que me donnèrent les gens de Tabasco et de Xicalanco, je devais passer à une autre qui se nomme Zaguatan; les Indiens n'ont de communication que par les rivières et les canaux, ils ne pouvaient m'indiquer la route par terre et ne pouvaient que me signaler la ligne directe qui m'y conduirait. Je fus donc forcé d'envoyer dans la direction, des Espagnols et des Indiens pour trouver ce chemin et nous y frayer un passage, car autour de nous, tout n'était que forêts épaisses. Grâce à Dieu, nous le trouvâmes à grand'peine ce chemin; il y avait en effet des marais et des canaux sur lesquels il fallait jeter des ponts. Nous avions à traverser une grande rivière appelée Guezalapa, affluent du Tabasco; j'expédiai de là, deux Espagnols aux caciques de Tabasco et de Cunoapa, les priant de m'envoyer quinze ou vingts canoas pour aller chercher des vivres et provisions à bord de mes caravelles et me permettre de traverser la rivière. Ces canoas devaient m'apporter les vivres dans le principal village de Zaguatan qui se trouve à douze lieues au delà du point où je passai à la rivière, ce qu'ils exécutèrent à ma satisfaction.

Je partis du dernier village de cette province de Apisco, appelé Anaxuxuca, après avoir découvert la route qui conduit à la rivière de Guezalapa que nous avions à traverser. Je dormis cette nuit dans un endroit désert entouré de lagunes et le jour suivant, de bonne heure, nous atteignîmes la rivière, où je ne trouvai point de canoas, celles que j'avais demandées aux caciques de Tabasco n'étant point arrivées. Mon avant-garde ouvrait la route en amont de la rivière, parce que, ayant appris que cette rivière passait au milieu de la ville principale de la province de Zaguatan, elle en suivait les bords pour ne pas s'égarer, et l'un de mes hommes avait pris une canoa pour arriver plus tôt à la ville. En le voyant, l'émoi se répandit dans la population qu'il s'efforça de calmer au moyen de son interprète; il renvoya aussitôt la canoa chargée d'Indiens en aval, me faisant part de ce qui s'était passé dans le village et me faisant dire qu'il ouvrait une route du côté où je devais passer et qu'il se rencontrerait avec ceux qui ouvraient cette route par en bas; je me réjouis beaucoup de cette affaire et remerciai mon homme, tant pour avoir calmé les Indiens que pour m'avoir indiqué une route que j'ignorais et que je soupçonnai très difficile. Avec cette canoa et des radeaux que nous fabriquâmes, je commençai à transporter les bagages de l'autre côté de la rivière qui était assez rapide.

Comme j'effectuais le passage, arrivèrent les Espagnols que j'avais envoyés à Tabasco; ils ramenaient les vingt canoas chargées des vivres de cette petite caravelle, que j'avais expédiée de Goatzacoalco; ils m'apprirent que les deux autres caravelles et la barque n'étaient pas encore arrivées; qu'elles étaient toujours au Goatzacoalco, mais qu'elles viendraient bientôt. Plus de deux cents Indiens de Tabasco et de Canoapa conduisaient ces canoas et nous traversâmes la rivière sans autre perte que celle d'un esclave nègre et de deux ballots de ferrures qui nous firent faute par la suite.

Je passai la nuit de l'autre côté de la rivière et le lendemain nous suivîmes ceux qui ouvraient le chemin en amont, longeant la rive ; j'avançai d'environ six lieues et dormis dans le bois avec une pluie battante ; pendant la nuit arriva l'Espagnol qui avait été au village de Zaguatan ; il amenait avec lui soixante et dix Indiens avec lesquels il avait ouvert la route de ce côté, mais il me fallait retourner deux lieues en arrière pour pouvoir la prendre ; je m'y rendis, tout en laissant ceux qui ouvraient le chemin le long de la rivière continuer leur besogne ; ils étaient déjà à près de trois lieues en avant ; une lieue et demie plus loin, ils atteignaient les maisons des faubourgs, de sorte qu'il y eut deux routes là où il n'y en avait aucune.

Je suivis le chemin que les Indiens avaient ouvert et j'arriva avec quelque peine et au milieu de la pluie à l'un des faubourgs de Zaguatan, le plus petit, quoique assez grand, puisqu'il se composait de plus de deux cents maisons. Nous ne pûmes parvenir dans la ville dont nous étions séparés par la rivière, qu'il eût fallu traverser à la nage, toutes les maisons étaient vides. A notre arrivée, les Indiens qui étaient venus me voir avec l'Espagnol disparurent quoique j'eusse fait mon possible pour les séduire et que je leur eusse donné divers présents. Je les avais remerciés de la peine qu'ils avaient prise pour nous ouvrir la route et je leur avais dit que je venais dans leur pays par ordre de Votre Majesté, leur apprendre à croire et adorer un seul Dieu créateur de toutes choses, à tenir Votre Altesse pour leur maître et seigneur et autres choses de circonstance. J'attendis trois ou quatre jours, croyant que la crainte les avait chassés et qu'ils me reviendraient, mais personne ne parut.

Pour me procurer les guides dont j'avais besoin et m'indiquer le chemin que je devais prendre, car on n'en voyait nulle part aucune trace, toutes les communications ayant lieu par eau à cause des marais, des canaux et des grandes rivières, j'envoyai deux compagnies d'Espagnols et quelques Mexicains à la recherche des habitants, avec ordre de me les ramener pour m'en servir de guides comme je l'ai dit plus haut. Avec les canoas de Tabasco, et quelques autres qu'ils trouvèrent dans le village, mes hommes parcourrurent vainement les estuaires et les rivières ; ils ne rencontrèrent que deux Indiens et quelques femmes, à qui je demandai où étaient le cacique et ses gens? Ils me répondirent qu'ils s'étaient dispersés dans les bois, chacun tirant de son côté et vaguant parmi les rivières.

Je leur demandai de m'indiquer le chemin de Chilapan, qui d'après ma carte se trouvait dans cette direction; je n'en pus rien tirer. Ils disaient que n'allant jamais par terre, mais par les canaux et les rivières, ils ne connaissaient pas d'autre route. Tout ce que je pus obtenir d'eux, fut de me signaler une montagne à dix lieues de là, me disant que c'était de ce côté que devait se trouver Chilapan; que tout près passait une grande rivière se réunissant plus bas à celle de Zaguatan, pour aller se jeter toutes deux dans le Tabasco. Ils ajoutaient qu'il y avait en amont un autre village nommé Ocumba, mais qu'ils n'en connaissaient pas le chemin par terre.

Je restai vingt jours dans ce village, cherchant de toutes parts un chemin qui resta introuvable; nous n'avions autour de nous que d'épouvantables marais qu'il nous paraissait impossible de traverser; voyant que les vivres allaient nous manquer, je me recommandai à Dieu, et je fis construire un pont de trois cents pas de longueur et construit avec des pièces de bois de trente-cinq à quarante pieds, avec d'autres en travers, sur lesquelles nous pûmes passer. Nous poursuivîmes alors notre route à la recherche de ce fameux village de Chilapan[1]; j'envoyai d'un autre côté, une compagnie de cavaliers accompagnés de quelques arbalétriers à la recherche de l'autre village appelé Ocumba; ils y arrivèrent ce jour même et y passèrent à la nage avec deux canoas dont ils s'emparèrent. La population entière s'était enfuie et ils ne purent s'emparer que de deux hommes et de quelques femmes. Ils trouvèrent dans ce village beaucoup de vivres et revinrent au-devant de moi. Je passai la nuit dans la forêt.

Dieu voulut que cette partie du pays fût plus ouverte, plus sèche, avec moins de marécages; les Indiens pris à Ocumba nous conduisirent à Chilapan, où en arrivant le soir fort tard nous trouvâmes le village incendié et les habitants en fuite; ce village était très important et dans une magnifique situation,

---

1. Tout ce que Cortes appelle villages sont des villes et de grandes villes.

il y avait de beaux vergers avec tous les fruits du pays et de vastes champs de maïs encore verts, dont cependant nous profitâmes avec bonheur.

Je restai deux jours à Chilapan, m'occupant de réunir des vivres et poussant quelques pointes dans les bois à la poursuite des Indiens et toujours à la recherche d'une route; nous ne pûmes mettre la main que sur deux Indiens, qui furent pris à notre entrée dans le village; je demandai à ceux-ci de m'indiquer le chemin pour aller à Topetitan ou à Temacaztepec qui est son autre nom : ce fut à tâtons et sans chemin, à travers bois, qu'ils m'y conduisirent; nous y arrivâmes en deux jours; nous traversâmes en route une grande rivière appelée Chilapan qui a donné son nom au village; ce fut avec beaucoup de peine que nous passâmes à l'autre bord, car elle est large et rapide et nous n'avions que des radeaux; nous y perdîmes encore un esclave et beaucoup de nos bagages.

Pour passer de là au village de Topetitan, nous avions à traverser de grands marais, et pendant les cinq ou six lieues que nous eûmes à parcourir, il n'y en eut pas une où les chevaux n'enfonçassent jusqu'aux genoux et quelquefois jusqu'aux oreilles. Il y eut un endroit pire que les autres, où je fus forcé d'établir un pont et où je faillis perdre deux ou trois Espagnols; c'est avec toute cette fatigue qu'au bout de deux jours nous atteignîmes le village, que nous trouvâmes également incendié et désert, ce qui doubla nos ennuis. Nous y trouvâmes des fruits divers et des champs de maïs un peu plus avancés que les précédents; nous découvrîmes aussi dans quelques maisons des silos de vieux maïs, mais en petite quantité : nous nous en réjouîmes cependant, car nous étions dans le plus grand besoin.

Ce village de Topetitan est au pied d'une grande chaîne de montagnes; j'y restai six jours. Je fis de là pousser diverses reconnaissances dans l'intérieur, espérant découvrir quelques Indiens pour les rassurer et leur demander mon chemin; mais l'on ne put s'emparer que d'un homme et de quelques femmes. Ils me dirent que le cacique et ses Indiens avaient brûlé leur village sur les instigations des gens de Zaguatan et qu'ils s'étaient sauvés dans les bois; cet Indien me dit qu'il ne connaissait pas le chemin d'Istapan, autre village où, selon ma carte, je devais passer, parce qu'il fallait y aller par les rivières, mais qu'il me conduirait plus où moins du côté où il devait être.

Je fis accompagner ce guide par trente chevaux et trente fantassins, leur commandant de pénétrer jusqu'à ce village, d'où ils me renseigneraient sur la route et que je ne partirais qu'au reçu de leur lettre. Ils partirent, et après avoir attendu deux jours sans recevoir de leurs nouvelles, je fus obligé de quitter le village faute de ressources; je partis donc, suivant leurs traces, traces difficiles à suivre au milieu des marais, car je puis assurer Votre Majesté que sur les plus hautes collines les chevaux, sans être montés, enfonçaient jusqu'à la sangle. Je cheminai deux jours de cette manière.

J'étais sans nouvelle de mes gens et dans une grande inquiétude, ne sachant que faire; retourner sur mes pas était impossible et je ne pouvais pousser en avant sans savoir où j'allais. Mais Dieu m'a toujours secouru dans mes plus grandes épreuves : je me trouvai camper au milieu d'un champ, entouré de mes gens, dont les plus vaillants avaient perdu courage, avec la perspective de périr sans ressource, quand arrivèrent deux Indiens du village d'Istapan avec une lettre de mes Espagnols, me disant qu'ils étaient arrivés à Istapan et que lorsqu'ils y arrivèrent, les Indiens avaient fait passer toutes leurs femmes et tout leur bien de l'autre côté d'une grande rivière qui longeait le village; il n'y était resté que quelques hommes, croyant que mes gens ne pourraient y pénétrer à cause d'un grand marais qui lui servait de défense; mais que, lorsqu'ils virent les Espagnols se jeter à la nage en tenant les chevaux par l'arçon, ils commencèrent à mettre le feu au village : nos hommes avançaient avec une telle hâte qu'ils ne leur donnèrent pas le temps de tout incendier. Tous ceux qui restaient s'étaient alors jetés dans le fleuve qu'ils passèrent, soit à la nage, soit dans leurs canoas; dans leur précipitation, plusieurs s'étaient noyés et on avait pu s'emparer de sept ou huit d'entre eux, dont l'un semblait être un de leurs caciques, et qu'on les garderait jusqu'à mon arrivée.

Cette lettre nous remplit tous d'une grande joie. Car ainsi que je le disais à Votre Majesté, la plupart de mes gens étaient désespérés. Le jour suivant, de bon matin, nous nous mîmes en route, guidés par les Indiens qui avaient apporté la lettre, et nous arrivâmes le soir au village où je trouvai mes hommes fort bien installés. Ils avaient trouvé des champs de maïs et de la yuca dont se nourrissent les habitants des îles.

Aussitôt arrivé, je me fis amener les prisonniers et leur demandai pourquoi ils brûlaient eux-mêmes leurs maisons et leur village pour se sauver ensuite, alors que je ne leur faisais aucun mal. Ils me répondirent que le cacique de Zaguatan était venu les trouver en canoa, leur avait inspiré de nous la plus grande terreur et leur avait fait brûler leur village. Je présentai alors à ces Indiens tous les gens que j'avais ramenés de Zaguatan, Chilapan et Topetitan afin qu'ils vissent bien que cet homme leur avait menti et qu'ils leur demandassent si jamais je leur avais fait du mal; si, au contraire, je ne les avais pas bien traités. Sur l'affirmation de ceux-ci, ils se mirent à pleurer disant qu'on les avait trompés, désolés de ce qu'ils avaient fait. Pour mieux les convaincre, je donnai toute liberté aux Indiens qui nous avaient suivis de retourner chez eux. Je leur fis quelques présents et leur remis des lettres qui leur serviraient de sauvegarde auprès des Espagnols qu'ils pourraient rencontrer. Je leur recommandai de reprocher à leurs caciques la faute qu'ils avaient commise en brûlant leurs villages; qu'ils s'en abstinssent dorénavant puisqu'on ne leur faisait aucun mal; ce que voyant, les habitants d'Istapan se rassurèrent; les autres Indiens partirent satisfaits et en toute sécurité.

Cette affaire terminée, je fis venir celui qui me parut le chef : je lui dis qu'il voyait bien que je ne faisais de mal à personne; que ma venue du reste avait un autre but, qui était de leur apprendre des choses d'une grande importance pour eux, pour la sécurité de leurs personnes et le salut de leurs âmes.

Je le priai donc vivement d'envoyer à leur cacique trois de ses camarades à qui je joindrais autant de Mexicains, pour l'engager à revenir et l'assurer qu'il s'en trouverait bien. Il me répondit qu'il le ferait volontiers; je les expédiai donc sur-le-champ.

Le jour suivant de bonne heure, mes messagers étaient de retour, me ramenant le cacique avec une quarantaine d'hommes ; il me répéta qu'il n'avait fui, après avoir brûlé son village, que sur les incitations du seigneur de Zaguatan qui l'avait assuré que je les tuerais tous. Il devait maintenant savoir par le témoignage des siens qu'il avait été trompé. Il me dit qu'il regrettait fort ce qu'il avait fait, me priait de lui pardonner, promettant de faire ce que je lui conseillerais. Il me demanda de rendre certaines femmes dont les Espagnols s'étaient emparés en arrivant ; on en trouva vingt que je lui rendis, ce dont il fut enchanté.

Sur ces entrefaites, un Espagnol découvrit l'un des Mexicains de sa suite, mangeant un morceau de la chair d'un Indien qu'il avait tué en entrant dans le village ; on vint me le dire : je le fis arrêter et brûler vif en présence du cacique à qui j'expliquai que cet homme avait tué et mangé un Indien, ce qui est défendu par Votre Majesté ; qu'en votre nom royal, j'avais défendu qu'on fît jamais pareille chose et que j'avais condamné cet Indien à mort, parce que je voulais qu'on ne tuât personne.

J'étais venu au contraire, d'après les ordres de Votre Majesté, pour protéger les Indiens et les défendre, dans leurs biens et dans leurs personnes, leur apprendre à reconnaître et adorer un seul Dieu qui est au ciel, créateur de toutes choses, grâce à qui vit tout ce qui existe au monde.

Je dis à ce cacique qu'il lui fallait abandonner ses idoles, et les cérémonies de leur culte, qui n'étaient que mensonges et inventions du diable ennemi de l'humanité, qui cherchait à les tromper, pour les entraîner dans la damnation éternelle où ils souffriraient les tourments les plus affreux ; que ce diable cherchait à les éloigner de Dieu, pour qu'ils ne pussent jouir de la gloire éternelle réservée aux élus.

J'ajoutai que j'étais venu pour leur parler de Votre Majesté à qui, par ordre de la providence, l'univers doit obéir ; qu'ils devaient eux-mêmes se soumettre, accepter votre joug impérial et faire tout ce que, nous, ses ministres, nous commanderions en votre nom royal. Ce que faisant, ils mériteraient notre protection et nos faveurs ; dans le cas contraire, ils s'exposeraient à toutes les rigueurs de la justice. Je dis encore à ce cacique une foule d'autres choses que je ne répéterai pas de crainte d'être prolixe; il accepta tout avec joie et envoya aussitôt quelques-uns des Indiens qui étaient venus avec lui pour aller nous chercher des vivres.

Je lui fis présent de diverses bagatelles d'Espagne qu'il apprécia fort, et il resta près de moi, très heureux, tout le temps que je séjournai chez lui. Il fit ouvrir une route jusqu'à l'autre village qui se trouve à cinq lieues en amont de la rivière et qui s'appelle Tatahintalpan. Comme il y avait sur la route un ruisseau profond, il fit établir une passerelle sur laquelle nous le traversâmes, en même temps qu'il fit combler des marais où nous devions passer. Il me donna trois canoas, sur lesquelles j'envoyai trois Espagnols au Tabasco, dont la rivière du village est le principal affluent; ils devaient y rencontrer mes caravelles attendant mes ordres. Je leur faisais dire de longer la côte, doubler la pointe du Yucatan et de jeter l'ancre dans la baie de l'Ascension, où ils me trouveraient, moi, ou des ordres leur indiquant ce qu'ils auraient à faire. En outre, je leur mandai de me rapporter avec leurs pirogues et celles qu'ils réuniraient à Tabasco et à Xicalanco autant de vivres qu'ils pourraient dans la province de Acalan, à quarante lieues d'Istapan, où je les attendrais.

Ces Espagnols partis et la route achevée, je priai le cacique d'Istapan de me donner trois ou quatre autres pirogues pour les envoyer en amont avec une demi-douzaine d'Espagnols, l'un de ses officiers et quelques Indiens pour avertir et calmer les habitants des villages où je devais passer, afin qu'ils m'attendissent paisiblement chez eux; il le fit volontiers et cette démarche eut le succès que j'en attendais, comme je le raconterai plus loin à Votre Majesté. Ce village de Istapan, situé sur les bords d'une belle rivière, est un grand centre de population. Ce serait un endroit des mieux choisis pour une colonie; les environs en sont délicieux et offriraient de bons pâturages; la terre y est fertile et tous les environs sont bien cultivés.

Je restai huit jours dans ce village de Istapan, m'occupant des mesures dont j'ai parlé plus haut; je partis et arrivai le même jour au village de Tatahintalpan, village peu important que je trouvai incendié et désert. J'y précédai les canoas parties avant moi, car le courant et les grands détours de la rivière les avaient retardées. Quand elles arrivèrent, je fis passer quelques hommes sur l'autre bord, à la recherche des habitants du village pour les rassurer, comme je l'avais fait à Istapan.

A une demi-lieue plus loin, ils rencontrèrent une vingtaine d'hommes groupés dans un temple couronné d'ornements; ils me les amenèrent. Ces Indiens me dirent que toute la population s'était enfuie frappée de terreur, mais qu'ils étaient restés pour mourir auprès de leurs dieux. Et comme je m'entretenais avec eux, ils virent des Indiens de ma compagnie chargés d'objets divers qu'ils avaient enlevés aux idoles; alors, ils s'exclamèrent désolés, que leurs dieux étaient morts.

Je saisis l'occasion pour leur faire remarquer combien leur religion était folle et vaine, puisqu'ils croyaient qu'elle pouvait leur donner des biens qu'elle ne savait défendre, et qu'on leur enlevait si facilement. Ils me répondirent que c'était la religion de leurs pères et qu'ils la garderaient jusqu'à ce qu'ils connussent quelque chose de mieux. Vu le peu de temps à ma disposition, je ne pus que leur dire ce que j'avais déjà dit à Istapan, et deux religieux de l'ordre de Saint-François qui m'accompagnaient, ajoutèrent d'autres choses appropriées à la circonstance. Je priai quelques-uns de ces Indiens d'aller chercher les habitants et le cacique du village. Les gens d'Istapan m'appuyèrent en rappelant les services que je leur avais rendus; ils me désignèrent alors l'un d'eux qui était le cacique. Celui-ci envoya deux émissaires pour ramener ses gens, mais pas un ne voulut revenir.

Voyant qu'ils ne venaient pas, je demandai au cacique de m'enseigner le chemin de Signatecpan, qui se trouve en amont de la rivière, et où, d'après ma carte, je devais passer. Il me dit qu'il ne connaissait pas le chemin de terre, les Indiens ne communiquant entre eux que par les rivières; que par instinct il me l'indiquerait à travers bois, mais sans en être bien sûr. Je le priai de bien m'indiquer la direction, que je me rappelai le mieux que je pus, et j'envoyai des Espagnols et le cacique d'Istapan avec des pirogues pour remonter le fleuve jusqu'à Signatecpan, avec ordre de rassurer les gens qu'ils rencontreraient en chemin et de gagner le village de Ozumazintlan où je les attendrais si j'arrivais le premier; dans le cas contraire, ce seraient eux qui m'attendraient. Aussitôt qu'ils furent embarqués, je partis avec mes guides; au sortir du village je tombai dans un grand marais d'une demi-lieue de large que nous passâmes, grâce à nos Indiens, qui le comblèrent en partie avec des branches et des joncs. De là, nous donnâmes sur un estuaire où il fallut construire un pont pour y faire passer les selles et les bagages et quant aux chevaux, ils le traversèrent à la nage.

Ayant franchi cet estuaire, nous en rencontrâmes un autre plus large, où les chevaux avaient de l'eau jusqu'aux genoux et quelquefois, jusqu'au ventre. Le sol étant assez ferme, nous passâmes sans trop de difficultés et nous arrivâmes dans les bois où nous cheminâmes pendant deux jours, ouvrant une route dans la direction que nous indiquaient nos guides, quand tout à coup, ils nous dirent qu'ils étaient égarés et ne savaient plus où ils allaient; la forêt était si épaisse qu'on voyait à peine le ciel au-dessus de nos têtes et les hommes que je fis monter sur les arbres les plus hauts, ne voyaient rien au delà d'une portée de canon.

Ceux qui allaient en avant avec les guides, ouvrant la route, m'ayant fait dire que ceux-ci ne savaient plus où ils se trouvaient, je fis arrêter la colonne et je m'en fus à pied les rejoindre; en voyant l'embarras dans lequel nous nous trouvions, je fis rebrousser chemin à ma troupe qui revint jusqu'à un petit marais que nous avions passé le matin, parce qu'il y avait là de l'eau et un peu d'herbe pour nos chevaux, qui n'avaient rien mangé depuis deux jours; nous y passâmes la nuit, souffrant de la faim avec une bien faible espérance d'atteindre le village, si bien que mes gens étaient plus morts que vifs. Je consultai une boussole que je portais avec moi et qui m'avait plusieurs fois servi de guide, car jamais nous ne nous étions trouvés en telle extrémité. Cette boussole en main, je me souvins que, d'après les renseignements fournis par les Indiens, le village devait se trouver au nord-est de l'endroit où nous étions, je la donnai donc à ceux qui ouvraient la route à l'avant, en leur disant de marcher dans cette direction, ce qu'ils firent. Grâce à Dieu, je devinai si bien, que vers le soir mes hommes tombèrent juste sur les temples qui se trouvaient au milieu du village. Mes gens éprouvèrent une telle joie que, perdant la tête, ils se mirent à courir au village sans remarquer un marais qui le précédait où s'envasèrent une foule d'entre eux dont quelques-uns ne purent être tirés que le lendemain; heureusement, nous n'en perdîmes pas un seul. Pour nous, qui venions en arrière, nous tournâmes le marais non sans trop de difficultés.

Dans ce village de Signatecpan, les habitants avaient brûlé jusqu'aux temples; nous n'y trouvâmes personne et nous restâmes sans nouvelles des canoas. Il y avait beaucoup de maïs, beaucoup plus que dans les villages précédents, il y avait de la Yuca et de bons pâturages pour nos chevaux. Les rives du fleuve sont en effet très belles et c'est là que nous trouvâmes d'excellent fourrage. Nous oubliâmes un peu nos privations au milieu de cette abondance, mais je ne pouvais me consoler de l'absence de mes canoas. En me promenant dans le village, je découvris tout à coup une sagette plantée dans le sol, d'où je conclus que les canoas avaient passé par là, puisqu'elles n'avaient à bord que des arbalétriers. J'en conçus une grande douleur, pensant que mes hommes s'étaient battus et avaient été tués, puisque pas un ne paraissait.

Ayant découvert quelques petites pirogues, j'envoyai de mes hommes de l'autre côté de la rivière où ils trouvèrent une grande étendue de champs cultivés qu'ils traversèrent pour arriver à une lagune, où dans les îles et dans leurs canoas s'étaient réunis tous les habitants du village. En voyant les Espagnols, ils vinrent à eux en toute confiance et sans comprendre ce qu'on leur disait. On m'en amena trente ou quarante; ils me dirent qu'ils avaient brûlé leur village sur les conseils du cacique de Zaguatan et s'étaient réfugiés dans les lagunes par la crainte qu'il leur avait inculquée; que, plus tard, des chrétiens de ma compagnie étaient arrivés dans des canoas avec des

Indiens d'Istapan qui les avaient rassurés en affirmant que je traitais tout le monde avec bonté. Ils ajoutèrent que mes hommes m'avaient attendu deux jours, et, voyant que je ne venais pas, avaient suivi jusqu'au village prochain qui s'appelle Petenecte; un frère du cacique les accompagnait avec quatre grandes pirogues pleines d'Indiens pour leur prêter secours si on les attaquait, et leur avait donné des vivres et tout ce dont ils avaient besoin.

Je me réjouis fort de cette nouvelle et je félicitai les Indiens de s'être ainsi rassurés et d'être venus me trouver. Je les priai de me procurer de suite une canoa avec des Indiens, que je voulais envoyer à mes Espagnols avec une lettre, pour qu'ils vinssent aussitôt me rejoindre. Ces gens partirent sur l'heure. Le lendemain vers le soir, mes hommes arrivèrent avec les Indiens qui les avaient accompagnés et quatre autres pirogues chargées de vivres et de gens du nouveau village où ils étaient allés. Ils me racontèrent, qu'ils étaient arrivés dans un village précédent celui où je me trouvais et qui s'appelait Usumazintlan, qu'ils l'avaient trouvé détruit et abandonné; mais que les gens d'Istapan les avaient cherchés, trouvés et ramenés; qu'ils en avaient reçu des vivres et tout ce dont ils avaient besoin. Ils les avaient laissés, réinstallés dans leur village, étaient arrivés à Signatecpan qu'ils avaient trouvé désert et les habitants dans les lagunes; que les gens d'Istapan les avaient rassurés comme les autres et qu'ils n'en avaient reçu que de bons offices. Ils m'avaient attendu deux jours, et ne me voyant pas, ils s'imaginèrent que j'avais poussé plus loin; ils avaient donc poursuivi leur route avec le frère du cacique jusqu'au village de Petenecte qui se trouve à six lieues de là. Ils l'avaient trouvé désert mais non détruit et les habitants de l'autre côté de la rivière, que les Indiens d'Istapan allèrent trouver et rassurèrent, de sorte que plusieurs d'entre eux étaient venus me voir avec quatre canoas chargées de maïs, de miel et de cacao; ils m'apportaient même quelque peu d'or.

Ils avaient, de leur côté, envoyé des courriers à trois autres villages qui se trouvent en amont de la rivière et qui se nomment Zoazaevalco, Taltenango et Teutitan, dont ils pensaient que les habitants viendraient me voir. Effectivement, le lendemain arrivèrent six à huit pirogues pleines des gens de ces villages qui m'apportaient des vivres et un peu d'or.

A tous, je parlai fort longuement pour leur expliquer qu'il fallait croire en Dieu et servir Votre Majesté : tous se reconnurent sujets et vassaux de Votre Altesse, promettant de faire ce que je leur commanderais. Les Indiens de Signatecpan apportèrent aussitôt quelques-unes de leurs idoles, qu'ils brisèrent et brûlèrent en ma présence; le cacique, qui jusque-là s'était refusé à venir, arriva, il m'apportait un peu d'or. Quant à moi, je leur distribuai des bibelots d'Espagne et les renvoyai contents et rassurés.

Ils ne s'accordèrent pas entre eux, lorsque je leur demandai quel chemin je devais prendre pour aller à Acalan. Les Indiens de Signatecpan disaient qu'il fallait passer par les villages du haut de la rivière et ils avaient déjà ouvert un chemin de six lieues dans cette direction et avaient construit un pont sur un ruisseau afin que nous pussions passer; mais les autres dirent que cette route nous entraînerait dans un long détour à travers une contrée déserte et que le meilleur chemin pour Acalan, était de traverser la rivière pour enfiler de l'autre côté un sentier que prenaient les marchands et que, par là, ils s'engageaient à nous conduire à Acalan.

Les deux partis tombèrent enfin d'accord pour adopter ce dernier chemin comme le meilleur; j'avais préalablement envoyé un Espagnol dans une canoa, avec des Indiens de Signatecpan, chargé d'annoncer mon arrivée aux habitants, de les rassurer, qu'ils n'eussent aucune crainte, et de s'informer auprès deux, si les Espagnols que j'avais envoyés chercher des vivres auprès de mes brigantins, étaient arrivés? J'envoyai de plus quatre Espagnols par terre avec des guides qui prétendaient connaître la route, afin qu'ils étudiassent cette route, me rendissent compte des difficultés que j'y pourrais rencontrer, leur disant que j'attendrais leur réponse au village. Mais je fus forcé de partir avant de recevoir cette réponse par suite du manque de vivres; d'autant plus que les Indiens m'assuraient que, pendant cinq ou six jours, nous aurions à traverser une contrée déserte.

Je traversai donc la rivière avec force canoas; elle était si large et le courant si violent que le passage fut des plus difficiles; nous y perdîmes un cheval et divers ballots d'effets appartenant aux Espagnols; une fois de l'autre côté, j'envoyai de mes hommes avec des guides pour ouvrir le chemin, le reste de la troupe suivant en arrière. Après avoir marché trois jours au milieu d'épaisses forêts, dans un sentier fort étroit, j'allai déboucher sur un estuaire de plus de cinq cents pas de large; je cherchai à le tourner de droite ou de gauche, mais sans réussir; les guides me dirent que je n'avais d'autre ressource que de faire un trajet de vingt lieues à travers les montagnes.

Cette rencontre me jeta dans la plus terrible inquiétude; il paraissait impossible de traverser cet estuaire; nous manquions de canoas, et quand nous en aurions eu, nous n'aurions pu passer ni les bagages ni les chevaux, car de chaque côté s'étendaient d'affreux marais encombrés de racines d'arbres; il ne fallait donc point y penser. Retourner sur nos pas, c'était nous exposer à périr, par suite des mauvais chemins dont nous avions eu peine à sortir et les effroyables averses qui tombaient. Nous pouvions être sûrs que la crue des rivières avait emporté les ponts, et, songer à les refaire, devenait bien difficile avec des hommes aussi fatigués. Il fallait penser aussi que nous avions consommé tous les vivres qui se trouvaient sur cette route et que nous ne trouverions plus rien à manger; en effet, je traînais avec moi une troupe nombreuse, car, en dehors des chevaux et de mes Espagnols, j'étais suivi de plus de trois mille Indiens.

Pousser en avant, j'ai dit à Votre Majesté ce que j'en pensais; toute conception, tout projet devenait en cette circonstance inutile et vain; Dieu seul, dans sa miséricorde, pouvait nous tirer de là. Je trouvai une toute petite canoa avec laquelle je fis sonder l'estuaire; je trouvai partout plus de quatre brasses de profondeur; avec des lances attachées bout à bout, je voulus m'assurer de la nature du fond et j'y trouvai deux autres brasses de fange, faisant un total de six brasses.

Je résolus donc de faire un pont. On coupa des madriers de dix brasses de longueur pour soutenir le tablier au-dessus de l'eau ; les Indiens furent chargés de ce travail tandis que mes Espagnols et moi nous enfoncions les pieux au moyen de radeaux et de deux autres canoas qu'on avait découvertes. Il paraissait impossible d'amener cet ouvrage à bonne fin ; tout le monde le disait autour de moi, et l'on ajoutait qu'il valait bien mieux s'en retourner, avant que mes hommes fussent rendus de fatigue et que nous mourrions de faim ; cet ouvrage ne serait jamais terminé, et nous serions toujours forcés de rétrograder ; c'est ce que l'on murmurait autour de moi, quelques-uns même osaient me le dire en face.

Les voyant si découragés et avec juste raison, car l'ouvrage était gigantesque et les malheureux ne vivaient que de racines, je leur dis qu'ils renonçassent au pont et que je me chargeais de l'achever avec les Indiens. Je réunis les caciques et les chefs, je leur exposai l'affreuse nécessité où nous nous trouvions, et qu'il nous fallait passer ou périr. Je les priai donc d'exhorter leurs gens à terminer le pont ; ils savaient qu'une fois passés, nous entrerions dans la province d'Acalan où nous aurions toutes choses en abondance, que nous y trouverions en outre les vivres que j'avais envoyé chercher à bord des caravelles ; et je leur promis qu'à notre retour à Mexico, je les comblerais de faveurs.

Ils me promirent de faire leur possible. Ils se répartirent aussitôt l'ouvrage, et ils s'y appliquèrent avec une telle ardeur, que le pont fut terminé en quatre jours ; de façon qu'hommes et chevaux, tout le monde passa. Ce pont durera plus de dix ans à moins qu'on ne s'efforce de le détruire, ou qu'on ne l'incendie, car il serait difficile de le défaire ; il se compose en effet de plus de mille madriers de la grosseur d'un homme et de dix brasses de longueur, sans compter les milliers de petites pièces dont je ne parlerai pas. Je puis assurer Votre Majesté que personne ne saurait comprendre l'ingéniosité déployée par ces Indiens dans la construction de ce pont, qui me sembla la chose la plus extraordinaire que j'eusse jamais vue.

Les hommes et les chevaux passés, nous tombâmes aussitôt

dans un grand marais, large de deux portées d'arbalète, le plus affreux que nous ayons rencontré. Les chevaux à qui on avait enlevé leurs selles s'enfonçaient jusqu'à l'épaule et dans leurs efforts pour en sortir s'enfonçaient davantage, de sorte que nous perdions tout espoir d'échapper à ce bourbier, et de sauver un seul cheval. Cependant, nous nous mîmes au travail, et au moyen de paquets d'herbe, de joncs et de branches d'arbres, nous soutenions nos chevaux de manière à les empêcher de disparaître ; le passage s'améliorait, et à force d'aller et de venir d'un endroit à l'autre sur la même ligne, nous finîmes par ouvrir une espèce de sentier dans le marais où les chevaux pouvaient nager, de sorte que, grâce à Dieu, ils purent tous en sortir vivants, mais si fatigués, que le lendemain, ils ne pouvaient se tenir debout.

Nous rendîmes tous à Dieu des actions de grâce pour la miséricorde infinie qu'il nous avait montrée en ces périlleuses circonstances ; quand sur ces entrefaites, arrivèrent les Espagnols que j'avais envoyés à Acalan avec plus de huit cents porteurs indiens de cette province, chargés de maïs, de poules et de provisions. Dieu sait avec quelle joie nous les accueillîmes, surtout quand ils nous annoncèrent que les gens d'Acalan étaient tranquilles et rassurés et qu'ils n'abandonneraient pas leur village. Les Indiens d'Acalan venaient sous la conduite de deux personnages qui représentaient le cacique nommé Apaspolon ; ils étaient chargés de me dire que leur maître se réjouissait de mon arrivée ; qu'il y avait longtemps qu'il avait entendu parler de moi, par les marchands de Tabasco et de Xicalanco ; qu'il serait heureux de me voir et m'envoyait comme présent quelques parcelles d'or. Je reçus ces personnages le plus gracieusement et les remerciai du zèle que leur maître montrait pour Votre Majesté ; je leur distribuai divers bijoux d'Espagne et les renvoyai très satisfaits.

Ils furent tout ébahis de voir le pont que nous avions construit, pont qui pourrait dorénavant leur servir pour abandonner leur village situé entre des lagunes. Mais en voyant cette œuvre vraiment merveilleuse, ils s'imaginèrent que rien ne nous était impossible. Sur ces entrefaites, je reçus des courriers de Santisteban sur la rivière Panuco, qui m'apportaient des nouvelles de la ville; cinq autres Indiens qu'on m'envoyait de Médellin et de la ville Espiritu Santo les accompagnaient; j'eus le plus grand plaisir d'apprendre que tout allait bien dans ces parages, quoiqu'on ne me dît rien du commissaire, ni du comptable qui n'étaient pas encore arrivés à Mexico. Après le départ des Indiens et des Espagnols qui me précédaient, je me mis en route avec tous mes gens et passai la nuit dans la forêt; le lendemain vers les midi, j'atteignis les premières maisons des champs de la province d'Acalan, et j'entrai bientôt dans le premier village qui se nommait Tizatepetl, où nous trouvâmes tous les habitants dans leurs maisons, fort tranquilles et empressés à nous fournir des vivres pour les hommes et chevaux et dont nous avions tous le plus grand besoin.

Je me reposai six jours dans ce village, où je reçus la visite d'un jeune homme de belle prestance accompagné d'une suite nombreuse, qui me dit être le fils du cacique; il m'apportait de l'or, des poules et mettait sa personne et sa province au service de Votre Majesté. Il me dit que son père était mort : je lui en exprimai tous mes regrets, encore que je n'en crusse rien; je lui fis présent d'un collier de perles de Flandres que j'avais au cou, ce dont il fut très flatté. Il resta deux jours près de moi.

Un autre Indien de ce village qui s'en prétendait le cacique, me dit qu'il possédait un autre village près de là, plus important, où je trouverais de meilleurs quartiers et des vivres en plus grande abondance; il m'invitait à m'y installer parce que j'y serais beaucoup mieux. J'acceptai; j'envoyai ouvrir la route, je fis lever le camp et nous allâmes à ce village qui se trouvait à cinq lieues du premier, où les habitants nous attendaient en toute sécurité. Ils avaient préparé, pour nous recevoir, tout un côté du village qui est fort beau et qui s'appelle Teutiaccaa. Il possédait de superbes temples; deux surtout où l'on nous avait logés, et d'où nous jetâmes les idoles au dehors, ce qui ne parut pas les beaucoup affecter, car je leur avais déjà fait sentir l'erreur dans laquelle ils croupissaient; je leur avais dit qu'il n'y avait qu'un dieu créateur de tout ce qui existe; j'y ajoutai une foule de choses, mais je m'adressai principalement au cacique que je m'efforçais de convertir.

Il me conta que l'un des temples que nous habitions, le plus beau, était consacré à une déesse, en qui ils avaient la foi la plus grande ; on ne lui sacrifiait que des jeunes filles vierges et de la plus grande beauté, car autrement la déesse s'irritait : de sorte qu'ils prenaient bien garde de la satisfaire en choisissant leurs victimes dès l'enfance, parmi les plus jolies créatures. Je répondis ce que l'indignation me suggéra, ce dont ils ne parurent point trop s'émouvoir.

Le cacique de ce village se montra pour moi un ami véritable ; il me parla longuement des Espagnols que j'allais rejoindre et du chemin que je devais suivre ; il me dit en toute confidence, me suppliant de n'en parler à personne, que Apaspolon, seigneur de toute la province, qui avait fait répandre le bruit de sa mort, était vivant ; que le jeune homme qui était venu me voir était bien son fils, et qu'on cherchait à me détourner de la route droite pour que je ne visse point la contrée et les autres villages ; qu'il m'avisait de cela parce qu'il avait une grande affection pour moi et parce que j'avais été bienveillant à son égard. Il me suppliait de nouveau de ne rien divulguer de ce qu'il m'avait dit, car si Apaspolon l'apprenait, il brûlerait ses villages et le ferait assassiner. Je lui promis le secret ; je le récompensai en lui donnant quelques bagatelles, et m'engageai à le récompenser plus tard beaucoup plus largement, au nom de Votre Majesté.

Je fis aussitôt appeler le jeune homme fils du seigneur qui était venu me voir et je lui avouai combien j'étais surpris que son père se refusât à me rendre visite, sachant dans quelles intentions pacifiques j'étais venu, et que lui ayant des obligations, je désirais vivement m'acquitter envers lui. Je lui dis qu'il était vivant, que j'en étais convaincu ; qu'il allât donc le trouver, le priant de venir me voir et qu'il y gagnerait de toutes façons. Il me répondit qu'en vérité il était vivant, que s'il m'avait dit le contraire c'est qu'il en avait reçu l'ordre ; mais qu'il irait le chercher et qu'il viendrait certainement, parce qu'il avait la plus grande envie de me voir, sachant bien que je ne lui voulais aucun mal, qu'au contraire je m'efforçais de lui être agréable ; mais qu'il ressentait quelque honte à se montrer après avoir fait dire qu'il était mort.

Je le priai d'aller chercher son père et de me l'amener. Ils vinrent tous deux le lendemain et je les reçus avec le plus grand plaisir; le seigneur s'excusa de n'être pas venu plus tôt, sur le besoin qu'il avait de savoir d'abord ce que je voulais, mais qu'il désirait beaucoup me voir. Il avoua qu'il avait voulu me détourner du chemin des villages, mais que maintenant, il me priait de me rendre à la ville où il résidait, parce que j'y serais mieux pourvu de toutes choses qu'ailleurs. Aussitôt il commanda l'ouverture d'un chemin fort large pour m'y conduire; en attendant, il resta près de moi. Le lendemain, nous partîmes tous les deux; je lui fis donner l'un de mes chevaux et il se montra tout fier d'entrer au petit galop dans sa capitale qui s'appelle Izancanac, grande ville, pleine de temples et située sur la rive d'un grand estuaire qui s'étend jusqu'aux frontières de Tabasco et de Xicalanco.

Quelques habitants avaient abandonné leurs maisons, mais la plupart étaient occupées. Nous eûmes là, des vivres en abondance, et le seigneur, quoique ayant son palais, voulut rester avec moi. Pendant mon séjour dans le village, il me parla souvent des Espagnols que j'allais retrouver et me traça sur une étoffe de coton la route que je devais suivre; il me donna, sans que je le lui demandasse, de l'or et des femmes, tandis que j'en ai demandé à d'autres qui m'ont refusé.

Il nous fallait passer un estuaire précédé d'un marais; le seigneur d'Izancanac fit jeter un pont sur le marais et, pour l'estuaire, il nous donna des canoas en nombre suffisant pour le traverser; il fournit des guides et une pirogue à l'Espagnol qui m'avait apporté des lettres de Santisteban ainsi qu'aux Indiens de Mexico qui retournaient à Tabasco et à Xicalanco.

Je donnai à l'Espagnol des lettres pour mes lieutenants et je lui en donnai d'autres pour les caravelles que j'avais à Tabasco, lettres dans lesquelles je disais aux Espagnols chargés des vivres, ce qu'ils auraient à faire. Ces divers courriers expédiés, je fis présent à ce seigneur de divers bijoux qu'il parut apprécier, et laissant derrière moi cette population paisible et satisfaite, je quittai le village le premier dimanche du carême de l'année 1525. Ce jour-là, nous ne fournîmes qu'une étape fort courte, à cause de la traversée de l'estuaire; je laissai à Apaspolon une lettre pour lui servir au cas où viendraient d'autres Espagnols, pour leur dire qu'il était de mes amis.

Il arriva en cette province un événement dont je dois donner l'explication à Votre Majesté : un Indien des notables de Mexico, appelé autrefois Mexicalcingo et aujourd'hui Cristobal, vint une nuit me trouver en cachette; il m'apportait un manuscrit sur papier de son pays dont il me donna l'explication suivante : C'est que Guatimozin le dernier empereur de Mexico, que j'avais toujours tenu prisonnier par crainte de son caractère inquiet, et que, par précaution, j'avais emmené de Mexico avec tous les autres seigneurs ses anciens sujets, ce Guatimozin, anciennement aussi roi de Tezcoco, Tetepanquencal, roi de Tacuba, Tacitecle, roi de Tlaltelolco, s'étaient plaint, plusieurs fois à lui Cristobal, disant qu'ils avaient été dépossédés de leurs terres et seigneuries, qu'ils étaient maintenant les esclaves des Espagnols, et qu'il leur fallait chercher un moyen qui leur rendît leur liberté, leurs terres et leurs biens; or, après en avoir conféré bien des fois, pendant cette longue route, ils n'avaient pas trouvé de meilleur moyen que de me tuer, moi et les gens qui m'accompagnaient. Cela fait, ils devaient en appeler à tous les Indiens de ce pays, pour exterminer Oli et ses compagnons; ils enverraient alors des courriers à Mexico, pour provoquer le massacre de tous les Espagnols que j'y avais laissés, chose facile, car ce n'était que des recrues qui ne savaient rien de la guerre; cela fait, ils iraient proclamant la guerre sainte par toute la terre et par toutes les villes, afin que les Indiens unis dans une haine commune en finissent avec les Espagnols; qu'ensuite, ils mettraient dans chaque port de mer de fortes garnisons, de façon que les navires tombant entre leurs mains, ne pussent retourner en Espagne. Ils seraient alors seigneurs et rois comme ils l'étaient auparavant; et ils comptaient si bien sur le succès, qu'ils s'étaient déjà partagé les seigneuries et qu'ils avaient fait de Cristobal le cacique d'une province. Je rendis grâce à Dieu de la découverte de cette conspiration; le matin même je fis arrêter et mettre au secret tous les coupables, après quoi je les interrogeai séparement, leur disant que un tel avait dit telle chose, un autre telle autre chose, de sorte qu'ils avouèrent tous que Guatimozin et Tetepanquencal avaient organisé la conspiration; qu'ils en avaient reçu la confidence, mais qu'ils n'avaient jamais consenti à en faire partie. Je fis donc pendre ces deux seigneurs et mis les autres en liberté, quoiqu'en somme ils méritassent aussi la mort. Je laissai néanmoins la cause pendante, de façon qu'à la moindre alerte je pusse la reprendre; mais les autres conspirateurs furent tellement épouvantés, que je doute fort qu'ils retombent jamais dans la même faute; ils ignoraient que personne m'eût dénoncé l'affaire, et ils restèrent persuadés que j'avais quelque pouvoir magique qui me permet de découvrir toutes choses.

C'est que, plusieurs fois, ils avaient vu que, pour trouver ma route, je tirais une boussole en même temps que j'examinais une carte marine; principalement quand nous étions dans le voisinage de la mer, et ils avaient dit à certains de mes Espagnols et à moi-même, quand j'exhibais ma boussole, de vouloir bien la regarder en même temps que la carte et que j'y verrais combien ils m'étaient dévoués, puisque c'était par là que je devinais toutes choses; je leur laissai naturellement croire que cela était la vérité.

Cette province d'Acalan est des plus importantes; elle compte une infinité de villages et une nombreuse population. Plusieurs habitants prétendent avoir vu mes Espagnols. La terre y est très fertile, les vivres y abondent, il y a beaucoup de miel. Il y a de nombreux marchands et négociants qui vendent et achetent une foule de marchandises, sont riches en esclaves et en tout ce que le sol produit. La province est entourée d'estuaires qui tous communiquent avec la baie ou port que les Indiens appellent Terminos; ils sont avec leurs canoas en communications régulières avec le Xicalanco et le Tabasco et l'on croit même, sans en être sûr, qu'ils peuvent passer à la mer du sud; de sorte que la contrée appelée Yucatan serait une île. Je m'efforcerai de découvrir la vérité et j'en ferai un rapport spécial pour Votre Majesté.

Suivant ce que j'appris, il n'y a d'autre chef, dans le pays, que le marchand le plus riche, qui a le plus de pirogues en circulation, et c'est Apaspolon, dont j'ai parlé à Votre Majesté. La source de sa fortune est le grand commerce qu'il poursuit jusqu'à la ville de Nito, dont je parlerai plus tard, où je rencontrai des Espagnols de la compagnie de Gil Gonzales de Avila. Apaspolon avait tout un faubourg uniquement peuplé de ses facteurs et dont le chef était un de ses frères; les principaux produits dont ils s'occupent sont le cacao, les étoffes de coton, les teintures et certaines couleurs spéciales dont ils se couvrent le corps pour se défendre du froid et de la chaleur. Ils vendent aussi du bois résineux pour s'éclairer, des gommes pour encenser les idoles, des esclaves et des colliers de coquillages en couleurs, qu'ils recherchent beaucoup pour leur parure. Dans leurs fêtes, il se fait aussi des transactions au sujet d'objets d'or, mais il est toujours mêlé de cuivre ou d'autre métal.

Je répétais à Apaspolon et à tous ceux qui venaient me voir, ce que j'avais dit à tous les autres le long de la route à propos de leurs idoles, de ce qu'il leur fallait croire et faire pour être sauvés et ce que chacun devait au service de Votre Majesté. Ils parurent m'écouter volontiers, brûlèrent plusieurs de leurs idoles en ma présence, promirent de ne plus les adorer et jurèrent d'obéir à tout ce que je leur commanderais de la part de Votre Altesse; après quoi je partis comme je l'ai dit plus haut.

Trois jours avant de quitter cette province d'Acalan, j'avais envoyé quatre Espagnols avec des guides pour étudier la route qui conduisait à la province de Mazatcan qui s'appelle ici Quiatleo, parce qu'on m'avait dit qu'il y avait là de grandes étendues désertes et qu'il me faudrait dormir quatre jours dans les bois avant que d'arriver dans la province. Je voulais donc qu'on examinât cette route, savoir s'il y avait des rivières et des marais, et donnai ordre à tous mes gens, de se charger de six jours de vivres afin de ne pas nous retrouver dans les mêmes difficultés. Cela leur fut facile, vu l'abondance de toutes choses. A cinq lieues plus loin que l'estuaire, je rencontrai les Espagnols que j'avais envoyés à la découverte du chemin; ils me dirent que la route était belle quoique passant à travers des bois épais, mais qu'elle était plane, sans rivière, ni marais pour nous retarder, et qu'ils étaient arrivés sans avoir été signalés, jusqu'aux premières cultures de la province, où ils avaient aperçu des Indiens et qu'ils étaient revenus.

Je me réjouis fort de cette nouvelle et j'envoyai en avant six piétons agiles accompagnés d'Indiens, afin de s'emparer de toutes personnes qu'ils rencontreraient; de sorte que nous arrivions dans le village sans être signalés et que nous puissions surprendre les habitants avant qu'ils eussent le temps de brûler leur village et de s'enfuir comme cela nous était arrivé. Ce jour-là, à près d'une lieue de l'estuaire, ils trouvèrent deux Indiens de la province d'Acalan qui venaient de Mazatcan où ils avaient échangé du sel contre des étoffes; ce qui parut vrai puisqu'ils étaient chargés d'étoffes. Or me les amena et je leur demandai si les gens de ce village avaient eu vent de ma présence. Ils me répondirent que non, et qu'ils étaient fort tranquilles. Je les engageai à venir avec moi, qu'ils n'y perdraient rien, au contraire; que je les récompenserais, parce que j'étais ami de tous les habitants de la province d'Acalan, dont je n'avais reçu que de bons offices.

Ces deux Indiens acceptèrent ma proposition et revinrent sur leurs pas nous servant de guides; ils nous firent prendre une autre route que celle ouverte par mes Espagnols; celle-ci allait directement aux villages, l'autre conduisait aux cultures du village. Nous passâmes cette nuit-là dans le bois, et le jour suivant, les Espagnols qui allaient en avant comme éclaireurs, tombèrent sur quatre Indiens de Mazatcan armés d'arcs et de flèches qui semblaient postés là comme vedettes; les Espagnols courant sur eux, ils décochèrent leurs flèches qui blessèrent un de nos Indiens. Comme le bois était très épais on ne fit qu'un prisonnier qui fut remis aux mains de nos Indiens. Les Espagnols poussèrent en avant, espérant trouver d'autres vedettes; les trois Indiens qui avaient fui, les ayant vus passer, retournèrent sur leurs pas et tombèrent sur les nôtres pour délivrer leur camarade prisonnier; ils y réussirent après avoir battu ceux qui le gardaient; mais les nôtres les poursuivirent à leur tour à travers bois, blessèrent l'un d'eux d'un grand coup de couteau dans le bras, et le firent prisonnier, pendant que les autres détalaient voyant que nos gens étaient sur leurs traces.

Je demandai à cet Indien si dans son village on soupçonnait mon arrivée; il me dit que non. Je lui demandai pourquoi on plaçait ainsi des sentinelles dans la forêt; il me répondit qu'ils avaient l'habitude de le faire, parce que, étant en guerre avec les peuplades voisines, ils ne voulaient pas que leurs travailleurs fussent surpris dans les champs. Je filai donc rapidement, car l'Indien nous avait dit que nous approchions, et je ne voulais pas que ses camarades arrivassent avant moi. J'ordonnai aux gens qui étaient à l'avant-garde de s'arrêter dans la forêt à la limite des champs cultivés, et de m'attendre. J'arrivai tard, ayant vainement espéré atteindre le village cette nuit même. Les bagages venant dispersés et en désordre, je mandai à un de mes capitaines de les attendre avec une vingtaine de chevaux, de les recueillir, de camper avec eux et de suivre mes traces. J'enfilai un sentier assez bien frayé, quoique passant au milieu de bois fort épais; j'allais à pied, tenant mon cheval par la bride, chacun me suivant dans le même équipage; à la tombée de la nuit, je donnai sur un marais qu'on ne pouvait traverser sans y établir une chaussée; je fis rétrograder ma troupe, et nous rejoignîmes quelques cabanes où nous passâmes la nuit sans une goutte d'eau pour nous, ni pour nos chevaux.

Le lendemain matin, je fis combler le marais avec des joncs et des ramures et nous passâmes avec peine en traînant nos chevaux par la bride. A trois lieues de notre campement, nous aperçûmes un village sur une colline, et croyant arriver inaperçus, nous l'abordâmes tous ensemble; mais il était entouré d'une muraille et nous n'en pouvions trouver l'entrée. On la découvrit cependant; nous entrâmes, le village était abandonné mais plein de victuailles, maïs, poules d'Inde, miel, haricots, tous les produits de la terre en quantités énormes, que, surpris, les habitants n'avaient pu enlever, et que, comme village frontière, les Indiens tenaient toujours grandement approvisionné.

Ce village est situé sur une colline élevée, entouré d'un côté par une lagune et de l'autre par un ruisseau; il n'a qu'une seule entrée et il est entouré d'un fossé profond appuyé sur une estacade de quatre pieds de hauteur, derrière laquelle s'élève une muraille de bois de quatre mètres avec ses meurtrières pour tirer les flèches, muraille garnie par intervalles de petits donjons qui la dominent de trois mètres et de tours remplies de pierres pour la défense. Les maisons du village avaient également leurs meurtrières; les rues aussi étaient fortifiées et l'on ne saurait imaginer rien de mieux compris que l'organisation défensive de ce village.

J'envoyai à la recherche des habitants; on me ramena trois Indiens que je renvoyai avec l'un des marchands d'Acalan pour qu'ils se missent à la recherche du cacique, leur recommandant bien de lui dire qu'il n'avait rien à craindre et qu'il se hâtât de venir; que loin de lui faire aucun mal, je l'aiderais dans ses guerres avec ses voisins et que je laisserais sa province victorieuse et pacifiée. Ils revinrent deux jours après, m'amenant un oncle du cacique qui n'était qu'un enfant et dont il était le tuteur. Mais cet enfant qui avait peur ne voulut pas venir.

Je rassurai l'oncle qui vint avec moi jusqu'à un autre village de la même province et qui s'appelle Tiac, avec lequel il est en guerre. Ce village est fortifié comme l'autre; il est plus grand mais moins fort, car il est situé dans la plaine; il a comme lui ses murailles, ses tours et ses donjons, et les trois faubourgs qui le composent constituent chacun une ville fortifiée, enfermée dans la première.

J'avais envoyé à ce village deux compagnies de cavalerie et une de fantassins; ils le trouvèrent désert et plein de provisions; ils s'emparèrent de huit Indiens dont ils relâchèrent quelques-uns, les chargeant d'aller trouver le cacique pour le rassurer. Ils s'acquittèrent si bien de leur commission, qu'avant mon arrivée, mes gens avaient déjà reçu des courriers du cacique qui leur apportaient des provisions et des étoffes; après mon arrivée, il vint deux fois d'autres personnages pour m'apporter des vivres et causer avec moi, de la part de ce même cacique et de cinq autres appartenant à la même province, mais tous indépendants et qui se déclaraient sujets de Votre Majesté et nos amis, mais que je ne pus jamais décider à venir me voir.

Comme je ne pouvais m'éterniser dans le pays, je leur fis dire, que je les recevais au nom de Votre Majesté et que je les priais de m'envoyer des guides afin de poursuivre mon voyage. Ils m'en donnèrent un qui connaissait très bien le village où se trouvaient mes Espagnols qu'il prétendait avoir vus. Je partis donc sous sa conduite, du village de Tiac, et fus camper dans un autre qui s'appelle Yasuncabil, le dernier de la province, qui était désert et fortifié comme les autres. La demeure du cacique y était fort belle. Quoique de passage, nous nous fournîmes dans ce village de tout ce dont nous avions besoin, car le guide nous avertit que nous avions cinq jours de traversée absolument déserte, avant que d'arriver à la province de Tayasal où nous devions passer. Entre la province de Mazatcan et celle de Guiatha, je renvoyai les marchands que j'avais rencontrés sur le chemin d'Acalan; je leur fis divers présents pour eux et pour Apaspolon; ils me quittèrent très contents. Je renvoyai en même temps chez lui le cacique du premier village, qui m'avait accompagné, et je lui remis des femmes qu'on avait fait prisonnières dans les bois et diverses bagatelles dont il me remercia beaucoup.

A la sortie de cette province de Mazatcan, je pris le chemin de Tayasal et campai dans les bois à quatre lieues de là; le chemin du reste ne passait qu'au milieu de collines et montagnes boisées où nous eûmes à franchir un très mauvais défilé; nous l'appelâmes le défilé d'Albâtre, car toutes les pierres, les roches et les pics étaient en albâtre très fin. Le cinquième jour, les coureurs qui nous précédaient avec le guide, signalèrent une grande lagune, semblable à un bras de mer, et je l'ai cru, quoique l'eau en fût douce, à cause de sa profondeur et de son étendue. On voyait au loin un village dans une île; le guide nous dit que c'était le chef-lieu de cette province de Tayasal et que nous ne pouvions y arriver qu'en canoas. Mes coureurs restèrent en sentinelles, pendant que l'un d'eux venait me raconter ce qui se passait. J'ordonnai une halte générale et filai en avant pour voir la lagune et étudier sa conformation; lorsque j'arrivai près de mes gens ils venaient de s'emparer d'un Indien de Tayasal qui avait abordé dans une toute petite canoa pour observer la route. Quoiqu'il fût surpris, ne s'attendant à rien de fâcheux, il se serait échappé sans un de nos chiens qui se jeta sur lui avant qu'il atteignît la lagune.

Cet Indien me dit que personne ne soupçonnait mon arrivée. Je lui demandai s'il y avait un passage pour atteindre le village, il me dit que non ; mais il ajouta que, près de là, en traversant un petit bras de la lagune, il y avait des fermes et des maisons, où, si je pouvais arriver sans être signalé, je trouverais quelques pirogues. Je fis aussitôt venir une douzaine d'arbalétriers avec lesquels, sous la conduite de l'Indien, nous passâmes un marais avec de l'eau jusqu'à la ceinture et parfois davantage ; nous arrivâmes en vue des fermes en question, mais quoi que nous fissions pour nous dissimuler, on nous avait vus, et nous arrivâmes au moment où les Indiens s'embarquaient dans leurs canots et poussaient au large. Je longeai en toute hâte les bords de la lagune au milieu de champs cultivés, mais partout nous avions été signalés et tout le monde fuyait. Il était tard, je poursuivis encore, ce fut en vain.

Je campai au milieu des cultures, je réunis mes gens et je pris toutes les précautions possibles, car l'Indien de Mazatcan m'assurait que les gens de Tayasal étaient fort nombreux et de grands guerriers, que redoutaient toutes les provinces voisines. Cet Indien me demanda de le laisser partir dans sa petite canoa pour retourner à la ville qui était bien à deux lieues de là au milieu de la lagune, me promettant de parler au cacique, qu'il connaissait parfaitement et qui s'appelait Canek. Il lui dirait mes projets et la cause de ma présence dans le pays ; il m'assura qu'il le croirait volontiers, étant connu de lui et l'ayant bien des fois visité dans sa demeure. Je lui livrai la canoa avec l'Indien qui l'avait amenée, je le remerciai de ses bonnes intentions et lui promis de le récompenser, s'il réussissait.

Il partit et revint dans la nuit accompagné de deux personnages qui m'étaient envoyés par le cacique pour me voir, s'assurer près de moi de ce que leur avait rapporté l'Indien et me demander ce que je voulais. Je les reçus gracieusement, leur fis cadeau de bagatelles diverses et leur dis que j'étais venu dans leur pays, envoyé par Votre Majesté, pour m'entendre avec les seigneurs et leurs sujets, de choses qui touchaient au service de Votre Altesse. Je les priai de dire à leur maître de bannir toute crainte, de venir me voir et que pour prouver ma bonne foi, je lui enverrai un de mes Espagnols comme otage. Ils s'en retournèrent emmenant le guide et l'Espagnol. Le lendemain, de bonne heure, le cacique arriva suivi d'une trentaine d'hommes dans une demi-douzaine de pirogues; il ramenait l'Espagnol que j'avais envoyé comme otage et paraissait fort content. Je les reçus à merveille, et comme c'était l'heure de la messe je la fis célébrer dans la plus grande pompe, avec chants accompagnés de trombones et de hautbois que j'avais dans ma compagnie. Ces gens en suivirent les cérémonies avec la plus grande attention; la messe terminée, je fis venir mes religieux qui, au moyen de l'interprète, leur firent un sermon touchant notre sainte foi, leur expliquant qu'il n'y avait qu'un seul Dieu et l'erreur de leurs croyances; le Canek en parut très touché, et me dit qu'il voulait tout de suite briser ses idoles et se prosterner devant le Dieu que nous adorions et qu'il serait heureux de savoir de quelle manière il pourrait l'honorer; il me pria de me rendre avec lui dans son village pour me montrer comment il brûlerait ses idoles et me demanda de laisser à Tayasal une de ces croix que j'élevais dans tous les villages où je passais.

Après le sermon, je m'efforçai de lui faire comprendre la grandeur de Votre Majesté et comment tous les peuples du monde étaient ses vassaux et ses sujets, que tous nous lui devions hommage et que Votre Majesté le comblerait de faveurs, comme j'en avais déjà distribué en votre nom royal à tous ceux qui avaient accepté son joug, et que je lui en promettais autant. Il me répondit que jusqu'alors, il n'avait pas reconnu de maître, ni pensé que personne le pouvait devenir; « il est vrai, ajouta-t-il, que des gens de Tabasco passant à Tayasal il y avait cinq ou six ans, lui avaient parlé d'un capitaine accompagné de quelques Indiens, qui les avait vaincus trois fois et leur avait dit de se déclarer les sujets d'un grand seigneur, c'est-à-dire exactement ce que je venais de lui répéter »; et il me demanda si par hasard c'était moi? Je lui affirmai que c'était bien moi : il n'avait, lui dis-je, pour s'en assurer qu'à demander à mon interprète Marina, qui ne m'a jamais quitté depuis le jour où elle me fut donnée avec une vingtaine de femmes par le cacique de Tabasco. Marina s'adressant au Canek, lui confirma ce que je venais de dire, lui raconta comment j'avais fait la conquête de Mexico et de tant d'autres royaumes que j'avais soumis au joug de Votre Majesté. Il parut se réjouir beaucoup de ces nouvelles et me déclara qu'il désirait être vassal de Votre Majesté; heureux d'être, ajoutait-il, le sujet d'un si grand prince. Il fit apporter du miel, un peu d'or et des colliers de coquillages rouges d'une grande valeur à leurs yeux, qu'il me donna; je lui fis remettre en échange de nos bagatelles d'Espagne qui l'enchantèrent. Je le fis dîner avec moi, ce qu'il accepta, avec plaisir et après dîner, je lui racontai que j'allais à la recherche de certains Espagnols que j'avais envoyés à la côte de la mer et dont depuis longtemps je n'avais pas de nouvelles; il me répondit qu'il avait beaucoup entendu parler d'eux, car il avait de ses sujets tout près de l'endroit où ces Espagnols habitaient et qui s'occupaient de ses plantations de cacao qui est la richesse du pays; et que, soit par ces Indiens, soit par les marchands qui chaque jour allaient et venaient de Tayasal à la côte, il en avait fréquemment des nouvelles et qu'il me donnerait un guide pour me conduire près d'eux; mais il m'avertissait que le chemin était fort mauvais, traversant de hautes montagnes et qu'il me serait beaucoup plus facile d'y aller par mer.

Je lui répondis que traînant tant de monde avec moi, tant de chevaux et de bagages, les vaisseaux n'auraient pu suffire et que j'avais dû prendre la voie de terre. Je le priai de nous laisser passer à travers la lagune, mais il me répondit qu'elle se terminait à trois lieues de là et qu'on n'avait qu'à en suivre le bord; mais il insistait pour que j'allasse avec lui dans ses canoas visiter son village et sa demeure, assister à la destruction de ses idoles et lui faire construire une croix. J'y allai pour lui faire plaisir et contre l'avis de mes gens; je m'embarquai avec une vingtaine d'hommes et passai la journée à Tayasal. Je repartis le soir avec le guide que m'avait donné le Canek pour regagner la terre où je dormis. Je retrouvai mes gens qui longeaient la côte de la lagune où nous campâmes; j'avais dû laisser dans les fermes dépendant de la ville, un de mes chevaux qui avait une jambe blessée et qui ne pouvait marcher; le seigneur me promit d'en prendre soin, j'ignore ce qu'il en fit.

Le jour suivant, ayant réuni mes gens, nous nous mîmes en route sous la conduite de nos guides; à une demi-lieue du camp, nous atteignîmes une petite plaine et plus loin une rangée de collines sur une étendue d'une lieue et demie pour retomber sur de très jolies plaines, d'où j'envoyai en avant quelques chevaux et des fantassins, les guides nous ayant avertis que nous arriverions à un village cette nuit. Dans ces plaines nous trouvâmes une multitude de chevreuils que les cavaliers poursuivirent à coups de lance; ils en tuèrent dix-huit. A la suite de cette chasse, le soleil aidant et le manque d'entraînement pour nos chevaux qui ayant traversé défilés, montagnes et marais, avaient perdu l'habitude de courir, il nous en mourut deux et plusieurs furent en grand danger.

Notre chasse terminée, nous poursuivîmes notre route, et peu de temps après j'aperçus nos coureurs arrêtés et maintenant quatre Indiens chasseurs, dont ils s'étaient emparés : ceux-ci apportaient un lion et des iguanes qui sont de grands lézards que l'on trouve aussi dans les îles. Je demandai à ces Indiens si l'on se doutait de ma présence dans leur village, ils me dirent que non et me le montrèrent à une lieue plus loin; je me hâtais donc pour y arriver, croyant ne rencontrer aucun obstacle; mais au moment où je croyais l'atteindre et que j'en voyais les habitants, je tombai sur un grand marais très profond. Je m'arrêtai et j'appelai les Indiens; il en vint deux dans une canoa qui m'apportaient une douzaine de poules; ils arrivèrent près de moi, car j'étais dans l'eau, mon cheval enfoncé jusqu'au ventre, mais se maintinrent à une certaine distance. Je m'efforçai en vain de les rassurer, ils refusèrent de s'approcher et commencèrent à se diriger du côté de leur village, quand un Espagnol qui était à cheval près de moi se jeta à l'eau et les poursuivit à la nage; alors, de peur, ils abandonnèrent la canoa, lorsque d'autres Indiens arrivèrent à la nage et s'en emparèrent.

Pendant ce temps, tous les gens que nous avions vus dans le village en étaient partis : je demandai aux Indiens par où je pouvais passer et ils me montrèrent un chemin qui contournait le marais une lieue au delà et qui me conduisit en un terrain sec.

Nous allâmes cette nuit-là dormir dans le village, qui se trouve à huit grandes lieues du point d'où nous étions partis, ce village s'appelait Thécon et le cacique Amohan. Je restai là quatre jours, m'approvisionnant de vivres pour six jours de pays déserts que, selon les guides, nous aurions à traverser; j'espérais aussi que le cacique viendrait me voir; je l'envoyai chercher, je lui prodiguai les assurances; jamais il ne voulut venir, ni lui ni ses gens.

Ayant réuni tous les vivres que je pus amasser, je partis, et cette première journée fut agréable et charmante, car nous eûmes une route plane, et nous passions dans un beau pays. Après un trajet de six lieues, au pied des montagnes et près d'une rivière, nous trouvâmes une grande maison : les guides me dirent que c'était la demeure de Amohan, seigneur de Thécon, et qu'il la tenait comme hôtellerie pour les nombreux marchands qui passaient par là. J'y demeurai un jour sans compter celui de mon arrivée, parce que c'était fête et que je voulais donner à mes hommes le temps d'ouvrir la route. Nous fîmes dans cette rivière une pêche miraculeuse, composée d'une multitude d'aloses, dont pas une n'échappa de nos filets.

Le lendemain je partis; ce fut une rude journée de sept lieues à travers bois et montagnes, qui nous mena dans une belle savane semée de quelques sapins. Dans cette savane de deux lieues de large, nous tuâmes sept chevreuils et nous dînâmes au bord d'un joli ruisseau qui servait de limite à la plaine. Sitôt après, nous entrâmes dans un défilé étroit et rude où les chevaux tenus en bride avançaient avec peine. A la descente, nous traversâmes une petite plaine pour monter et redescendre ensuite pendant plus de deux lieues dans un chemin tellement affreux qu'il n'y eut pas un seul de nos chevaux qui n'y perdît ses fers. Nous passâmes la nuit au bord d'un ruisseau et j'y restai le jour suivant jusqu'à l'heure de vêpres, attendant qu'on eût ferré les chevaux; et quoique nous eussions deux maréchaux-ferrants et plus de dix hommes pour les aider à planter les clous, ils ne purent achever leur besogne ce jour-là.

Je m'en allai camper à trois lieues plus loin; nombre de mes gens restèrent en arrière à cause des chevaux qui n'étaient pas ferrés et pour attendre les bagages que les grandes pluies avaient retardés. Le jour suivant, je partis sur le conseil de mes guides, qui me dirent que nous arriverions de bonne heure à une hôtellerie appelée Asuncapin qui appartenait au seigneur de Tayasal.

Après quatre ou cinq lieues de marche nous arrivâmes à cette maison qui était déserte. J'y restai deux jours pour attendre les bagages et rassembler quelques provisions, après quoi je me remis en route pour aller coucher dans une autre hôtellerie, à cinq lieues de la première, nommée Taxuytel et qui appartient à Amohan, cacique de Thecon; là se trouvaient des plantations de cacao et des champs de maïs encore verts. Ici, les guides et le majordome de cette maison qui s'y trouvait avec sa femme et son fils, me dirent que nous avions à passer au milieu de montagnes âpres et sauvages, entièrement inhabitées, avant que d'arriver à d'autres maisons qui appartiennent à Canek, seigneur de Tayasal, et qui se nomment Tenciz. Après nous être bien reposés nous partîmes et traversâmes six lieues de plaine pour entrer dans les gorges les plus merveilleuses qui se puissent imaginer. Dire les aspérités étranges, le pittoresque et le grandiose de ces rochers et de ces montagnes, me semble chose impossible; on ne saurait pas plus le dépeindre que le faire comprendre. Que Votre Majesté sache seulement qu'il fallut douze jours pour que le dernier de nous franchît ce passage de huit lieues à peine et que nous y perdîmes soixante-huit chevaux tombés dans les précipices et morts de fatigue; quant aux autres, ils étaient dans un tel état que nous pensions ne plus pouvoir nous en servir et qu'ils furent trois mois à se remettre. Pendant que nous étions engagés dans cette gorge, il ne cessa ni jour ni nuit de pleuvoir et le sol des montagnes était composé de telle façon qu'il ne retenait pas une goutte d'eau; de sorte qu'au milieu de cette inondation, nous souffrions de la soif et que la plupart des chevaux en moururent. Et si chaque soir, nous n'avions pas construit des cabanes de feuilles et de branchages pour nous abriter, ce qui nous permettait de recueillir un peu d'eau dans des vases et dans des chaudrons que remplissait cette éternelle averse, pas un de nous, homme ni cheval, ne serait sorti de ces montagnes.

C'est là que l'un de mes neveux se cassa la jambe en trois ou quatre endroits; ce qui, outre la douleur qu'il en ressentit, nous causa une peine infinie pour le tirer de là. Pour nous achever, nous trouvâmes, à une lieue de Tenciz, une grande rivière que les pluies avaient tellement gonflée et qui coulait si rapide, qu'il était impossible de la traverser. Les Espagnols de l'avant-garde qui en avaient remonté le cours, trouvèrent un gué, le gué le plus extraordinaire qu'on puisse imaginer : en effet, la rivière en cet endroit s'étend sur une largeur de près d'une lieue, se trouvant endiguée plus bas par d'énormes pics rocheux; ils forment comme une porte très étroite par où l'eau se précipite avec une violence extraordinaire, et plusieurs de ces goulets se suivent, par où la rivière s'engouffre avec la même vitesse. L'on ne pouvait traverser qu'en l'un de ces endroits, et il nous fallut abattre de grands arbres qui atteignaient d'une rive à l'autre. C'est par là que nous passâmes au milieu des plus grands dangers, à peine soutenus par des lianes qui nous servaient de garde-fous et qui reliaient les deux bords. A la moindre hésitation, au moindre glissement, on était perdu. Nous mîmes deux jours à effectuer ce dangereux passage; quant aux chevaux ils traversèrent à la nage, en aval dans une eau plus calme et furent trois jours pour arriver à Tenciz qui n'était qu'à une lieue de là. Ils venaient si fourbus de leur traversée de la montagne, qu'ils n'eussent pu faire un pas s'ils n'avaient été soutenus.

J'arrivai à ces hôtelleries de Tenciz la veille de la pâque de résurrection; beaucoup de mes gens n'y arrivèrent que trois jours plus tard; je parle de ceux qui avaient des chevaux et qui avaient été obligés de les attendre; j'y avais été précédé de deux jours par mes hommes d'avant-garde. Ils avaient trouvé des Indiens dans les maisons de l'endroit et s'étaient emparés d'une vingtaine de personnes qui ne m'attendaient guère. Je leur demandai s'ils avaient des vivres : ils me répondirent qu'ils n'en avaient pas et qu'on n'en pourrait trouver nulle part ; ce qui nous jeta dans une affreuse inquiétude, attendu, qu'il y avait deux jours que nous ne mangions que des cœurs de palmiers et pas toujours en quantité suffisante, car nous n'avions plus la force de les couper. L'un des officiers de l'hôtellerie me dit qu'à une journée de marche en amont de l'endroit où nous avions passé la rivière, il y avait une population nombreuse faisant partie d'une province appelée Tahuycal et qu'il y avait abondance de maïs, cacaco, poules, etc., et qu'il me donnerait un guide pour m'y conduire. J'y expédiai immédiatement un capitaine avec trente soldats et plus de mille Indiens qui trouvèrent, grâce à Dieu, quantité de maïs ; tous les habitants avaient fui. Nous pûmes enfin nous approvisionner, quoique avec beaucoup de peine, vu la distance.

De ces hôtelleries, j'envoyai un certain nombre d'arbalétriers sous la conduite d'un guide, étudier le chemin que nous avions à suivre pour arriver à la province d'Acuculin ; ils atteignirent une hôtellerie de cette province, à dix lieues de Tenciz et à six lieues de la ville principale qui, je l'ai dit, se nomme Acuculin et le cacique Acahuilgin. Ils y arrivèrent sans avoir été signalés et dans l'une des maisons s'emparèrent de six hommes et d'une femme ; ils revinrent me disant que le chemin qu'ils avaient parcouru était parfois difficile, mais qu'il leur avait semblé beau, comparé à celui par où nous venions de passer. Je m'informai auprès de ces Indiens, des Espagnols que j'allais rejoindre ; parmi eux se trouvait un habitant de la province d'Acalan qui me dit être marchand et qu'il avait son magasin dans le village même où se trouvaient les Espagnols ; que ce village s'appelait Nito, point où se réunissaient une foule de marchands de toutes les provinces ; que ceux d'Acalan y occupaient un quartier spécial sous les ordres d'un frère de Apaspolon et que les chrétiens les avaient attaqués une nuit, s'étaient emparés de leur quartier et avaient enlevé toutes les marchandises qui étaient en quantité considérable. C'est qu'en effet il y avait là des marchands de toutes les nations qui, depuis un an, avaient fui et s'en étaient allés dans d'autres provinces.

Pour lui et certains de ces amis d'Acalan, ils avaient demandé et obtenu de Acahuilgin cacique d'Acuculin, la permission de se fixer dans ses terres, avaient fondé un petit village en tel endroit qu'il leur avait désigné, où ils avaient établi des comptoirs; il ajouta que le commerce était fort réduit depuis l'arrivée des Espagnols, parce qu'on devait passer par Nito et que personne n'osait plus y aller. Il s'engageait à m'y conduire; mais avant d'y arriver, il nous faudrait traverser un bras de mer et d'ici là de grandes montagnes très difficiles, demandant dix journées de marche.

Je me réjouis beaucoup d'avoir rencontré un si bon guide et le comblai de prévenances. Les Indiens que je ramenais de Mazatcan et de Tayasal, lui dirent que je les avais toujours bien traités et que j'étais un ami d'Apaspolon son seigneur. Ces confidences parurent le rassurer et je le fis mettre en liberté, ainsi que ceux qu'on m'avait amenés avec lui; je pus donc renvoyer les guides qui m'avaient suivi jusque-là; ils me quittèrent fort satisfaits des récompenses dont je payai leurs services.

J'envoyai immédiatement quatre des Indiens d'Acuculin et deux autres des hôtelleries de Tenciz pour avertir le cacique d'Acuculin de mon arrivée et le prier de ne pas s'enfuir. Derrière eux j'envoyai d'autres hommes pour ouvrir la route; deux jours après je partis parce que j'étais à court de vivres et quoique nous eussions bien besoin de nous reposer; nos pauvres chevaux surtout, que nous menâmes par la bride. Le matin du jour suivant je constatai l'absence du guide qui s'était enfui; j'en eus d'autant plus de douleur que j'avais renvoyé les autres. Je poursuivis ma route et campai cinq lieues plus loin dans une forêt où nous eûmes à franchir de si terribles passages, qu'un de nos chevaux sain jusqu'alors resta fourbu. Le jour suivant nous fîmes six lieues et traversâmes deux rivières. On passa l'une, grâce à un grand arbre tombé qui atteignait d'un bord à l'autre; quant aux chevaux, ils passèrent à la nage et nous perdîmes deux juments; nous passâmes l'autre en canoas et les chevaux à la nage, et j'allai dormir dans un petit village composé de quinze maisons toutes neuves; c'étaient celles que les marchands d'Acalan chassés de Nito avaient construites.

Je restai là deux jours pour rallier mes gens et mes bagages, et j'envoyai en avant deux compagnies de cavaliers et une de piétons pour nous attendre au village de Acuculin. Mes gens m'écrivirent qu'ils l'avaient trouvé désert; deux Indiens seulement étaient restés dans une grande maison qui était la demeure de leur maître. Ils attendaient mon arrivée pour en avertir leur seigneur qui avait appris ma venue par les courriers que je lui avais envoyés de Tenciz, et qui désirait me voir; il viendrait quand il me saurait dans le village. L'un des deux Indiens était donc allé le chercher, l'autre était resté près de mes hommes. On me disait encore, qu'on avait trouvé du cacao dans les plantations, mais point de maïs, que cependant il y avait d'assez bons pâturages pour les chevaux.

A mon arrivée à Acuculin, je demandai si le cacique était là, ou si son serviteur était revenu? On me répondit que non. Je demandai à l'Indien qui était resté pourquoi son maître n'était pas venu? Il me dit qu'il n'en savait rien et qu'il l'attendait comme moi; peut-être, attendait-il la nouvelle de mon arrivée. Après deux jours d'attente vaine, j'interrogeai de nouveau cet homme qui n'en savait pas davantage; seulement il me pria de le faire accompagner par quelques-uns de mes hommes et qu'il irait le chercher. Je lui en donnai dix, qu'il conduisit à plus de cinq lieues de là, jusqu'à un groupe de cabanes qui paraissaient abandonnées depuis peu. Pendant la nuit le guide s'enfuit et mes gens revinrent au village.

Me voilà donc sans guide, ce qui allait doubler notre désarroi. J'envoyai de tous côtés de petites troupes composées d'Espagnols et d'Indiens pour explorer le pays qu'ils parcoururent pendant huit jours sans pouvoir trouver trace d'Indiens, sinon quelques femmes qui ne nous servirent à rien; elles ne connaissaient point les routes et ne purent nous rien apprendre ni du cacique, ni de la province. Une seule nous dit qu'elle connaissait un village à deux journées d'ici, qui s'appelait Chianteca et que là nous trouverions des gens qui pourraient nous donner des nouvelles des Espagnols de Nito, parce qu'il y avait dans le village beaucoup de marchands qui commerçaient avec toutes les provinces des environs. J'y envoyai du monde sur-le-champ, avec cette femme pour guide, et quoique situé à deux longues journées de Acuculin, les habitants avaient été avisés de ma venue et l'on ne put s'y procurer un guide.

N'ayant point de guide, et ne pouvant me servir de la boussole dans ces forêts les plus épaisses et les plus sauvages qui se puisse imaginer, ne connaissant d'autre chemin que celui que nous avions suivi jusqu'alors, notre situation devenait désespérée, quand, grâce à Dieu, nous rencontrâmes dans les bois un petit garçon de quinze ans, qui se chargea de nous conduire dans les fermes de Taniha, province où je devais passer d'après mes cartes. Il nous dit que ces fermes, se trouvaient à deux journées de là. Nous partîmes avec ce petit garçon et nous arrivâmes en deux jours à ces fermes où mes avant-gardes purent s'emparer d'un vieil Indien qui nous conduisit jusqu'aux villages de Taniha, qui se trouvaient aussi à deux journées plus loin. Dans les villages, nous saisîmes quatre Indiens qui me donnèrent des nouvelles certaines des Espagnols, nous disant qu'ils les avaient vus et qu'ils habitaient le village de Nito, village connu de tous les Indiens par suite de ses nombreuses relations commerciales. C'est dans les mêmes termes qu'on m'en avait parlé dans la province d'Acalan, comme j'en écrivis à Votre Majesté. On m'amena deux femmes de ce village de Nito, qu'habitaient les Espagnols; elles me contèrent avoir assisté à la prise du village par les chrétiens, que l'attaque avait eu lieu la nuit, qu'elles avaient été faites prisonnières avec beaucoup d'autres et qu'elles avaient servi plusieurs de ces chrétiens dont elles me citèrent les noms.

Je ne saurais dire à Votre Majesté la joie que mes compagnons et moi éprouvèrent à ces nouvelles que nous donnèrent les habitants de Taniha; nouvelles qui nous permettaient de prévoir la fin de l'étrange voyage où nous nous étions engagés; car dans ces quatre dernières journées nous avions subi des fatigues sans nombre. Nous les passâmes au milieu des bois et des plus âpres montagnes, sans chemin tracé, où le peu de chevaux qui nous restaient s'estropièrent pour jamais. Un de mes cousins, Juan de Avalos, fut précipité du haut d'une montagne avec son cheval, eut le bras cassé et n'eût point survécu, s'il n'avait été préservé par sa cuirasse. Ce fut à grand'peine que nous pûmes le tirer de là. Je ne m'étendrai point sur les travaux et les privations dont nous avons souffert, de la faim surtout qui nous tourmentait, car en dehors de quelques porcs qui me suivaient depuis Mexico il y avait plus de huit jours, quand nous arrivâmes à Taniha, que nous n'avions mangé de pain. Nous n'avions que des tiges de palmes cuites avec la viande, sans un grain de sel qui nous manquait depuis longtemps, et des cœurs de palmiers.

Nous ne trouvâmes rien à manger dans ces villages de Taniha, car étant voisins des Espagnols, ils étaient depuis longtemps abandonnés par leurs habitants, qui redoutaient leurs attaques. Cependant, en nous sachant si près du but, nous oublions toutes nos peines passées prêts à souffrir vaillamment celles qui nous attendaient encore et la plus grande de toutes, la faim, car nous n'avions même plus de palmes en quantité suffisante, et ce nous était un grand travail que d'abattre ces gros palmiers; il fallait toute une journée à deux hommes pour en abattre un seul, dont ils dévoraient la substance en une demi-heure.

Ces Indiens me donnèrent des nouvelles des Espagnols; ils me dirent que pour arriver auprès d'eux, il y avait deux journées de mauvais chemin et que, avant Nito, se trouvait une grande rivière qu'on ne pouvait passer sans canoas, car elle était si large que personne ne pourrait la traverser à la nage. J'envoyai aussitôt quinze piétons avec l'un des guides pour examiner le chemin et la rivière; je leur recommandai de s'emparer de quelques-uns de ces Espagnols, qui pussent me dire quels gens ils étaient; si c'étaient ceux que j'avais envoyés avec Cristobal de Oli, ou ceux de Francisco de Las Casas, ou bien les Espagnols de Gil Gonzalez de Avila. Ils partirent et l'Indien les conduisit à la rivière où ils s'emparèrent de la canoa de certains marchands avec laquelle ils traversèrent la rivière et là se cachèrent pendant deux jours, jusqu'à ce qu'ils s'emparassent d'une canoa qui venait du village et chargée de quatre

Espagnols qui s'en allaient à la pêche. Ils les prirent tous les quatre sans avoir été aperçus des villages et me les amenèrent. Ils me dirent que les Espagnols de Nito étaient les hommes de Gil Gonzalez de Avila; qu'ils étaient tous malades et presque morts de faim. J'expédiai aussitôt deux de mes serviteurs dans la canoa qui avait amené les Espagnols, avec une lettre pour les gens du village, les priant de m'envoyer tout ce qu'ils avaient de barques et canoas pour que je pusse passer.

J'arrivai au bord de la rivière avec toute ma troupe; j'y restai trois jours, et j'y reçus la visite d'un Diego Nieto qui me dit être le chef de la justice; il m'amenait une barque et une canoa dans lesquelles nous passâmes douze avec grand danger de nous noyer, car le vent soufflait en tempête; enfin, grâce à Dieu, nous arrivâmes au port. Le lendemain je fis préparer une autre barque et chercher des canoas que j'amarrai deux par deux, et par ce moyen toute ma troupe, hommes et chevaux, passa en cinq ou six jours.

Les Espagnols que je rencontrai à Nito comptaient soixante hommes et vingt femmes que le capitaine Gil Gonzalez de Avila avait abandonnés. La vue de ces malheureux me fit pitié et leur joie de me voir ne se peut dire; c'est que sans mon arrivée ils étaient perdus sans ressources. Ils étaient peu nombreux, sans armes et sans chevaux; ils étaient tous malades, épuisés, mourant de faim; ils n'avaient plus rien des provisions qu'ils avaient apportées des îles et fort peu de celles qu'ils avaient amassées lors de la prise du village. C'en était fait d'eux; car ils étaient incapables de rien tenter du côté de la terre, et ils se trouvaient parqués dans un endroit dont ils ne pouvaient que difficilement sortir et dont ils ne s'étaient jamais écartés de plus d'une demi-lieue.

A la vue de tant de misère, je résolus de chercher quelque moyen de soutenir ces malheureux et de les mettre en état de regagner les îles, car entre eux tous il n'y en avait pas huit capables de rester en ce pays et d'y coloniser. J'envoyai donc aussitôt des partis de mes hommes de tous les côtés, les uns par mer avec deux barques et d'autres dans cinq à six canoas. La première sortie fut dirigée vers l'embouchure d'une rivière appelée Yasa qui est à dix lieues de Nito, où l'on m'avait dit que se trouvaient des villages bien approvisionnés. Mes hommes, après avoir atteint la rivière, en remontèrent le cours pendant six lieues et tombèrent au milieu de fermes et de champs cultivés; mais les Indiens les avaient vus venir et transportèrent toutes leurs provisions dans de grandes métairies qui se trouvaient près de là; puis avec leurs femmes et leurs enfants se réfugièrent dans les bois.

Quand les Espagnols arrivèrent près de ces métairies, ils eurent à subir de grandes averses et coururent s'abriter dans une grande maison, et comme ils étaient mouillés, ils se désarmèrent et se dévêtirent pour sécher leurs vêtements et se chauffer au feu qu'ils avaient allumé. Les Indiens les surprirent en cet état, en blessèrent un grand nombre, les mirent en fuite, les forcèrent de se rembarquer et de me revenir sans rien de plus que ce qu'ils avaient emporté. J'étais désolé de les voir blessés, dont quelques-uns très gravement; ce qui me touchait le plus, c'était l'orgueil que les Indiens devaient concevoir de leur succès, et du désastre de l'expédition, qui n'apportait aucun secours à nos misères.

A l'instant même, j'envoyai un autre capitaine avec une plus forte escouade, tant Espagnols que Mexicains, et comme les barques et les canoas ne pouvaient les contenir tous, je les fis transporter en détail de l'autre côté du fleuve qui débouche près du village, avec ordre de longer la rive suivie par les barques qui leur serviraient à passer les anses et les rivières; ils partirent et arrivèrent à l'embouchure du fleuve où trois de nos Espagnols avaient été blessés et revinrent sans nous rapporter rien, que quatre Indiens qu'ils avaient surpris dans une canoa sur la côte de la mer. Je leur demandai pourquoi ils revenaient ainsi les mains vides? ils me répondirent, qu'à la suite des pluies, le fleuve roulait des eaux si furieuses, qu'ils n'avaient pu le remonter plus d'une lieue; espérant qu'il se calmerait, ils avaient attendu huit jours sans vivres et sans feu; ils n'avaient vécu que de racines et de fruits sauvages qui en mirent quelques-uns en tel état, que je désespérais de les sauver.

Je me trouvai dans une situation des plus tristes, car s'il ne m'était resté quelques porcs, que je distribuai par rations infimes et que nous mangions sans pain ni sel, nous étions perdus. Je fis demander par mon interprète, aux Indiens que mes gens avaient ramenés, s'ils ne connaissaient pas quelque part un village où nous aurions chance de trouver quelques vivres, leur promettant que s'ils voulaient m'y conduire, je leur donnerais non seulement la liberté, mais que je les comblerais de présents. L'un d'eux me dit qu'il était marchand, que les autres étaient ses esclaves, qu'il avait souvent parcouru la côte avec ses pirogues et qu'il connaissait un estuaire, qui d'ici près allait jusqu'à une grande rivière et où par gros temps, lorsque les barques ne pouvaient tenir la mer, tous les marchands allaient jeter l'ancre; et que, sur les bords de cette rivière, il y avait de grands villages habités par des Indiens riches et largement approvisionnés. Ceux-ci nous conduiraient à d'autres villages où nous ferions ample moisson de tout ce qui nous était nécessaire. Il ajoutait que, pour me prouver qu'il ne me trompait pas, je n'avais qu'à l'emmener avec moi, enchaîné, pour le punir comme il me plairait, si tout n'était point ainsi qu'il me l'avait dit.

Je fis aussitôt préparer les barques et les canoas; j'y embarquai tout ce que j'avais d'hommes valides et les envoyai sous la conduite de cet homme. Au bout de dix jours, mes gens revinrent comme ils étaient partis, disant que leur guide les avait menés dans des marais, où ni les barques, ni les canoas ne pouvaient naviguer; qu'ils avaient fait ce qu'ils avaient pu pour passer et que cela leur avait été impossible. Je demandai à l'Indien comment il avait osé se moquer de moi? il me répondit que non, mais que les gens avec lesquels je l'avais envoyé s'étaient refusés à pousser en avant; qu'ils étaient déjà tout prêts d'atteindre le point de la côte où se jette le fleuve, puisque les Espagnols pourraient me dire avoir entendu le bruit des vagues : la mer se trouvait donc à proximité.

Je ne saurais dire ce que j'éprouvai en me voyant en si fâcheuse extrémité; je faillis perdre tout espoir en songeant que tous, peut-être, nous étions condamnés à mourir de faim. Ce fut au milieu de ces affreuses circonstances, que Dieu Notre

Seigneur, qui seul peut nous secourir et qui tant de fois a protégé de son égide l'instrument et le serviteur de Votre Majesté, nous envoya un navire qui venait des îles, sans soupçonner qu'il me trouverait dans ce malheureux village ; il amenait trente hommes sans compter son équipage, treize chevaux, soixante et tant de porcs, douze boucauts de viandes salées et trente charges de pain des îles. Nous rendîmes tous grâces à Dieu. J'achetai le navire et son chargement qui me coûta quatre mille piastres. J'avais déjà fait réparer une caravelle que les Espagnols de Nito considéraient comme perdue et je faisais construire un brigantin avec les débris d'autres navires. Quand le vaisseau des îles arriva, la caravelle était prête ; mais je ne sais, si nous eussions pu achever le brigantin sans l'aide des nouveaux venus parmi lesquels se trouvait un homme qui, sans être charpentier de son état, était des plus ingénieux. En allant à la découverte de côté et d'autre, nous tombâmes au milieu des montagnes les plus sauvages, sur un sentier qui conduisait à huit lieues de là à certain village appelé Leguela où nous trouvâmes force vivres ; mais le village était si loin et les chemins si détestables que nous ne pûmes en profiter.

J'appris des Indiens qu'on avait pris à Leguela, que Naco est un village où séjournèrent Francisco de Las Casas, Cristobal de Oli et Gil Gonzalez de Avila ; c'est là que mourut Cristobal de Oli, comme plus loin j'en dirai les détails qui me furent donnés par les Espagnols de Nito.

Je fis aussitôt ouvrir une route du côté de Naco où j'envoyai toute ma troupe, cavaliers et fantassins ; je ne gardai près de moi que les malades, mes serviteurs et quelques personnes qui demandèrent à rester pour s'embarquer avec moi. Je recommandai au capitaine de faire tous ses efforts pour pacifier cette province qui avait toujours été fort troublée depuis le séjour qu'y avaient fait les capitaines. Je lui donnai l'ordre d'envoyer aussitôt après son arrivée dix ou douze chevaux et autant d'arbalétriers à la baie de Saint-André qui est à vingt lieues du village. Je comptais en effet m'embarquer avec les malades et les gens de ma suite sur les navires que j'avais, et me rendre au port de Saint-André ; je les attendrai si j'arrivais le premier et s'ils arrivaient avant moi, ils devaient m'y attendre pour recevoir mes ordres.

Une fois mes hommes partis et le brigantin achevé, je voulus m'embarquer ; puis, je réfléchis que j'avais bien une assez grosse provision de viande, mais que je n'avais pas de pain ; que ce pourrait être une grande imprudence de m'embarquer avec tant de monde et en de telles conditions ; qu'il suffirait d'un vent contraire pour nous affamer. Sur ces entrefaites, le capitaine de mon nouveau navire me dit que lorsqu'ils vinrent à Nito pour la première fois, ils étaient deux cents hommes, qu'avaient amenés un grand brigantin et quatre autres navires : c'était toute la troupe de Gil Gonzalez de Avila. Or, avec les barques et les brigantins, ils avaient remonté la grande rivière et étaient tombés dans deux grands golfes d'eau douce : tout autour, il y avait beaucoup de villages, des cultures et des vivres ; ils avaient poussé jusqu'au fond de ces golfes, à quatorze lieues plus haut ; puis ils avaient essayé de remonter la rivière, mais elle coulait si furieusement qu'en six jours ils n'avaient pu faire que quatre lieues, qu'elle s'enfonçait beaucoup plus loin, qu'ils n'avaient pu en percer le mystère, mais qu'il y avait par là des quantités de maïs. J'avais bien peu de gens sous la main pour y faire une expédition, me disait le capitaine ; car, lorsque les hommes d'Avila s'y rendirent, ils s'emparèrent tout d'abord d'un village par surprise ; mais les Indiens s'étant réunis, les avaient battus et les avaient forcés à s'embarquer après en avoir blessé plusieurs.

Jugeant qu'il y avait pour moi plus de danger à m'embarquer sans vivres qu'à aller en chercher chez les Indiens de la côte, j'abandonnai mon projet et résolus de remonter cette rivière. N'ayant en effet rien de mieux à entreprendre que de me procurer des vivres pour mes gens, il se pourrait faire que, grâce à Dieu, je découvrisse quelque nouvelle province que je réduirais au service de Votre Majesté. Je fis le dénombrement des hommes que je pourrais emmener ; j'en comptai quarante et pas tous bien solides, mais tous serviraient à la garde des navires, pendant que je ferai des expéditions avec les autres.

Je pris donc le brigantin, deux barques et quatre canoas, dans lesquels j'embarquai mes Espagnols et une cinquantaine de Mexicains qui étaient restés avec moi. Je laissai dans le village un commissaire chargé de distribuer des vivres et de soigner les malades que je laissais derrière moi. Je partis et remontai la rivière avec la plus grande difficulté; en un jour et deux nuits, j'atteignis le premier des deux golfes qui a bien douze lieues de large, et où je ne vis aucune habitation, les bords en étant fort marécageux. Je naviguai tout un jour dans ce golfe, jusqu'à ce que je trouvasse l'embouchure de la rivière, dans laquelle j'entrai et par où j'atteignis l'autre golfe le lendemain. C'était la chose la plus belle du monde que cette grande nappe d'eau douce de plus de trente lieues, entourée de ces hautes et pittoresques montagnes qui lui faisaient un cadre merveilleux; j'en longeai les bords jusqu'à la nuit, quand je découvris un sentier qui à une demi-lieue de là me conduisit à un village d'où j'avais été signalé, car il était désert et dépouillé de toutes choses. Dans les champs, nous trouvâmes beaucoup de maïs verts, nous en mangeâmes le soir et le matin, et voyant que nous ne pouvions nous procurer ce que nous cherchions, nous nous chargeâmes de maïs verts et regagnâmes nos barques sans avoir vu un seul Indien. Je traversai alors de l'autre côté du golfe, ce qui nous prit du temps et nous causa une grande fatigue. Nous y perdîmes une canoa dont nous sauvâmes l'équipage, sauf un Indien qui se noya.

Nous abordâmes très tard et ne pûmes débarquer que le lendemain de bonne heure. Avec les barques et les canoas, nous remontâmes un petit ruisseau tandis que le brigantin restait dans le golfe. Ayant découvert un sentier, je pris terre avec mes trente hommes et tous mes Indiens et renvoyai les barques et les canoas. Je suivis le sentier, qui, à un quart de lieue, nous conduisit dans un village abandonné depuis longtemps, car l'herbe poussait dans les maisons; il était encore entouré de vergers d'arbres à fruits et de plantations de cacao. Je parcourus les environs à la recherche d'une route et j'en trouvai une qui paraissait n'avoir plus servi depuis bien longtemps; n'en voyant pas d'autre, je m'y engageai, elle conduisait au milieu des bois, nous la suivîmes pendant près de cinq lieues et par des montées si rapides que le plus souvent nous allions à quatre pattes; elle nous conduisit à des champs de maïs au milieu desquels se trouvait une cabane où nous nous emparâmes de trois Indiennes et d'un Indien le propriétaire du champ. Ceux-ci nous conduisirent à un autre champ de maïs où nous prîmes deux femmes, et, poursuivant, avec ces gens pour guides, nous arrivâmes à une grande exploitation agricole, où se trouvaient disséminées une quarantaine de cabanes toutes neuves; mais les habitants avertis de notre présence avaient pris la fuite. Comme ils avaient été surpris, ils n'eurent pas le temps de tout emporter, et nous trouvâmes des poules, des pigeons, des faisans et des perdrix dans des cages, mais ni maïs sec ni sel.

Nous passâmes la nuit dans ces cabanes où nous soupâmes de maïs vert et de gibier; il y avait à peine deux heures que nous étions installés quand arrivèrent deux Indiens du village, fort étonnés de trouver chez eux de tels hôtes : mes sentinelles me les amenèrent; je leur demandai s'il y avait d'autres villages dans les environs? ils me répondirent qu'il y en avait et qu'ils m'y conduiraient les jours suivants, parce qu'il fallait y arriver de nuit. Nous partîmes de bonne heure suivant un chemin pire encore que le premier; car, outre qu'il était à peine tracé, il nous fallut, tout près de là, passer une de ces rivières qui toutes se précipitant de ces hautes montagnes, vont former ces golfes d'eau douce, puis ce grand fleuve qui va se jeter à la mer, comme je l'ai déjà dit à Votre Majesté. Nous fîmes sept lieues de cette manière sans rencontrer un village, et nous avions traversé quarante-cinq torrents furieux sans compter une infinité de petits ruisseaux. Nous rencontrâmes trois Indiennes chargées de maïs qui venaient du village où nous allions.

Ces femmes nous confirmèrent la bonne foi de notre guide : effectivement, au coucher du soleil, nous entendions un bruit de gens; je demandai à ces femmes ce que c'était? elles me répondirent que les Indiens célébraient une fête. Alors je fis silencieusement entourer le village de mes hommes qui se cachèrent dans le bois, je plaçai des sentinelles près des maisons et d'autres sur le chemin, pour qu'on s'emparât de tout individu qui en sortirait, et nous restâmes là toute la nuit par la plus effroyable pluie qui fut jamais, dévorés par les moustiques, nuit tellement obscure et orageuse que deux ou trois fois je résolus de me rendre au village sans pouvoir y réussir, et cependant j'en étais si rapproché que j'entendais les voix des habitants.

Nous fûmes donc obligés d'attendre le jour, et nous arrivâmes si bien à point que nous surprîmes toute la population endormie. J'avais donné l'ordre que personne n'entrât dans les maisons ou ne poussât un cri avant d'avoir entouré les principales maisons, celle du cacique et un grand hangar où les guides nous avaient dit que dormaient tous les guerriers. Notre bonne fortune voulut que nous tombassions d'abord sur le hangar où ils reposaient; comme il faisait jour et qu'on y voyait parfaitement, l'un de mes soldats, en voyant tant d'Indiens avec leurs armes, crut bien faire, nous sachant si peu nombreux, de pousser notre cri de guerre: Santiago! Santiago! Les Indiens réveillés se saisirent de leurs armes, et comme le hangar n'était qu'un simple toit soutenu sur des piliers purent s'échapper à loisir parce que nous ne pouvions envelopper tout le hangar. Je puis assurer Votre Majesté que si cet homme n'avait pas donné l'alarme, il ne se serait pas échappé un seul de ces Indiens et que c'eût été la chose la plus extraordinaire. J'aurais certainement tiré le meilleur parti de cette aventure en mettant nos prisonniers en liberté, en leur expliquant la raison de ma venue chez eux, en les rassurant, et leur montrant que je ne leur voulais aucun mal; j'aurais pu m'en faire des amis. Ce fut tout le contraire.

Nous prîmes quinze hommes et une vingtaine de femmes; on en tua une douzaine qui se défendirent, parmi lesquels le cacique, que les prisonniers me désignèrent parmi les morts. Nous ne trouvâmes rien dans ce village qui pût nous servir, le maïs vert n'étant pas un aliment dont nous avions besoin. Je restai deux jours dans ce village pour laisser reposer mes hommes, et demandai aux Indiens s'ils ne connaissaient point un autre village où je pourrais me procurer du maïs sec? Ils me répondirent qu'il y en avait un appelé Chacuyal où je trouverais toutes espèces de provisions. Je partis donc avec mes nouveaux guides dans la direction de ce village ; nous fîmes six grandes lieues de route exécrable coupée d'une infinité de ruisseaux, et j'arrivai au milieu d'immenses cultures, qui appartenaient au village où nous allions. Nous fîmes un détour d'au moins deux lieues dans les bois pour ne pas être signalés, et mes hommes d'avant-garde s'emparèrent de huit Indiens bûcherons et chasseurs qu'ils rencontrèrent dans la forêt. Comme la nuit arrivait, mes guides me conseillèrent de faire halte, car nous approchions du village. Je m'arrêtai et je stationnai dans le bois jusqu'à trois heures du matin et me remis en route ; nous traversâmes une rivière profonde, où nous avions de l'eau jusqu'au cou, et si rapide qu'il fallut nous masser les uns contre les autres pour ne pas être emportés. Heureusement, nous ne perdîmes pas un des nôtres.

La rivière franchie, les guides me dirent que le village était tout près ; je fis arrêter mes hommes et m'en fus, avec deux compagnies, jusqu'en vue des maisons ; j'entendis même des gens parler et je compris qu'on ne se doutait pas de ma présence. Je retournai à mes hommes que je fis se reposer et je mis six d'entre eux à la garde du village de chaque côté du chemin, puis j'allai me reposer aussi au milieu de mes gens. A peine m'était-je étendu sur un tas de paille, que l'une de mes sentinelles vint me dire qu'un grand nombre d'hommes armés arrivaient par le sentier et qu'ils allaient causant entre eux comme des gens tout à fait tranquilles. Je les aperçus et la distance qui les séparait du village étant fort courte, ils vinrent tomber sur mes sentinelles sur lesquels ils décochèrent une nuée de flèches, jetèrent l'alarme dans le village, et s'enfuirent en combattant.

Nous pénétrâmes à leur suite dans la ville, mais la nuit étant obscure, ils disparurent dans le dédale des maisons. Je défendis à mes gens de se débander, craignant qu'on ne nous eût dressé quelque embûche, et nous pénétrâmes en corps sur la grande place où se trouvaient les temples sur leurs pyramides avec, tout autour, les demeures des prêtres comme à Mexico. Cette vue nous épouvanta quelque peu, parce, que depuis Acalan, nous n'avions rien vu de pareil. Plusieurs de mes hommes insistaient pour que nous abandonnions immédiatement le village avant qu'on s'aperçût de notre petit nombre et qu'on nous coupât la retraite; le conseil était certainement bon, car tout ce que nous voyions ne pouvait que nous inspirer de justes raisons de crainte. Nous restâmes ainsi un bon moment sur cette grande place sans entendre la moindre rumeur, et je me disais que nous ne devions pas quitter la ville de cette manière; les Indiens en effet auraient peur en nous voyant rester, tandis que nous voyant fuir, ils jugeraient de notre faiblesse, ce qui serait beaucoup plus dangereux. Il en fut ainsi, grâce à Dieu. Après être resté un moment sur cette place, je me retirai avec mes gens dans une des maisons des prêtres d'où j'envoyai quelques hommes à la découverte; il n'y avait personne. Ils entrèrent dans une foule de maisons, car dans toutes il y avait de la lumière. Ils y trouvèrent des vivres et des provisions de toutes sortes et revinrent fort contents.

Nous passâmes le reste de la nuit sur nos gardes et dès qu'il fit jour nous visitâmes la ville, qui était fort bien construite avec des rues bordées de maisons bien alignées et, dans toutes, du coton brut et du coton filé, des étoffes toutes prêtes et quantité de maïs sec, de haricots, de cacao, de tomates et de sel, des cages pleines de poules, de faisans et de perdrix, ainsi que de ces chiens comestibles qui sont un excellent manger, si bien que, si nous avions eu les navires à notre portée, j'aurais pu les bonder de provisions pour bien des jours. Mais pour en profiter il fallait emporter ces vivres à vingt lieues de là, et nous étions en tel état, que nous avions peine à nous porter nous-mêmes sans nous reposer quelques jours.

Je me fis amener l'un de ces Indiens que nous avions surpris à la chasse dans les bois et qui me paraissait être un habitant notable, et lui fis dire, par mon interprète, qu'il s'en allât de ma part à la recherche du cacique et des habitants de cette ville, avec mission de leur dire que je n'étais point venu pour leur causer ennui ni trouble, mais bien pour leur causer de choses qui les intéressaient au plus haut point : que je serais heureux de voir le cacique ou l'un de ses officiers pour lui expliquer les causes de ma venue; que s'ils venaient, ils y auraient tout profit, que sinon, cela pourrait leur coûter cher. Je lui remis une lettre, chose qu'ils respectaient fort dans toutes ces contrées. La plupart de mes gens étaient opposés au départ de cet Indien, craignant qu'il n'éclairât les autres sur notre petit nombre; car la ville étant fort peuplée, comme l'indiquaient les longues files de maisons, les habitants pourraient se liguer avec leurs voisins et nous attaquer.

Je savais bien qu'ils avaient raison, mais je cherchais un moyen d'enlever mes vivres, et j'espérais qu'ayant fait la paix avec ces Indiens, ils nous donneraient des gens pour emporter nos provisions; car pour moi je voyais un moindre danger à une attaque des Indiens qu'à nous en retourner sans vivres et exposés à mourir de faim. C'est pour cela que j'expédiai mon Indien. Il devait revenir le lendemain, car il savait où trouver le cacique et ses gens. Le jour que nous l'attendions, deux Espagnols se promenant autour de la ville trouvèrent la lettre que je lui avais remise piquée sur un bâton au milieu du chemin; nous comprîmes que nous n'aurions point de réponse. L'Indien, en effet, ne revint pas; ni lui, ni personne.

Nous restâmes dix-huit jours dans cette ville, nous reposant et cherchant un moyen d'enlever les vivres; je pensai que peut-être il serait bien de suivre la rivière qui passait au pied du village et qui sans doute allait rejoindre le fleuve qui se jetait dans ces golfes d'eau douce où j'avais laissé le brigantin, les barques et les canoas. Je m'en informai auprès de mes prisonniers qui nous dirent que cela était bien ainsi. Comme mon interprète ne comprenait pas très bien leur langage, au moyen de signes, nous finîmes par leur faire comprendre que deux d'entre eux accompagnassent dix Espagnols pour leur montrer l'embouchure de la rivière : ils me dirent que c'était tout près et qu'ils seraient de retour le jour même. La chose se passa comme ils avaient dit; après une marche de deux lieues au travers de belles plantations de cacao et d'autres arbres fruitiers, ils atteignirent la grande rivière et m'affirmèrent que c'était bien celle-là qui allait se jeter dans des golfes où j'avais laissé le brigantin et les barques, rivière qui se nommait Apolochic.

Je demandai combien par cette voie il faudrait de jours pour arriver au golfe? ils me répondirent qu'on pouvait y arriver en cinq jours. J'envoyai sur l'heure deux Espagnols avec l'un des guides, qui s'engageait à les conduire au brigantin. Je leur donnai l'ordre d'amener le brigantin, les barques et les canoas à l'embouchure du fleuve dans le golfe et de s'efforcer de le remonter avec une barque et une canoa jusqu'à sa jonction avec la rivière.

Mes gens partis, je fis construire quatre grands radeaux de bois et roseaux, dont chacun pouvait porter quarante fanegas (3500 livres) de maïs et dix hommes, sans compter les charges de haricots et de cacao. On mit huit jours à construire ces radeaux; quand ils furent chargés, les Espagnols que j'avais envoyés vers le brigantin arrivèrent, ils me dirent qu'il y avait six jours qu'ils avaient commencé à remonter la rivière; qu'ils n'avaient pas pu ramener la barque jusqu'ici et qu'ils l'avaient laissée à cinq lieues plus bas, sous la garde de dix Espagnols : qu'ils n'avaient pu davantage me ramener la canoa, parce qu'ils étaient trop fatigués de ramer, mais qu'elle n'était qu'à une lieue de là, cachée dans la forêt; qu'en venant, ils avaient été attaqués par des Indiens, qu'ils les avaient battus; mais qu'à la descente il fallait prendre garde, car ils se réuniraient probablement en masses pour nous attaquer de nouveau.

J'envoyai sur-le-champ des hommes pour me ramener la canoa et la fis charger des provisions que nous avions recueillies; je mis sur les radeaux les hommes nécessaires pour les guider au moyen de longues gaffes, au milieu des troncs d'arbres qui encombraient le lit de la rivière, et pour les gens qui me restaient, je les confiai à un capitaine avec ordre de reprendre le chemin que nous avions suivi pour m'attendre au débarcadère du golfe s'ils arrivaient les premiers, tandis que c'est moi qui les attendrais si j'arrivais avant eux; puis je m'embarquai dans la canoa avec deux arbalétriers qui me restaient, quoique cette route fût très dangereuse par suite de la violence du courant. Mais comme j'étais sûr que les Indiens m'attendraient au passage, je voulais être là moi-même pour veiller à la défense, et c'est en me recommandant à Dieu que je fis lâcher l'amarre. Nous filions avec une telle vitesse, qu'en trois heures nous atteignîmes l'endroit où se trouvait la barque, que nous chargeâmes de divers objets pour soulager les radeaux. Le courant était si violent, que jamais nous ne pûmes nous arrêter; je me mis dans la barque et envoyai la canoa en avant pour éclairer la rivière, nous signaler les mauvais pas et nous avertir de la présence des Indiens.

Je restai dans la barque, en arrière, attendant que tous les radeaux eussent défilé, de manière à leur porter secours si besoin était, de haut en bas plutôt que de bas en haut. Au moment où le soleil allait se coucher, l'un des radeaux alla buter contre un chicot caché sous l'eau, qui l'ébranla violemment, mais la furie des eaux l'emporta en lui faisant perdre la moitié de son chargement. Vers les trois heures de la nuit, j'entendis à l'avant de grands cris poussés par des Indiens; ne voulant pas laisser les radeaux en arrière, je restai où j'étais, puis les cris cessèrent et je n'entendis plus rien. Quelque temps après, les mêmes cris se firent entendre, mais plus près, pour cesser de nouveau. Je n'en pus connaître la cause parce que la canoa et les trois radeaux étaient en avant; moi je filai de conserve avec le dernier radeau qui marchait moins vite et nous n'étions pas sur nos gardes, les hurlements ayant cessé.

Je venais de quitter le couvert qui m'abritait, j'avais une fièvre brûlante et j'avais la tête appuyée sur le bord de la barque, lorsque tout à coup un furieux tourbillon auquel il était impossible de résister jeta le radeau et la barque sur la berge; et c'était de là, paraît-il, que s'élevaient les hurlements que nous avions entendus. Les Indiens, en effet, qui connaissaient la rivière dans ses moindres recoins, pour l'avoir pratiquée dès leur jeunesse, les Indiens qui nous épiaient, savaient bien que la violence du courant devait nous jeter en cet endroit. C'est là qu'ils nous attendirent, et lorsque la canoa et les radeaux qui couraient en avant avaient heurté la berge, ils avaient blessé presque tous les hommes à coups de flèches, mais sachant que nous devions arriver, ils ne donnèrent pas sur eux comme sur nous, car jamais la canoa ne put les éviter, entraînée qu'elle était par le courant.

Aussitôt que nous touchâmes la rive, ils poussèrent de grands cris et nous lancèrent une telle quantité de flèches et de pierres, qu'ils nous blessèrent tous; pour mon compte, je fus atteint à la tête que j'avais découverte, heureusement la berge était à pic, et grâce à cette circonstance nous pûmes leur échapper, car ceux qui voulurent sauter sur les barques et sur le radeau, ne purent y arriver, et la plupart durent se noyer. Le courant était tellement rapide, qu'en une minute il nous emporta loin d'eux et nous naviguâmes tout le reste de la nuit sans plus entendre que quelques cris dont nous accueillaient de rares canoas et de petits groupes d'Indiens perchés sur les rives; tous les bords de la rivière étaient en effet couverts de plantations de cacao et de magnifiques vergers. Le matin, nous n'étions plus qu'à cinq lieues de l'embouchure de la rivière dans le golfe où nous attendait le brigantin; nous les rejoignîmes vers le milieu du jour; de sorte que, en une nuit et un jour nous fîmes plus de vingt lieues sur cette rivière.

Quand nous voulûmes transporter à bord du brigantin le chargement des radeaux, nous nous aperçûmes que presque tout était mouillé. Voyant que si nous ne pouvions faire sécher nos provisions, tout serait perdu et notre travail vain, je fis charger sur le brigantin tout ce qui était sec; je fis mettre dans les deux barques et les deux canoas ce qui était mouillé et les dépêchai en toute hâte au village pour que là-bas on l'y fît sécher, attendu que, sur les bords du golfe, il eût été impossible de le faire. Je leur mandai donc de faire toute diligence et de me renvoyer aussitôt les barques et les canoas parce que avec le brigantin et la canoa qui me restait, je ne pouvais transporter tous mes hommes.

Après le départ de ces deux barques, je mis à la voile et me rendis aux lieux où j'avais donné rendez-vous à mes Espagnols; je les attendis trois jours après lesquels ils arrivèrent en bon état, sauf l'un d'eux qui avait mangé certaines racines et qui mourut subitement. Ils me ramenaient un Indien qu'ils avaient surpris dans le village où je les avais laissés; cet homme avait une physionomie différente de ceux que nous connaissions et parlait une autre langue; l'un de nos prisonniers la parlait aussi, de sorte que nous apprîmes qu'il habitait le village de Teculutlan. En entendant le nom de ce village il me sembla en avoir entendu parler; en arrivant à Nito je consultai mes notes et j'en trouvai la mention, ce qui me fit penser qu'il n'y avait pas, de là où j'étais, à la mer du Sud, où j'avais envoyé Pedro de Alvarado, plus de soixante-huit lieues. Ces notes me disaient que des Espagnols de la compagnie d'Alvarado avaient occupé ce village de Teculutlan; l'Indien me confirma le fait, ce dont je me réjouis fort.

Tous mes gens arrivés, les barques ne revenant pas, nous consommions le peu de provisions sèches qui nous restaient. J'empilai tout le monde sur le brigantin où nous avions peine à tenir, avec l'intention de gagner le premier village où nous avions mis pied à terre, où les maïs que nous avions laissés fort avancés devaient être mûrs, depuis plus de vingt-cinq jours que nous étions passés; en effet, nous devions les trouver à point. Sur ces entrefaites les barques arrivèrent et se joignirent à nous. Nous débarquâmes tous ensemble, Espagnols, Indiens amis et plus de quarante Indiens nos prisonniers, et fûmes aux champs de maïs qui était mûr, sec et que nous n'avions qu'à récolter en paix, n'y ayant personne pour les défendre. Chacun de nous fit trois voyages. Je chargeai donc le brigantin et les barques avec lesquels je me rendis au village.

Je laissai là mes gens occupés au transport du maïs et leur renvoyai les deux barques avec une autre, venant d'un navire qui s'était récemment perdu sur la côte en allant à la Nouvelle-Espagne; j'y joignis quatre canoas, de sorte que mes hommes revinrent m'apportant beaucoup de maïs. Ce fut un heureux résultat de notre expédition qui nous paya de nos fatigues; car nous étions sans ressources, condamnés à mourir de faim.

Je fis immédiatement charger ces provisions sur les navires et m'y embarquai avec tous les gens qui survivaient de la troupe de Gil Gonzalez de Avila et je mis à la voile [1]..... le jour du mois de..... et me rendis à la baie de Saint-André, après avoir débarqué sur une pointe les hommes valides qui pou-

---

1. Les deux petits passages manquent dans le texte.

vaient marcher et deux chevaux pour qu'ils se rendissent par terre au port de la baie, où je devais attendre ma troupe de Naco; car avec le navire surchargé nous courions les plus grands risques; je faisais du reste suivre mes gens d'une barque pour les aider à traverser les rivières. J'arrivai au port où les hommes venant de Naco m'attendaient depuis deux jours.

J'appris d'eux que leurs camarades étaient en bonne santé, qu'ils avaient du maïs en abondance et toutes sortes de fruits, mais ni viande ni sel, dont ils n'avaient pas goûté depuis deux mois.

Je restai dans ce port vingt jours, m'occupant de l'organisation de la troupe que j'avais à Naco et cherchant un emplacement pour y établir une colonie, car c'est le port le meilleur et le plus sûr de toute la côte depuis l'île des Perles jusqu'à la Floride. Je trouvai ce que je cherchais près de certains ruisseaux, et non loin de là on recueillit d'assez beaux échantillons d'or. C'est en raison de ces avantages, d'un port sûr et commode, environné de campagnes fertiles et très peuplées que je voulus y établir une colonie pour le service de Votre Majesté. J'envoyai donc à Naco demander quels seraient ceux de mes gens qui voudraient venir s'y établir; comme la contrée est riche, il s'en trouva cinquante qui acceptèrent et d'autres encore qui étaient venus en ma compagnie. Je fondai donc là, au nom de Votre Majesté, une ville que j'appelai Nativité de Notre-Dame, parce que ce fut ce jour-là que l'on commença à en tracer le plan. Je nommai les alcades et les corregidors, leur laissai des religieux et des ornements d'église avec le nécessaire pour célébrer la messe; je leur laissai des maîtres et ouvriers mécaniciens, un forgeron avec une bonne forge, un calfat, un tailleur et un barbier. Il y avait parmi ces colons vingt cavaliers et des arbalétriers à qui je laissai de la poudre et quelques pièces d'artillerie.

Quand j'arrivai à ce village, j'appris des Espagnols venant de Naco, que tous les Indiens de cette ville et autres environnantes étaient soulevés et s'étaient réfugiés dans les montagnes et dans les bois, qu'ils ne voulaient point se calmer et qu'on avait beau s'efforcer de les pacifier, la terreur que leur avaient inspirée les mauvais traitements de Gil Gonzalez et de Cristobal de Oli les retenait au loin. J'écrivis au capitaine qui commandait à Naco de s'arranger coûte que coûte pour m'envoyer quelques-uns de ces Indiens. Il m'envoya certaines personnes qu'il avait prises dans l'une de ses expéditions.

Je m'efforçai de rassurer ces malheureux, à qui je fis parler par les seigneurs mexicains faisant partie de ma suite. Ceux-ci leur dirent qui j'étais, ce que j'avais fait dans leur pays, quels bons traitements recevaient de moi tous ceux qui étaient devenus mes amis, comment ils étaient défendus dans leurs biens, avec leurs femmes et leurs enfants; les dommages que recevaient au contraire les rebelles au service de Votre Majesté et autres discours qui les rassurèrent.

Cependant, me disaient-ils, ils craignaient encore que cela ne fût pas bien vrai, car les capitaines qui m'avaient précédé leur en avaient dit autant et les avaient trompés; ils avaient enlevé les femmes qu'on leur avait données pour faire leur pain, ainsi que les hommes qu'on leur avait prêtés pour porter leurs bagages et ils croyaient qu'il en serait toujours ainsi. Cependant ils donnèrent plus de crédit à ce que leur dirent les seigneurs de Mexico et mon interprète indienne, qu'ils voyaient en ma compagnie libres et satisfaits. Ils se rassurèrent donc quelque peu, je les renvoyai pour qu'ils s'efforçassent de nous ramener les caciques et gens des villages; ils y réussirent, car peu de jours après le capitaine m'écrivait, que plusieurs Indiens des villages environnants étaient venus faire leur soumission, et principalement ceux de la dépendance de Naco qu'habitaient mes hommes; à savoir, Quimiotlan, Sula et Tholoma, villes dont la moins importante compte plus de deux mille maisons, sans parler des hameaux et villages qui en dépendent. Ils avaient assuré que toute la contrée serait apaisée, parce que je leur avais envoyé des messagers qui leur avaient dit pourquoi j'étais venu chez eux et tout ce que les Mexicains leur avaient conté à mon sujet; qu'on désirait que j'allasse à Naco, ce qui rassurerait tout le monde. Je l'aurais fait avec plaisir, mais il me fallait de toute nécessité marcher en avant pour le règlement des choses dont je vais parler à Votre Majesté dans le paragraphe suivant.

Lorsque j'arrivai au village de Nito, César invaincu, j'y trouvai les gens de Gil Gonzalez désorganisés et perdus. Ils m'apprirent que Francisco de Las Casas que j'avais envoyé pour me donner des nouvelles de Cristobal de Oli, comme j'en ai déjà fait mention à Votre Majesté, avait laissé à soixante lieues plus loin, en un port que les pilotes appellent Honduras, divers Espagnols, dont quelques-uns s'étaient établis dans le pays; aussitôt que j'arrivai dans ce village et port de Saint-André, où je fondai, au nom de Votre Majesté, la ville de Nativité de Notre-Dame, pendant que j'y séjournais pour procéder à l'organisation de la municipalité et pendant que j'envoyais mes ordres au capitaine de Naco touchant la pacification de la province, j'envoyai le navire que j'avais acheté, à ce port de Honduras dans le but de s'informer des gens qui l'habitaient et de m'en rapporter des nouvelles. Je venais de terminer l'organisation de ma colonie, quand le navire revint, me ramenant le procureur du village et l'un des conseillers municipaux qui me supplièrent de me rendre chez eux pour les sauver d'une ruine certaine; ils me dirent que Francisco de Las Casas les avait abandonnés, et qu'un des alcades nommé par lui, s'était enfui en leur emmenant cent dix hommes : de plus, il avait enlevé aux cent cinquante qui restaient, leurs armes, les ferrures et tout ce qu'ils possédaient, de sorte qu'ils craignaient chaque jour, ou de mourir de la main des Indiens, ou de mourir affamés, ne pouvant aller à la recherche des vivres.

Un navire était bien arrivé de l'île Espagnola, navire sous le commandement du bachelier Pedro Moreno, qui avait nettement refusé de les ravitailler comme on m'en expliquerait tous les détails au village. Je me rembarquai donc sur ces navires avec les plaignants et mes malades, dont quelques-uns avaient succombé; je voulais d'abord les emmener d'ici, pour les envoyer plus tard dans les îles et à la Nouvelle-Espagne. Je pris avec moi quelques-uns de mes serviteurs et j'expédiai par la côte, où il y avait une bonne route, vingt chevaux et dix arbalétriers. La traversée me prit neuf jours par suite de gros temps. Lorsque nous eûmes jeté l'ancre dans ce port de Honduras, je sautai dans une barque avec deux religieux de l'ordre de Saint-François qui m'accompagnaient partout et une dizaine de mes serviteurs avec lesquels nous arrivâmes à terre. Toute la population était là qui m'attendait ; la plupart se jetèrent à l'eau pour me transporter de la barque au rivage, montrant une grande joie ; nous nous rendîmes au village et à l'église, où, après avoir remercié Dieu, ils me prièrent de m'asseoir, pour que je pusse écouter toutes leurs doléances, craignant que je leur en voulusse à la suite de faux rapports ; ils tenaient donc à les rectifier, après quoi je pourrais les juger en toute conscience. Je fis donc comme ils me le demandaient ; la relation que me fit un ecclésiastique à qui l'on avait donné la parole, fut la suivante :

« Vous savez, Seigneur, comment, tous tant que nous étions ici, avec Cristobal de Oli, avons été envoyés de la Nouvelle-Espagne pour coloniser cette province au nom de Sa Majesté avec ordre d'obéir à ce Cristobal de Oli, comme à vous-même ; c'est ainsi que nous partîmes, nous rendant à l'île de Cuba pour y prendre des vivres et des chevaux qui nous manquaient. Arrivés à la Havane qui est le port de l'île, Oli se lia avec Diego Velazquez et les officiers de Sa Majesté qui résident dans l'île ; ceux-ci lui donnèrent quelques hommes, et, nos provisions chargées à bord par les bons soins de votre serviteur Alonzo de Contreras, nous poursuivîmes notre voyage. Je laisse de côté divers incidents de la traversée et j'arrive à cette côte qui se trouve à quatorze lieues du port de Caballos ; nous débarquâmes, le capitaine Cristobal de Oli prit possession de la contrée par Votre Grâce, au nom de Sa Majesté, y fonda une ville avec alcades et conseillers municipaux que vous aviez nommés, et publia certains décrets au nom de Votre Grâce comme son lieutenant. Mais au bout de quelques jours il se joignit aux amis de Diego Velazquez qui nous avaient accompagnés et prit certaines mesures en contradiction avec les ordres de Votre Grâce.

« Quoique bien des choses nous parussent mal, nous n'osions point le contredire, car il nous menaçait de la pendaison Nous fûmes donc forcés d'acquiescer à tout ce qu'il voulait ; vos parents eux-mêmes et vos serviteurs furent obligés de faire comme nous.

« Sur ces entrefaites, il apprit que des gens appartenant à

Gil Gonzalez de Avila devaient passer de votre côté; il fit immédiatement dresser une embuscade au gué d'une rivière qu'ils devaient traverser, pour s'en emparer; on les attendit quelques jours, et comme ils ne venaient pas, il laissa une forte escouade avec un maître de camp et revint au village, où il fit préparer deux caravelles qu'il chargea de munition et d'artillerie, pour aller attaquer le village que Gil Gonzalez avait fondé un peu plus au nord. L'expédition était prête, lorsque Francisco de Las Casas arriva avec deux navires. Sachant qui il était, Oli fit décharger toutes ses pièces contre ses deux vaisseaux et quoique Las Casas déployât une bannière de paix et fît crier par ses hommes qu'il appartenait à Votre Grâce, il n'en fit pas moins tirer une douzaine de boulets, dont l'un traversa de part en part la coque de l'un des navires.

« En présence d'une hostilité si évidente, Francisco de Las Casas mit ses barques à la mer avec leurs équipages et commença le feu contre les deux caravelles dont il s'empara. Les gens s'enfuirent à terre et les navires étant aux mains de Las Casas, Cristobal de Oli lui fit des ouvertures de paix, non pour l'observer, mais pour lui permettre d'attendre les hommes qu'il avait laissés en embuscade attendant les gens d'Avila. Francisco de Las Casas, croyant à sa bonne foi, fit tout ce qu'il voulut; mais Oli continua de traiter sans rien conclure jusqu'à ce que soufflât une tempête, et comme il n'y avait pas de port, les navires de Francisco de Las Casas furent jetés à la côte; trente hommes se noyèrent et toute la cargaison fut perdue. Lui et les autres échappèrent tous nus et en si piteux état qu'ils ne pouvaient tenir debout. Cristobal de Oli les fit tous prisonniers, et avant qu'ils entrassent dans le village il les fit tous jurer sur l'évangile qu'ils le tiendraient pour leur capitaine et lui obéiraient en toutes choses.

« En ce moment nous reçûmes la nouvelle que son maître de camp s'était emparé de cinquante-sept hommes qui passaient sous les ordres d'un alcade de Gil Gonzalez de Avila et qu'il les avait laissé partir, eux s'en allant d'un côté, lui d'un autre. Oli était furieux; il s'en alla au village de Naco qu'il avait déjà visité, il emmenait avec lui Francisco de Las Casas et quelques-uns des siens ; il laissa les autres dans la ville avec un de ses lieutenants et un alcade. Plusieurs fois déjà Las Casas l'avait prié en présence de nous tous de le laisser aller rejoindre Votre Grâce, pour lui rendre compte de ce qui lui était arrivé, ou qu'il les fît garder à vue, car il ferait ce qu'il pourrait pour lui échapper.

« Quelques jours après, Oli apprit que le capitaine Gil Gonzalez de Avila se trouvait avec peu de monde dans un port appelé Thomola ; il y envoya des troupes qui tombèrent sur eux la nuit et s'emparèrent d'Avila et de ses gens. On les amena prisonniers ; Oli les garda longtemps sans vouloir leur rendre la liberté, quoique tous la lui eussent demandée bien des fois. Il fit aussi jurer obéissance à la troupe de Gonzalez de Avila, comme il l'avait fait à celle de Las Casas.

« Plusieurs fois Gil Gonzalez et Las Casas avaient averti Oli devant nous tous, qu'il eût à les mettre en liberté, ou qu'il prît garde à eux, et qu'ils le tueraient quelque jour ; jamais il n'y consentit. Enfin, ne pouvant supporter une pareille tyrannie, il arriva que tous les trois causant une nuit de choses diverses et entourés de gens, Las Casas saisit Oli par la barbe et armé d'un couteau de bureau avec lequel il se curait les ongles, il le lui enfonça dans le corps en criant : « Il est temps de ne plus souffrir ce tyran. » Gil Gonzalez et d'autres serviteurs se précipitèrent aux côtés de Las Casas, s'emparèrent des armes des gardes qu'ils blessèrent et firent prisonniers, dont le capitaine de la garde, le sous-lieutenant, le maître de camp et d'autres, sans qu'il y eût un seul homme de tué. Cristobal de Oli profita du tumulte pour fuir et se cacher.

« En deux heures, les capitaines pacifièrent la colonie et s'emparèrent des derniers partisans de Oli, ils firent en même temps publier que quiconque lui donnerait asile serait puni de mort. Ils le découvrirent peu après et le mirent sous bonne garde. Le lendemain matin, on instruisit son procès et les deux capitaines le condamnèrent à mort. Il fut aussitôt décapité. Les habitants de la ville manifestèrent leur joie de recouvrer leur liberté. On fit alors publier que ceux qui désiraient rester colons, voulussent bien le dire et que ceux qui désiraient quitter la ville le dissent aussi. Cent dix hommes répondirent qu'ils resteraient et tous les autres préférèrent accompagner Francisco de Las Casas et Gil Gonzalez qui devaient aller vous retrouver. Il y avait, parmi ceux-là, vingt cavaliers.

« Nous fûmes de ceux qui restèrent dans cette ville; Francisco de Las Casas nous donna aussitôt tout ce dont nous avions besoin; il nous désigna un capitaine commandant et nous assembla sur cette côte où il nous engagea à y fonder une ville sous le patronage de Votre Grâce et au nom de Sa Majesté; il nomma les alcades et les regidors, les notaires, l'alguazil, et les conseillers municipaux et nous demanda de nommer cette ville Trujillo. Il nous promit et engagea sa parole de chevalier, de faire tout son possible pour que Votre Grâce nous pourvoie, dans le plus bref délai, de gens d'armes, de chevaux, de provisions et de tout ce qu'il nous fallait pour pacifier cette province. Il nous donna deux interprètes, une Indienne et un chrétien, qui parlaient plusieurs langues. Nous nous séparâmes de lui, bien décidés à faire ce qu'il nous avait recommandé et pour que vous en soyez rapidement instruit, il dépêcha un brigantin, la mer étant la voie la plus courte, de manière que Votre Grâce s'occuperait plus tôt de nous.

« Arrivés au port de San Andres, ou Caballos, nous trouvâmes une caravelle qui arrivait des îles; l'endroit où nous étions ne nous paraissant point propice à coloniser, on nous avait parlé du port où nous sommes; nous prêtâmes la caravelle pour porter les bagages où on les empila tous, puis le capitaine s'y embarqua avec quarante hommes; les cavaliers et le reste de la troupe devaient prendre le chemin de terre, n'ayant guère que leurs chemises pour avancer plus légers et plus alertes au cas qu'il leur arrivât quelque chose. Le capitaine remit ses pouvoirs à l'alcade que voici, à qui nous devions obéir en son lieu et place, car l'autre alcade s'en allait avec la caravelle. Nous nous séparâmes les uns des autres, pour nous retrouver dans ce port.

« En route, nous eûmes quelques rencontres avec les Indiens qui nous tuèrent deux Espagnols et quelques-uns de nos porteurs. Nous arrivâmes au port, très fatigués, nos chevaux déferrés, mais fort contents, espérant y trouver le capitaine, nos bagages et nos armes ; nous ne trouvâmes rien. Nous éprouvâmes une douleur affreuse de nous voir ainsi presque nus, sans armes et sans fers pour nos chevaux, que le capitaine avait emportés dans la caravelle, et nous ne savions plus que devenir.

« Nous résolûmes néanmoins d'attendre les secours de Votre Grâce en qui nous avions foi entière, et nous jetâmes les fondations de notre ville après avoir pris possession de la terre au nom de Sa Majesté, ainsi que le constate un acte notarié. Cinq ou six jours après, nous vîmes arriver dans ce port, une caravelle qui jeta l'ancre à deux lieues d'ici. L'alguazil s'y rendit aussitôt dans une canoa pour savoir d'où elle venait. Il revint nous dire qu'elle arrivait de l'île Espagnola envoyée par les juges et sous les ordres du bachelier Pedro Moreno, pour s'informer des faits et gestes de Cristobal de Oli et de Gil Gonzalez, et qu'elle était chargée d'armes et de vivres appartenant à Sa Majesté.

« Nous eûmes tous la plus grande joie à cette nouvelle, et nous rendîmes grâce à Dieu, pensant qu'on envoyait à notre secours. L'alcade, les regidors et quelques-uns de nous, s'empressèrent de se rendre auprès de la caravelle pour conter nos malheurs au capitaine et le prier de nous secourir ; mais quand nous arrivâmes, il posa des hommes armés pour empêcher qu'aucun de nous ne pénétrât dans son bateau, et sur nos instances voulut bien consentir à laisser monter à son bord cinq des nôtres désarmés. Ceux-ci lui dirent comment nous étions venus fonder une ville au nom de Sa Majesté, qu'une caravelle sous les ordres de notre capitaine était partie, emportant tout ce que nous possédions ; que nous étions dans le plus extrême besoin de vivres, d'armes, de fers pour nos chevaux et de vêtements pour nous, et que puisque Dieu l'avait envoyé dans nos parages, que le chargement de sa caravelle appartenait à Sa Majesté, que nous le prions et le supplions de nous secourir.

« Il nous répondit qu'il ne venait point pour nous secourir et qu'il ne nous donnerait rien, que nous ne payions en or, ou en esclaves. Deux marchands qui se trouvaient sur la caravelle et un sieur Gaspar Troché, habitant de l'île San Juan, lui dirent de nous donner tout ce que nous lui demandions, et qu'ils s'engageaient à le lui payer, là où il l'exigerait, jusqu'à la somme de cinq ou six mille piastres; qu'il savait bien qu'ils étaient bons pour cette somme; qu'ils s'engageaient ainsi pour le service de Sa Majesté et qu'ils étaient sûrs que Votre Grâce les rembourserait. Malgré cette garantie, il ne voulut rien nous donner et, nous souhaitant un meilleur sort, nous prévint qu'il allait partir. Il nous jeta hors de sa caravelle en même temps qu'un sieur Juan Ruano, qui avait été le principal instigateur de la trahison de Cristobal de Oli. Celui-ci prit à part l'alcade, le régidor et quelques-uns de nous pour nous engager à faire ce qu'il nous conseillerait, et que le bachelier nous accorderait tout ce dont nous aurions besoin.

« Il s'engageait même à ce que les juges de l'île Espagnola nous tinssent quittes, de ce que l'on nous aurait donné; qu'il retournerait à l'île Espagnola et qu'il saurait amener les juges à nous fournir hommes, chevaux, armes, provisions et tout ce dont nous avions besoin; que le bachelier reviendrait promptement avec le chargement en question et avec pouvoir des juges d'être notre capitaine. Et, comme nous lui demandions ce que nous avions à faire : il nous dit, qu'avant toutes choses, il nous fallait déposer tous nos officiers, alcades, régidors, trésoriers, caissiers et commissaires et demander au bachelier qu'il nous donnât pour gouverneur, lui, Juan Ruano; l'assurer que nous étions prêts à prendre les ordres de ces juges, et non plus ceux de Votre Grâce; que nous fassions une pétition à cet effet, et que nous jurions d'obéir à Juan Ruano, notre gouverneur, et que si quelque gens ou mandataire de Votre Grâce arrivait parmi nous, que nous lui refusions obéissance; et que s'il insistait, nous le recevions les armes à la main.

« Nous lui répondîmes que cela ne pouvait se faire; que nous avions juré fidélité à Sa Majesté au nom de Votre Grâce, notre capitaine et gouverneur, et que nous ne ferions rien autre. Juan Ruano nous exhortait à l'écouter plutôt que de nous laisser mourir de faim; que d'autre façon, le bachelier ne nous donnerait pas un verre d'eau; qu'il nous fallait bien y réfléchir;

qu'il allait s'en aller et que nous étions perdus. Après nous être consultés, nous résolûmes, poussés par l'extrême nécessité où nous étions, de faire ce qu'on nous demandait, pour ne pas mourir de faim et que les Indiens ne nous tuassent point, n'ayant pas d'armes pour nous défendre.

« Nous répondîmes donc au sieur Ruano que nous étions prêts à faire ce qu'il nous demanderait. Il s'en retourna à la caravelle, d'où le bachelier débarqua bientôt avec des hommes armés. Ruano nous fit alors faire une requête par laquelle nous le demandions pour notre capitaine, requête que nous signâmes tous. Les alcades, le trésorier, le comptable et le commissaire, tous les officiers durent résilier leurs offices ; il changea le nom de la ville et l'appela Ascension puis, par acte notarié, nous passâmes du pouvoir de Sa Majesté au pouvoir des juges. Il nous donna immédiatement ce que nous lui demandions, s'empara de quelques Indiens qu'on mit aux fers comme esclaves et les emmena. Il ne voulut pas qu'il fût parlé du cinquième dû à Sa Majesté et déclara que pour les droits royaux il n'y aurait ni trésorier, ni comptable, ni commissaire, mais que le sieur Ruano qu'il nous laissait comme capitaine se chargerait de cette besogne sans livre de caisse, ni contrôle. Il partit donc nous laissant Ruano pour capitaine, avec promesse de revenir bientôt, armé de nouveaux pouvoirs auxquels personne ne saurait résister.

« Après son départ, comprenant combien nous avions eu tort et à quels scandales nous nous préparions pour l'avenir, nous renvoyâmes ledit Ruano dans les îles, tous nos officiers reprirent leurs emplois, nous sommes revenus à l'obéissance que nous devons à Votre Grâce et à Sa Majesté, et nous vous prions, Seigneur, de vouloir bien nous pardonner l'affaire de Cristobal de Oli où la nécessité nous entraîna comme dans celle-ci. »

Je leur répondis que je leur pardonnais l'affaire de Cristobal de Oli, au nom de Votre Majesté, et que je ne saurais leur en vouloir de la faiblesse qu'ils avaient montrée en si dure occurrence ; mais qu'ils ne retombassent plus dans les mêmes fautes, que ne pardonnerait point Sa Majesté et qui seraient sévèrement punies. Pour bien leur prouver que j'oubliais les choses passées et que je ne voulais pas m'en souvenir, je leur dis que, au nom de Votre Majesté, je les aiderais et les favoriserais de tout mon pouvoir et qu'en votre nom royal je confirmais dans leurs emplois, tous les officiers, alcades et conseillers municipaux que Francisco de Las Casas avait nommés en mon nom. Ce dont ils se réjouirent ainsi que de l'assurance qu'on ne leur reprocherait plus leur faute.

Comme ils me certifiaient que ce bachelier Moreno devait revenir sous peu avec beaucoup de monde et des dépêches des juges, de l'île Espagnola, je n'osais pas quitter le port pour m'en aller dans l'intérieur. J'avais cependant des nouvelles de certains villages situés à six ou sept lieues de là, avec lesquels des habitants de cette ville avaient eu diverses rencontres au sujet des vivres qu'ils voulaient se procurer; ils me disaient que s'ils avaient eu des interprètes pour s'entendre avec ces Indiens, ils auraient pu traiter avec eux, car ils semblaient manifester de la bonne volonté. On les avait cependant fort maltraités en s'emparant de femmes et d'enfants que le bachelier avait mis au fer et emmenés dans un navire. Cette nouvelle affaire m'irrita profondément pour les conséquences fâcheuses qu'elle pouvait avoir.

J'écrivis donc à ces juges d'Espagnola, leur donnant tous les détails de ce qu'avait fait le bachelier en cette ville; j'envoyai en même temps un mandat d'arrêt, au nom de Votre Majesté, pour qu'on s'emparât du coupable et qu'on me l'envoyât sous bonne garde; j'exigeai qu'on me renvoyât tous les Indiens que le bachelier avait emmenés comme esclaves, en quoi il avait agi contre tout droit et toute justice, ainsi que le prouvait le rapport que j'envoyais. Je ne sais ce que les juges feront, mais je ferai connaître leur réponse à Votre Majesté.

Deux jours après mon arrivée dans cette ville de Trujillo, j'envoyai un Espagnol interprète avec trois Indiens de Mexico dans les villages en question; je rappelai bien à l'Espagnol et aux Mexicains ce qu'ils auraient à dire aux caciques et aux habitants de ces villages; ils devaient leur apprendre qui j'étais, devant être connu d'eux par les récits des marchands. Les premiers de ces villages où ils s'arrêtèrent s'appelaient, l'un, Chapagua et, l'autre, Papayeca, situés à sept lieues de Trujillo et à deux lieues l'un de l'autre.

Ce sont deux grands centres de population, car Papayeca compte dix-huit villages sous sa dépendance et Chapagua dix.

Notre Seigneur voulut que tout se passât pour le mieux des intérêts de Votre Majesté; les Indiens écoutèrent mes envoyés avec la plus grande attention et ils m'envoyèrent quelques-uns des leurs pour s'assurer de la vérité de ce qu'on leur avait dit. Je les reçus fort bien, leur fis divers présents et les entretins au moyen de mon interprète habituel, la langue de Mexico étant à peu près la même que la leur, sauf quelques différences de prononciation; je leur confirmai tout ce qu'on leur avait dit de ma part et ajoutai diverses choses pour les mieux rassurer, les priant d'engager leurs caciques à venir me voir; ils me quittèrent très satisfaits.

Au bout de cinq jours, je reçus de la part des Indiens de Chapagua un gros personnage appelé Montamal, chef de l'un des villages de la seigneurie de Chapagua appelé Telica : il en vint un autre, envoyé par les gens de Papayeca, cacique d'un village appelé Cecoatl et accompagné de quelques-uns de ses Indiens; ils m'apportèrent des provisions en maïs, poules et fruits divers. Ils venaient, disaient-ils, de la part de leurs maîtres pour que je leur apprisse la cause de ma venue dans leur pays et mes intentions à leurs égards; pour eux, ils n'étaient pas venus me voir, de crainte qu'on ne les enlevât sur les navires, comme il était arrivé aux premiers qui s'étaient rendus auprès des chrétiens.

Je leur répondis que j'en étais désolé, mais que dorénavant on ne leur ferait plus aucun mal, et que j'avais envoyé chercher les gens qu'on leur avait enlevés, pour les leur rendre. Plaise à Dieu que ces licenciés ne me fassent point mentir, car je crains fort qu'ils ne gardent ces Indiens. Ils apporteront, cela est certain, mille lenteurs dans le procès du bachelier Moreno qui ne dut agir que conformément aux instructions de ces juges.

En réponse à ces envoyés qui me demandaient la raison de ma venue dans leur pays, je leur dis qu'ils avaient dû savoir comment, il y avait huit années déjà, j'étais arrivé dans le royaume de Culua, où Muteczuma, seigneur de la grande ville de Mexico et de toute la contrée, sachant que j'étais envoyé par Votre Majesté à qui tout l'univers doit obéissance, m'avait fort bien accueilli et s'était déclaré le vassal de Votre Majesté, ainsi que l'avaient fait tous les autres seigneurs du pays. Je leur racontai ce qu'ils avaient fait pour moi et comment j'étais chargé de visiter et d'étudier toutes leurs provinces sans en excepter aucune; que j'avais mission d'y fonder des villages de chrétiens pour enseigner aux Indiens un nouveau genre de vie, non seulement en ce qui touchait à leurs personnes et à leurs biens, mais plus encore pour ce qui touchait au salut de leurs âmes. Voilà quelle était la véritable raison de ma présence et que loin d'en souffrir aucun dommage, ils en tireraient le plus grand profit. Je leur dis que tous ceux qui se conformeraient aux ordres royaux de Votre Majesté, seraient comblés de faveurs, et que pour les rebelles, ils seraient châtiés sans merci. J'ajoutai encore bien d'autres choses que, pour ne pas être prolixe, je tairai à Votre Majesté.

Je donnai à ces gens diverses bagatelles d'Espagne qui ne sont rien pour nous et qu'ils tiennent en haute valeur; ils s'en allèrent tous fort satisfaits. Ils revinrent aussitôt, m'apportant des vivres avec un grand nombre d'Indiens pour préparer l'emplacement du village qui était une haute colline. Quoique les caciques ne vinssent pas me voir, j'eus l'air de n'y attacher aucune importance et je les priai d'envoyer des courriers dans tous les villages voisins pour leur communiquer ce que j'avais dit, et les engager à me donner des hommes pour travailler à la construction de la ville, ce qu'ils s'empressèrent de faire. Il en vint de quinze à seize villages, gens notables qui tous s'offraient comme sujets de Votre Majesté et m'amenaient de leurs gens pour couper les bois et aplanir l'emplacement de la colonie; ils apportaient aussi des vivres qui nous permirent d'attendre l'arrivée des navires que j'avais envoyés dans les îles.

En même temps, j'expédiai mes trois navires avec un autre que j'avais acheté, sur lesquels j'embarquai tous les malades qui avaient survécu. J'envoyai l'un dans les ports de la Nouvelle-Espagne avec lettres très détaillées aux officiers de Votre Majesté à qui j'avais légué mes pouvoirs, ainsi qu'à toutes les autorités, leur disant ce que j'avais fait et la nécessité où j'étais de rester encore quelque temps dans ces provinces éloignées. Je leur recommandai instamment de surveiller les intérêts que je leur avais confiés, leur donnant mon avis sur une foule de choses. Je donnai ordre à ce navire de passer par l'île de Cozumel et qu'il rapatriât des Espagnols qu'un tel Valenzuela, qui s'était révolté et avait dépouillé le premier village que fonda Cristobal de Oli, avait abandonnés dans l'île; on me dit qu'ils étaient là plus de soixante. L'autre navire, celui que j'achetai le dernier dans l'île de Cuba, fut envoyé à la ville de la Trinité pour y prendre de la viande, des chevaux et des hommes et revenir ici le plus vite possible. J'en envoyai un autre à la Jamaïque avec même commission; quant au brigantin que j'avais fait construire, je l'expédiai à l'île Espagnola avec un de mes serviteurs porteur d'une lettre adressée à Votre Majesté, et d'une autre pour les licenciés qui habitent cette ville.

Selon ce que j'appris, pas un de ces navires ne fit le voyage que je lui avais commandé; celui qui devait se rendre à la Trinité dans l'île de Cuba, s'en fut toucher à Guaniguanico, d'où mes gens eurent à faire cinquante lieues par terre pour aller jusqu'à la Havane chercher son chargement, et comme celui-ci revint le premier, il m'annonça que le navire de la Nouvelle-Espagne avait recueilli les gens de Cozumel, puis, qu'il avait été donner par le travers de Cuba sur la pointe appelée San Anton, ou de Los Corrientes, où il s'était perdu corps et biens. Là, périrent un de mes cousins Juan de Avalos qu'on avait choisi comme capitaine, les deux Franciscains qui m'avaient toujours suivi, et trente et tant de personnes dont on me donna la liste; quant à ceux qui avaient pu gagner la côte, ils avaient erré dans les bois sans savoir où ils se trouvaient, et presque tous étaient morts de faim; de sorte que, de plus de quatre-vingts personnes, une quinzaine seulement échappèrent, qui par bonheur vinrent tomber à Guaniguanico où mon navire se trouvait à l'ancre. Il y avait près de là une grande exploitation agricole appartenant à un habitant de la Havane, qui contenait beaucoup de vivres et où mon navire put opérer son chargement. Ce fut là que les survivants purent refaire leurs forces. Dieu sait combien je fus affligé de ce naufrage qui, outre des parents, des amis et des serviteurs, m'enlevait des corselets, des escopettes, des arbalètes et des munitions qui se trouvaient sur le navire; mais ce que je regrettai le plus, fut ma correspondance et je vais dire pourquoi à Votre Majesté.

L'autre navire qui allait à la Jamaïque et celui qui devait aller à l'île Espagnola jetèrent l'ancre à la Trinité dans l'île de Cuba; ils y rencontrèrent le licencié Alonzo de Zuazo que j'avais laissé procureur général dans le gouvernement de la Nouvelle-Espagne et ils rencontrèrent un navire que les juges de l'île Espagnola envoyaient à la Nouvelle-Espagne pour y répandre la nouvelle de ma mort. En apprenant que je vivais, ce navire changea sa route, car il avait dans son chargement trente-deux chevaux, divers objets pour la cavalerie, et des provisions qu'il pensa vendre beaucoup mieux, là où j'étais. Zuazo m'écrivit par ce navire, comment en la Nouvelle-Espagne, tout n'était que troubles, confusions, disputes entre les officiers qui avaient fait courir le bruit de ma mort; qu'ils avaient choisi deux d'entre eux comme gouverneurs, qu'ils s'étaient fait prêter serment comme tels et qu'ils s'étaient emparés du licencié Zuazo. Ils avaient enlevé la justice aux deux officiers que j'en avais chargés, avaient mis au pillage ma maison que j'avais laissée sous la garde de Rodrigo de Paz, sans parler d'autres abus dont je fais le sujet d'une lettre à Votre Majesté et que je ne rapporterai pas ici.

Votre Majesté peut se figurer ce que j'éprouvai en apprenant ces nouvelles; c'était une belle récompense pour mes services, que de mettre à sac ma maison, encore que je fusse mort! Mes persécuteurs invoquaient pour excuse que je devais à Votre Majesté plus de soixante mille piastres d'or; ils savent pertinemment que je ne les dois pas et qu'on m'en doit, au contraire, plus de cent cinquante mille que j'ai dépensés et je peux le dire, bien dépensés, au service de Votre Majesté. Je pensais donc à régler cette affaire et je crus qu'il fallait m'embarquer sur ce navire, me rendre à Mexico et châtier les coupables. Puis, je pensai à cet autre capitaine que le gouverneur Pedro

Arias avait envoyé au Nicaragua, et qui s'était aussi révolté comme je le raconterai plus longuement à Votre Majesté. D'un autre côté, j'hésitai à abandonner cette province dans les circonstances fâcheuses où elle se trouvait; c'était s'exposer à perdre une possession qui, à mon avis, vaudrait celle de Mexico. J'ai en effet des renseignements sur de grandes et riches contrées, gouvernées par de puissants seigneurs, avec grand état de cour et notamment le royaume de Eneitalapan, en autre langue, Xucutaco, dont on m'a parlé depuis six ans; j'étais venu à sa recherche et je suis sûr qu'il n'est pas à plus de huit ou dix journées de cette ville de Trujillo, ce qui ne ferait que cinquante ou soixante lieues.

D'après ce que l'on en dit, et quand on en retrancherait la moitié, ce royaume dépasserait celui de Mexico en richesse et l'égalerait pour la grandeur de ses villes, la multitude de ses habitants et l'ordre qui le gouverne.

Dans cette grande incertitude, je me souvins que rien ne réussit si l'on n'a pour guide la main du Tout-Puissant; et je fis dire des messes, faire des processions et autres cérémonies, suppliant Dieu de vouloir bien m'éclairer. Après quelques jours de réflexion et de prière, je crus qu'il valait mieux remettre toutes ces choses pour aller apaiser les troubles de Mexico. Je laissai dans cette ville de Trujillo trente-cinq chevaux, cinquante fantassins et pour lieutenant-gouverneur, un de mes cousins appelé Hernando de Saavedra, frère de Juan de Avalos, qui mourut dans le navire qui vint en cette ville, et après lui avoir donné mes ordres touchant l'administration de la colonie, après avoir conféré avec les principaux personnages indiens des environs qui étaient venus me voir, je m'embarquai avec les gens de ma maison et mandai à mes hommes de Naco, de prendre par terre, le chemin que suivit Francisco de Las Casas, qui conduit à la mer du Sud, pour aller à la rencontre de Pedro de Alvarado; parce que c'était la route la plus sûre et que, du reste, ces hommes étaient des vétérans qui passeraient où ils voudraient. J'envoyai aussi des instructions aux habitants de la ville Nativité de Notre-Dame.

Je m'embarquai par un beau temps et nous levâmes l'ancre,

mais le vent tomba et nous ne pûmes sortir. Le lendemain matin, on vint m'avertir qu'il y avait eu quelques troubles dans la ville et qu'on n'attendait que mon départ pour provoquer une nouvelle révolte. Le temps continuant à être défavorable, je me fis mettre à terre, fis une enquête et punis les coupables, ce qui calma aussitôt l'effervescence. Je restai deux jours au port et la brise s'étant élevée, je me réembarquai et nous mîmes à la voile. A deux lieues de là, comme nous doublions la pointe du golfe de Trujillo, nous brisâmes notre grande vergue, de sorte qu'il nous fallut revenir pour la réparer. Ce travail demanda trois jours, après lesquels nous repartîmes par un beau temps; nous nous trouvions à cinquante lieues de là, quand nous reçûmes un coup de vent du Nord qui nous brisa le mât de misaine, de sorte que nous ne pûmes qu'à grand'peine regagner le port. En arrivant, nous rendîmes grâce à Dieu de nous avoir sauvés; nous étions tous si fatigués qu'il nous fallut plusieurs jours pour nous refaire. Pendant que la tempête s'apaisait et que l'on réparait le navire, je restai à terre, où réfléchissant que j'étais parti trois fois par beau temps, et que trois fois j'avais été obligé de revenir, je crus que Dieu ne voulait pas que j'abandonnasse ainsi cette province; je le pensais d'autant mieux, que certains Indiens, pacifiques jusqu'alors, commençaient à s'agiter; je me recommandai de nouveau à Dieu, je fis dire des messes et faire des processions et je crus bien faire d'envoyer à la Nouvelle-Espagne ce même navire qui devait m'y emmener; il y porterait mon pouvoir pour Francisco de Las Casas, mon cousin, et des lettres pour les officiers de Votre Majesté, leur reprochant leur conduite; j'y joignis quelques-uns des principaux personnages mexicains qui m'avaient accompagné, afin qu'ils pussent affirmer que je n'étais pas mort comme on l'avait publié; je pensai que cette nouvelle remettrait toutes choses en état. Je ne m'occupai point d'autres affaires, dont je me serais préoccupé si j'avais alors connu le naufrage du premier navire que j'avais expédié, à qui j'avais confié toutes mes instructions, que je croyais aux mains de ceux à qui je les avais adressées; principalement en ce qui regardait les navires de la mer du Sud.

Après avoir expédié ce navire pour la Nouvelle-Espagne, étant très fatigué de ma dernière sortie en mer, je me trouvai hors d'état d'entreprendre une expédition dans l'intérieur; je tenais de plus à être là, pour recevoir les navires qui pourraient arriver et m'occuper de choses pressantes. J'envoyai donc à ma place un lieutenant avec trente chevaux et autant de piétons qui pénétrèrent à trente-cinq lieues de là dans une délicieuse vallée, couverte de grands villages, riches en toutes espèces de productions. Cette grande vallée serait propre à l'élevage des bestiaux et à la culture de toutes les plantes d'Espagne.

Mes hommes n'eurent aucune difficulté avec les gens de cette province, ils s'entretinrent avec eux au moyen des interprètes et des Indiens qui étaient déjà de nos amis, de sorte que plus de vingt caciques des principaux villages vinrent me trouver, pour se déclarer sujets et vassaux de Votre Altesse, prêts à se conformer à ses ordres, ainsi qu'ils l'ont fait jusqu'à ce jour. A partir de ce moment jusqu'à l'époque de mon départ, j'ai toujours eu un grand nombre d'entre eux dans ma compagnie, les uns venant, les autres allant, m'apportant des vivres et faisant tout ce que je leur demandais. Plaise à Dieu de nous les conserver et que tout s'arrange au mieux des intérêts de Votre Majesté; j'espère qu'un si beau commencement ne saurait avoir une mauvaise fin, que par la faute des gouvernants.

La province de Papayeca et celle de Chapagua qui les premières s'offrirent comme vassales de Votre Majesté et nos amies, furent les premières à s'émouvoir; à mon retour, elles craignirent quelques représailles de ma part; je les rassurai. Elles m'envoyèrent quelques personnages, mais jamais les caciques ne vinrent eux-mêmes, et ils enlevèrent toujours de leurs villages leurs femmes, leurs enfants et leurs biens, quoique plusieurs d'entre eux se missent à notre service. Je les engageai à repeupler leurs villages, ils s'y refusèrent toujours, en me disant : demain, demain. Je fis donc en sorte de m'emparer de ces caciques, qui étaient trois, Thicohuytl, Mendereto et Poto. Une fois entre mes mains, je leur fixai une date au delà de laquelle, s'ils n'avaient point abandonné les montagnes et repeuplé leurs villages, ils seraient traités en rebelles, les villages furent aussitôt repeuplés : je libérai les caciques, et depuis lors ils vivent en paix et se tiennent à nos ordres.

Ceux de Papayeca ne voulurent jamais se rendre près de moi, leurs seigneurs du moins, ils vivaient dans les bois laissant leurs villages déserts. Je les sommai plusieurs fois de revenir, ils s'y refusèrent toujours. J'envoyai donc un détachement de cavalerie et de gens de pied accompagnés d'Indiens de nos amis qui surprirent une nuit l'un de ces caciques qui sont deux. Celui-ci se nommait Pizacura ; quand je lui demandai pourquoi il se conduisait de cette manière, il me répondit qu'il n'avait fait qu'obéir à l'autre cacique nommé Mazatl et qui était son chef ; mais que si je voulais le mettre en liberté, il me livrerait son collègue et que je n'aurais qu'à le pendre pour que tout rentrât dans l'ordre, parce que étant le seul maître, il en ferait son affaire.

On le mit en liberté, ce qui nous causa de plus grands ennuis comme nous le verrons ci-après. Certains Indiens de nos amis épièrent Mazatl et conduisirent de mes Espagnols à sa retraite où il fut pris. On lui répéta ce que son collègue avait dit de lui et on le somma d'avoir à repeupler ses villages en un temps voulu ; il ne voulut jamais y consentir. On instruisit son procès, il fut condamné à mort et exécuté. Ce fut un grand exemple pour les autres, car divers villages abandonnés se repeuplèrent aussitôt et il n'y en a pas de plus tranquille. Papayeca seul n'a jamais voulu se rendre.

Après que j'eus rendu la liberté à Pizacura, on instruisit son procès et nous fîmes la guerre à Papayeca où nous enlevâmes plus de cent Indiennes et Indiens qui furent marqués comme esclaves, Pizacura fut du nombre. Je ne le condamnai pas à mort, je résolus de le garder près de moi avec d'autres gens notables que je voulais emmener à Mexico, afin qu'ils vissent les choses de la Nouvelle-Espagne, comment on y traitait les Indiens et le service auquel ils étaient astreints, pour que chez lui il organisât les choses de la même manière. Mais il mourut ; quant aux autres, ils vivent et je les renverrai chez eux à la première occasion. La prise de Pizacura et d'un jeune cacique que nous gardâmes en prison, ainsi que le châtiment de l'esclavage appliqué aux cent Indiens prisonniers, assurèrent la tranquillité de la province et quand je partis, je laissai tous les villages repeuplés, tranquilles et répartis entre mes Espagnols, qu'ils servaient avec le plus grand zèle.

Sur ces entrefaites, il nous arriva un capitaine, avec une vingtaine d'hommes de ceux que j'avais envoyés à Naco avec Gonzalo de Sandoval et de la compagnie de Francisco Fernandez, que Pedro de Avila, gouverneur de Votre Majesté, avait envoyés dans la province de Nicaragua; ils m'annoncèrent qu'un lieutenant de ce même Francisco Fernandez était arrivé au village de Naco avec une quarantaine d'hommes, tant cavaliers que fantassins, qui venaient au port de la baie de Saint-André rejoindre le bachelier Pedro Moreno, que les juges résidant à l'île Espagnola avaient envoyé dans ces parages, comme je l'ai raconté à Votre Majesté. Il paraît que ce Moreno avait écrit à Francisco Fernandez, l'engageant à secouer le joug du gouverneur, comme il l'avait déjà fait pour les gens que laissèrent Gil Gonzalez de Avila et Francisco de Las Casas; et ce lieutenant venait l'entretenir de la part de Francisco Fernandez, afin de s'entendre avec lui pour renoncer à l'obéissance qu'il devait au gouverneur et accepter celle des juges de l'île Espagnola.

Je renvoyai ces hommes sur-le-champ; j'écrivis à Francisco Fernandez, à la troupe qu'il commandait et tout particulièrement à certains de ses officiers que je connaissais, leur reprochant leur malhonnêteté, leur signalant la mauvaise voie où ils s'engageaient et comment ce bachelier les avait trompés; les assurant combien Votre Majesté serait irritée d'une telle conduite, ajoutant tout ce que je pouvais imaginer pour les faire revenir sur un tel projet. Ils me donnèrent pour excuse, que Pedro Arias de Avila était si loin d'eux, qu'ils avaient toutes les peines du monde à se pourvoir des choses d'Espagne, qui leur manquaient fréquemment; qu'ils pouvaient s'approvisionner beaucoup plus facilement dans les ports que j'avais fondés au nom de Votre Majesté; que le bachelier leur avait écrit que toute la contrée avait été colonisée par les juges de l'île Espagnola et qu'il serait bientôt de retour avec du monde, des armes et des provisions.

Je leur écrivis que j'avais envoyé des ordres pour qu'on leur donnât, dans mes villages, tout ce dont ils auraient besoin, mais qu'ils traitassent les Indiens avec la plus grande bienveillance; que nous étions tous vassaux et sujets de Votre Majesté, à condition qu'ils restassent sous les ordres de leur gouverneur, comme ils s'y étaient obligés, et non autrement. Comme ils m'assurèrent que, pour le moment, la chose dont ils avaient plus besoin c'était des fers pour leurs chevaux et des outils pour la recherche des mines, je leur fis cadeau de deux mules chargées de fers et d'outils, puis je les renvoyai. Lorsqu'ils furent arrivés près de Fernando de Sandoval, je leur en envoyai encore deux, chargées de ces mêmes outils m'appartenant.

Ces gens-là expédiés, je reçus des envoyés de la province de Huilacho, située à soixante-cinq lieues de Trujillo, dont j'avais déjà quelques habitants près de moi venus pour se déclarer sujets de Votre Majesté; ceux-ci venaient se plaindre que leur village avait été envahi par vingt cavaliers, quarante fantassins et une foule d'Indiens qui les suivaient comme alliés, dont ils avaient souffert mille maux.

Ces gens leur prenaient leurs femmes, leurs enfants, leurs biens et ils venaient me prier de m'intéresser en leur faveur, puisqu'ils étaient mes amis et que je m'étais engagé à les défendre contre quiconque les molesterait. Je reçus ce même jour de Fernando de Sandoval, mon cousin, que j'avais envoyé comme lieutenant pour pacifier la province de Papayeca, deux hommes appartenant à la troupe dont les Indiens venaient se plaindre; ils venaient à la recherche de cette ville de Trujillo qu'on leur avait dit être proche et que le pays était sûr. J'appris qu'ils appartenaient au corps de Francisco Fernandez qui les avait envoyés à Trujillo et qu'ils marchaient sous les ordres d'un capitaine appelé Gabriel de Rojas.

Je renvoyai ces hommes avec les Indiens qui étaient venus se plaindre, sous la conduite d'un alguazil porteur d'une lettre à Gabriel de Rojas lui enjoignant de quitter ladite province et de rendre aux habitants, les Indiens, les Indiennes et toutes choses dont il les avait dépouillés; j'ajoutai que s'il avait besoin de quoi que ce fût, j'étais prêt à le lui fournir si je l'avais à ma disposition.

En recevant cet ordre, Rojas l'exécuta sur-le-champ, ce dont les naturels se déclarèrent très satisfaits, encore que, l'alguazil parti, on leur avait encore enlevé quelques personnes. Je profitai de l'occasion de ce capitaine pour écrire de nouveau à Francisco Fernandez pour lui offrir tout ce dont il aurait besoin, pensant ainsi servir les intérêts de Votre Majesté et lui recommandant l'obéissance à son général. Je ne sais trop ce qui survint plus tard ; j'appris cependant de l'alguazil et de ceux qui l'avaient accompagné, que Rojas avait reçu de son capitaine Francisco Fernandez une lettre qui le rappelait en toute hâte, lui disant que la discorde avait éclaté dans sa troupe et que deux de ses lieutenants s'étaient révoltés, dont l'un se nommait Soto et l'autre Andrès Garabito. Ils s'étaient insurgés, disait-on, parce qu'ils avaient appris que lui-même voulait se révolter contre son général. De quelque manière que tourne la chose, il ne peut en résulter qu'un grand mal pour les Espagnols, comme pour les Indiens. Votre Majesté jugera quel châtiment ont mérité les auteurs de ces troubles.

Je voulais partir pour le Nicaragua pensant apaiser ces mutineries ; pendant que je m'y préparais et qu'on m'ouvrait un passage dans un défilé fort difficile, j'appris l'arrivée dans le port, du navire que j'avais envoyé dans la Nouvelle-Espagne ; il avait à bord un de mes cousins, moine de l'ordre de Saint-François, qui se nomme Fray Diego Altamirano et qui me raconta ce que me confirmaient de nombreuses lettres, les agitations, les troubles et les scandales qui éclataient journellement entre les officiers de Votre Majesté, que j'avais nommés avant mon départ, et me rappela l'obligation pressante où j'étais de venir remédier à ce triste état de choses. Je renonçai donc à mon voyage au Nicaragua et à la côte de la mer du Sud, où cependant j'aurais pu rendre à Votre Majesté les plus grands services, dans les riches provinces que je devais traverser. J'aurais raffermi chez celles qui sont en paix le zèle à servir Votre Majesté, je veux parler des provinces de Utatlan et Guatemala où Pedro de Alvarado a séjourné si longtemps, et qui depuis certains mauvais traitements mal appliqués n'ont jamais été soumises.

Les Indiens de ces provinces ont fait et font beaucoup de mal aux Espagnols et à leurs alliés; la région fort montueuse est très peuplée; les habitants y sont hardis et belliqueux; ils ont inventé de fort ingénieux moyens d'attaque et de défense, creusant des trous, dressant des pièges et semant les routes de pointes pour les chevaux, dont ils nous tuèrent un grand nombre. De sorte que, malgré la guerre incessante que leur a faite Pedro de Alvarado avec plus de deux cents chevaux, cinq cents piétons, cinq mille et quelquefois plus de dix mille Indiens alliés, il n'a jamais pu les amener au service de Votre Majesté.

Loin de là, ils se fortifient chaque jour davantage et s'adjoignent de nouveaux guerriers. Je crois cependant que si j'étais là, par douceur ou par violence j'en ferais des amis.

J'en ai fait autant dans d'autres provinces qui se révoltèrent à la suite de mauvais traitements ; j'y avais envoyé plus de cent cavaliers et trois cents fantassins avec de l'artillerie et des milliers d'Indiens alliés; ces troupes ne purent rien contre des habitants exaspérés, ils nous tuèrent douze Espagnols, nombre d'Indiens et la province resta dans le même état qu'auparavant. Je m'y rendis, me faisant précéder d'un courrier; dès qu'ils apprirent ma venue, sans un instant d'hésitation, les principaux personnages vinrent au-devant de moi. C'était dans la province de Coatlan : ils me racontèrent les causes de leur soulèvement qui étaient des plus justes, car l'Espagnol au service duquel ils étaient affectés, avait fait brûler vifs, huit des notables dont cinq moururent à l'instant et les autres peu de jours après; et quand ils avaient demandé justice, on la leur avait refusée. Pour moi, j'entrai dans leur peine et les consolai de manière qu'ils se tinrent pour satisfaits, et qu'aujourd'hui ils vivent en paix et servent avec le même zèle qu'auparavant. D'autres villages de la province de Goatzaoalco qui se trouvaient dans les mêmes conditions firent de même; en apprenant mon arrivée chez eux ils s'apaisèrent subitement.

Seigneur Très Catholique, j'ai déjà parlé à Votre Majesté de certaines petites îles qui se trouvent situées en face de ce port de Honduras et qu'on appelle Guanajos. Quelques-unes sont désertes par suite d'invasions espagnoles ayant pour but d'en enlever les habitants; quelques autres ont encore quelques Indiens. J'appris tout récemment que dans l'île de Cuba et à la Jamaïque, on préparait une nouvelle expédition contre ces îles afin d'en enlever le reste des habitants. Voulant m'opposer à cet acte de brigandage, je dépêchai une caravelle à la recherche de l'expédition dont je sommai les chefs, au nom de Votre Majesté, de s'abstenir de toutes violence contre les naturels de ces îles que je comptais amener au service de Votre Majesté, et avec lesquels j'étais en relations par l'entremise de plusieurs de leurs concitoyens qui étaient venus s'établir en terre ferme.

Ma caravelle rencontra dans l'une de ces îles appelée Huitila une des caravelles de l'expédition dont le capitaine se nommait Rodrigo de Merlo. Mon capitaine sut me l'amener avec les Indiens dont il s'était emparés. Je fis reporter tous ces gens dans les îles où on les avait pris et je ne procédai point contre le capitaine qui était porteur d'une licence du gouverneur de Cuba, autorisé lui-même par les juges de l'île Espagnola. Je renvoyai donc ces gens sans autre dommage que la perte des Indiens qu'ils avaient enlevés. Le capitaine et les hommes de son équipage, trouvant le pays à leur convenance, restèrent à la côte où ils s'établirent.

Les Indiens de ces îles ayant eu connaissance du service que je leur avais rendu et sachant comment leurs camarades étaient traités sur la terre ferme, vinrent m'en remercier en se mettant au service de Votre Majesté, et me demandèrent ce que j'exigeais d'eux. Je leur conseillai, au nom de Votre Majesté, de bien cultiver leurs terres; c'était ce qu'ils pouvaient faire de mieux. Ils me quittèrent emportant une lettre de moi, qui devait leur servir de garantie contre une future expédition. Ils me demandèrent, pour plus de sûreté, de les faire accompagner chacun par un Espagnol; le peu de gens que j'avais avec moi, m'empêcha d'accéder à leur désir, mais je chargeai le lieutenant Fernando de Saavedra de leur en envoyer plus tard.

Je m'embarquai aussitôt dans le navire qui m'avait apporté des nouvelles de Mexico, et dans les deux autres je mis des gens de ma suite, en tout, une vingtaine de personnes avec nos chevaux, les autres préférèrent rester dans le pays et les autres m'attendaient dans l'intérieur, pensant que je prendrais la voie de terre. Je mandai à ceux-là de venir me rejoindre en leur expliquant la cause de mon départ. Ils ne sont pas arrivés, mais j'ai de leurs nouvelles.

Après avoir laissé mes ordres dans toutes ces villes que j'avais fondées au nom de Votre Majesté, fort peiné de n'avoir pu les organiser comme je l'eusse désiré, je me mis en route le 25 du mois d'avril avec mes trois navires et j'eus si beau temps qu'en quatre jours, je me trouvai à cent cinquante lieues du port de Chalchicuela, où nous fûmes surpris par un Nord qui nous empêcha de pousser plus avant. J'espérais qu'il se calmerait; nous mîmes à la cape pendant un jour et une nuit, mais il souffla si bien, qu'il endommageait mes navires et que je fus forcé de me diriger vers l'île de Cuba. J'arrivai en six jours au port de la Havane où je débarquai, fêté par les habitants de la ville, dont plusieurs étaient de mes amis, du temps que je vivais dans l'île. Comme mes navires avaient été fort maltraités par l'ouragan, il fallut les réparer, ce qui me retint dix jours et, pour hâter les choses, j'achetai un navire tout neuf pour remplacer le mien qui faisait eau de toutes parts.

Le lendemain de mon arrivée, nous eûmes un navire venant de la Nouvelle-Espagne; le jour suivant il en vint un second, et le jour d'après un troisième. Je sus par eux que le pays était tranquille et sûr, depuis la mort du facteur et du commissaire, et que s'il y avait eu quelques légers troubles, les instigateurs en avaient été punis. Je me réjouis d'autant plus de cette nouvelle, que je craignais que mon retard ne fut cause de quelque désastre. De la Havane, j'écrivis à Votre Majesté une lettre et je partis le 16 mai, emmenant avec moi trente personnes de la ville qui m'accompagnèrent sans qu'on le sût. En huit jours, j'arrivais au port de Chalchicuela, où je ne pus entrer à cause du mauvais temps; je filai à deux lieues plus loin, et à la tombée de la nuit, dans une des barques de mon navire je pus gagner la côte d'où, sans avoir été remarqué de personne, je m'en allai à pied à la ville de Médellin qui se trouvait à quatre lieues de là.

Je me rendis aussitôt à l'église pour remercier Dieu; le bruit de mon arrivée s'était répandu et les habitants se pressèrent autour de moi. Cette même nuit j'expédiai des lettres à Mexico et dans toutes les villes de la Nouvelle-Espagne. Je restai onze jours à Médellin pour me reposer des fatigues du voyage et j'y reçus la visite de tous les chefs de village et d'une foule de gens qui se réjouissaient de mon arrivée. Je partis de Médellin pour Mexico; je restai quinze jours en route acclamé par des milliers d'Indiens dont quelques-uns venaient de plus de quatre-vingts lieues, et tous avaient établi des courriers pour les avertir de l'heure de mon passage et s'y trouver. Ils vinrent donc en grand nombre et tous pleuraient avec moi, me contant en paroles vives et touchantes ce qu'ils avaient souffert pendant mon absence; et ce qu'ils me disaient des traitements affreux qu'ils avaient subis aurait arraché des larmes au cœur le plus endurci. Il me serait difficile de rapporter à Votre Majesté tout ce que me confièrent ces malheureux, j'en pourrais cependant noter le principal que je réserve pour l'avenir.

J'arrivai à Mexico où les Espagnols et les Indiens se réunirent pour me faire l'accueil le plus touchant; le trésorier et le comptable de Votre Majesté vinrent au-devant de moi avec un nombreux cortège de gens, de chevaux et de soldats, et je m'en allai droit au couvent San Francisco pour rendre grâce à Dieu de m'avoir sauvé de tant de périls pour me rendre au repos et à la tranquillité. Je restai six jours chez les moines où je remplis toutes mes dévotions.

Deux jours avant que je quittasse le couvent, je reçus un courrier de Médellin qui m'apprenait l'arrivée de navires où se trouvait, disait-on, un perquisiteur ou juge envoyé par Votre Majesté, sans pouvoir m'en dire davantage. Je crus que Votre Majesté, connaissant l'état de trouble dans lequel les officiers que j'avais nommés à mon départ, avaient laissé la Nouvelle-Espagne, et ne sachant rien de mon arrivée, avait voulu y remédier, ce dont je rendis grâce à Dieu. En effet j'eusse été désolé d'être juge en cette affaire, car, ayant été injurié et vilipendé par ces tyranneaux, tout ce que j'aurais pu faire contre eux eût été attribué au parti pris et à la passion, ce que j'abhorre le plus : quoique en tous cas, je ne saurais être assez partial pour des fauteurs, qui mériteraient le châtiment le plus exemplaire. Au reçu de cette nouvelle, je dépêchai un courrier avec ordre au commandant de Médellin et au procureur général de recevoir avec les plus grands égards ce juge envoyé par Votre Majesté, de mettre à sa disposition ma maison de Médellin et de prendre soin de sa personne et de sa compagnie; je sus depuis qu'il refusa ces bons services.

Le jour suivant, fête de Saint-Jean, comme j'envoyais ma lettre, au milieu d'une course de taureaux en l'honneur de cette fête, je reçus une autre lettre du juge et une autre de Votre Majesté qui m'annonçaient le but de son voyage et comment Votre Majesté avait bien voulu, en considération de mes services, me nommer gouverneur de la Nouvelle-Espagne. Je m'en réjouis au-delà de toute expression, tant pour l'immense faveur que veut bien me faire Votre Majesté Sacrée en reconnaissant mes services, que pour l'affabilité avec laquelle Votre Altesse daigne me faire savoir son intention royale de me récompenser. Pour l'une et l'autre faveur, je baise cent mille fois les pieds royaux de Votre Majesté Catholique et je prie Notre Seigneur qu'il lui plaise m'accorder telle faveur, que je puisse en mettre la meilleure part au service de Votre Majesté Catholique qui jugerait par là de mon désir de lui plaire; car cette appréciation de Votre Altesse me serait la plus précieuse des récompenses.

Dans la lettre que Luis Ponce, juge de résidence, m'écrivait, il me disait le jour de son départ pour Mexico; mais comme il y a deux chemins, il ne me disait pas lequel des deux il prendrait. J'envoyai donc des gens sur les deux routes afin qu'il fût bien traité, servi et accompagné. Ce juge s'en vint à si rapides journées, que, quelque hâte que je misse à envoyer du monde au-devant de lui, mes gens le rencontrèrent à environ vingt lieues de Mexico. Quoiqu'il parût accueillir mes envoyés avec beaucoup de plaisir, il ne voulut recevoir d'eux aucun service. Quoi qu'il m'en coûtât de ne pas le recevoir par suite de la rapidité de sa marche, je me réjouis néanmoins de sa présence tant il paraissait un homme équitable et prêt à user de ses pouvoirs dans la mesure la plus juste. Il arriva à deux lieues de la ville et je fis tout préparer pour le recevoir le lendemain ; mais il m'envoya dire de ne point me déranger, et qu'il resterait là jusqu'à l'heure du dîner, mais que je voulusse bien lui envoyer un chapelain pour dire la messe. Je le lui envoyai.

Je craignis qu'il ne voulût échapper à notre empressement, et je me tins prêt ; mais quoi que je fisse, il partit de si matin, que je le rencontrai dans la ville, où je l'accompagnai au couvent de San Francisco ; là, nous entendîmes la messe. La messe finie, je lui demandai qu'il voulût bien nous montrer ses pouvoirs, puisque le conseil municipal se trouvait près de moi ainsi que le trésorier et les comptables. Il s'y refusa, disant qu'il nous les présenterait un autre jour. Il nous réunit en effet dans l'église cathédrale, le conseil municipal et tous les officiers de Votre Majesté. Là, il nous les présenta ; moi et tous les officiers présents, les reçûmes avec la plus grande révérence, les baisant et les élevant au-dessus de notre tête, comme il était dû aux ordonnances de notre Seigneur et Roi, jurant de nous y conformer en tout et pour tout comme Votre Majesté nous le commandait, après quoi on lui remit tous les insignes de son haut pouvoir. Une fois toutes les formalités accomplies devant notaire public, comme il convenait au personnage que nous envoyait Votre Majesté Catholique, il fut proclamé sur la grande place de Mexico ma résidence.

Ce procureur général fut dix-sept jours sans m'adresser une seule question, puis il tomba malade, ainsi que tous ceux qui étaient venus avec lui. Luis Ponce mourut de cette maladie et trente des personnes qui l'avaient accompagné moururent aussi, parmi lesquelles deux religieux de l'ordre de Saint-Dominique. Il en reste beaucoup d'autres en danger de mort par suite de cette peste qu'ils apportèrent avec eux. Cette maladie s'attaqua même aux gens de Mexico, dont deux moururent, sans compter nombre d'autres qui n'en sont pas encore remis.

Luis Ponce étant mort, nous lui fîmes les funérailles qui convenaient au personnage que nous avait envoyé Votre Majesté. Alors le conseil municipal de Mexico et les procureurs de toutes les villes qui se trouvaient à Mexico me prièrent et me firent même sommation, au nom de Votre Majesté Catholique, que j'eusse à me charger du gouvernement et de la justice, emplois que j'exerçais précédemment par mandat de Votre Majesté, me représentant toutes les difficultés que pourrait soulever mon refus; je refusai comme il appert du procès-verbal que j'en ai fait dresser; ils revinrent à la charge, insistant sur d'autres inconvénients que ne manquerait pas de provoquer mon refus, et jusqu'à ce jour je m'en suis défendu, encore qu'ils pussent avoir raison.

Mais désirant avant tout que Votre Majesté soit bien convaincue de mon désintéressement comme de ma fidélité, vertus sans lesquelles les biens de ce monde n'auraient à mes yeux aucune valeur, j'ai plaidé de tout mon pouvoir pour que la charge fût confiée à Marcos de Aguilar, que le licencié Luis Ponce avait pour alcade principal, et je l'ai prié et je l'ai sommé d'avoir à l'accepter et d'en remplir l'office. Il s'y est refusé, disant qu'il n'y avait aucun titre, ce qui me peine plus que je ne saurais dire, parce que je désire avant tout que Votre Majesté connaisse exactement mes mérites et mes faiblesses; car j'ai la conviction que j'ai mérité de Votre Majesté les plus insignes faveurs, non pour les qualités qu'à pu révéler ma petite personnalité, mais pour le dévouement absolu que j'ai si longtemps montré pour Votre Grandeur. Je supplie donc humblement que Votre Altesse ne permette pas qu'il y ait le moindre doute à cet égard et qu'elle reconnaisse hautement le bon et le mauvais de mes agissements, et, comme il s'agit d'honneur, et que pour atteindre à cette gloire je me suis exposé à tant de fatigues et à tant de périls, je demande qu'il plaise à Dieu et à Votre Majesté, qu'il ne soit point permis à des langues mauvaises et jalouses de m'en pouvoir dépouiller. Je ne demande donc à Votre Majesté Sacrée d'autre récompense de mes services que d'en reconnaître la valeur, ne voulant point vivre sans l'estime de Votre Majesté.

Ainsi que je l'ai compris, Prince Très Catholique, depuis que je me suis occupé de la conquête de la Nouvelle-Espagne j'ai eu des rivaux et des ennemis puissants; mais leur mauvaise foi et leurs calomnies n'ont pu prévaloir sur ma fidélité et les services que j'ai rendus; désespérant de me renverser, ils ont eu recours à deux moyens qui ont, à ce qu'il me semble, altéré quelque peu le jugement de Votre Majesté à mon sujet et refroidi la bienveillance que Votre Grandeur montrait à me récompenser de mes services.

Le premier, c'était de m'accuser devant Votre Puissance, du crime de lèse-Majesté, disant que je n'obéissais pas à ses commandements royaux ; que je n'occupais point cette contrée en votre nom puissant, mais sous forme de tyrannie indicible, en donnant des raisons dépravées et diaboliques. J'ose dire que si on examinait mes œuvres, le jugement porté par des juges impartiaux serait absolument le contraire ; car jusqu'à ce jour, il ne s'est point vu et tant que je vivrai, il ne se verra jamais, que devant moi, ou à ma connaissance, une lettre, ordre ou mandement de Votre Majesté, qui ne soit obéi et exécuté sur l'heure, et c'est en quoi se voit la malice de mes calomniateurs.

Car si j'avais eu les intentions qu'ils me prêtent, je ne serais point allé à six cents lieues de cette ville, au milieu des forêts désertes et sur les routes les plus dangereuses, pour laisser ma conquête aux mains des officiers de Votre Majesté, que je devais croire les plus à même de veiller aux intérêts de Votre Altesse, quoique à leurs œuvres je visse que je m'étais trompé sur leur compte.

L'autre moyen consistait à dire que je me suis emparé personnellement de cette contrée, de la plus grande partie au moins, et de ses habitants, dont j'accapare le travail, avec lequel je me suis procuré des sommes énormes d'or et d'argent que j'ai thésaurisées ; que j'ai gaspillé soixante mille piastres du trésor de Votre Majesté, que je n'ai point envoyé autant d'or à Votre Excellence qu'il lui en revenait de ses rentes et que je le détiens pour mille raisons que je ne saurais dire. Ils auront évidemment donné couleur à cette calomnie, qui ne peut m'atteindre et dont la fausseté sera reconnue. Quant à posséder une grande partie de la contrée, j'avoue en avoir tiré des sommes considérables ; mais toutes considérables qu'elles soient, elles ne m'empêchent point d'être pauvre et d'être endetté de plus de cinq cent mille piastres d'or, sans avoir un maravédis pour les payer. Car, si j'en ai reçu beaucoup, j'en ai dépensé davantage, non pas à me faire des rentes ni à me constituer des majorats, mais à étendre le patrimoine royal de Votre Altesse, en gagnant et conquérant, au milieu des plus grands dangers et périls pour ma personne, des royaumes et des seigneuries pour Votre Excellence. Rien n'a pu apaiser ces maudits, ni réduire au silence leurs langues de vipère.

Si l'on consulte mes livres, on trouvera plus de trois cent mille piastres d'or m'appartenant, dépensées pour ces conquêtes; ma bourse épuisée, je pris les soixante mille piastres d'or de Votre Majesté que je ne gaspillai pas en vaines dépenses, mais qui me servirent à payer des dettes contractées pour les frais de la conquête, et si ces dépenses furent utiles, on n'a qu'à s'en rapporter aux faits. Ceux qui prétendent que je n'envoie pas de rente à Votre Majesté mentent impudemment; car depuis le peu de temps que je suis dans cette contrée, je puis affirmer que j'ai envoyé à Votre Majesté plus de richesse ou de valeur qu'elle n'en a reçues des îles et de la terre ferme, depuis plus de trente ans qu'elles ont été découvertes et colonisées, conquêtes qui coûtèrent aux Rois Catholiques vos ancêtres beaucoup de frais et de dépenses.

J'ai non seulement remis à Votre Majesté toute la part qui lui revenait; j'y ai ajouté du mien et du bien de mes compagnons, sans compter ce que nous avons dépensé pour son royal service, et dont j'envoyai copie. En envoyant à Votre Majesté ma première lettre, par Alonzo Porto-Carrero et Francisco de Montejo, non seulement j'envoyai le cinquième des sommes amassées, appartenant à Votre Majesté, mais tout ce que nous pûmes réunir, parce qu'il me parut juste de vous envoyer de cette ville, où Muteczuma son empereur vivait encore, les prémices de notre conquête et le cinquième de l'or en lingots, qui se monta à trente et tant de milliers de castellanos, auxquels nous ajoutâmes, chacun ayant refusé sa part, tous les bijoux, dont la valeur dépassait cinq cent mille piastres d'or. L'un et l'autre furent perdus, c'est vrai, quand les Mexicains nous chassèrent de leur ville, lors du mouvement occasionné par l'arrivée de Narvaez, disgrâce encourue par mes péchés peut-être, non par ma négligence.

Plus tard, quand je conquis le pays et que je le mis sous le joug de Votre Majesté, on ne fit pas moins; on commença par prélever le cinquième de l'or en lingots pour Votre Majesté; quant aux bijoux de non moindre valeur que les premiers, mes compagnons et moi demandâmes de nouveau qu'ils fussent attribués à Votre Altesse. Je les expédiai sans retard avec trente-trois mille piastres d'or en barre sous la garde de Julian Alderete, qui à cette époque était trésorier de Votre Majesté; les Français l'en dépouillèrent. Ce ne fut pas ma faute, mais bien celle des officiers qui négligèrent d'envoyer une flotte aux Açores, comme ils devaient pour une affaire de cette importance.

A l'époque où je partis de Mexico pour le golfe de Las Higueras, j'envoyai de même à Votre Excellence soixante mille piastres d'or par Diego Docampo et Francisco de Montejo; si je n'en envoyai pas davantage, c'était pour me conformer aux représentations des officiers de Votre Majesté Catholique qui prétendaient que l'envoi d'aussi grosses sommes était contraire aux instructions de Votre Majesté touchant l'expédition de l'or. Mais je passai outre, connaissant les besoins de Votre Majesté; j'envoyai donc à Votre Grandeur, sous la garde de Diego de Soto, l'un de mes serviteurs, tout ce que je pus réunir et dont faisait partie cette couleuvrine en argent qui me coûta, métal, façon et frais divers, plus de trente-cinq mille piastres d'or; j'y joignis des bijoux en or et pierres précieuses, non pour leur valeur qui était grande pour moi, mais parce que les Français avaient enlevé les premiers, que j'étais désolé que Votre Majesté Sacrée ne les eût point vus et que Votre Majesté pût au moins, par ces échantillons, apprécier le mérite de ceux qu'on nous avait dérobés. Si donc j'ai mis tant de zèle à servir les intérêts de Votre Majesté Catholique, il me semble étrange qu'on ait voulu lui faire croire que je gardais pour moi le bien de Votre Altesse. Mes officiers m'ont dit aussi avoir envoyé une certaine quantité d'or pendant mon absence, de sorte que les envois n'ont jamais cessé toutes les fois qu'il y avait opportunité à le faire.

On vous a dit aussi, Très Puissant Seigneur, que je me faisais deux cents millions de rente[1] provenant des terres qui m'ont été

---

1. C'est probablement de deux cents millions de maravédis que Cortes veut parler; or le maravédis valait à peu près deux centimes.

attribuées, et comme je n'ai jamais eu d'autre désir que d'exposer à Votre Majesté quel dévouement j'apporte à son service, et de lui prouver que je lui ai toujours dit et lui dirai toujours la vérité, et ne pouvant rien faire qui en soit une preuve plus flagrante que l'abandon à Votre Majesté de cette rente si considérable, guidé en cela par plusieurs raisons et tout particulièrement par celle qui pourrait anéantir les soupçons que Votre Majesté a pu concevoir à mon égard et qui sont publiquement connus; je supplie donc à ce propos Votre Majesté de vouloir bien accepter pour son service tout ce que je possède ici et qu'elle ne me laisse que la dixième partie de ces deux cents millions dont Votre Altesse garderait cent quatre-vingts.

Je continuerai à servir Votre Majesté de telle sorte que personne ne pourra le faire plus efficacement que moi, pas plus qu'on puisse jamais faire oublier mes services passés. En ce qui concerne ces pays, j'ose dire que Votre Majesté sera loyalement servie, parce qu'en qualité de témoin oculaire, je saurai dire à Votre Altesse ce qui sera le plus convenable à ses intérêts, et ce qu'il sera bon d'ordonner pour que Votre Majesté ne soit pas trompée par de faux rapports. Je puis certifier à Votre Majesté Sacrée que le service que je pourrai lui rendre ne sera pas des moindres, en lui disant ce qu'il faut faire pour conserver cette colonie, et amener les habitants à la connaissance de Notre Sainte Foi; pour que Votre Majesté ait à perpétuité des revenus grandissants, au lieu de les voir diminuer comme il arrive à ceux des îles et de la terre ferme, faute de bonne administration et de rapports véridiques adressés aux Rois Catholiques pères et aïeux de Votre Excellence, par des officiers occupés de leurs intérêts privés. C'est ce qu'ont fait jusqu'à ce jour les administrateurs de ces contrées, à Leurs Altesses et à Votre Majesté, les trompant sur le véritable état des choses et persévérant dans cette voie, ce qui n'a pu qu'augmenter chaque jour les abus et les difficultés.

Il y a deux choses qui me font désirer que Votre Majesté m'accorde l'insigne faveur de m'appeler près d'elle : la première de pouvoir la convaincre de la loyauté et de la fidélité que j'ai apportées à son service, parce que je mets l'estime de Votre

Majesté au-dessus de tous les biens de ce monde; car pour mériter ce titre de serviteur de Votre Majesté et de sa couronne impériale et royale, je me suis exposé aux plus grands périls et me suis livré aux travaux les plus pénibles, non pour l'amour de l'or dont j'ai possédé beaucoup pour un simple gentilhomme, car je l'aurais dépensé et sacrifié à une seule fin : approcher mon souverain maître. Mes péchés ne l'ont point permis jusqu'à ce jour, et il me serait encore impossible de combler cette ambition, si Votre Majesté ne daignait m'accorder la grâce que je lui demande. Pour que Votre Excellence ne puisse penser que je sois trop audacieux à lui demander une telle faveur, j'oserais lui rappeler que j'ai exercé dans ces pays la charge de gouverneur, au nom de Votre Majesté; que j'ai par toutes ces contrées étendu les Domaines et Royales Seigneuries de Votre Majesté, réduisant à son joug tant de provinces toutes semées de tant et de si nobles villes et villages; que j'ai enlevé les habitants à leurs pratiques idolâtres pour les amener à la connaissance de Notre Sainte Foi Catholique, de telle manière que s'il n'y a pas de révolte chez ceux que blesse la nouvelle croyance et si le zèle ne se ralentit pas, nous aurons bientôt une église de la Nouvelle-Espagne où Dieu Notre Seigneur sera servi et adoré avec plus de ferveur qu'en nulle autre part au monde. J'ajoute que quand bien même Votre Majesté m'accorderait dans ces royaumes un revenu de dix millions, ce qui ne serait pas une mince faveur, je sacrifierai le tout au noble désir d'être admis en Votre Royale Présence, de manière que Votre Grandeur puisse être bien convaincue de ma loyauté et de mon ardent désir de la servir.

La seconde chose serait qu'il me fût permis d'éclairer Votre Majesté Catholique sur les intérêts du continent et des îles, afin qu'on y pratiquât les réformes que demande le service de Dieu et de Votre Majesté, parce qu'elle ajouterait une plus grande foi en ce que je lui dirais de vive voix, qu'en une lettre venue de loin. Cette dernière ne serait attribuée, comme on l'a fait jusqu'alors, qu'au désir de sauvegarder mes intérêts plutôt qu'au zèle de servir ceux de Sa Majesté; c'est pourquoi je désire avec une passion que je ne saurais dire la permission d'aller baiser les pieds de Votre Majesté.

Si Votre Majesté ne jugeait pas à propos de m'accorder la faveur que je lui demande, de me maintenir en ces royaumes et de me permettre de la servir comme j'en ai l'ambition, ou si Votre Grandeur me faisait la grâce de me laisser dans ces contrées en la position que j'y occupe, je supplierais Votre Majesté de m'accorder le droit de propriété perpétuelle pour mes biens et le droit de les céder à mes héritiers, que je ne sois pas un jour obligé de tendre la main dans les contrées que j'ai conquises; ce en quoi je recevrais une faveur signalée.

Que Votre Majesté daigne m'accorder cette permission d'aller jusqu'à ses pieds combler le désir qui me dévore. J'ai toute confiance en mes bons services et en l'équité de Votre Majesté Sacrée qui, connaissant la pureté d'intention qui a guidé tous mes actes, ne permettra pas que je vive pauvre. L'arrivée du procureur général me fournissait l'occasion de satisfaire mon désir et je m'y préparais quand deux choses m'arrêtèrent : la première, c'est que je me trouvais sans argent pour mes dépenses de voyage et cela par suite du pillage de ma maison, comme j'en ai déjà informé Votre Majesté; l'autre, c'est la crainte que mon absence ne jette le trouble et ne provoque quelque soulèvement parmi les Indiens et même parmi les Espagnols, le passé me faisant juger de l'avenir.

Seigneur Très Catholique, au moment où je rédigeai cette relation pour Votre Majesté Sacrée, je reçus un messager de la mer du Sud m'apportant une lettre qui m'apprenait l'arrivée à Tehuantepec d'un navire dont le capitaine m'écrivait aussi, lettre que j'envoie à Votre Majesté et qui me semble prouver que ledit navire appartiendrait à la flotte que Votre Majesté expédia aux îles Moluques sous le commandement du capitaine Loaiza. Comme Votre Majesté trouvera, dans la lettre du capitaine, les détails de son voyage je n'en dirai rien à Votre Grandeur; je conterai simplement à Votre Majesté ce que j'ai fait pour lui. Au reçu de la lettre je dépêchai un homme de confiance auprès de ce capitaine, pour que, au cas où il voulût repartir, on lui fournît tout ce dont il aurait besoin pour son voyage; lui demandant de m'informer de la route qu'il comptait prendre, de façon que j'en puisse adresser un rapport complet à Votre Majesté, qui par cette voie recevra bien plus rapidement de ses nouvelles; j'envoyai de même un pilote pour conduire ce vaisseau à Zacatula pour y être réparé en cas de besoin.

J'ai, dans ce port, trois navires prêts à partir à la découverte le long des côtes et pour y travailler de leur mieux au service de Votre Majesté; aussitôt que j'aurai reçu des nouvelles de ce navire, je les enverrai à Votre Majesté afin qu'elle soit à cet égard informée de toutes choses.

Mes navires de la mer du Sud sont, comme je l'ai dit à Votre Majesté, sur le point de commencer leur voyage, car je me suis préoccupé de leur départ aussitôt mon arrivée à Mexico, et ils auraient déjà mis à la voile, si je n'avais attendu des armes, de l'artillerie et des munitions qui me viennent d'Espagne et que je leur destinais. Je compte sur l'aide de Dieu pour que la nouvelle campagne que je vais entreprendre tourne à la plus grande gloire de Votre Majesté. Car, si je ne découvre pas le détroit, je me rejetterai sur les îles des Épices, de manière que Votre Majesté connaisse chaque année, ce qui se passe par toute la terre; et si Votre Majesté voulait bien m'accorder les grâces que je lui ai demandées dans un chapitre précédent, je la supplierais de me les accorder en faveur de cette nouvelle expédition où je m'engage à découvrir toutes les îles des Épices; des Moluques à Malacca et à la Chine, je ferai en sorte que Votre Majesté n'ait plus à se procurer des épices par voie d'achat comme elle le fait du roi de Portugal, mais qu'elle possède dorénavant ces îles en toute propriété, comme je veux que leurs habitants la considèrent comme leur roi et seigneur naturel.

Je m'engagerais donc, en ce cas, à envoyer dans ces parages, telle flotte, ou bien à m'y rendre en personne, pour subjuguer le pays, le peupler, y construire des forteresses armées, de telle sorte que nous puissions les défendre contre les souverains de ces régions comme contre les autres; Votre Majesté ne m'accordera ce que je lui demande, que la chose faite, et si je ne réussis point, que Votre Majesté m'inflige le châtiment que mériterait quiconque aurait trompé son roi.

Depuis mon retour, j'ai également envoyé par terre et par mer pour coloniser la rivière de Tabasco, qu'on appelle le Grijalva, et conquérir les provinces environnantes pour la plus grande gloire de Dieu et de Votre Majesté; car les navires qui vont et viennent sur cette côte ont le plus grand intérêt à la voir se peupler, parce que plusieurs y ont été jetés dont les passagers et les équipages ont été massacrés par les habitants insoumis.

J'ai aussi envoyé dans le pays des Zapotecs trois compagnies, pour qu'on y pénètre de trois côtés à la fois, afin de le soumettre le plus rapidement possible et arrêter les déprédations que les habitants exercent chez nos alliés indiens; la conquête de cette province nous sera d'autant plus profitable qu'elle contient les mines les plus riches de la Nouvelle-Espagne et qu'elle deviendra l'un des plus beaux fleurons de la couronne de Votre Majesté.

J'organise en ce moment un fort parti de gens pour aller coloniser le fleuve de las Palmas sur la côte nord près de la Floride, car j'ai reçu les meilleurs renseignements sur la fertilité de la terre et l'emplacement d'un port; je crois enfin que Dieu et Votre Majesté ne seront pas moins bien servis par cette expédition que par les précédentes, tant sont bonnes les nouvelles venues de cette côte.

Entre la côte nord et la province de Michoacan se trouve une certaine race d'Indiens appelés Chichimecs; ce sont gens barbares et moins intelligents que ceux des autres provinces. J'envoie chez eux soixante chevaux et deux cents fantassins accompagnés de quelques milliers de nos alliés, pour étudier les ressources de la province. Si on leur trouve les aptitudes de vivre en société comme les autres et qu'on puisse les amener à la connaissance de notre Sainte Foi et à reconnaître l'autorité de Votre Majesté, mes gens sont autorisés à fonder une ville dans l'endroit qui leur plaira le mieux. S'ils se montrent réfractaires et nous refusent obéissance, je manderai qu'on leur fasse la guerre et qu'on les réduise en esclavage pour qu'il n'y ait sur cette terre aucune non-valeur, ni gens dispensés d'obéir à Votre Majesté. Faire de ces Indiens sauvages des esclaves, ce sera rendre aux Espagnols un service signalé, car on les emploiera dans les mines d'or, sans parler de ceux que notre voisinage pourra convertir.

J'ai appris que certaines parties de cette province avaient des villages et de grandes villes et que les Indiens y vivaient comme les gens des autres provinces, et que même plusieurs de leurs villages avaient été visités par des Espagnols. Nous peuplerons la contrée, car il y a de bonnes nouvelles de riches mines d'argent.

Très Puissant Seigneur, quand je partis de Mexico pour le golfe des Higueras, deux mois avant le départ d'un de mes capitaines pour la ville de Coliman, qui se trouve sur la mer du Sud, à cent quatre lieues de Mexico, je lui avais donné l'ordre de longer la côte sud jusqu'à cent cinquante ou deux cents lieues de là, pour étudier les ressources du pays et me trouver un port. Ce capitaine parcourut la contrée pendant environ cent trente lieues et me dit avoir découvert plusieurs ports sur la côte, dont nous avions le plus grand besoin, en même temps que nombre de grands villages peuplés d'Indiens, excellents guerriers, avec lesquels il eut plusieurs rencontres; il n'alla pas plus avant faute d'hommes, et il me parlait d'une grande rivière que les naturels lui disaient être située à dix journées de l'endroit où il était arrivé et dont on lui raconta les choses les plus extraordinaires. Je lui envoyai des renforts, afin qu'il pût pénétrer jusqu'à cette rivière dont la largeur annonce un très grand fleuve; lorsqu'il reviendra, j'en adresserai un rapport à Votre Majesté.

Tous les chefs de ces expéditions sont prêts à partir, moins un seul. Plaise à Dieu Notre Seigneur de les bien conduire; pour moi, encore que Votre Majesté méconnaisse mes efforts, je ne cesserai point de la servir. Il est impossible qu'avec le temps elle ignore mes services; et quand bien même il en serait ainsi, je serais heureux d'avoir fait ce que je devais, de savoir que j'ai satisfait tout le monde autour de moi et que chacun reconnaît la grandeur de mes œuvres et la loyauté avec laquelle je les ai accomplies; je n'ambitionne pas d'autre noblesse pour mes enfants.

César Invincible, que Dieu Notre Seigneur conserve la vie et accroisse la prospérité des puissants royaumes de Votre Majesté Sacrée autant que Votre Majesté peut le souhaiter. De la ville de Mexico, le 3 septembre de l'année 1526.

TABLE DES MATIÈRES

Préface, par M. E.-T. Hamy, membre de l'Institut i

Au lecteur, par M. D. Charnay v

LETTRE PREMIÈRE

Envoyée à la reine Dona Juana et à l'empereur Charles-Quint, son fils, par le Conseil judiciaire et le Conseil municipal de la Ville Riche de la Veracruz, le 10 juillet 1519 1

LETTRE SECONDE

Envoyée à Sa Majesté Sacrée, l'Empereur notre Seigneur, par le capitaine général de la Nouvelle-Espagne, appelé Fernand Cortes 29

LETTRE TROISIÈME

Envoyée par Fernand Cortes, capitaine et procureur général du Yucatan, appelé la Nouvelle-Espagne de la mer Océane, au Très Haut et Très Puissant César et Seigneur invincible Don Carlos, Empereur toujours auguste et Roi d'Espagne, notre Seigneur 135

LETTRE QUATRIÈME

Que Don Fernand Cortes, gouverneur et capitaine général pour Sa Majesté, en la Nouvelle-Espagne de la mer Océane, envoya au Très Haut et Très Puissant et Glorieux Seigneur Don Carlos, Empereur toujours auguste et Roi d'Espagne, notre Seigneur 243

LETTRE CINQUIÈME

Adressée à la Majesté Impériale et Catholique de l'Invincible Empereur Don Carlos, de la ville de Mexico, le 3 de septembre de l'année 1526 291

www.ingramcontent.com/pod-product-compliance
Lightning Source LLC
Chambersburg PA
CBHW052032230426

43671CB00011B/1619